The Paralinear *Oresteia*

The Paralinear *Oresteia*

A Gateway to the Ancient Greek Text

Edited by

Robert W. Bethune

My thanks to Charles Schulz and Philip Penhellegon of Concordia University, Ann Arbor, who welcomed me into the world of ancient Greek.

Table of Contents

Introduction

What this book is and how to use it

This edition of the *Oresteia* of Aeschylus is a tool for readers who have a working knowledge of ancient Greek. It provides a way to read Aeschylus in ancient Greek for pleasure and for literary appreciation while also assisting the reader to gain an intuitive grasp of grammar and vocabulary.

The presentation consists of an edition of the ancient Greek text on the left, with parallel extended English glossing of the Greek text on the right. In a traditional interlinear text, the glossing is placed between the lines of the ancient text. Since that layout doesn't work very well for ancient Greek, I have placed my glossing alongside—*para* in ancient Greek—hence my invented term "paralinear" to describe this text. Each English glossing presents the meaning of the ancient Greek text in English word order, with the words of the Greek text interspersed. This arrangement permits the reader to see easily which words in the Greek mean what, and how the structure of the Greek works. A reader who takes full advantage of this layout can follow the Greek relatively easily while learning the very large Aeschylean vocabulary 0naturally, in context.

Doing this kind of reading has substantial advantages for gaining an intuitive grasp of grammar and vocabularly, especially if the reader takes the time to mull over each passage in Greek as one progresses through the text. Ideally, the reader will attempt to understand the passage, refer to the English glossing for help as needed, and then return to the Greek, mulling it over until it becomes clear in one's mind, then move on to the next passage.

The Greek text is separated into relatively short passages in a way that reflects the flow of thought. Passage breaks are at sentence breaks where sentence breaks coincide with line breaks. I have also tried, where possible, to set passage breaks so that they coincide with meaningful breaks in the verse structure, though whenever verse structure and flow of thought conflict, I have followed the flow of thought.

My approach to textual interpretation

I am not a textual scholar. I present notes about textual issues wherever they seem to me to be essential, and I draw my own conclusions as best I can, but I do not pretend to present every textual issue in the manner of a true textual commentary. For example, I do not offer a "critical apparatus," the ultra-compressed annotations of variant readings, packed with abbreviations, symbols, and other nearly alchemical esoterica, often written in

Latin so as to sort out the men from the boys among the readers. Like J. I. Crump, "I seem unable to suppress the image I always get from this term: an aged figure hunched reading a book and surrounded by Rube Goldberg contraptions which assist him in unimaginable ways." Furthermore, since I am not a classicist, I have not felt no need for the ultimate classicists' flourish of writing this introduction in Latin—a practice which remains current into the last few decades.

I do not wish to present the state of textual interpretation of the *Oresteia* as hopeless. Over the course of several centuries, many, many patient and insightful scholars have done a great deal to clarify it. However, the state of the extant manuscripts ensures that there are many, many words, lines and passages where we will never be sure exactly what Aeschylus wrote. There is a foggy horizon past which we cannot see. We have manuscripts dating back to about 1000 AD. We can see traces in them of a Byzantine text from the 800's which no longer exists. We can see still fainter traces of a text, also lost, from the 400's, based perhaps on an anthology, also lost, of Aeschylus prepared sometime around the beginning of the Roman Empire. More than that we cannot see, unless new materials come to light. We think of work such as that being done at the Villa dei Papyri at Herculaneum, and we cross our fingers.

The benefits of this tradition of textual scholarship all derive from the fundamental question textual scholars ask: "What can we determine from the extant manuscripts?" The problems that arise from this tradition derive from the inevitable tendency to regularize the text—to make the verse and the grammar abide by rules formalized long after Aeschylus was dead.

So, there is a another question that needs to be asked. "When we have gotten everything we can from textual scholarship, what reading best allows Aeschylus to be Aeschylus?" Because close comparision to other texts of Aeschylus and to other authors is a necessary part of determining how words and phrases in Aeschylus are used, we must constantly fight the pressure such comparisons inevitably exert to see Aeschylus not as a unique voice and vision, but as a writer who wrote as others wrote.

There is, however, still another question that needs to be asked: "When we have gotten all that we can get from textual scholarship, what reading best serves the play?" It is not difficult to find examples of textual criticism that lose sight of the play in the minutiae of the words. When all is said and done, the Greek text we use should do what every good play should do: tell a coherent story, about complex people, which expresses important ideas. We should arrive at a Greek text we could perform in the theater, had we an audience that could understand it.

Many emendations must be made, but we have to keep ourselves constantly in check. Emendation is not copy-editing. Aeschylus is dead; we can't send him our suggestions for improvement. Instead, we have to constantly ask the fundamental questions. First, is the Greek text truly impossible as it stands? Frequently it is, but often it is merely different than what we want it to be—rougher, cruder, more idiosyncratic, not saying what we think it should say, not saying it the way we think it should say it. Second, is there evidence, either from other texts, or from known processes of scribal error, to account for the change we think happened in the text? We should be very careful about making emendations unless we can honestly answer these questions. I am strongly of the opinion that the scholarly tradition has severely overworked the texts, to the point where it has often obscured Aeschylus instead of revealing him.

To reveal Aeschylus for a wider circle of readers: that is the goal of the Greek text presented here. That means that I don't have the luxury indulged in by many scholars: that of suspending judgement about difficult passages, of making no conclusion about them. Faced with a difficult passage such as Agamemnon 539, I cannot throw up our hands as Verrall did: "This line is hopeless." I must make definite decisions, and that is what I have done.

Arrangement of the text

I generally follow Smyth, though I have frequently adopted readings from other editors. When editors of the Greek text conflict, I balance textual evidence as presented by specialist scholars with my perception of the reading that seems to me to provide the most logical, straightforward expression of action, idea and character at that moment in the context of the ongoing scene. I do this because the textual evidence, particularly for the *Choephoroi*, is so sparse and so vexed that sometimes I find it all but useless for my purposes, and because my goal is a performable text. My audience will not be composed of textual scholars and will not forgive me for confusing the flow of the play just because some commentary wants it that way.

The Greek text uses only the punctuation marks that were used in ancient times, as do most Greek texts. Of course, the original text as Aeschylus wrote it was written in what we would call all-caps without breaks between words and without any punctuation at all, but I see no need to go that far. Long after Aeschylus, but while his language was still a living tongue, Greek scholars began using a limited set of diacritical and punctuation marks. Some centuries ago, scholars began using lower-case Greek letters except for proper names. I follow both of those conventions. However, I do not follow the practice of some editors who introduce concepts of punctuation unknown to the living language, such as quotation marks, parentheses and so forth. That level of punctuation imposes an editorial interpretation on the meaning and structure of the text that should not be imposed. Ancient Greek had ways of signaling elements such as direct discourse, change of thought at the sentence level, interrogation, parenthetical expression, and so forth. We need to sensitize ourselves to those cues rather than replacing them with modern ways of signaling similar ideas, ways that are redundant, that can be misleading, and are inevitably prone to error. We should let the ancient text speak for itself in its own way.

Frequency of punctuation is also a textual issue. Modern scholars are precisely that—scholars. The whole academic tribe, including me, loves the long sentence sprinkled with semicolons. It is true that Aeschylus will break out with a run-on, but most of the time, if we pay attention to the cues embedded in the Greek text itself, we notice that most of his sense units are short. He wrote to be comprehended by ear. That, of course, should be no surprise; he wrote to be heard, not read. For that reason, I often place periods where even the ancient editors placed the ανωπελεία (the raised dot, corresponding to the modern colon), or even where editors, ancient and modern, have let the sentence run on.

Before anyone wonders if I can count, the line numbers in this text should not be thought of as actual count of lines, but as labels attached to specific lines. The line numbering of the Greek text is based on line counts in ancient manuscripts and scholars usually keep the lines attached to particular number quite constant, even if the actual arrangement of lines varies among editors. In other words, Choephoroi 960 refers to the line that reads ἄξια δ' οὐρανοῦχον ἀρχὰν σέβειν in my edition and in many others, even though it definitely is not the 960th line of that text in my edition or in many others. I keep to the traditional line numbering, though in quite a few places either Smyth or I have arranged things in such a way that the line numbers don't fall every five lines as one not understanding the system might expect. In certain especially corrupt passages, as do many editors, I give certain lines in an order different from the extant manuscripts. In such cases, I give more frequent line numbers so that the interested reader can sort out what I've done.

The English glossing

The English glossing is not about being natural. It is about showing the English-speaking reader how the Greek works.

First, I examine the tense, mood, voice, person, number, gender and case of each Greek word. Then I render each sense unit, the approximate equivalent of a sentence, into an English sense unit in normal English word order. Then I set each Greek word or phrase from which each English word or phrase is derived in parenthesis directly after its English rendering.

Last but not least, any punctuation required goes inside the parenthesis at the end of the Greek word or phrase where it applies. I use English punctuation marks, since Greek punctuation can easily confuse the English reader. Particularly in questions, where in Greek the semicolon corresponds to the question mark in English, using Greek punctuation would be very confusing—every question would look like a sentence that doesn't end properly.

Greek word order and English word order rarely match nicely. In the cases where it is possible to do so, each portion of the Greek sentence that can remain in the same order as it was in the Greek, while still fitting into the English word order, will be left together. Even then, sometimes it seems helpful to separate them in order to clarify how the English and the Greek relate.

Frequently it is necessary to use a phrase in English to render a single Greek word. Often, the English phrase must be divided in order to read naturally. When that occurs, the Greek word will appear after the last word of the English phrase. So, for example, the Greek phrase "αὐτὸς ἦν θνῄσκοντος," "when he was dying," will be presented as "when he (αὐτὸς) was (ἦν) dying (θνῄσκοντος,)" since, although the "when" actually is conveyed by the participle θνῄσκοντος, it would be extremely confusing to present this as "he (αὐτὸς) when dying (θνῄσκοντος) was (ἦν)" or something along those lines.

In the English glossing, I am very explicit about tense, mood, voice, person, number, gender and case. For example, where we would say "the house of Atreus" the Greek very often is in the plural, so then I give "the halls of Atreus" as the English glossing. Knowing exactly who does what to whom, when and how and in what numbers, is often critical to following Aeschylus' story, particularly when he relies on his audience to know details that he does not explicitly provide. I am also very explicit about just how Aeschylus constructs his expressions. For example, one might render εἴη δ' ἐπὶ νίκῃ as "may he be victorious," but for the English glossing, I use the less natural but syntactically accurate "and may he be with victory."

Sometimes an exact, word-by-word, literal rendition of the Greek becomes almost meaningless without comparison to a comprehensible English phrase. For example, ἐν τρίτοις προσφθέγμασιν may literally mean "for the third greeting" but that phrase is incomprehensible in context; it needs to be rendered as something like "for the third time" to make any sense in context. In such cases, I give a rendering that makes sense, and then include the ultra-literal version inside the parentheses after the Greek or comment separately.

Sometimes it is necessary to add an English word or two in order to give a proper English rendering of a Greek phrase. I do not mark such additions with brackets or other symbols. For example, to give a English glossing of δοίη τις ἀνδροκμῆτα πέλεκυν I write "someone (τις,) give me (δοίη) an axe (πέλεκυν) suitable for killing men (ἀνδροκμῆτα)" without putting any special marking around "me," since "give" needs an object in English, but δοίη does not necessarily need one in Greek. As another example, consider Orestês' famous line, Πυλάδη τί δράσω; μητέρ' αἰδεσθῶ κτανεῖν; "Pylades, what should I do? Should I be ashamed to kill my mother?" There is no word in the Greek corresponding to "my" in English, but it seems quite obvious that Orestês is not conducting an impartial intellectual examination in general terms of the propriety of killing mothers. It is one particular mother, his own, that he has at sword-point, who is of interest at the moment, so the "my" is necessary to give an accurate idea of the sense of the sentence.

Abbreviations and references

With one exception, I avoid scholarly abbreviations. When I refer to the standard lexicon in English of ancient Greek, I use the abbreviation LSJ, which stands for *A Greek-English Lexicon, compiled by Henry George Liddell and Robert Scott, revised and augmented throughout by Sir Henry Stuart Jones, with the assistance of Roderick McKenzie and with the Cooperation of Many Scholars, with a revised supplement, 1966.* And by George, that's enough title for anybody!

When I refer to the standard commentaries and editions, I use the last name of the scholar, such as Smyth, Garvie, Podlecki, and so forth. Details of those works are given in a short list of references at the end of the book. I haven't tried to provide specific page references, since almost all commentaries are organized by the line numbers of the text, so when I refer to Frankel in my comment on line 7, the source in his text will be found in his comment on line 7. I do not expect my readers to be very interested in chasing down references; I include them to show where my thinking is indebted to, or is in reaction to, the thinking of others. I have "stood on the shoulders of giants" as do we all.

Η ΟΡΕΣΤΕΙΑ ΑΙΣΧΥΛΟΥ

The *Oresteia* of Aeschylus

Τὰ τοῦ δράματος πρόσωπα	The characters of the drama
Φύλαξ	Phylax (a palace guard)
Χορός	Choros (Chorus)
Κλυταιμνήστρα	Klytaimnêstra (Agamemnon's wife, ruler of Argos in his absence)
Κῆρυξ	Kêrux (herald of the fleet)
Ἀγαμέμνων	Agamemnôn (ruler of Argos)
Κασσάνδρα	Kassandra (prophetess of Apollo)
Αἴγισθος	Aigisthos (Klytaimnêstra's lover)
Ὀρέστης	Orestês (son of Agamemnon and Klytaimnêstra)
Ἠλέκτρα	Elektra (daughter of Agamemnon and Klytaimnêstra)
Οἰκέτης	Oiketês (a doorkeeper, a palace servant at Argos)
Τροφός	Trophos (Nurse, Kilissa, the woman who raised Orestês and Elektra)
Πυλάδης	Pyladês (Orestês' friend from Phokis)
Πυθιάς	Pythias (priestess of Apollo)
Ἀπόλλων	Apollôn (Apollo, god of the sun, of reason, of music)
Ἀθηνᾶ	Athêna (patron goddess of Athens, goddess of wisdom)
Προπομποί	Propompoi (leaders of the final procession)

Αγαμεμνων

Φύλαξ

θεοὺς μὲν αἰτῶ τῶνδ᾽ ἀπαλλαγὴν πόνων[1]
φρουρᾶς ἐτείας μῆκος, ἣν κοιμώμενος
στέγαις Ἀτρειδῶν ἄγκαθεν, κυνὸς δίκην.

Indeed (μὲν) I ask (αἰτῶ) the gods (θεοὺς) for release (ἀπαλλαγὴν) from this hardship (τῶνδ᾽ … πόνων,) from this year-long (ἐτείας) length (μῆκος) of standing guard (φρουρᾶς) which I am keeping (ἣν κοιμώμενος) in the manner (δίκην) of a dog (κυνὸς) enclosed as in folded arms (ἄγκαθεν) by the roofs/house (στέγαις) of the Atreides (Ἀτρειδῶν.)

ἄστρων κάτοιδα νυκτέρων ὁμήγυριν,[2]
καὶ τοὺς φέροντας χεῖμα καὶ θέρος βροτοῖς
λαμπροὺς δυνάστας, ἐμπρέποντας αἰθέρι
ἀστέρας, ὅταν φθίνωσιν, ἀντολάς τε τῶν.

I have known well (κάτοιδα) the gathering (ὁμήγυριν) of the stars (ἄστρων) during the night (νυκτέρων,) both (καὶ) those which bring (τοὺς φέροντας) winter (χεῖμα) and summer (καὶ θέρος) to mortals (βροτοῖς) radiant lords/masters (λαμπροὺς δυνάστας) conspicious (ἐμπρέποντας) in the air (αἰθέρι,) the stars (ἀστέρας) when they set (ὅταν φθίνωσιν) and (τε) the rising (ἀντολάς) of them (τῶν.)

καὶ νῦν φυλάσσω λαμπάδος τό σύμβολον,
αὐγὴν πυρὸς φέρουσαν ἐκ Τροίας φάτιν
ἁλώσιμόν τε βάξιν: ὧδε γὰρ κρατεῖ
γυναικὸς ἀνδρόβουλον ἐλπίζον κέαρ.

And (καὶ) now (νῦν) I keep watch (φυλάσσω) for the sign (τό σύμβολον) of the torch/beacon-fire (λαμπάδος,) the bright light (αὐγὴν) of fire (πυρὸς) carrying (φέρουσαν) from Troy (ἐκ Τροίας) easily understood (ἁλώσιμόν) report and news (φάτιν… τε βάξιν.) For (γὰρ) thus (ὧδε) governs (κρατεῖ) the expectant/hopeful (ἐλπίζον) masculinely-counseling (ἀνδρόβουλον) heart (κέαρ) of a woman (γυναικὸς.)

εὖτ᾽ ἂν δὲ νυκτίπλαγκτον ἔνδροσόν τ᾽ ἔχω
εὐνὴν ὀνείροις οὐκ ἐπισκοπουμένην
ἐμήν: φόβος γὰρ ἀνθ᾽ ὕπνου παραστατεῖ,
τὸ μὴ βεβαίως βλέφαρα συμβαλεῖν ὕπνῳ.

So (δὲ) whenever (εὖτ' ἂν) I am in the state of (ἔχω) wandering in the night and being drenched with dew (νυκτίπλαγκτον ἔνδροσόν τ',) my bed (εὐνὴν... ἐμήν) is unvisited (οὐκ ἐπισκοπουμένην) by dreams (ὀνείροις,) for fear (φόβος γὰρ) stands against sleep (ἀνθ᾽ ὕπνου παραστατεῖ,) my eyes are firm (βεβαίως βλέφαρα) so as not to be drawn together (τὸ μὴ συμβαλεῖν) by sleep (ὕπνῳ.)

ὅταν δ᾽ ἀείδειν ἢ μινύρεσθαι δοκῶ,
ὕπνου τόδ᾽ ἀντίμολπον ἐντέμνων ἄκος,
κλαίω τότ᾽ οἴκου τοῦδε συμφορὰν στένων
οὐχ ὡς τὰ πρόσθ᾽ ἄριστα διαπονουμένου.

Whenever I think (ὅταν δοκῶ) to sing, (ἀείδειν to sing as a poet sings, with words, or μινύρεσθαι to sing as a bird sings, without words,) in order to mix in (ἐντέμνων) this remedy (τόδ᾽ ἄκος i.e, singing,) which sounds completely different (ἀντίμολπον) from sleep (ὕπνου,) then I weep, I cry out (κλαίω τότ᾽) while groaning (στένων) for the misfortunes of this house, not like before (οὐχ ὡς τὰ πρόσθ᾽) governed with excellence (ἄριστα διαπονουμένου.)

νῦν δ᾽ εὐτυχὴς γένοιτ᾽ ἀπαλλαγὴ πόνων[3]
εὐαγγέλου φανέντος ὀρφναίου πυρός.

And now (νῦν δ᾽) may there be (γένοιτ᾽) fortunate deliverance from hardship (εὐτυχὴς .... ἀπαλλαγὴ πόνων,) fire (πυρός) that appears (φανέντος) from darkness (ὀρφναίου) bringing good news (εὐαγγέλου.)

ὦ χαῖρε λαμπτὴρ νυκτός, ἡμερήσιον[4]
φάος πιφαύσκων καὶ χορῶν κατάστασιν[5]
πολλῶν ἐν Ἄργει, τῆσδε συμφορᾶς χάριν.

O, fire from the night, fire by night, (ὦ χαῖρε λαμπτήρ νυκτός,) light for the day, by day. (ἡμερήσιον φάος!) Light of victory that declares or tells something (φάος πιφαύσκων,) light that gives reasons for or brings about dancing (φάος χορῶν κατάστασιν) all over Argos (πολλῶν ἐν Ἄργει) for the sake of this fortunate event (τῆσδε συμφορᾶς χάριν.)

ἰοὺ ἰού.[6]

ἰοὺ exclamation a loud cry expressive of sorrow, joy, surprise, grief, annoynace, really for any sudden strong emotion.

Ἀγαμέμνονος γυναικὶ σημαίνω τορῶς.

I am making a sign (σημαίνω) to Agamemnon's woman/wife (Ἀγαμέμνονος γυναικὶ) sharply, clearly (τορῶς.)

εὐνῆς ἐπαντείλασαν ὡς τάχος δόμοις
ὀλολυγμὸν εὐφημοῦντα τῇδε λαμπάδι
ἐπορθιάζειν, εἴπερ Ἰλίου πόλις
ἑάλωκεν, ὡς ὁ φρυκτὸς ἀγγέλλων πρέπει:

Rising as fast as possible (ἐπαντείλασαν ὡς τάχος) from bed (εὐνῆς) raise up (ἐπορθιάζειν) triumphant cries of joy and praise (ὀλολυγμόν εὐφημοῦντα) for the house (δόμοις) concerning this torchlight, i.e. the signal fire, (τῇδε λαμπάδι,) since (εἴπερ) the city of Ilium (Ἰλίου πόλις) has fallen (ἑάλωκεν) as the fire reports clearly (ὡς ὁ φρυκτὸς ἀγγέλλων πρέπει.)

αὐτός τ᾽ ἔγωγε φροίμιον χορεύσομαι.

And as for that (αὐτός τ᾽) I will dance a prelude (φροίμιον χορεύσομαι) myself (ἐγώγε.)

τὰ δεσποτῶν γὰρ εὖ πεσόντα θήσομαι[7]
τρὶς ἓξ βαλούσης τῆσδέ μοι φρυκτωρίας.

For (γὰρ) I will make a throw (θήσομαι) the same as my masters (τὰ δεσποτῶν) which falls well (εὖ πεσόντα.) This throw of triple-six (τρὶς ἓξ βαλούσης τῆσδε) is a signal to me (μοι φρυκτωρίας.)

γένοιτο δ’ οὖν μολόντος εὐφιλῆ χέρα
ἄνακτος οἴκων τῇδε βαστάσαι χερί.

And so (δ’ οὖν) may it come to be (γένοιτο) when he comes (μολόντος) that the well loved hand (εὐφιλῆ χέρα) of the lord (ἄνακτος) may grip (βαστάσαι) my hand (χερί.)

τὰ δ’ ἄλλα σιγῶ: βοῦς ἐπὶ γλώσσῃ μέγας[8]
βέβηκεν: οἶκος δ’ αὐτός, εἰ φθογγὴν λάβοι,
σαφέστατ’ ἂν λέξειεν: ὡς ἑκὼν ἐγὼ
μαθοῦσιν αὐδῶ κοὐ μαθοῦσι λήθομαι.

As for the rest (τὰ δ’ ἄλλα) I am silent (σιγῶ.) A big cow has stepped on my tongue (βοῦς ἐπὶ γλώσσῃ μέγας βέβηκεν.) And the house itself (οἶκος δ’ αὐτός,) if it had a voice (εἰ φθογγὴν λάβοι) would speak plainly (σαφέστατ’ ἂν λέξειεν.) Just as I willingly speak (ὡς ἑκών ἐγὼ... αὐδῶ) to those who know (μαθοῦσιν) and to those who do not know (κοὐ μαθοῦσι) I slip away unnoticed (λήθομαι.)

Χορός

δέκατον μὲν ἔτος τόδ’ ἐπεὶ Πριάμου
μέγας ἀντίδικος,
Μενέλαος ἄναξ ἠδ’ Ἀγαμέμνων,

It is the tenth year now (δέκατον μὲν ἔτος) since Priam’s great adversary, (ἐπεὶ Πριάμου μέγας ἀντίδικος) the lord Menelaos, and Agamemnon (Μενέλαος ἄναξ ἠδ’ Ἀγαμέμνων)

διθρόνου Διόθεν καὶ δισκήπτρου
τιμῆς ὀχυρὸν ζεῦγος Ἀτρειδᾶν
στόλον Ἀργείων χιλιοναύτην,
τῆσδ’ ἀπὸ χώρας
ἦραν, στρατιῶτιν ἀρωγάν.[9]

the strong pair of sons of Atreus (ὀχυρὸν ζεῦγος Ἀτρειδᾶν,) twin-throned and twin-sceptred in honor (διθρόνου καὶ δισκήπτρου τιμῆς) by the favor of Zeus (Διόθεν,) raised (ἦραν) an Argive force of a thousand ships (στόλον Ἀργείων χιλιοναύτην) from this land (τῆσδ' ἀπὸ χώρας,) an army to fight in support of them (στρατιῶτιν ἀρωγάν.)

μέγαν ἐκ θυμοῦ κλάζοντες Ἄρη[10]

Greatly crying out from the heart to Arês, (μέγαν ἐκ θυμοῦ κλάζοντες Ἄρη)

τρόπον αἰγυπιῶν, οἵτ᾽ ἐκπατίοις
ἄλγεσι παίδων ὕπατοι λεχέων
στροφοδινοῦνται,
πτερύγων ἐρετμοῖσιν ἐρεσσόμενοι,
δεμνιοτήρη[11]
πόνον ὀρταλίχων ὀλέσαντες.

they are like eagles (τρόπον αἰγυπιῶν) who (οἵτ') whirl (στροφοδινοῦνται) high over their nests (ὕπατοι λεχέων) in extreme pain for their children (ἐκπατίοις ἄλγεσι παίδων,) traversing the air with wings as oars (πτερύγων ἐρετμοῖσιν ἐρεσσόμενοι,) in lingering sorrow (δεμνιοτήρη πόνον) for their chicks who have been killed (ὀρταλίχων ὀλέσαντες.)

ὕπατος δ᾽ ἀίων ἤ τις Ἀπόλλων
ἢ Πὰν ἢ Ζεὺς οἰωνόθροον
γόον ὀξυβόαν τῶνδε μετοίκων
ὑστερόποινον
πέμπει παραβᾶσιν Ἐρινύν.

High in the air (ὕπατος δ' ἀίων) someone (τις,) Apollo or Pan or Zeus, (ἤ τις Ἀπόλλων ἢ Πὰν ἢ Ζεὺς,) avenging at last (ὑστερόποινον) the lamenting (γόον,) shrill-screaming (ὀξυβόαν) bird-cries (οἰωνόθροον) of these settlers in the heavens (τῶνδε μετοίκων,) sends (πέμπει) the Furies (Ἐρινύν) against those who transgress (παραβᾶσιν.)

οὕτω δ᾽ Ἀτρέως παῖδας ὁ κρείσσων[12]
ἐπ᾽ Ἀλεξάνδρῳ πέμπει ξένιος
Ζεὺς πολυάνορος ἀμφὶ γυναικὸς

And thus (οὕτω) hospitable Zeus (ξένιος Ζεὺς) sends (πέμπει) the stronger of the sons of Atreus (Ἀτρέως παῖδας ὁ κρείσσων) against Alexander (ἐπ' Ἀλεξάνδρῳ) for the sake of a woman of many men (πολυάνορος ἀμφὶ γυναικὸς.)

πολλὰ παλαίσματα καὶ γυιοβαρῆ
γόνατος κονίαισιν ἐρειδομένου
διακναιομένης τ᾽ ἐν προτελείοις
κάμακος θήσων Δαναοῖσι
Τρωσί θ᾽ ὁμοίως. ἔστι δ᾽ ὅπη νῦν[13]

Many are the battles and weary (πολλὰ παλαίσματα καὶ γυιοβαρῆ,) with knees driven into the dust (γόνατος κονίαισιν ἐρειδομένου,) with spears splintered in the first shock of battle (διακναιομένης τ' ἐν προτελείοις κάμακος,) laying down Greeks and Trojans alike (θήσων Δαναοῖσι Τρωσί θ' ὁμοίως.) It is now as it is (ἔστι δ' ὅπη νῦν ἔστι.)

ἔστι: τελεῖται δ᾽ ἐς τὸ πεπρωμένον:
οὔθ᾽ ὑποκαίων οὔθ᾽ ὑπολείβων
οὔτε δακρύων ἀπύρων ἱερῶν
ὀργὰς ἀτενεῖς παραθέλξει.

It fulfills/will fulfill itself into what has been appointed (τελεῖται δ' ἐς τὸ πεπρωμένον.) Neither burning sacrifices nor pouring libations (οὔθ' ὑποκαίων οὔθ' ὑπολείβων) nor the fireless sacrifice of tears (οὔτε δακρύων ἀπύρων ἱερῶν) will assuage unbending wrath (ὀργὰς ἀτενεῖς παραθέλξει.)

ἡμεῖς δ’ ἀτίται σαρκὶ παλαιᾷ
τῆς τότ’ ἀρωγῆς ὑπολειφθέντες
μίμνομεν ἰσχὺν
ἰσόπαιδα νέμοντες ἐπὶ σκήπτροις.

But (δ’) we (ἡμεῖς) are thought worthless (ἀτίται) for our ancient flesh (σαρκὶ παλαιᾷ,) left behind (ὑπολειφθέντες) the army (τῆς τότ’ ἀρωγῆς) we remain (μίμνομεν,) strength like a child (ἰσχὺν ἰσόπαιδα,) put out to pasture with a walking stick (νέμοντες ἐπὶ σκήπτροις.)

ὅ τε γὰρ νεαρὸς μυελὸς στέρνων[14]
ἐντὸς ἀνᾴσσων

For just as youthful marrow of the chest (ὅ τε γὰρ νεαρὸς μυελὸς στέρνων) rises up inside (ἐντὸς ἀνᾴσσων)

ἰσόπρεσβυς, Ἄρης δ’ οὐκ ἔνι χώρᾳ,

so equally an old man (ἰσόπρεσβυς,) but Arês is not in that place (Ἄρης δ’ οὐκ ἔνι χώρᾳ)

τό θ’ ὑπέργηρων φυλλάδος ἤδη
κατακαρφομένης τρίποδας μὲν ὁδοὺς
στείχει, παιδὸς δ’ οὐδὲν ἀρείων
ὄναρ ἡμερόφαντον ἀλαίνει.

and as to the excessively old (τό θ’ ὑπέργηρων) the leaves are already withered (φυλλάδος ἤδη κατακαρφομένης.) Indeed, they go down the road on three feet (τρίποδας μὲν ὁδοὺς στείχει) no better than a child (παιδὸς δ' οὐδὲν ἀρείων,) a dream appearing in daylight (ὄναρ ἡμερόφαντον ἀλαίνει.)

σὺ δέ, Τυνδάρεω
θύγατερ, βασίλεια Κλυταιμνήστρα,
τί χρέος; τί νέον; τί δ’ ἐπαισθομένη,
τίνος ἀγγελίας
πειθοῖ περίπεμπτα θυοσκεῖς;

But you, daughter of Tyndareus, queen Klytaimnestra (σὺ δέ, Τυνδάρεω θύγατερ, βασίλεια Κλυταιμνήστρα,) what is the matter (τί χρέος?) what is new (τί νέον?) and what do you hear (τί δ’ ἐπαισθομένη,) some news (τίνος ἀγγελίας) being sent around (περίπεμπτα) by which persuasion (πειθοῖ) you make sacrifices (θυοσκεῖς?)

πάντων δὲ θεῶν τῶν ἀστυνόμων,
ὑπάτων, χθονίων,
τῶν τ’ οὐρανίων τῶν τ’ ἀγοραίων,
βωμοὶ δώροισι φλέγονται:

The altars (βωμοὶ) of all the gods (πάντων δὲ θεῶν) who maintain the community (τῶν ἀστυνόμων,) the highest (ὑπάτων,) the earthliest (χθονίων,) both those of the skies (τῶν τ’ οὐρανίων) and those of the marketplace (τῶν τ’ ἀγοραίων) are flaming with sacrifices (δώροισι φλέγονται.)

ἄλλη δ’ ἄλλοθεν οὐρανομήκης
λαμπὰς ἀνίσχει,
φαρμασσομένη χρίματος ἁγνοῦ
μαλακαῖς ἀδόλοισι παρηγορίαις,
πελάνῳ μυχόθεν βασιλείῳ.

From anywhere and everywhere (ἄλλη δ’ ἄλλοθεν) as high as the sky (οὐρανομήκης) torches flare (λαμπὰς ἀνίσχει,) treated with holy oil (φαρμασσομένη χρίματος ἁγνοῦ,) gentle unadulterated assuagement (μαλακαῖς ἀδόλοισι παρηγορίαις,) a mixture from the women’s quarters of the queen’s palace (μαλακαῖς ἀδόλοισι παρηγορίαις.)

τούτων λέξασ’ ὅ τι καὶ δυνατὸν[15]
καὶ θέμις αἰνεῖν,

By telling of these things (τούτων λέξασ’) that which is both possible and proper (ὅ τι καὶ δυνατὸν καὶ θέμις) to be told (αἰνεῖν,)

παιών τε γενοῦ τῆσδε μερίμνης,
ἣ νῦν τοτὲ μὲν κακόφρων τελέθει,

be a healer (παιών τε γενοῦ) of this anxiety (τῆσδε μερίμνης,) which now and then indeed becomes malignant (ἣ νῦν τοτὲ μὲν κακόφρων τελέθει,)

τοτὲ δ’ ἐκ θυσιῶν ἀγανὴ φαίνουσ’
ἐλπὶς ἀμύνει φροντίδ’ ἄπληστον
τῆς θυμοβόρου φρένα λύπης.[16]

though when (τοτὲ δ’) by sacrifice (ἐκ θυσιῶν) you make to appear (φαίνουσ’) gentle hope (ἀγανὴ…ἐλπὶς,) it wards off (ἀμύνει) the pain that eats the heart (τῆς θυμοβόρου ... λύπης) from a mind insatiable of cares (φροντίδ’ ἄπληστον... φρένα.)

κύριός εἰμι θροεῖν ὅδιον κράτος αἴσιον ἀνδρῶν[17]
ἐκτελέων: ἔτι γὰρ θεόθεν καταπνεύει[18]
πειθὼ μολπᾶν
ἀλκὰν σύμφυτος αἰών:

I have the authority/the power (κύριός εἰμι) to tell of/to cry aloud of (θροεῖν) the well-omened (αἴσιον) strength (κράτος) for the journey (ὅδιον) of perfected (ἐκτελέων) warriors (ἀνδρῶν.) For still, for yet (ἔτι γὰρ) by divine action (θεόθεν) Persuasion (πειθὼ) breathes down (καταπνεύει) strength (ἀλκὰν) to sing (μολπᾶν) natural to my age (σύμφυτος αἰών.)

ὅπως Ἀχαι-[19]
ῶν δίθρονον κράτος, Ἑλλάδος ἥβας
ξύμφρονα ταγάν,
πέμπει σὺν δορὶ καὶ χερὶ πράκτορι
θούριος ὄρνις Τευκρίδ’ ἐπ’ αἶαν,

Thus (ὅπως) a raging bird (θούριος ὄρνις) sent (πέμπει) the two-throned power of the Achaeans (Ἀχαιῶν δίθρονον κράτος,) the young manhood of Greece (Ἑλλάδος ἥβας) under single-minded command (ξύμφρονα ταγάν) with spears and hands ready for action (σὺν δορὶ καὶ χερὶ πράκτορι) to the land of Teukris (Τευκρίδ’ ἐπ’ αἶαν,)

οἰωνῶν βασιλεὺς βασιλεῦσι νε-[20]
ῶν ὁ κελαινός, ὅ τ’ ἐξόπιν ἀργᾶς,

A king of the eagles (οἰωνῶν βασιλεὺς) for the kings of the ships (βασιλεῦσι νεῶν,) the black one, with the silver one behind (ὁ κελαινός, ὅ τ’ ἐξόπιν ἀργᾶς,)

φανέντες ἴ-
κταρ μελάθρων χερὸς ἐκ δοριπάλτου

appearing (φανέντες) close (ἴκταρ) to the roof (μελάθρων) on the right, the spear-throwing, hand (χερὸς ἐκ δοριπάλτου)

παμπρέπτοις ἐν ἕδραισιν,
βοσκόμενοι λαγίναν, ἐρικύμονα φέρματι γένναν,
βλαβέντα λοισθίων δρόμων.

highly conspicuous in the part of the sky where omens appear (παμπρέπτοις ἐν ἕδραισιν,) feeding on a hare swollen with the young in her womb, cutting off her last run (βλαβέντα λοισθίων δρόμων.)

αἴλινον αἴλινον εἰπέ, τὸ δ’ εὖ νικάτω.[21]

Sing the dirge, sing the dirge (αἴλινον αἴλινον εἰπέ,) but let the good prevail (τὸ δ' εὖ νικάτω.)

κεδνὸς δὲ στρατόμαντις ἰδὼν δύο λήμασιν ἴσους
Ἀτρεΐδας μαχίμους ἐδάη λαγοδαίτας
πομπούς τ’ ἀρχάς:

Then the prophet of the army, a careful man (κεδνὸς δὲ στρατόμαντις) seeing a single mind in the two (ἰδὼν δύο λήμασιν ἴσους) warlike Atreidae (Ἀτρεΐδας μαχίμους,) understood (ἐδάη) the eagles who devoured the hare (λαγοδαίτας) as the leaders and guides (πομπούς τ' ἀρχάς:)

οὕτω δ’ εἶπε τεράζων:

Thus he spoke, prophesying (οὕτω δ' εἶπε τεράζων:)

χρόνῳ μὲν ἀγρεῖ[22]
Πριάμου πόλιν ἅδε κέλευθος,
πάντα δὲ πύργων
κτήνη πρόσθε τὰ δημιοπληθῆ
Μοῖρ’ ἀλαπάξει πρὸς τὸ βίαιον:

Indeed (μὲν,) in time (χρόνῳ) this expedition (ἅδε κέλευθος) captures (ἀγρεῖ) the city of Priam (Πριάμου πόλιν.) In front of all his towers (πάντα δὲ πύργων ... πρόσθε) Fate destroys (Μοῖρ' ἀλαπάξει) the herds, the wealth of his people, (κτήνη ... τὰ δημιοπληθῆ) by force (πρὸς τὸ βίαιον:)

μή τις ἄγα θεόθεν κνεφά-
σῃ προτυπὲν στόμιον μέγα Τροίας

Only let not (οἷον μή) some malice (τις ἄγα) by divine action (θεόθεν) put under a cloud (κνεφάσῃ) the expedition (στρατωθέν,) the bit (στόμιον) pressed forward upon (προτυπὲν) great Troy (μέγα Τροίας.)

στρατωθέν. οἴκτῳ γὰρ ἐπί-
φθονος Ἄρτεμις ἁγνὰ
πτανοῖσιν κυσὶ πατρὸς
αὐτότοκον πρὸ λόχου μογερὰν πτάκα θυομένοισιν
στυγεῖ δὲ δεῖπνον αἰετῶν.

For alas! (οἴκτῳ γὰρ) chaste Artemis is jealous (ἐπίφθονος Ἄρτεμις ἁγνὰ) because of the feathered hounds of her father (πτανοῖσιν κυσὶ πατρὸς) who slaughtered the wretched, cowering, pregnant animal (αὐτότοκον ... μογερὰν πτάκα θυομένοισιν) by ambush (πρὸ λόχου,) and she is disgusted by the eagle's meal (στυγεῖ δὲ δεῖπνον αἰετῶν.)

αἴλινον αἴλινον εἰπέ, τὸ δ' εὖ νικάτω.[23]

Sing the dirge, sing the dirge (αἴλινον αἴλινον εἰπέ,) but let the good prevail (τὸ δ' εὖ νικάτω.)

τόσον περ εὔφρων, καλά,

You are so kind (τόσον περ εὔφρων,) beautiful one (καλά,)

δρόσοισι λεπτοῖς μαλερῶν λεόντων
πάντων τ' ἀγρονόμων φιλομάστοις
θηρῶν ὀβρικάλοισι τερπνά,

to the young (δρόσοισι,) the tender ones (λεπτοῖς) of ravening lions (μαλερῶν λεόντων) and (τ') the delight (τερπνά) all of (πάντων) young of wild animals (θηρῶν ὀβρικάλοισι) of the field (ἀγρονόμων) who still love to suckle the breast (φιλομάστοις,)

τούτων αἴνει ξύμβολα κρᾶναι,

Be content (αἴνει) to bring to pass (κρᾶναι) these omens (τούτων ξύμβολα.)

δεξιὰ μέν, κατάμομφα δὲ φάσματα.[24]

They are propitious (δεξιὰ μέν,) though they are blameworthy in appearance (κατάμομφα δὲ φάσματα.)

ἰήιον δὲ καλέω Παιᾶνα,

I call on Paean with the cry of iê (ἰήιον δὲ καλέω Παιᾶνα,)

μή τινας ἀντιπνόους Δανα-
οῖς χρονίας ἐχενῆδας ἀ-
πλοίας τεύξῃ,
σπευδομένα θυσίαν ἑτέραν ἄνομόν τιν' ἄδαιτον

lest she (Artemis) prepare (μή ... τεύξῃ) something (τινας) long-enduring, ship-detaining, (χρονίας ἐχενῆδας) caused by adverse winds (ἀντιπνόους,) against the Danaans, (Δαναοῖς) she urging on some other lawless sacrifice (σπευδομένα θυσίαν ἑτέραν ἄνομόν τιν',) something revolting (literally, that cannot be eaten, ἄδαιτον,)

νεικέων τέκτονα σύμφυτον,
οὐ δεισήνορα. μίμνει γὰρ φοβερὰ παλίνορτος
οἰκονόμος δολία, μνάμων μῆνις τεκνόποινος.

a natural maker of conflict (νεικέων τέκτονα σύμφυτον,) fearing no man (οὐ δεισήνορα.) For (γὰρ) there awaits (μίμνει) a terrible, relentless wife (φοβερὰ παλίνορτος οἰκονόμος,) a crafty, unforgetting, child-avenging wrath (δολία μνάμων μῆνις τεκνόποινος.)

τοιάδε Κάλχας ξὺν μεγάλοις ἀγαθοῖς ἀπέκλαγξεν
μόρσιμ’ ἀπ’ ὀρνίθων ὁδίων οἴκοις βασιλείοις:
τοῖς δ’ ὁμόφωνον

Such as this (τοιάδε) Kalchas (Κάλχας,) shouted out (ἀπέκλαγξεν) with great benefit (ξὺν μεγάλοις ἀγαθοῖς,) to the royal houses (οἴκοις βασιλείοις) what was ordained by fate as shown by the birds of the road (μόρσιμ' ἀπ' ὀρνίθων ὁδίων.)

αἴλινον αἴλινον εἰπέ, τὸ δ’ εὖ νικάτω.

Sing the dirge, sing the dirge (αἴλινον αἴλινον εἰπέ,) but let the good prevail (τὸ δ' εὖ νικάτω.)

Ζεύς, ὅστις ποτ’ ἐστίν, εἰ τόδ’ αὐ-
τῷ φίλον κεκλημένῳ,
τοῦτό νιν προσεννέπω.

Zeus, whoever he may be/whatever he may be called (ὅστις ποτ’ ἐστίν,) if this being-called-this is pleasing to him, I call upon him by this.

οὐκ ἔχω προσεικάσαι
πάντ’ ἐπισταθμώμενος.

I am not able to make any conjecture (οὐκ ἔχω προσεικάσαι) though I have weighed and measured it in all ways (πάντ’ ἐπισταθμώμενος.)

πλὴν Διός, εἰ τὸ μάταν ἀπὸ φροντίδος ἄχθος
χρὴ βαλεῖν ἐτητύμως;

Who other than Zeus (πλὴν Διός,) if I am truly to throw off the fruitless burden of thoughts?

οὐδ’ ὅστις πάροιθεν ἦν μέγας,
παμμάχῳ θράσει βρύων,
οὐδὲ λέξεται πρὶν ὤν.

Not even whoever formerly (οὐδ' ὅστις πάροιθεν) was a great man (ἦν μέγας,) full to bursting with courage, ready for any fight (παμμάχῳ θράσει βρύων,) he is not even spoken of (οὐδὲ λέξεται) as formerly existing (πρὶν ὤν.)

ὃς δ’ ἔπειτ’ ἔφυ, τρια-[25]
κτῆρος οἴχεται τυχών.

And the one who came out next (ὃς δ’ ἔπειτ’ ἔφυ) is gone (οἴχεται) having met his match (τριακτῆρος ... τυχών.)

Ζῆνα δέ τις προφρόνως ἐπινίκια κλάζων
τεύξεται φρενῶν τὸ πᾶν:

But (δέ) somone (τις) who earnestly (προφρόνως) cries out (κλάζων) in victory (ἐπινίκια) to Zeus (Ζῆνα) will obtain or produce for himself (τεύξεται) everything (τὸ πᾶν) that makes a person wise (φρενῶν:)

τὸν φρονεῖν βροτοὺς ὁδώ-
σαντα, τὸν πάθει μάθος
θέντα κυρίως ἔχειν.

When human beings (βροτοὺς,) having mastery (κυρίως ἔχειν) follow the right path (ὁδώσαντα) in thinking (τὸν φρονεῖν,) they turn (θέντα) experience (τὸν πάθει) into learning (μάθος.)

στάζει δ’ ἀνθ’ ὕπνου πρὸ καρδίας [26]
μνησιπήμων πόνος: καὶ παρ’ ἄ-
κοντας ἦλθε σωφρονεῖν.

And in sleep (δ' ἔν θ' ὕπνῳ) sorrow that is painful to think of (μνησιπήμων πόνος) drips upon the heart (στάζει πρὸ καρδίας) and along the way, unwillingly, (καὶ παρ’ ἄ κοντας) it comes to be wise (ἦλθε σωφρονεῖν.)

δαιμόνων δέ που χάρις βίαιος[27]
σέλμα σεμνὸν ἡμένων.

Perhaps (που) the grace of the gods (δαιμόνων ... χάρις,) seated on their august steering-benches (σέλμα σεμνὸν ἡμένων,) is violent (βίαιος.)

καὶ τόθ’ ἡγεμὼν ὁ πρέ-
σβυς νεῶν Ἀχαιικῶν,

And then the elder leader of the Achaean ships (καὶ τόθ' ἡγεμὼν ὁ πρέ-σβυς νεῶν Ἀχαιικῶν,)

μάντιν οὔτινα ψέγων,

finding no fault with the soothsayer (μάντιν οὔτινα ψέγων,)

ἐμπαίοις τύχαισι συμπνέων,

kept on patiently enduring sudden/pressing misfortune (ἐμπαίοις τύχαισι συμπνέων,)

εὖτ’ ἀπλοίᾳ κεναγγεῖ βαρύ-
νοντ’ Ἀχαιικὸς λεώς,

when because the impossibility of sailing was draining the food supply (εὖτ' ἀπλοίᾳ κεναγγεῖ) the Achaean people (men, army) were being heavily weighed down (βαρύνοντ' Ἀχαιικὸς λεώς,)

Χαλκίδος πέραν ἔχων παλιρρόχ-
θοις ἐν Αὐλίδος τόποις:

holding across from Kalkis (Χαλκίδος πέραν ἔχων,) in the region of Aulis where the tides roar back and forth (παλιρρόχθοις ἐν Αὐλίδος τόποις:)

πνοαὶ δ’ ἀπὸ Στρυμόνος μολοῦσαι

While the winds keep blowing from from the Strymon (πνοαὶ δ’ ἀπὸ Στρυμόνος μολοῦσαι)

κακόσχολοι νήστιδες δύσορμοι,

the men are idle and starving on bad ground (κακόσχολοι νήστιδες δύσορμοι,)

βροτῶν ἄλαι, ναῶν καὶ
πεισμάτων ἀφειδεῖς,

wandering aimlessly (βροτῶν ἄλαι,) paying no attention (ἀφειδεῖς) to the ships and the rigging (ναῶν καὶ πεισμάτων,)

παλιμμήκη χρόνον τιθεῖσαι
τρίβῳ κατέξαινον ἄν-

making the time twice as long (παλιμμήκη χρόνον τιθεῖσαι,) the flower of Argos (ἄν-θος Ἀργείων) wastes away (κατέξαινον) by attrition (τρίβῳ.)

θος Ἀργείων. ἐπεὶ δὲ καὶ πικροῦ
χείματος ἄλλο μῆχαρ
βριθύτερον πρόμοισιν
μάντις ἔκλαγξεν προφέρων
Ἄρτεμιν, ὥστε χθόνα βάκ-
τροις ἐπικρούσαντας Ἀτρεί-
δας δάκρυ μὴ κατασχεῖν:

And then during the bitter winter (ἐπεὶ δὲ καὶ πικροῦ χείματος) the prophet cried out (μάντις ἔκλαγξεν) to the leaders (πρόμοισιν) for a different, a weightier course of action, (ἄλλο μῆχαρ βριθύτερον,) while proclaiming with respect to/in the name of Artemis (προφέρων Ἄρτεμιν) such that (ὥστε) the sons of Atreus (Ἀτρείδας,) beating their staffs upon the ground (χθόνα βάκτροις ἐπικρούσαντας,) were unable to hold back their tears (δάκρυ μὴ κατασχεῖν.)

ἄναξ δ’ ὁ πρέσβυς τότ’ εἶπε φωνῶν:

Then the elder lord spoke, saying (ἄναξ δ' ὁ πρέσβυς τότ' εἶπε φωνῶν,)

βαρεῖα μὲν κὴρ τὸ μὴ πιθέσθαι,
βαρεῖα δ’, εἰ τέκνον δαΐ-
ξω, δόμων ἄγαλμα,
μιαίνων παρθενοσφάγοισιν
ῥείθροις πατρῴους χέρας

“To disobey (τὸ μὴ πιθέσθαι) is indeed (μὲν) a heavy doom (βαρεῖα κὴρ) but (δ') it is also heavy (βαρεῖα) if (εἰ) I were to cleave (δαΐξω) a child (τέκνον,) the glory of the house (δόμων ἄγαλμα,) on the altar (πέλας βωμοῦ,) defiling by sacrifice of a virgin (μιαίνων παρθενοσφάγοισιν) the streaming hands belonging to her father (ῥείθροις πατρῴους χέρας.)

πέλας βωμοῦ. τί τῶνδ’ ἄνευ κακῶν,

What is far from this evil (τί τῶνδ' ἄνευ κακῶν; what choice do I have that is not evil?)

πῶς λιπόναυς γένωμαι
ξυμμαχίας ἁμαρτών;

How can I become a deserter from the fleet (πῶς λιπόναυς γένωμαι,) one who failed the alliance (ξυμμαχίας ἁμαρτών;)?

παυσανέμου γὰρ θυσίας
παρθενίου θ’ αἵματος ὀρ-
γᾷ περιόργως ἐπιθυ-
μεῖν θέμις. εὖ γὰρ εἴη.

For (γὰρ) wrathfully (ὀργᾷ) to set one’s heart (περιόργως ἐπιθυμεῖν) upon a windstopping sacrifice (παυσανέμου…θυσίας) of the blood of a virgin (παρθενίου θ' αἵματος) is justice (θέμις.) May all be well (εὖ γὰρ εἴη.)

ἐπεὶ δ’ ἀνάγκας ἔδυ λέπαδνον
φρενὸς πνέων δυσσεβῆ τροπαίαν
ἄναγνον ἀνίερον, τόθεν
τὸ παντότολμον φρονεῖν μετέγνω.

But when (ἐπεὶ δ') he put on (ἔδυ) the harness (λέπαδνον) of necessity (ἀνάγκας) when there blew (πνέων) an impious changing wind (δυσσεβῆ τροπαίαν) of his mind/heart/spirit (φρενὸς) unclean, unholy (ἄναγνον ἀνίερον,) thereafter (τόθεν) he changed (μετέγνω) his frame of mind (φρονεῖν) into shamelessness (τὸ παντότολμον.)

βροτοὺς θρασύνει γὰρ αἰσχρόμητις
τάλαινα παρακοπὰ πρωτοπήμων. ἔτλα δ’ οὖν
θυτὴρ γενέσθαι θυγατρός,
γυναικοποίνων πολέμων ἀρωγὰν
καὶ προτέλεια ναῶν.

For (γὰρ) the act of forming base designs (αἰσχρόμητις,) makes mortal men grow bold (βροτοὺς θρασύνει,) a wretched, insane calamity (τάλαινα παρακοπὰ πρωτοπήμων.) And thus he dared (ἔτλα δ' οὖν) to make himself the killer of his daughter (θυτὴρ γενέσθαι θυγατρός,) for the sake (ἀρωγὰν) of wars (πολέμων) fought to avenge a woman (γυναικοποίνων) and (καὶ) as a preparatory ritual (προτέλεια) for the ships (ναῶν.)

λιτὰς δὲ καὶ κληδόνας πατρῴους
παρ’ οὐδὲν αἰῶ τε παρθένειον
ἔθεντο φιλόμαχοι βραβῆς.

The warlike chiefs (φιλόμαχοι βραβῆς) make nothing (οὐδὲν ἔθεντο) of either (δὲ καὶ... τε) the prayers and warnings of the father (κληδόνας πατρῴους) along with the youth of the girl (παρ'...αἰῶ...παρθένειον.)

φράσεν δ’ ἀόζοις πατὴρ μετ’ εὐχὰν
δίκαν χιμαίρας ὕπερθε βωμοῦ
πέπλοισι περιπετῆ παντὶ θυμῷ προνωπῆ
λαβεῖν ἀέρδην, στόματός

The father, after a prayer/curse, (πατὴρ μετ' εὐχὰν,) tells the temple servants to take her (φράσεν ἀόζοις... λαβεῖν) up above the altar into the air (ὕπερθε βωμοῦ...ἀέρδην) as one would a sacrificial goat (δίκαν χιμαίρας,) wrapped with respect to all her robes (πέπλοισι περιπετῆ,) falling prostrate with respect to her whole soul (παντὶ θυμῷ προνωπῆ,)

τε καλλιπρῴρου φυλακᾷ κατασχεῖν

φθόγγον ἀραῖον οἴκοις,

βίᾳ χαλινῶν τ’ ἀναύδῳ μένει.

with a gag (φυλακᾷ) on the mouth of her beautiful face (στόματός τε καλλιπρῴρου) to hold back (κατασχεῖν) utterance meant to put a curse upon the houses/families (of the kings) (φθόγγον ἀραῖον οἴκοις,) by force (βίᾳ) she remains (μένει) silent (ἀναύδῳ) and (τ') gagged (χαλινῶν literally, bridled like a horse.)

κρόκου βαφὰς δ’ ἐς πέδον χέουσα[28]

And (δ') as she let fall (χέουσα) her robes (βαφὰς) of saffron (κρόκου) to the ground (ἐς πέδον)

ἔβαλλ’ ἕκαστον θυτήρ-

ων ἀπ’ ὄμματος βέλει

φιλοίκτῳ. πρέπουσά τὼς ἐν γραφαῖς, προσεννέπειν

θέλουσ’, ἐπεὶ πολλάκις

πατρὸς κατ’ ἀνδρῶνας εὐτραπέζους

she shot at each of her killers (ἔβαλλ' ἕκαστον θυτήρων) with a piteous shot from her eyes (ἀπ' ὄμματος βέλει φιλοίκτῳ.) She keeps wanting (θέλουσ',) clearly (πρέπουσά) as if it were written (τὼς ἐν γραφαῖς,) to entreat them each by name (προσεννέπειν,) for many times (ἐπεὶ πολλάκις) down in the well-furnished dining hall of her father (πατρὸς κατ' ἀνδρῶνας εὐτραπέζους,)

ἔμελψεν, ἁγνᾷ δ’ ἀταύρωτος αὐδᾷ πατρὸς

φίλου τριτόσπονδον εὔ-

ποτμον παιῶνα φίλως ἐτίμα—

she sang (ἔμελψεν,) with a pure and virginal voice (ἁγνᾷ δ' ἀταύρωτος αὐδᾷ) a solemn song (παιῶνα) for the propitious third libation (τριτόσπονδον εὔποτμον) from/offered by her beloved father (πατρὸς φίλου) lovingly honoring (him) (φίλως ἐτίμα)

τὰ δ’ ἔνθεν οὔτ’ εἶδον οὔτ’ ἐννέπω.

τέχναι δὲ Κάλχαντος οὐκ ἄκραντοι.

As for what happened next (τὰ δ' ἔνθεν,) I neither saw nor tell (οὔτ' εἶδον οὔτ' ἐννέπω.) The arts of Kalchas are not ineffectual (τέχναι δὲ Κάλχαντος οὐκ ἄκραντοι.)

Δίκα δὲ τοῖς μὲν παθοῦσ-[29]

ιν μαθεῖν ἐπιρρέπει:

Justice (Δίκα) makes it our lot (ἐπιρρέπει) to learn (μαθεῖν) from what indeed happens (τοῖς μὲν παθοῦσιν.)

τὸ μέλλον δ’, ἐπεὶ γένοιτ’, ἂν κλύοις: πρὸ χαιρέτω:

ἴσον δὲ τῷ προστένειν.

τορὸν γὰρ ἥξει σύνορθρον αὐγαῖς.

But as for the future (τὸ μέλλον δ’,) when it comes to pass (ἐπεὶ γένοιτ’,) then I would pay attention (κλύοις) until then, rejoice (πρὸ χαιρέτω!) And the same (ἴσον) for that which is to grieve for before it happens (τῷ προστένειν.) It will all be clear at daybreak (τορὸν γὰρ ἥξει σύνορθρον αὐγαῖς.)

πέλοιτο δ’ οὖν τἀπὶ τούτοισιν εὖ πρᾶξις, ὡς[30]
θέλει τόδ’ ἄγχιστον Ἀ-
πίας γαίας μονόφρουρον ἕρκος.

And so (δ' οὖν) may the business (πρᾶξις) come out well (πέλοιτο... εὖ) for those close to this (τἀπὶ τούτοισιν,) as wishes (θέλει) this most recent (τόδ' ἄγχιστον) sole defender (μονόφρουρον ἕρκος) of the Apian land (Ἀπίας γαίας.)

ἥκω σεβίζων σόν, Κλυταιμνήστρα, κράτος.
δίκη γάρ ἐστι φωτὸς ἀρχηγοῦ τίειν
γυναῖκ’ ἐρημωθέντος ἄρσενος θρόνου.

I have come (ἥκω) in reverence (σεβίζων) of your power (σόν...κράτος,) Klytaimnêstra. It is right (δίκη γάρ ἐστι) for a man (φωτὸς) to pay honor to (τίειν) a ruler’s wife (ἀρχηγοῦ γυναῖκ') when the throne of the king (ἄρσενος θρόνου) stands desolate (ἐρημωθέντος.)

σὺ δ’ εἴ τι κεδνὸν εἴτε μὴ πεπυσμένη
εὐαγγέλοισιν ἐλπίσιν θυηπολεῖς,
κλύοιμ’ ἂν εὔφρων: οὐδὲ σιγώσῃ φθόνος.

Now you, (σὺ δ') having heard something (πεπυσμένη,) whether good or not (εἴ τι κεδνὸν εἴτε μὴ,) busy yourself with sacrifices (θυηπολεῖς) because of some hope (ἐλπίσιν) of good news (εὐαγγέλοισιν,) I would be glad to listen (κλύοιμ' ἂν εὔφρων.) But there will be no (οὐδὲ) ill-will (φθόνος) because you keep silence (σιγώσῃ.)

Κλυταιμνήστρα

εὐάγγελος μέν, ὥσπερ ἡ παροιμία,
ἕως γένοιτο μητρὸς εὐφρόνης πάρα.
πεύσῃ δὲ χάρμα μεῖζον ἐλπίδος κλύειν:
Πριάμου γὰρ ᾑρήκασιν Ἀργεῖοι πόλιν.

Good news indeed (εὐάγγελος μέν,) just as in the saying (ὥσπερ ἡ παροιμία,) May dawn be born from the side of her mother, the night (ἕως γένοιτο μητρὸς εὐφρόνης πάρα, literally the kindly time.) You will learn of a thing of joy greater than hope; listen! For the Argives have taken the city of Priam.

Χορός

πῶς φῄς; πέφευγε τοὔπος ἐξ ἀπιστίας.

What are you saying (πῶς φῃς, literally how do you speak?) The word (τοὔπος,) fled (πέφευγε) from disbelief (ἐξ ἀπιστίας.)

Κλυταιμνήστρα

Τροίαν Ἀχαιῶν οὖσαν: ἦ τορῶς λέγω;[31]

Troy is Greek! (Τροίαν Ἀχαιῶν οὖσαν.) Well, do I speak clearly (ἦ τορός λέγω;)?

Χορός

χαρά μ’ ὑφέρπει δάκρυον ἐκκαλουμένη.

Joy comes over me (χαρά μ' ὑφέρπει) calling forth a tear (δάκρυον ἐκκαλουμένη.)

Κλυταιμνήστρα

εὖ γὰρ φρονοῦντος ὄμμα σοῦ κατηγορεῖ.

Because you mean well (εὖ γὰρ φρονοῦντος.) Your eyes prove it (ὄμμα σοῦ κατηγορεῖ.)

Χορός

τί γὰρ τὸ πιστόν; ἔστι τῶνδέ σοι τέκμαρ;

What is the surety (τί γὰρ τὸ πιστόν;)? Do you have proof of this? (ἔστι τῶνδέ σοι τέκμαρ; literally “Is there proof of this to you?”)

Κλυταιμνήστρα

ἔστιν: τί δ’ οὐχί; μὴ δολώσαντος θεοῦ.

There is. (ἔστιν.) Just why not? (τί δ' οὐχί; οὐχί more emphatic form of οὐ, not.) Unless there is some deceitful god. (μὴ δολώσαντος θεοῦ, literally there being no deceitful god.)

Χορός

πότερα δ’ ὀνείρων φάσματ’ εὐπειθῆ σέβεις;[32]

But (δ’) which is it (πότερα,) do you honor (σέβεις) a persuasive (εὐπιθῆ) apparition (φάσματ’) from dreams (ὀνείρων?)

Κλυταιμνήστρα

οὐ δόξαν ἂν λάβοιμι βριζούσης φρενός.

I would not take up (οὐ… ἂν λάβοιμι) a notion (δόξαν) from a sleeping mind (βριζούσης φρενός.)

Χορός

ἀλλ’ ἦ σ’ ἐπίανέν τις ἄπτερος φάτις;

Or then (ἀλλ' ἦ,) are you excited (σ' ἐπίανέν) by some wingless rumor (τις ἄπτερος φάτις?)

Κλυταιμνήστρα

παιδὸς νέας ὣς κάρτ᾽ ἐμωμήσω φρένας.[33]

You find fault beyond measure (κάρτ' ἐμωμήσω) as if (ὣς) with the thoughts (φρένας) of a young girl (παιδὸς νέας.)

Χορός

ποίου χρόνου δὲ καὶ πεπόρθηται πόλις;

And just when (ποίου χρόνου δὲ καὶ) did they plunder the city? (πεπόρθηται πόλις;)

Κλυταιμνήστρα

τῆς νῦν τεκούσης φῶς τόδ᾽ εὐφρόνης λέγω.

During the night (εὐφρόνης) that gave birth to the light (τεκούσης φῶς) in which I now tell you this (τῆς νῦν τόδ' λέγω.)

Χορός

καὶ τίς τόδ᾽ ἐξίκοιτ᾽ ἂν ἀγγέλων τάχος;

And what messenger (καὶ τίς ἀγγέλων) could have arrived (ἐξίκοιτ᾽ ἂν) here (τόδ᾽) so quickly (τάχος?)

Κλυταιμνήστρα

῞Ηφαιστος, ῎Ιδης λαμπρὸν ἐκπέμπων σέλας.
φρυκτὸς δὲ φρυκτὸν δεῦρ᾽ ἀπ᾽ ἀγγάρου πυρὸς

Hephaistos (῞Ηφαιστος,) by sending forth (ἐκπέμπων) a brilliant blaze (λαμπρὸν σέλας) from Mount Ida (῎Ιδης.) Indeed a beacon (φρυκτὸς δὲ) did send (ἔπεμπεν) a signal (φρυκτὸν) here (δεῦρ') by means of a courier of fire (ἀπ' ἀγγάρου πυρὸς.)

ἔπεμπεν ῎Ιδης μὲν πρὸς Ἑρμαῖον λέπας[34]
Λήμνου: μέγαν δὲ πανὸν ἐκ νήσου τρίτον
Ἀθῷον αἶπος Ζηνὸς ἐξεδέξατο,

from Mount Ida to the rock of Hermes on Lemnos, (῎Ιδης μὲν πρὸς Ἑρμαῖον λέπας Λήμνου) then thirdly (τρίτον) Mount Athos, belonging to Zeus (Ἀθῷον αἶπος Ζηνὸς) received (ἐξεδέξατο) a great torch (μέγαν δὲ πανὸν) from the island (ἐκ νήσου.)

ὑπερτελής τε, πόντον ὥστε νωτίσαι,
ἰσχὺς πορευτοῦ λαμπάδος πρὸς ἡδονὴν[35]

And rising above (ὑπερτελής τε) so as to skim the sea (πόντον ὥστε νωτίσαι,) the power of the traveling torch (ἰσχὺς πορευτοῦ λαμπάδος) joyfully....

… πεύκη … τὸ χρυσοφεγγές, ὥς τις ἥλιος,
σέλας παραγγείλασα Μακίστου σκοπαῖς:
ὁ δ’ οὔτι μέλλων οὐδ’ ἀφρασμόνως ὕπνῳ
νικώμενος παρῆκεν ἀγγέλου μέρος:

.... a pine (πεύκη) .... the light (τὸ…σέλας) shining golden (χρυσοφεγγές) like some sun (ὥς τις ἥλιος,) transmitting the message (παραγγείλασα) to the watchtowers of Macistus (Μακίστου σκοπαῖς) who then, triumphant (ὁ δ'...νικώμενος) not at all hesitating (οὔτι μέλλων) did not at all senselessly disregard (οὐδ' ἀφρασμόνως...παρῆκεν) their duty as messengers (ἀγγέλου μέρος) due to sleep (ὕπνῳ:)

ἑκὰς δὲ φρυκτοῦ φῶς ἐπ’ Εὐρίπου ῥοὰς
Μεσσαπίου φύλαξι σημαίνει μολόν.
οἱ δ’ ἀντέλαμψαν καὶ παρήγγειλαν πρόσω
γραίας ἐρείκης θωμὸν ἅψαντες πυρί.

Then from far away (ἑκὰς δὲ) the light of the fire (φρυκτοῦ φῶς,) coming to the river Eripus ἐπ' Εὐρίπου ῥοὰς...μολόν) signaled to the guards on Mount Messapion (Μεσσαπίου φύλαξι σημαίνει) and they lit their fire in their turn (οἱ δ' ἀντέλαμψαν) and sent the message on its way (καὶ παρήγγειλαν πρόσω) by setting fire (ἅψαντες πυρί) to a heap of withered heather (γραίας ἐρείκης θωμὸν.)

σθένουσα λαμπὰς δ’ οὐδέπω μαυρουμένη,
ὑπερθοροῦσα πεδίον Ἀσωποῦ, δίκην
φαιδρᾶς σελήνης, πρὸς Κιθαιρῶνος λέπας
ἤγειρεν ἄλλην ἐκδοχὴν πομποῦ πυρός.

And the mighty torch, not yet darkened (σθένουσα λαμπὰς δ' οὐδέπω μαυρουμένη,) and as it came leaping over the plain of the Asopus river (ὑπερθοροῦσα πεδίον Ἀσωποῦ,) in the manner of a bright-shining moon (δίκην φαιδρᾶς σελήνης,) toward Mount Cithaeron (πρὸς Κιθαιρῶνος λέπας) it awoke (ἤγειρεν) another relay (ἄλλην ἐκδοχὴν) of messenger-fire πομποῦ πυρός.

φάος δὲ τηλέπομπον οὐκ ἠναίνετο
φρουρὰ πλέον καίουσα τῶν εἰρημένων:
λίμνην δ’ ὑπὲρ Γοργῶπιν ἔσκηψεν φάος:
ὄρος τ’ ἐπ’ Αἰγίπλαγκτον ἐξικνούμενον
ὤτρυνε θεσμὸν μὴ χρονίζεσθαι πυρός.

For (δὲ) the watchers (φρουρὰ) did not spurn (οὐκ ἠναίνετο) the far-traveling light (φάος τηλέπομπον;) kindling a fire (καίουσα) larger than the one that was ordered (πλέον ...τῶν εἰρημένων.) Then (δ') the light (φάος) hurled itself (ἔσκηψεν) across the lake of Gorgopos (λίμνην ὑπὲρ Γοργῶπιν:) and as it reached Mount Agiplankton (ὄρος τ' ἐπ' Αἰγίπλαγκτον ἐξικνούμενον) it invoked a law (ὤτρυνε θεσμὸν:) do not delay the flame (μὴ χρονίζεσθαι πυρός.)

πέμπουσι δ’ ἀνδαίοντες ἀφθόνῳ μένει
φλογὸς μέγαν πώγωνα, καὶ Σαρωνικοῦ
πορθμοῦ κάτοπτον πρῶν’ ὑπερβάλλειν πρόσω
φλέγουσαν: ἔστ’ ἔσκηψεν εὖτ’ ἀφίκετο
Ἀραχναῖον αἶπος, ἀστυγείτονας σκοπάς:
κἄπειτ’ Ἀτρειδῶν ἐς τόδε σκήπτει στέγος
φάος τόδ’ οὐκ ἄπαππον Ἰδαίου πυρός.[36]

And when they lit up (δ' ἀνδαίοντες) they shot forward (πέμπουσι... πρόσω) with unstinting spirit (ἀφθόνῳ μένει) a huge beard of flame (φλογὸς μέγαν πώγωνα,) to overshoot while flaming (ὑπερβάλλειν ... φλέγουσαν) even the promontory that looks down over the Saronic Gulf (καὶ Σαρωνικοῦ πορθμοῦ κάτοπτον πρῶν') until (ἔστ') it hurled itself down (ἔσκηψεν) as it came (εὖτ' ἀφίκετο) to the peak of Mount Arachnaios, (Ἀραχναῖον αἶπος,) the lookout near this city (ἀστυγείτονας σκοπάς:) and then (κἄπειτ') it fell upon (σκήπτει ἐς) this house of the sons of Atreus (Ἀτρειδῶν...τόδε...στέγος: this light (φάος τόδ') not without a grandfather out of the fire of Mount Ida (οὐκ ἄπαππον Ἰδαίου πυρός.)

τοιοίδε τοί μοι λαμπαδηφόρων νόμοι,
ἄλλος παρ’ ἄλλου διαδοχαῖς πληρούμενοι:
νικᾷ δ’ ὁ πρῶτος καὶ τελευταῖος δραμών.

Truly (τοί,) in such a way as this (τοιοίδε) my system (μοι ... νόμοι) of torch-bearers (λαμπαδηφόρων,) is fulfilled (πληρούμενοι) by one taking up from another (ἄλλος παρ' ἄλλου διαδοχαῖς,) and both the first and the last of the runners (δ' ὁ πρῶτος καὶ τελευταῖος δραμών) are victorious (νικᾷ.)

τέκμαρ τοιοῦτον σύμβολόν τέ σοι λέγω
ἀνδρὸς παραγγείλαντος ἐκ Τροίας ἐμοί.

I tell (λέγω) to you (σοι) such a (τοιοῦτον) proof (τέκμαρ) and (τέ) sign (σύμβολόν) transmitted (παραγγείλαντος) from my husband (ἀνδρὸς) out of Troy (ἐκ Τροίας) to me (ἐμοί.)

Χορός

θεοῖς μὲν αὖθις, ὦ γύναι, προσεύξομαι.
λόγους δ’ ἀκοῦσαι τούσδε κἀποθαυμάσαι
διηνεκῶς θέλοιμ’ ἂν ὡς λέγοις πάλιν.

Indeed (μὲν) I will offer prayers (προσεύξομαι) hereafter (αὖθις) to the gods (θεοῖς,) O woman (ὦ γύναι.) But (δ') I wish (θέλοιμ' ἂν) that you would speak again (ὡς λέγοις πάλιν) without interruption (διηνεκῶς) to hear (ἀκοῦσαι) and wonder at (κἀποθαυμάσαι) these words (λόγους.... τούσδε.)

Κλυταιμνήστρα

Τροίαν Ἀχαιοὶ τῇδ’ ἔχουσ’ ἐν ἡμέρᾳ.[37]
οἶμαι βοὴν ἄμεικτον ἐν πόλει πρέπειν.[38]
ὄξος τ’ ἄλειφά τ’ ἐγχέας ταὐτῷ κύτει
διχοστατοῦντ’ ἄν, οὐ φίλω, προσεννέποις.

The Achaeans (Ἀχαιοὶ) hold (ἔχουσ') Troy (Τροίαν) today (τῇδ' ... ἐν ἡμέρᾳ.) I imagine (οἶμαι) savage cries (βοὴν ἄμεικτον) are loud (πρέπειν) in the city (ἐν πόλει.) Upon pouring in (ἐγχέας) both oil and wine (ὄξος τ' ἄλειφά τ') to the same vessel (ταὐτῷ κύτει) you would call them (ἄν,... προσεννέποις) unfriendly (οὐ φίλω,) for they stand apart/disagree (διχοστατοῦντ'.)

καὶ τῶν ἁλόντων καὶ κρατησάντων δίχα
φθογγὰς ἀκούειν ἔστι συμφορᾶς διπλῆς.

It is (ἔστι) hearing voices (φθογγὰς ἀκούειν) not only (καὶ... καὶ) from the conquered (τῶν ἁλόντων,) but also (καὶ... καὶ) differently (δίχα) from the conquerors (τῶν κρατησάντων) due to their twofold conjunction/circumstance (συμφορᾶς διπλῆς.)

οἱ μὲν γὰρ ἀμφὶ σώμασιν πεπτωκότες
ἀνδρῶν κασιγνήτων τε καὶ φυταλμίων
παῖδες γερόντων οὐκέτ' ἐξ ἐλευθέρου
δέρης ἀποιμώζουσι φιλτάτων μόρον:

For indeed the ones (οἱ μὲν γὰρ) who threw themselves down (πεπτωκότες) around the bodies (ἀμφὶ σώμασιν) of husbands and brothers and even the children of aged parents (ἀνδρῶν κασιγνήτων τε καὶ φυταλμίων παῖδες γερόντων,) never again from free throats (οὐκέτ' ἐξ ἐλευθέρου δέρης,) they are loudly wailing (ἀποιμώζουσι) from the death of their nearest and dearest (φιλτάτων μόρον:)

τοὺς δ' αὖτε νυκτίπλαγκτος ἐκ μάχης πόνος
νήστεις πρὸς ἀρίστοισιν ὧν ἔχει πόλις
τάσσει, πρὸς οὐδὲν ἐν μέρει τεκμήριον,
ἀλλ' ὡς ἕκαστος ἔσπασεν τύχης πάλον.

But on the other hand (τοὺς δ' αὖτε,) out of (ἐκ) the sleepless (νυκτίπλαγκτος,) starving (νήστεις) labor of battle (μάχης πόνος)
toward the best the city has (πρὸς ἀρίστοισιν ὧν ἔχει πόλις) they take station (τάσσει,) toward nothing in proper order (πρὸς οὐδὲν ἐν μέρει τεκμήριον,) but as the lot of chance draws for each (ἀλλ' ὡς ἕκαστος ἔσπασεν τύχης πάλον.)

ἐν δ' αἰχμαλώτοις Τρωικοῖς οἰκήμασιν[39]
ναίουσιν ἤδη, τῶν ὑπαιθρίων πάγων
δρόσων τ' ἀπαλλαγέντες, ὡς δ' εὐδαίμονες
ἀφύλακτον εὑδήσουσι πᾶσαν εὐφρόνην.

And (δ') already (ἤδη) they dwell (ναίουσιν) in captured Trojan houses (ἐν…αἰχμαλώτοις Τρωικοῖς οἰκήμασιν,) delivered from (ἀπαλλαγέντες) the damp and frost (πάγων δρόσων τ') of their outdoor quarters (τῶν ὑπαιθρίων,) they sleep (εὑδήσουσι) as happy men (ὡς δ' εὐδαίμονες,) unguardedly (ἀφύλακτον,) all night long (πᾶσαν εὐφρόνην.)

εἰ δ' εὖ σέβουσι τοὺς πολισσούχους θεοὺς
τοὺς τῆς ἁλούσης γῆς θεῶν θ' ἱδρύματα,
οὔ τἂν ἑλόντες αὖθις ἀνθαλοῖεν ἄν.

Now (δ',) if they reverence well (εἰ...εὖ σέβουσι) the gods who live in the city (τοὺς πολισσούχους θεοὺς) and the shrines and temples (τοὺς... θ' ἱδρύματα) of the gods of the conquered land (τῆς ἁλούσης γῆς θεῶν) those who were conquered (τἂν ἑλόντες) will not revive again (οὔ ... αὖθις ἀνθαλοῖεν ἄν.)

ἔρως δὲ μή τις πρότερον ἐμπίπτῃ στρατῷ
πορθεῖν ἃ μὴ χρή, κέρδεσιν νικωμένους,
δεῖ γὰρ πρὸς οἴκους νοστίμου σωτηρίας
κάμψαι διαύλου θάτερον κῶλον πάλιν.

But (δὲ) firstly (πρότερον,) may some lust not fall (ἔρως...μή τις ἐμπίπτῃ) upon the army (στρατῷ) as the victors (νικωμένους) to plunder (πορθεῖν) what is not necessary (ἃ μὴ χρή) as the spoils (κέρδεσιν,) for (γὰρ) it is necessary (δεῖ) to double back upon (κάμψαι) the other leg (θάτερον κῶλον) of the racecourse (διαύλου) with respect to a safe return home again (πρὸς οἴκους νοστίμου σωτηρίας πάλιν.)

θεοῖς δ᾽ ἀναμπλάκητος εἰ μόλοι στρατός,
ἐγρηγορὸς τὸ πῆμα τῶν ὀλωλότων
γένοιτ᾽ ἄν, εἰ πρόσπαια μὴ τύχοι κακά.

Now (δ') would that (εἰ) the army (στρατός) pass (μόλοι) guiltless (ἀναμπλάκητος) with respect to the gods (θεοῖς;) would that (εἰ) sudden (πρόσπαια) evil (κακά) not occur (μὴ τύχοι;) the pain of the slaughtered (τὸ πῆμα τῶν ὀλωλότων) may be awake (ἐγρηγορὸς...γένοιτ' ἄν.)

τοιαῦτά τοι γυναικὸς ἐξ ἐμοῦ κλύεις:
τὸ δ᾽ εὖ κρατοίη μὴ διχορρόπως ἰδεῖν.
πολλῶν γὰρ ἐσθλῶν τήνδ᾽ ὄνησιν εἱλόμην.

Truly (τοι) you hear (κλύεις) these things (τοιαῦτά) from me (ἐξ ἐμοῦ,) from a woman (γυναικὸς:) may the good have power (τὸ δ' εὖ κρατοίη.) For (γὰρ) I chose (εἱλόμην) this benefit (τήνδ' ὄνησιν) out of many excellences (πολλῶν ἐσθλῶν:) to see unwaveringly (μὴ διχορρόπως ἰδεῖν.)

Χορός

γύναι, κατ᾽ ἄνδρα σώφρον᾽ εὐφρόνως λέγεις.

O woman (γύναι,) in the manner of a wise man (κατ' ἄνδρα σώφρον',) you speak reasonably (εὐφρόνως λέγεις.)

ἐγὼ δ᾽ ἀκούσας πιστά σου τεκμήρια
θεοὺς προσειπεῖν εὖ παρασκευάζομαι.
χάρις γὰρ οὐκ ἄτιμος εἴργασται πόνων.

As for myself (ἐγὼ δ',) upon hearing (ἀκούσας) your trustworthy proofs (πιστά σου τεκμήρια,) I prepare (παρασκευάζομαι) well (εὖ) to speak (προσειπεῖν) to the gods (θεοὺς,) for (γὰρ) a favor (χάρις) not unworthy (οὐκ ἄτιμος) of the labor (πόνων) has been performed (εἴργασται.)

ὦ Ζεῦ βασιλεῦ καὶ νὺξ φιλία
μεγάλων κόσμων κτεάτειρα,
ἥτ᾽ ἐπὶ Τροίας πύργοις ἔβαλες
στεγανὸν δίκτυον, ὡς μήτε μέγαν
μήτ᾽ οὖν νεαρῶν τιν᾽ ὑπερτελέσαι
μέγα δουλείας
γάγγαμον, ἄτης παναλώτου.

Oh King Zeus, (ὦ Ζεῦ βασιλεῦ) and beloved Night (καὶ νὺξ φιλία) she who is the possessor of great glory (μεγάλων κόσμων κτεάτειρα,) she who (ἥτ') upon the towers of Troy (ἐπὶ Τροίας πύργοις) threw (ἔβαλες) a tightly-enclosing net (στεγανὸν δίκτυον,) such that (ὡς) neither the full-grown (μήτε μέγαν) nor the young(μήτ' οὖν νεαρῶν τιν') would leap over (ὑπερτελέσαι) a great net of enslavement (μέγα δουλείας γάγγαμον,) of all-encompassing recklessness (ἄτης παναλώτου.)

Δία τοι ξένιον μέγαν αἰδοῦμαι
τὸν τάδε πράξαντ’ ἐπ’ Ἀλεξάνδρῳ
τείνοντα πάλαι τόξον, ὅπως ἂν
μήτε πρὸ καιροῦ μήθ’ ὑπὲρ ἄστρων
βέλος ἠλίθιον σκήψειεν.

Truly (τοι) I stand in awe (αἰδοῦμαι) of great Zeus the hospitable (Δία ξένιον μέγαν) because of those things he did (τὸν τάδε πράξαντ') to Alexander, (ἐπ' Ἀλεξάνδρῳ) keeping the bow drawn (τείνοντα…τόξον) for a long time (πάλαι) so that (ὅπως) he would let fall the shot (ἂν... βέλος...σκήψειεν) neither before the proper time (μήτε πρὸ καιροῦ) nor idly above the stars (μήθ' ὑπὲρ ἄστρων ἠλίθιον.)

Διὸς πλαγὰν ἔχουσιν εἰπεῖν,
πάρεστιν τοῦτό γ’ ἐξιχνεῦσαι.

They can call it (ἔχουσιν εἰπεῖν) the stroke of Zeus (Διὸς πλαγὰν;) it is in their power indeed (πάρεστιν...γ') to trace this out (τοῦτό...ἐξιχνεῦσαι.) As he practices (ὡς ἔπραξεν,) so he accomplishes (ὡς ἔκρανεν.)

ὡς ἔπραξεν ὡς ἔκρανεν. οὐκ ἔφα τις
θεοὺς βροτῶν ἀξιοῦσθαι μέλειν
ὅσοις ἀθίκτων χάρις
πατοῖθ’: ὁ δ’ οὐκ εὐσεβής.

Someone said (ἔφα τις) the gods (θεοὺς) do not think fit (οὐκ...ἀξιοῦσθαι) to be concerned (μέλειν) about humankind (βροτῶν) with respect to how much (ὅσοις) the splendour (χάρις) of that which is sacred and so not to be touched (ἀθίκτων) is being walked upon (πατοῖθ':) but he is not pious (ὁ δ' οὐκ εὐσεβής.)

πέφανται δ’ ἐκτίνουσ’[40]
ἀτολμήτων ἀρὴ
πνεόντων μεῖζον ἢ δικαίως,
φλεόντων δωμάτων ὑπέρφευ

So (δ) it has been made clear: (πέφανται ',) a curse (ἀρὴ) pays for (ἐκτίνουσ') the intolerable ones (ἀτολμήτων) who puff themselves up (πνεόντων) more than is right (μεῖζον ἢ δικαίως,) families (δωμάτων) who overflow with wealth (φλεόντων) in excess (ὑπέρφευ) more than what is best (ὑπὲρ τὸ βέλτιστον)

ὑπὲρ τὸ βέλτιστον. ἔστω δ’ ἀπή-
μαντον, ὥστ’ ἀπαρκεῖν
εὖ πραπίδων λαχόντα.

So (δ') let what falls by fate (λαχόντα) be (ἔστω) harmless (ἀπήμαντον,) so as to (ὥστ') suffice well (ἀπαρκεῖν εὖ) for the heart (πραπίδων.)

οὐ γὰρ ἔστιν ἔπαλξις
πλούτου πρὸς κόρον ἀνδρὶ
λακτίσαντι μέγαν Δίκας
βωμὸν εἰς ἀφάνειαν.
βιᾶται δ’ ἁ τάλαινα πειθώ,
προβούλου παῖς ἄφερτος ἄτας.

For there is no defence (οὐ γὰρ ἔστιν ἔπαλξις) for a man (ἀνδρὶ) against a surfeit of wealth (πλούτου πρὸς κόρον) when he kicks (λακτίσαντι) the great altar (μέγαν... βωμὸν) of Justice (Δίκας) into obscurity (εἰς ἀφάνειαν.) But (δ') the wretch Persuasion (ἁ τάλαινα Πειθώ,) intolerable child (παῖς ἄφερτος) of preconceiving delusion (προβούλου...ἄτας) presses hard (βιᾶται.) And (δὲ) every remedy (ἄκος πᾶν) is useless (μάταιον.)

ἄκος δὲ πᾶν μάταιον. οὐκ ἐκρύφθη,
πρέπει δέ, φῶς αἰνολαμπές, σίνος:

The harm (σίνος) was not hidden (οὐκ ἐκρύφθη,) indeed (δέ) it is conspicuous (πρέπει,) a horrible light (φῶς αἰνολαμπές:)

κακοῦ δὲ χαλκοῦ τρόπον[41]
τρίβῳ τε καὶ προσβολαῖς
μελαμπαγὴς πέλει
δικαιωθείς, ἐπεὶ
διώκει παῖς ποτανὸν ὄρνιν,
πόλει πρόστριμμ’ θεὶς ἄφερτον.

And (δὲ) in the manner (τρόπον) of bad brass (κακοῦ...χαλκοῦ) when it is tested (δικαιωθείς) by being both touched and rubbed (τρίβῳ τε καὶ προσβολαῖς) it turns black (μελαμπαγὴς πέλει,) when (ἐπεὶ) a child (παῖς) chases (διώκει) a flying bird (ποτανὸν ὄρνιν,) he puts (ἐνθείς) into the city (πόλει) that which is rubbed on which is intolerable (πρόστριμμ' ἄφερτον.)

λιτᾶν δ’ ἀκούει μὲν οὔτις θεῶν.[42]
τὸν δ’ ἐπίστροφον τῶν
φῶτ’ ἄδικον καθαιρεῖ.

And indeed (δ'...μὲν) none (οὔτις) of the gods (θεῶν) hears (ἀκούει) such prayers (λιτᾶν.) They destroy (καθαιρεῖ) the unjust man (φῶτ' ἄδικον) who has dealings with them (τὸν δ' ἐπίστροφον τῶν.)

οἷος καὶ Πάρις ἐλθὼν[43]
ἐς δόμον τὸν Ἀτρειδᾶν
ᾔσχυνε ξενίαν τράπε-
ζαν κλοπαῖσι γυναικός.

Even such (οἷος καὶ) was Paris (Πάρις) when he came (ἐλθὼν) into a house (ἐς δόμον) of the Atreidae (τὸν Ἀτρειδᾶν.) He dishonored (ᾔσχυνε) a table of hospitality (ξενίαν τράπεζαν) by thefts of a woman (κλοπαῖσι γυναικός.)

λιποῦσα δ’ ἀστοῖσιν ἀσπίστοράς
τε καὶ κλόνους λογχίμους
ναυβάτας θ’ ὁπλισμούς,
ἄγουσά τ’ ἀντίφερνον Ἰλίῳ φθορὰν
βέβακεν ῥίμφα διὰ
πυλᾶν ἄτλητα τλᾶσα: πολλὰ δ’ ἔστενον
τόδ’ ἐννέποντες δόμων προφῆται:

And (δ',) leaving behind (λιποῦσα) for the people of her city (ἀστοῖσιν) a confusion of spears (κλόνους λογχίμους) and also (τε καὶ) shield-warriors, sailors, and preparations for war (ἀσπίστοράς ναυβάτας θ' ὁπλισμούς,) and taking with her (ἄγουσά τ') to Troy (Ἰλίῳ) destruction (φθορὰν) in place ofof a dowry (ἀντίφερνον,) she walked lightly (βέβακεν ῥίμφα) through the gates (διὰ πυλᾶν) daring to do what is not to be dared (ἄτλητα τλᾶσα:) and many (πολλὰ δ') priests of the house (δόμων προφῆται) were lamenting (ἔστενον) adressing her thus (ἐννέποντες τόδ':)

ἰὼ ἰὼ δῶμα δῶμα καὶ πρόμοι,[44]
ἰὼ λέχος καὶ στίβοι φιλάνορες.
πάρεστι σιγὰς ἀτίμους ἀλοιδόρους
ἄλγιστ’ ἀφημένων ἰδεῖν.

"Oh, oh, (ἰὼ ἰὼ) the house, the house and the great ones, (δῶμα δῶμα καὶ πρόμοι,) oh, the bed and the conjugal traces (ἰὼ λέχος καὶ στίβοι φιλάνορες.) He is present (πάρεστι.) It is so painful (ἄλγιστ') to see (ἰδεῖν) the dishonored, unreproachful silences (σιγὰς ἀτίμους ἀλοιδόρους) of those who sit idle (ἀφημένων.)

πόθῳ δ’ ὑπερποντίας
φάσμα δόξει δόμων ἀνάσσειν.

And out of longing (πόθῳ δ') for her who is across the sea (ὑπερποντίας) her ghost will seem to be master in his halls (φάσμα δόξει δόμων ἀνάσσειν.)

εὐμόρφων δὲ κολοσσῶν
ἔχθεται χάρις ἀνδρί:
ὀμμάτων δ’ ἐν ἀχηνίαις
ἔρρει πᾶσ’ Ἀφροδίτα.
ὀνειρόφαντοι δὲ πενθήμονες
πάρεισι δόξαι φέρου-
σαι χάριν ματαίαν.

But (δὲ) the grace (χάρις) of her beautiful statues (εὐμόρφων κολοσσῶν) is hateful (ἔχθεται) to the man (ἀνδρί.) And (δ') all Aphrodite (πᾶσ' Ἀφροδίτα) disappears (ἔρρει) from his eyes (ὀμμάτων) in his need (ἐν ἀχηνίαις.) And (δὲ) mournful (πενθήμονες) splendors (δόξαι) that appear in dreams (ὀνειρόφαντοι) are present (πάρεισι) to bring (φέρουσαι) worthless beauty (χάριν ματαίαν.)

μάταν γάρ, εὖτ’ ἂν ἐσθλά τις δοκῶν ὁρᾷ,
παραλλάξασα διὰ
χερῶν βέβακεν ὄψις οὐ μεθύστερον
πτεροῖς ὀπαδοῦσ’ ὕπνου κελεύθοις.
τὰ μὲν κατ’ οἴκους ἐφ’ ἑστίας ἄχη
τάδ’ ἐστὶ καὶ τῶνδ’ ὑπερβατώτερα.

For (γάρ) it is folly (μάταν,) for when (εὖτ') he is imagining (δοκῶν) he should see (ἂν… ὁρᾷ) something (τις) good (ἐσθλά) the vision (ὄψις,) slipping away through his hands (παραλλάξασα διὰ χερῶν) goes away (βέβακεν) not long after (οὐ μεθύστερον,) following (ὀπαδοῦσ') the pathways (κελεύθοις) of sleep (ὕπνου) as if with wings (πτεροῖς.) Indeed (μὲν) the sufferings (τὰ... ἄχη) in the house (κατ' οἴκους) upon the hearth (ἐφ' ἑστίας) and (καὶ) there are (ἐστὶ) these (τάδ') greatly more than those (τῶνδ' ὑπερβατώτερα.)

τὸ πᾶν δ’ ἀφ’ Ἕλλανος αἴας συνορμένοις[45]
πένθεια τλησικάρδιος
δόμοις ἑκάστου πρέπει.

For (δ') everywhere (τὸ πᾶν,) for those who set forth together (συνορμένοις) from (ἀφ') of the land of Hellas (Ἕλλανος αἴας,) lasting heartfelt sorrow (πένθεια τλησικάρδιος) is clearly seen (πρέπει) in the houses of erach of them (δόμοις ἑκάστου.)

πολλὰ γοῦν θιγγάνει πρὸς ἧπαρ:
οὓς μὲν γάρ τις ἔπεμψεν
οἶδεν, ἀντὶ δὲ φωτῶν
τεύχη καὶ σποδὸς εἰς ἑκά-
στου δόμους ἀφικνεῖται.

At least (γοῦν) it strikes (θιγγάνει) many (πολλὰ) in the heart (πρὸς ἧπαρ:) for indeed (μὲν γάρ) one sent forth (τις ἔπεμψεν) those one knew (οὓς ... οἶδεν,) but instead of living men (ἀντὶ δὲ φωτῶν,) urns and ashes (τεύχη καὶ σποδὸς) return (ἀφικνεῖται) to each house (εἰς ἑκάστου δόμους.)

ὁ χρυσαμοιβὸς δ’ Ἄρης σωμάτων
καὶ ταλαντοῦχος ἐν μάχῃ δορὸς
πυρωθὲν ἐξ Ἰλίου
φίλοισι πέμπει βαρὺ
ψῆγμα δυσδάκρυτον ἀν-
τήνορος σποδοῦ γεμί-
ζων λέβητας εὐθέτους.

For Arês, (δ' Ἄρης,) the gold-trader of bodies (ὁ χρυσαμοιβὸς ... σωμάτων,) and (καὶ) holder of the balance of spears (καὶ ταλαντοῦχος ... δορὸς) in battle (ἐν μάχῃ) sends (πέμπει) to their dear ones (φίλοισι) grievous/heavy gold-dust (βαρὺ ψῆγμα) purified by fire outside Troy (πυρωθὲν ἐξ Ἰλίου) that brings on tears (δυσδάκρυτον) instead of a man/as the price of a man (ἀντήνορος,) filling fit and proper vessels (γεμίζων λέβητας εὐθέτους) with their ashes (σποδοῦ.)

στένουσι δ᾽ εὖ λέγοντες ἄν-[46]
δρα τὸν μὲν ὡς μάχης ἴδρις,
τὸν δ᾽ ἐν φοναῖς καλῶς πεσόντ᾽.
ἀλλοτρίας διαὶ γυναι-
κός: τάδε σῖγά τις βαΰ-
ζει, φθονερὸν δ᾽ ὑπ᾽ ἄλγος ἕρ-
πει προδίκοις Ἀτρείδαις.

And they lament (στένουσι δ') while speaking well of a man (εὖ λέγοντες ἄνδρα) as skillful in battle (τὸν μὲν ὡς μάχης ἴδρις,) or having fallen nobly in the carnage (τὸν δ' ἐν φοναῖς καλῶς πεσόντ'.) Strangely due to what a woman did (ἀλλοτρίας διαὶ γυναικός:) this some snarl quietly (τάδε σῖγά τις βαΰζει.) Grudging and under pain (φθονερὸν δ' ὑπ' ἄλγος) they move slowly for the avenging Atreidae (ἕρπει προδίκοις Ἀτρείδαις.)

οἱ δ᾽ αὐτοῦ περὶ τεῖχος
θήκας Ἰλιάδος γᾶς
εὔμορφοι κατέχουσιν: ἐχ-
θρὰ δ᾽ ἔχοντας ἔκρυψεν.

And there (δ' αὐτοῦ) around the walls (περὶ τεῖχος) the beautiful ones (οἱ ... εὔμορφοι) gain possession of (κατέχουσιν) a grave of Trojan earth (θήκας Ἰλιάδος γᾶς:) and (δ') hatred (ἐχθρὰ) hides (ἔκρυψεν) those who hold them (ἔχοντας.)

βαρεῖα δ᾽ ἀστῶν φάτις ξὺν κότῳ:
δημοκράντου δ᾽ ἀρᾶς τίνει χρέος.

And (δ') the voice (φάτις) of the city (ἀστῶν) is heavy (βαρεῖα) with anger (ξὺν κότῳ.) What has been done (χρέος) pays the price (τίνει) of the curse of the people (δημοκράντου δ' ἀρᾶς.)

μένει δ᾽ ἀκοῦσαί τί μοι
μέριμνα νυκτηρεφές.

So (δ') my (μου) anxious mind (μέριμνα) waits (μένει) to hear (ἀκοῦσαί) what (τί) is covered by night (νυκτηρεφές.)

τῶν πολυκτόνων γὰρ οὐκ
ἄσκοποι θεοί. κελαι-
ναὶ δ’ Ἐρινύες χρόνῳ
τυχηρὸν ὄντ’ ἄνευ δίκας
παλιντυχεῖ τριβᾷ βίου
τιθεῖσ’ ἀμαυρόν. ἐν δ’ ἀΐ-
στοις τελέθοντος οὔτις ἀλ-
κά: τὸ δ’ ὑπερκόπως κλύειν
εὖ βαρύ, βάλλεται γὰρ ὄσ-
σοις Διόθεν κεραυνός.

For (γὰρ) the gods (θεοί) are not heedless (οὐκ ἄσκοποι) of the murderous ones (τῶν πολυκτόνων.) In the course of time (χρόνῳ) the black Furies (κελαιναὶ δ' Ἐρινύες) put (τιθεῖσ') one who is (ὄντ') unjustly fortunate (τυχηρὸν ἄνευ δίκας) by means of a fortune-reversing erosion of life (παλιντυχεῖ τριβᾷ βίου) into the shadows (ἀμαυρόν.) There is no defense (οὔτις ἀλκά) for one who is come to be (τελέθοντος) in the state of invisibility (ἐν δ' ἀΐστοις.) And (δ') it is terrible (βαρύ) to be spoken of (τὸ... κλύειν) excessively well (ὑπερκόπως...εὖ:) for (γὰρ) the thunderbolt (κεραυνός) is thrown (βάλλεται) by the eyes (ὄσσοις) by the will of Zeus (Διόθεν.)

κρίνω δ’ ἄφθονον ὄλβον:
μήτ’ εἴην πτολιπόρθης
μήτ’ οὖν αὐτὸς ἁλοὺς ὑπ’ ἄλ-
λων βίον κατίδοιμι.

But I choose/I would choose (κρίνω δ') ungrudging happiness (ἄφθονον ὄλβον:) I would neither be a wrecker of cities (μήτ' εἴην πτολιπόρθης) nor certainly, (μήτ' οὖν) would I look upon (κατίδοιμι) life (βίον) after being conquered (ἁλοὺς) myself (αὐτὸς) by others (ὑπ' ἄλλων.)

πυρὸς δ’ ὑπ’ εὐαγγέλου[47]
πόλιν διήκει θοὰ
βάξις: εἰ δ’ ἐτήτυμος,
τίς οἶδεν, ἤ τι θεῖόν ἐστί πῃ ψύθος.

So (δ') swift news (θοὰ βάξις) reaches (διήκει) the city (πόλιν) by means of fire (πυρὸς) accompanied by good tidings (ὑπ' εὐαγγέλου.) If it is true (εἰ δ' ἐτήτυμος,) who knows (τίς οἶδεν) whether (ἤ) it is (ἐστί) something divinely inspired (τι θεῖόν) or somehow some lie (πῃ ψύθος.)

τίς ὧδε παιδνὸς ἢ φρενῶν κεκομμένος,
φλογὸς παραγγέλμασιν
νέοις πυρωθέντα καρδίαν ἔπειτ’
ἀλλαγᾷ λόγου καμεῖν;

Who (τίς) is so very childish (ὧδε παιδνὸς) or (ἢ) of such hammered wits (φρενῶν κεκομμένος,) as to have had his heart ignited (πυρωθέντα καρδίαν) by the news (νέοις) being transmitted (παραγγέλμασιν) by flame (φλογὸς) and then (ἔπειτ') be distressed (καμεῖν) by a change of story (ἀλλαγᾷ λόγου?)

ἐν γυναικὸς αἰχμᾷ πρέπει
πρὸ τοῦ φανέντος χάριν ξυναινέσαι.

It is clear to see (πρέπει) in (ἐν) the mettle (αἰχμᾷ) of a woman (γυναικὸς) a willingness (χάριν) to agree (ξυναινέσαι) before anything has come to light (πρὸ τοῦ φανέντος.)

πιθανὸς ἄγαν ὁ θῆλυς ὅρος ἐπινέμεται.
ταχύπορος ἀλλὰ ταχύμορον
γυναικογήρυτον ὄλλυται κλέος.

Being excessively persuasive (πιθανὸς ἄγαν) the female example (ὁ θῆλυς ὅρος) spreads itself (ἐπινέμεται.) Quick-moving but perishable (ταχύπορος ἀλλὰ ταχύμορον) news sung out by a woman (γυναικογήρυτον ...κλέος) comes to an end (ὄλλυται.)

τάχ' εἰσόμεσθα λαμπάδων φαεσφόρων[48]
φρυκτωριῶν τε καὶ πυρὸς παραλλαγάς,
εἴτ' οὖν ἀληθεῖς εἴτ' ὀνειράτων δίκην
τερπνὸν τόδ' ἐλθὸν φῶς ἐφήλωσεν φρένας.

We will soon know (τάχ' εἰσόμεσθα) by the blazing light-bearing torch (λαμπάδων φαεσφόρων φρυκτωριῶν) and also (τε καὶ) the fire passed from hand to hand (πυρὸς παραλλαγάς,) whether it really is true (εἴτ' οὖν ἀληθεῖς) or whether, in the manner of a dream (εἶτ' ὀνειράτων δίκην,) this delightful light (τερπνὸν τόδ'...φῶς) upon arriving (ἐλθὸν) deceived our hearts (ἐφήλωσεν φρένας.)

κήρυκ' ἀπ' ἀκτῆς τόνδ' ὁρῶ κατάσκιον
κλάδοις ἐλαίας: μαρτυρεῖ δέ μοι κάσις
πηλοῦ ξύνουρος διψία κόνις τάδε,
ὡς οὔτ' ἄναυδος οὔτε σοι δαίων φλόγα
ὕλης ὀρείας σημανεῖ καπνῷ πυρός,
ἀλλ' ἢ τὸ χαίρειν μᾶλλον ἐκβάξει λέγων
τὸν ἀντίον δὲ τοῖσδ' ἀποστέργω λόγον:
εὖ γὰρ πρὸς εὖ φανεῖσι προσθήκη πέλοι.

I see (ὁρῶ) this (τόνδ') herald (κήρυκ') coming from the point (ἀπ' ἀκτῆς) covered (κατάσκιον) with a branch of olive (κλάδοις ἐλαίας) and (δέ) here/now (τάδε) thirsty (διψία) dust (κόνις,) a closely related (ξύνουρος) sibling (κάσις) of mud (πηλοῦ) bears witness (μαρτυρεῖ) to me (μοι) that (ὡς) he will say something (ἐκβάξει) when he speaks (λέγων) neither unspeakable (οὔτ' ἄναυδος) nor (οὔτε) will he, with the flame (φλόγα) of a torch (δαίων) from a mountain (ὀρείας) forest (ὕλης,) give signs (σημανεῖ) to you (σοι) with ths smoke of a fire (καπνῷ πυρός,) but instead (ἀλλ' ἢ) with greater joy (τὸ χαίρειν μᾶλλον—) but (δὲ) I loathe (ἀποστέργω) an utterance (λόγον) the opposite (τὸν ἀντίον) to these (τοῖσδ') for (γὰρ) it would be good (εὖ) should an addition (προσθήκη) come (πέλοι) to (πρὸς) what has well appeared (εὖ φανεῖσι.)

ὅστις τάδ' ἄλλως τῇδ' ἐπεύχεται πόλει,
αὐτὸς φρενῶν καρποῖτο τὴν ἁμαρτίαν.

Whoever (ὅστις) prays (ἐπεύχεται) other than these things (τάδ' ἄλλως) to the disadvantage of this city (τῇδ' πόλει,) may he himself (αὐτὸς) reap the harvest (καρποῖτο) for the fault (τὴν ἁμαρτίαν) of his heart (φρενῶν.)

Κῆρυξ

ἰὼ πατρῷον οὖδας Ἀργείας χθονός,
δεκάτου σε φέγγει τῷδ' ἀφικόμην ἔτους.
πολλῶν ῥαγεισῶν ἐλπίδων μιᾶς τυχών.
οὐ γάρ ποτ' ηὔχουν τῇδ' ἐν Ἀργείᾳ χθονὶ
θανὼν μεθέξειν φιλτάτου τάφου μέρος.

Ah! (ἰὼ) the land of my fathers (πατρῷον οὖδας,) Argive ground (Ἀργείας χθονός!) I have come (ἀφικόμην) to you (σε) this shining day (φέγγει τῷδ') after ten years (δεκάτου ἔτους.) One (μιᾶς) out of many shattered hopes (πολλῶν ῥαγεισῶν ἐλπίδων) is coming to pass (τυχών:) for never (οὐ γάρ) at any time (ποτ') did I say confidently (ηὔχουν) that I would partake (μεθέξειν) when I die (θανὼν) of a share (μέρος.) here (τῇδ') in this Argive ground (ἐν Ἀργείᾳ χθονὶ,) of a grave most dear to me (φιλτάτου τάφου.)

νῦν χαῖρε μὲν χθών, χαῖρε δ' ἡλίου φάος,
ὕπατός τε χώρας Ζεύς, ὁ Πύθιός τ' ἄναξ,
τόξοις ἰάπτων μηκέτ' εἰς ἡμᾶς βέλη:

Now (νῦν,) rejoice O earth (χαῖρε μὲν χθών,) and rejoice, O light of the sun (χαῖρε δ' ἡλίου φάος,) and O Zeus, highest in this land (ὕπατός τε χώρας Ζεύς,) and O lord of Delphi (ὁ Πύθιός τ' ἄναξ,) who is no longer shooting arrows from a bow at us (τόξοις ἰάπτων μηκέτ' εἰς ἡμᾶς βέλη.)

ἅλις παρὰ Σκάμανδρον ἦσθ' ἀνάρσιος:[49]

You were (ἦσθ') abundantly (ἅλις) hostile (ἀνάρσιος) along the Scamander (παρὰ Σκάμανδρον.)

νῦν δ' αὖτε σωτὴρ ἴσθι καὶ παιώνιος,
ἄναξ Ἄπολλον. τούς τ' ἀγωνίους θεοὺς
πάντας προσαυδῶ, τόν τ' ἐμὸν τιμάορον
Ἑρμῆν, φίλον κήρυκα, κηρύκων σέβας,
ἥρως τε τοὺς πέμψαντας, εὐμενεῖς πάλιν
στρατὸν δέχεσθαι τὸν λελειμμένον δορός.

But now (νῦν δ') on the other hand (αὖτε) be a protector (σωτὴρ ἴσθι) and a healer (καὶ παιώνιος,) O lord Apollo (ἄναξ Ἄπολλον.) And (τ') I call upon (προσαυδῶ) all the assembled gods (τούς ἀγωνίους θεοὺς πάντας,) and Hermes (Ἑρμῆν,) the one who aids me (τόν τ' ἐμὸν τιμάορον,) beloved messenger (φίλον κήρυκα,) the object of reverence by all messengers (κηρύκων σέβας,) and the heroes who were sent forth (ἥρως τε τοὺς πέμψαντας,) you are gracious (εὐμενεῖς) to welcome back (πάλιν...δέχεσθαι) the army which has been spared by the spear (στρατὸν τὸν λελειμμένον δορός.)

ἰὼ μέλαθρα βασιλέων, φίλαι στέγαι,
σεμνοί τε θᾶκοι, δαίμονές τ' ἀντήλιοι,
εἴ που πάλαι, φαιδροῖσι τοισίδ' ὄμμασι
δέξασθε κόσμῳ βασιλέα πολλῷ χρόνῳ.
ἥκει γὰρ ὑμῖν φῶς ἐν εὐφρόνῃ φέρων
καὶ τοῖσδ' ἅπασι κοινὸν Ἀγαμέμνων ἄναξ.

[1] O (ἰὼ,) ceilings of the king (μέλαθρα βασιλέων,) beloved roofs (φίλαι στέγαι,,) and revered seats (σεμνοί τε θᾶκοι,) and you gods who stand in the sun (δαίμονές τ' ἀντήλιοι,) just as sometime long ago (εἴ που πάλαι) with these shining (eyes φαιδροῖσι τοισίδ' ὄμμασι) receive fittingly (δέξασθε κόσμῳ) a ruler (βασιλέα) after a long passage of time (πολλῷ χρόνῳ,) for (γὰρ) the lord Agamemnon (Ἀγαμέμνων ἄναξ) is coming (ἥκει) to us (ὑμῖν) bringing light/victory/deliverance in the night (φῶς ἐν εὐφρόνῃ φέρων) and for all these in common (καὶ τοῖσδ' ἅπασι κοινὸν.)

ἀλλ' εὖ νιν ἀσπάσασθε, καὶ γὰρ οὖν πρέπει
Τροίαν κατασκάψαντα τοῦ δικηφόρου
Διὸς μακέλλῃ, τῇ κατείργασται πέδον.
βωμοὶ δ' ἄιστοι καὶ θεῶν ἱδρύματα,
καὶ σπέρμα πάσης ἐξαπόλλυται χθονός.

So yet welcome him well (ἀλλ' εὖ νιν ἀσπάσασθε,) and so indeed is fitting (καὶ γὰρ οὖν πρέπει,) because Troy has been completely dug up/been completely destroyed (Τροίαν κατασκάψαντα) with the avenging mattock of Zeus (τοῦ δικηφόρου Διὸς μακέλλῃ,) with which (τῇ) he worked/turned over (κατείργασται) the ground (πέδον.) So the altars are not to be seen (βωμοὶ δ' ἄιστοι) and the temples of ther gods (καὶ θεῶν ἱδρύματα,) and everything that grows on the earth (καὶ σπέρμα πάσης...χθονός) has been destroyed (ἐξαπόλλυται.)

τοιόνδε Τροίᾳ περιβαλὼν ζευκτήριον[50]
ἄναξ Ἀτρείδης πρέσβυς εὐδαίμων ἀνὴρ
ἥκει, τίεσθαι δ' ἀξιώτατος βροτῶν
τῶν νῦν: Πάρις γὰρ οὔτε συντελὴς πόλις
ἐξεύχεται τὸ δρᾶμα τοῦ πάθους πλέον.

Upon throwing (περιβαλὼν) just such a little yoke (ζευκτήριον) upon Troy (Τροίᾳ) as this (τοιόνδε,) the elder lord of the Atreidae (ἄναξ Ἀτρείδης πρέσβυς,) that fortunate man (εὐδαίμων ἀνὴρ,) is coming (ἥκει,) thus worthiest (δ' ἀξιώτατος) to be honored (τίεσθαι) of all men (βροτῶν) of the present time (τῶν νῦν.) For Paris (Πάρις γὰρ) nor the associated city (οὔτε συντελὴς πόλις) are boasting (ἐξεύχεται) of their deed (τὸ δρᾶμα) full of sorrow (τοῦ πάθους πλέον.)

ὀφλὼν γὰρ ἁρπαγῆς τε καὶ κλοπῆς δίκην
τοῦ ῥυσίου θ' ἥμαρτε καὶ πανώλεθρον
αὐτόχθονον πατρῷον ἔθρισεν δόμον.
διπλᾶ δ' ἔτεισαν Πριαμίδαι θἀμάρτια.[51]

For (γὰρ) he both was guilty (θ' ἥμαρτε) bringing upon himself (ὀφλὼν) the penalty (δίκην) of restitution (τοῦ ῥυσίου) for rape and robbery (ἁρπαγῆς τε καὶ κλοπῆς) and (καὶ,) utterly ruined (πανώλεθρον,) he mowed down (ἔθρισεν) the house and the land itself of his father (αὐτόχθονον πατρῷον...δόμον.) So (δ') sons of Priam (Πριαμίδαι) you paid for (ἔτεισαν) double transgressions (διπλᾶ...θἀμάρτια.)

Χορός

κῆρυξ Ἀχαιῶν χαῖρε τῶν ἀπὸ στρατοῦ.

Achaian herald (κῆρυξ Ἀχαιῶν,) joy (χαῖρε) for those (τῶν) from the army ἀπὸ στρατοῦ.)

Κῆρυξ

χαίρω γε· τεθνάναι δ' οὐκέτ' ἀντερῶ θεοῖς.[52]

Indeed (γε) I rejoice (χαίρω) and (δ') to die (τεθνάναι) I will not deny (οὐκέτ' ἀντερῶ) to the gods (θεοῖς.)

Χορός

ἔρως πατρῴας τῆσδε γῆς ς᾽ ἐγύμνασεν;[53]

Love (ἔρως) for this land (τῆσδε γῆς) of your fathers (πατρῴας) teaches you (ς᾽ ἐγύμνασεν?)

Κῆρυξ

ὥστ᾽ ἐνδακρύειν γ᾽ ὄμμασιν χαρᾶς ὕπο.

So as (ὥστ᾽) indeed (γ᾽) to have tears in (ἐνδακρύειν) the eyes (ὄμμασιν) from joy (χαρᾶς ὕπο.)

Χορός

τερπνῆς ἄρ᾽ ἦτε τῆσδ᾽ ἐπήβολοι νόσου.[54]

So then (ἄρ᾽) surely (ἦτε) you have/are possessed of/are affected by (ἐπήβολοι) this (τῆσδ᾽,) a delightful distress (τερπνῆς... νόσου.)

Κῆρυξ

πῶς δή; διδαχθεὶς τοῦδε δεσπόσω λόγου.[55]

Exactly (δή) how is that (πῶς?) Upon being taught (διδαχθεὶς) I will be master (δεσπόσω) of this precept (τοῦδε...λόγου.)

Χορός

τῶν ἀντερώντων ἱμέρῳ πεπληγμένοι.

You are all struck (πεπληγμένοι) by desire for (ἱμέρῳ) those who love in return (τῶν ἀντερώντων.)

Κῆρυξ

ποθεῖν ποθοῦντα τήνδε γῆν στρατὸν λέγεις;

Do you say that (λέγεις) this land (τήνδε γῆν) longs for (ποθεῖν) the army (στρατὸν) which longs for it (ποθοῦντα?)

Χορός

ὡς πόλλ᾽ ἀμαυρᾶς ἐκ φρενός μ᾽ ἀναστένειν

So that (ὡς) often (πόλλ᾽) I groaned aloud (ἀναστένειν) from (ἐκ) a darkened heart (ἀμαυρᾶς φρενός.)

Κῆρυξ

πόθεν τὸ δύσφρον τοῦτ᾽ ἐπῆν θυμῷ στύγος;

Why (πόθεν) did sorrow (τὸ δύσφρον,) this gloom (τοῦτ᾽ στύγος,) keep coming upon your heart (ἐπῆν θυμῷ?)

Χορός

πάλαι τὸ σιγᾶν φάρμακον βλάβης ἔχω.

Since long ago (πάλαι) I hold (ἔχω) silence (τὸ σιγᾶν) as a remedy (φάρμακον) for harm (βλάβης.)

Κῆρυξ

καὶ πῶς; ἀπόντων κοιράνων ἔτρεις τινάς;

Yet how? (καὶ πῶς?) Were you afraid of someone (ἔτρεις τινάς;) while the rulers were away (ἀπόντων κοιράνων?)

Χορός

ὡς νῦν, τὸ σὸν δή, καὶ θανεῖν πολλὴ χάρις.

Just as now (ὡς νῦν,) just as with you(τὸ σὸν δή,) even to die (καὶ θανεῖν) would be a great favor (πολλὴ χάρις.)

Κῆρυξ

εὖ γὰρ πέπρακται. ταῦτα δ᾽ ἐν πολλῷ χρόνῳ[56]
τὰ μέν τις ἂν λέξειεν εὐπετῶς ἔχειν,
τὰ δ᾽ αὖτε κἀπίμομφα. τίς δὲ πλὴν θεῶν
ἅπαντ᾽ ἀπήμων τὸν δι᾽ αἰῶνος χρόνον;

For (γὰρ) that is accomplished (πέπρακται) well (εὖ.) And (δ᾽) as for these things (ταῦτα) during so much time (ἐν πολλῷ χρόνῳ) one might say (τις ἂν λέξειεν) on one hand (μέν) things (τὰ) were fortunate (εὐπετῶς ἔχειν) on the other hand (δ᾽) the rest (τὰ αὖτε) were unlucky (κἀπίμομφα.) But who (τίς δὲ) except the gods (πλὴν θεῶν) is entirely unharmed (ἅπαντ᾽ ἀπήμων) throughout the duration of eternity (τὸν δι᾽ αἰῶνος χρόνον?)

μόχθους γὰρ εἰ λέγοιμι καὶ δυσαυλίας,[57]
σπαρνὰς παρήξεις καὶ κακοστρώτους, τί δ᾽ οὐ
στένοντες, οὐ λαχόντες ἤματος μέρος;

For (γὰρ) if (εἰ) I were to tell (λέγοιμι) of hard effort and hard lodging, (μόχθους καὶ δυσαυλίας) the cramped and rugged gangway (σπαρνὰς παρήξεις καὶ κακοστρώτους,) what did we not groan for, (τί δ᾽ οὐ στένοντες,) what was not allotted of a daily portion (οὐ λαχόντες ἤματος μέρος?)

τὰ δ᾽ αὖτε χέρσῳ καὶ προσῆν πλέον στύγος[58]
εὐναὶ γὰρ ἦσαν δηΐων πρὸς τείχεσιν.
ἐξ οὐρανοῦ δὲ κἀπὸ γῆς λειμώνιαι
δρόσοι κατεψάκαζον, ἔμπεδον σίνος
ἐσθημάτων, τιθέντες ἔνθηρον τρίχα.

On the other hand (τὰ δ᾽ αὖτε) ashore (χέρσῳ) there were (προσῆν) even (καὶ) greater horrors (πλέον στύγος.) For (γὰρ) our beds (εὐναὶ) were wretched (ἦσαν δηΐων,) right in front of the walls (πρὸς τείχεσιν.) And (δὲ) from the sky (ἐξ οὐρανοῦ and from the grassy ground (κἀπὸ γῆς λειμώνιαι) droplets drizzled down (δρόσοι κατεψάκαζον,) a continual ruin of clothing (ἔμπεδον σίνος ἐσθημάτων,) putting wild things into our hair (τιθέντες ἔνθηρον τρίχα.)

χειμῶνα δ᾽ εἰ λέγοι τις οἰωνοκτόνον,
οἷον παρεῖχ᾽ ἄφερτον Ἰδαία χιών,
ἢ θάλπος, εὖτε πόντος ἐν μεσημβριναῖς
κοίταις ἀκύμων νηνέμοις εὕδοι πεσών
τί ταῦτα πενθεῖν δεῖ; παροίχεται πόνος·
παροίχεται δέ, τοῖσι μὲν τεθνηκόσιν
τὸ μήποτ᾽ αὖθις μηδ᾽ ἀναστῆναι μέλειν.

And if I wished to tell something (δ᾽ εἰ λέγοι τις) of winter so cold it killed the birds (χειμῶνα οἰωνοκτόνον,) in which snow from Ida fell unbearably (οἷον παρεῖχ᾽ ἄφερτον Ἰδαία χιών,) or of the heat, (ἢ θάλπος,) when (εὖτε) the waveless sea (πόντος... ἀκύμων) at noon (ἐν μεσημβριναῖς,) falling (πεσών) into a windless bed (κοίταις νηνέμοις,) wanted to be still (εὕδοι:) why (τί) is it necessary (δεῖ) to lament (πενθεῖν) for these things (ταῦτα?) The suffering is past (παροίχεται πόνος) and (δέ,) what is never again to rise (τὸ μήποτ᾽ αὖθις μηδ᾽ ἀναστῆναι) to be of concern to the dead (τοῖσι μὲν τεθνηκόσιν... μέλειν,) is past (παροίχεται.)

τί τοὺς ἀναλωθέντας ἐν ψήφῳ λέγειν,[59]
τὸν ζῶντα δ᾽ ἀλγεῖν χρὴ τύχης παλιγκότου;
καὶ πολλὰ χαίρειν ξυμφορὰς καταξιῶ.

Why is it necessary (τί... χρὴ) to tally (λέγειν) by number (ἐν ψήφῳ) those who have been killed (τοὺς ἀναλωθέντας?) And (δ᾽) for the living (τὸν ζῶντα) to be troubled (ἀλγεῖν) by malignant fortune (τύχης παλιγκότου?) And (καὶ) I think it worthy (καταξιῶ) to tell misfortunes to be gone (πολλὰ χαίρειν ξυμφορὰς.)

ἡμῖν δὲ τοῖς λοιποῖσιν Ἀργείων στρατοῦ
νικᾷ τὸ κέρδος. πῆμα δ᾽ οὐκ ἀντιρρέπει.

For us the remaining ones of the Argive army (ἡμῖν δὲ τοῖς λοιποῖσιν Ἀργείων στρατοῦ) the profit prevails (νικᾷ τὸ κέρδος.) and (δ᾽) our suffering (πῆμα) does not outweigh it (οὐκ ἀντιρρέπει.)

ὡς κομπάσαι τῷδ᾽ εἰκὸς ἡλίου φάει[60]
ὑπὲρ θαλάσσης καὶ χθονὸς ποτωμένοις·
Τροίαν ἑλόντες δή ποτ᾽ Ἀργείων στόλος
θεοῖς λάφυρα ταῦτα τοῖς καθ᾽ Ἑλλάδα
δόμοις ἐπασσάλευσαν ἀρχαῖον γάνος.

So as is fitting (ὡς...εἰκὸς,) to boast (κομπάσαι) in this (τῷδ᾽) light (φάει) of the sun (ἡλίου) by those things which fly over land and sea (ὑπὲρ θαλάσσης καὶ χθονὸς ποτωμένοις:) that truly once (δή ποτ᾽) an expedition (στόλος) from Argos (Ἀργείων) upon taking Troy (Τροίαν ἑλόντες) fastened (ἐπασσάλευσαν) these (ταῦτα) spoils (λάφυρα,) ancient brightness (ἀρχαῖον γάνος,) upon houses throughout Greece (τοῖς καθ᾽ Ἑλλάδα δόμοις) for the gods (θεοῖς.)

τοιαῦτα χρὴ κλύοντας εὐλογεῖν πόλιν
καὶ τοὺς στρατηγούς· καὶ χάρις τιμήσεται
Διὸς τόδ᾽ ἐκπράξασα. πάντ᾽ ἔχεις λόγον.

Just so (τοιαῦτα) must (χρὴ) those who hear (κλύοντας) praise (εὐλογεῖν) the city (πόλιν) and the leaders (καὶ τοὺς στρατηγούς,) and the grace (καὶ χάρις) of Zeus (Διὸς,) which brought this to fulfillment (τόδ᾽ ἐκπράξασα) will be honored (τιμήσεται.) You have (ἔχεις) the whole (πάντ᾽) story (λόγον.)

Χορός

νικώμενος λόγοισιν οὐκ ἀναίνομαι·
ἀεὶ γὰρ ἥβη τοῖς γέρουσιν εὖ μαθεῖν.
δόμοις δὲ ταῦτα καὶ Κλυταιμήστρᾳ μέλειν
εἰκὸς μάλιστα, σὺν δὲ πλουτίζειν ἐμέ.

I do not reject your words (λόγοισιν οὐκ ἀναίνομαι) which win me over (νικώμενος) for there are young men (γὰρ ἥβη) always (ἀεὶ) to teach well (μαθεῖν) (εὖ) to the benefit of the old (τοῖς γέρουσιν.) But these things (δὲ ταῦτα) are very likely (εἰκὸς μάλιστα) to be of concern (μέλειν) to the palace (δόμοις) and Klytaimnestra (καὶ Κλυταιμήστρᾳ) and also (σὺν δὲ) to enrich me (πλουτίζειν ἐμέ.)

Κλυταιμνήστρα

ἀνωλόλυξα μὲν πάλαι χαρᾶς ὕπο,
ὅτ᾽ ἦλθ᾽ ὁ πρῶτος νύχιος ἄγγελος πυρός,
φράζων ἅλωσιν Ἰλίου τ᾽ ἀνάστασι.

Indeed I cried out (ἀνωλόλυξα μὲν) with joy (χαρᾶς ὕπο) long ago (πάλαι,) when (ὅτ᾽) the first (ὁ πρῶτος) messenger (ἄγγελος) of fire (πυρός) came by night (ἦλθ᾽...νύχιος,) declaring (φράζων) the capture and destruction (ἅλωσιν... τ᾽ ἀνάστασι) of Troy (Ἰλίου.)

καί τίς μ᾽ ἐνίπτων εἶπε, φρυκτωρῶν διὰ
πεισθεῖσα Τροίαν νῦν πεπορθῆσθαι δοκεῖς;
ἦ κάρτα πρὸς γυναικὸς αἴρεσθαι κέαρ.

And some, (καί τίς) reproving me, (μ᾽ ἐνίπτων) said (εἶπε,) "Do you think (δοκεῖς,) because you are misled (πεισθεῖσα) by a signal-fire (φρυκτωρῶν δία,) that Troy has now been destroyed (Τροίαν νῦν πεπορθῆσθαι ?) Truly, (ἦ) for a woman (πρὸς γυναικὸς) the heart (κέαρ) is sure (κάρτα) to exaggerate (αἴρεσθαι.)"

λόγοις τοιούτοις πλαγκτὸς οὖς᾽ ἐφαινόμην.

By such words as these (λόγοις τοιούτοις) I was made to seem like (ἐφαινόμην) a woman who is crazy (πλαγκτὸς οὖς᾽.)

ὅμως δ᾽ ἔθυον, καὶ γυναικείῳ νόμῳ
ὀλολυγμὸν ἄλλος ἄλλοθεν κατὰ πτόλιν
ἔλασκον εὐφημοῦντες ἐν θεῶν ἕδραις
θυηφάγον κοιμῶντες εὐώδη φλόγα.

But all the same (ὅμως δ᾽) I made burnt offerings (ἔθυον) and according to women's custom (καὶ γυναικείῳ νόμῳ) gave voice to cries of joy (ὀλολυγμὸν.. ἔλασκον) here and there throughout the city (ἄλλος ἄλλοθεν κατὰ πτόλιν) in triumph (εὐφημοῦντες) at the seats of the gods (ἐν θεῶν ἕδραις) assuaging them (κοιμῶντες) with sweet-smelling (εὐώδη) sacrificing-devouring (θυηφάγον) flames (φλόγα.)

καὶ νῦν τὰ μάσσω μὲν τί δεῖ σέ μοι λέγειν;[61]
ἄνακτος αὐτοῦ πάντα πεύσομαι λόγον.
ὅπως δ᾽ ἄριστα τὸν ἐμὸν αἰδοῖον πόσιν

And now (καὶ νῦν) why indeed (μὲν τί) must you tell me (δεῖ σέ μοι λέγειν) the rest (τὰ μάσσω?) From the lord himself (ἄνακτος αὐτοῦ) I will learn (πεύσομαι) the whole story (πάντα λόγον.) And (δ᾽) I will be eager (σπεύσω) to welcome (δέξασθαι) my honored husband (τὸν ἐμὸν αἰδοῖον πόσιν) in the best manner (ὅπως ἄριστα) when he comes back (πάλιν μολόντα.)

σπεύσω πάλιν μολόντα δέξασθαι. τί γὰρ[62]
γυναικὶ τούτου φέγγος ἥδιον δρακεῖν,
ἀπὸ στρατείας ἀνδρὶ σώσαντος θεοῦ
πύλας ἀνοῖξαι; ταῦτ᾽ ἀπάγγειλον πόσει
ἥκειν ὅπως τάχιστ᾽ ἐράσμιον πόλει·

For what (τί γὰρ) to a woman (γυναικὶ) is sweeter than (ἥδιον) to see (δρακεῖν) his glory (τούτου φέγγος?) To open (ἀνοῖξαι) the gates (πύλας) to her husband (ἀνδρὶ) brought safely (σώσαντος) out of warfare (ἀπὸ στρατείας) by a god (θεοῦ?) Tell my husband this (ταῦτ᾽ ἀπάγγειλον πόσει:)

γυναῖκα πιστὴν δ᾽ ἐν δόμοις εὕροι μολὼν
οἵαν περ οὖν ἔλειπε, δωμάτων κύνα
ἐσθλὴν ἐκείνῳ, πολεμίαν τοῖς δύσφροσιν,
καὶ τἄλλ᾽ ὁμοίαν πάντα, σημαντήριον
οὐδὲν διαφθείρασαν ἐν μήκει χρόνου.

Come (ἥκειν) as in the quickest manner (ὅπως τάχιστ᾽) beloved (ἐράσμιον) to his city (πόλει) and (δ᾽) upon coming (μολὼν) let him find (εὕροι) his faithful (πιστὴν) wife (γυναῖκα) in the house (ἐν δόμοις) just exactly as he did leave her (οἵαν περ οὖν ἔλειπε,) watchdog of the house (δωμάτων κύνα) faithful to him (ἐσθλὴν ἐκείνῳ,) hostile to those ill-disposed to him (πολεμίαν τοῖς δύσφροσιν,) and everything just the same (καὶ τἄλλ᾽ ὁμοίαν πάντα,) not a seal broken (σημαντήριον οὐδὲν διαφθείρασαν) in the passing of time (ἐν μήκει χρόνου.)

οὐδ᾽ οἶδα τέρψιν οὐδ᾽ ἐπίψογον φάτιν[63]
ἄλλου πρὸς ἀνδρὸς μᾶλλον ἢ χαλκοῦ βαφάς.

I know (οἶδα) neither pleasure (οὐδ᾽...τέρψιν) nor scandal (οὐδ᾽ ἐπίψογον φάτιν) from another man (ἄλλου πρὸς ἀνδρὸς) any more than (μᾶλλον ἢ) [I know about] dying bronze (χαλκοῦ βαφάς.)

Κῆρυξ

τοιόσδ' ὁ κόμπος τῆς ἀληθείας γέμων[64]
οὐκ αἰσχρὸς ὡς γυναικὶ γενναίᾳ λακεῖν.

It is no shame (οὐκ αἰσχρὸς) as a noble woman (ὡς γυναικὶ γενναίᾳ) to give voice to (λακεῖν) such a boast as this, (τοιόσδ' ὁ κόμπος,) because it is filled with truth (τῆς ἀληθείας γέμων.)

Χορός

αὕτη μὲν οὕτως εἶπε μανθάνοντί σοι,
τοροῖσιν ἑρμηνεῦσιν εὐπρεπῶς λόγον.

Indeed (μὲν,) she (αὕτη) thus (οὕτως) told (εἶπε) a story (λόγον.) to you (σοι) who understands (μανθάνοντί.,) plausibly (εὐπρεπῶς) to penetrating (τοροῖσιν) interpreters (ἑρμηνεῦσιν.)

σὺ δ' εἰπέ, κῆρυξ, Μενέλεων δὲ πεύθομαι.
εἰ νόστιμός τε καὶ σεσωσμένος πάλιν
ἥκει σὺν ὑμῖν, τῆσδε γῆς φίλον κράτος.

But you (σὺ δ',) O messenger (κῆρυξ,) speak (εἰπέ,) for I ask about Menelaos (Μενέλεων δὲ πεύθομαι,) whether (εἰ,) both safe and able to return, (νόστιμός τε καὶ σεσωσμένος,) he, the beloved strength of this land (τῆσδε γῆς φίλον κράτος) is coming back with you (πάλιν ἥκει σὺν ὑμῖν?)

Κῆρυξ

οὐκ ἔσθ' ὅπως λέξαιμι τὰ ψευδῆ καλὰ
ἐς τὸν πολὺν φίλοισι καρποῦσθαι χρόνον.

It cannot be that (οὐκ ἔσθ' ὅπως) I wish to tell (λέξαιμι) beautiful lies (τὰ ψευδῆ καλὰ) so as to take pleasure (καρποῦσθαι) to those I love (φίλοισι) for very long (ἐς τὸν πολὺν χρόνον.)

Χορός

πῶς δῆτ' ἂν εἰπὼν κεδνὰ τἀληθῆ τύχοις;
σχισθέντα δ' οὐκ εὔκρυπτα γίγνεται τάδε.

How indeed (πῶς δῆτ') would you succeed (ἂν... τύχοις) in saying (εἰπὼν) what is good to hear and truthful (κεδνὰ τἀληθῆ?) For (δ') it becomes (γίγνεται) not easy to hide (οὐκ εὔκρυπτα) these things (τάδε) when they are separated (σχισθέντα.)

Κῆρυξ

ἀνὴρ ἄφαντος ἐξ Ἀχαιικοῦ στρατοῦ,
αὐτός τε καὶ τὸ πλοῖον. οὐ ψευδῆ λέγω.

The man (ἀνὴρ) was invisible (ἄφαντος) from the Achaian fleet (ἐξ Ἀχαιικοῦ στρατοῦ,) both he and his ship (αὐτός τε καὶ τὸ πλοῖον.) I speak no falsehood (οὐ ψευδῆ λέγω.)

Χορός

πότερον ἀναχθεὶς ἐμφανῶς ἐξ Ἰλίου,
ἢ χεῖμα, κοινὸν ἄχθος, ἥρπασε στρατοῦ;

Which of the two (πότερον:) was he carried away (ἀναχθεὶς) from Troy (ἐξ Ἰλίου) in plain view (ἐμφανῶς,) or (ἢ) did a winter storm (χεῖμα, a distress to all (κοινὸν ἄχθος,) carry him off (ἥρπασε) from the expedition (στρατοῦ?)

Κῆρυξ

ἔκυρσας ὥστε τοξότης ἄκρος σκοποῦ:
μακρὸν δὲ πῆμα συντόμως ἐφημίσω.

You hit the mark exactly (ἔκυρσας... σκοποῦ) just like (ὥστε) a consummate archer (τοξότης ἄκρος.) And (δὲ) you express (ἐφημίσω) great misery (μακρὸν πῆμα) concisely (συντόμως.)

Χορός

πότερα γὰρ αὐτοῦ ζῶντος ἢ τεθνηκότος
φάτις πρὸς ἄλλων ναυτίλων ἐκλῄζετο;

But (γὰρ) which is it (πότερα) with him (αὐτοῦ?) Living or dead (ζῶντος ἢ τεθνηκότος) was a report spoken of (φάτις... ἐκλῄζετο) by other sailors (πρὸς ἄλλων ναυτίλων?)

Κῆρυξ

οὐκ οἶδεν οὐδεὶς ὥστ᾽ ἀπαγγεῖλαι τορῶς,
πλὴν τοῦ τρέφοντος Ἡλίου χθονὸς φύσιν.

No one (οἶδεν) knows anything (οὐκ οὐδεὶς) so as to report clearly (ὥστ' ἀπαγγεῖλαι τορῶς,) except (πλὴν) for the Sun (τοῦ... Ἡλίου) which cherishes (τρέφοντος) the creatures (φύσιν) of the earth (χθονὸς.)

Χορός

πῶς γὰρ λέγεις χειμῶνα ναυτικῷ στρατῷ
ἐλθεῖν τελευτῆσαί τε δαιμόνων κότῳ;

But how (πῶς γὰρ) do you tell the story of (λέγεις) the onset (ἐλθεῖν) and the completion (τελευτῆσαί τε) of the winter storm (χειμῶνα) upon the fleet (ναυτικῷ στρατῷ) by the wrath of the gods (δαιμόνων κότῳ?)

Κῆρυξ

εὔφημον ἦμαρ οὐ πρέπει κακαγγέλῳ
γλώσσῃ μιαίνειν. χωρὶς ἡ τιμὴ θεῶν.

It is not fitting (οὐ πρέπει) to pollute (μιαίνειν) an auspicious day (εὔφημον ἦμαρ) with a tongue that bears bad news (κακαγγέλῳ γλώσσῃ.) The dignity (ἡ τιμὴ) is far (χωρὶς) from the gods. (θεῶν.)

ὅταν δ᾽ ἀπευκτὰ πήματ᾽ ἄγγελος πόλει
στυγνῷ προσώπῳ πτωσίμου στρατοῦ φέρῃ,
πόλει μὲν ἕλκος ἓν τὸ δήμιον τυχεῖν,
πολλοὺς δὲ πολλῶν ἐξαγισθέντας δόμων
ἄνδρας διπλῇ μάστιγι, τὴν Ἄρης φιλεῖ,
δίλογχον ἄτην, φοινίαν ξυνωρίδα:
τοιῶνδε μέντοι πημάτων σεσαγμένον
πρέπει λέγειν παιᾶνα τόνδ᾽ Ἐρινύων.

And (δ') when (ὅταν) a messenger (ἄγγελος) may speak of (φέρῃ) a dreadful calamity (ἀπευκτὰ πήματ') of a fallen army (πτωσίμου στρατοῦ) with a gloomy face (στυγνῷ προσώπῳ) to a city (πόλει,) on the one hand (μὲν) one wound (ἕλκος ἓν) happening (τυχεῖν) to the public (τὸ δήμιον,) on the other (δὲ) many men (πολλοὺς... ἄνδρας) from many houses (πολλῶν... δόμων) being taken as victims (ἐξαγισθέντας) by the double whip (διπλῇ μάστιγι,) the one loved by Arês, (τὴν Ἄρης φιλεῖ,) a double-wounding penalty, δίλογχον ἄτην, a bloody binding (φοινίαν ξυνωρίδα.) Indeed (μέντοι) of such a misery as this (τοιῶνδε...πημάτων) it is fitting to recite (πρέπει λέγειν) this (τόνδ') fully-loaded (σεσαγμένον) song of praise (παιᾶνα) of the Furies (Ἐρινύων.)

σωτηρίων δὲ πραγμάτων εὐάγγελον[65]
ἥκοντα πρὸς χαίρουσαν εὐεστοῖ πόλιν,
πῶς κεδνὰ τοῖς κακοῖσι συμμείξω, λέγων
χειμῶν᾽ Ἀχαιοῖς οὐκ ἀμήνιτον θεῶν;

But (δὲ,) when coming bringing good news (εὐάγγελον ἥκοντα) about safe emergence from battle (σωτηρίων πραγμάτων) to a city rejoicing (πρὸς χαίρουσαν πόλιν) in prosperity (εὐεστοῖ,) how may I mix (πῶς... συμμείξω) good things with the bad things (κεδνὰ τοῖς κακοῖσι) when telling of the storm (λέγων χειμῶν') upon the Achaians (Ἀχαιοῖς) not without the anger (οὐκ ἀμήνιτον) of the gods (θεῶν?)

ξυνώμοσαν γάρ, ὄντες ἔχθιστοι τὸ πρίν,
πῦρ καὶ θάλασσα, καὶ τὰ πίστ᾽ ἐδειξάτην
φθείροντε τὸν δύστηνον Ἀργείων στρατόν.

For (γάρ) fire and the sea (πῦρ καὶ θάλασσα) made a pact ξυνώμοσαν, although being (ὄντες) formerly (τὸ πρίν) bitterest enemies (ἔχθιστοι,) and (καὶ) the two displayed (ἐδειξάτην) the covenant (τὰ πίστ') the two destroying (τὰ...φθείροντε) the miserable Argive force (τὸν δύστηνον Ἀργείων στρατόν.)

ἐν νυκτὶ δυσκύμαντα δ’ ὠρώρει κακά.
ναῦς γὰρ πρὸς ἀλλήλαισι Θρῄκιαι πνοαὶ
ἤρεικον: αἱ δὲ κεροτυπούμεναι βίᾳ
χειμῶνι τυφῶ σὺν ζάλῃ τ’ ὀμβροκτύπῳ
ᾤχοντ’ ἄφαντοι ποιμένος κακοῦ στρόβῳ.

So (δ') during the night (ἐν νυκτὶ) evils (κακά) had stirred (ὠρώρει) from the hard waves (δυσκύμαντα) for (γὰρ) Thracian winds (Θρῄκιαι πνοαὶ) pounded (ἤρεικον) the ships (ναῦς) against one another (πρὸς ἀλλήλαισι.) And they (αἱ δὲ) being buffeted (κεροτυπούμεναι) by the strength of the storm whirlwinds (βίᾳ χειμῶνι τυφῶ) with the surging of the sea (σὺν ζάλῃ) and the crashing of thunder (τ' ὀμβροκτύπῳ) were swept out of sight (ᾤχοντ' ἄφαντοι) by the whirling action (στρόβῳ) of an evil herdsman (ποιμένος κακοῦ.)

ἐπεὶ δ’ ἀνῆλθε λαμπρὸν ἡλίου φάος,
ὁρῶμεν ἀνθοῦν πέλαγος Αἰγαῖον νεκροῖς
ἀνδρῶν Ἀχαιῶν ναυτικοῖς τ’ ἐρειπίοις.

And (δ’) when (ἐπεὶ) the brilliant light of the sun (λαμπρὸν ἡλίου φάος) came up (ἀνῆλθε) we see (ὁρῶμεν) the Agean Sea (πέλαγος Αἰγαῖον) blossoming (ἀνθοῦν) with the corpses of Achaian men (νεκροῖς ἀνδρῶν Ἀχαιῶν) and the ship-wreckage (ναυτικοῖς τ’ ἐρειπίοις.)

ἡμᾶς γε μὲν δὴ ναῦν τ’ ἀκήρατον σκάφος
ἤτοι τις ἐξέκλεψεν ἢ ‘ξῃτήσατο
θεός τις, οὐκ ἄνθρωπος, οἴακος θιγών.

Yet somehow (γε μὲν δὴ) surely (ἤτοι) some god (τις... θεός,) someone not a man (τις οὐκ ἄνθρωπος) stole away or interceded for (ἐξέκλεψεν ἢ 'ξῃτήσατο) us and our ship (ἡμᾶς ναῦν τ') hull untouched (ἀκήρατον σκάφος) by taking hold of the tiller (οἴακος θιγών.)

τύχη δὲ σωτὴρ ναῦν θέλουσ’ ἐφέζετο,[66]
ὡς μήτ’ ἐν ὅρμῳ κύματος ζάλην ἔχειν
μήτ’ ἐξοκεῖλαι πρὸς κραταίλεων χθόνα.

So (δὲ) luck (τύχη) the protector (σωτὴρ,) making a choice (θέλουσ',) stayed sitting (ἐφέζετο) in our ship (ναῦν) so as to (ὡς) neither hold at anchor against the surge of the waves (μήτ' ἐν ὅρμῳ κύματος ζάλην ἔχειν) nor to run ashore against rocky ground (μήτ' ἐξοκεῖλαι πρὸς κραταίλεων χθόνα.)

ἔπειτα δ’ Ἅιδην πόντιον πεφευγότες,
λευκὸν κατ’ ἦμαρ, οὐ πεποιθότες τύχῃ,
ἐβουκολοῦμεν φροντίσιν νέον πάθος,
στρατοῦ καμόντος καὶ κακῶς σποδουμένου.

So then, (ἔπειτα δ') having escaped from death in the sea (Ἅιδην πόντιον πεφευγότες,) by the light of day (λευκὸν κατ' ἦμαρ,) having no confidence in our our good fortune (οὐ πεποιθότες τύχῃ,) we kept brooding upon (ἐβουκολοῦμεν) what just happened to us (νέον πάθος) with deep concern (φροντίσιν,) the army wearied and badly pounded (στρατοῦ καμόντος καὶ κακῶς σποδουμένου.)

καὶ νῦν ἐκείνων εἴ τίς ἐστιν ἐμπνέων,
λέγουσιν ἡμᾶς ὡς ὀλωλότας. τί μή;
ἡμεῖς τ’ ἐκείνους ταὔτ’ ἔχειν δοξάζομεν.

And now (καὶ νῦν) if any (εἴ τίς) of them (ἐκείνων) are breathing (ἐστιν ἐμπνέων,) they reckon us (λέγουσιν ἡμᾶς) as killed (ὡς ὀλωλότας.) Why not (τί μή?) And we (ἡμεῖς τ') imagine (δοξάζομεν) them (ἐκείνους) to be the same (ταὔτ' ἔχειν.)

γένοιτο δ' ὡς ἄριστα. Μενέλεων γὰρ οὖν
πρῶτόν τε καὶ μάλιστα προσδόκα μολεῖν.

So may it all be fore the best (γένοιτο δ' ὡς ἄριστα.) For certainly (γὰρ οὖν) first and most of all (πρῶτόν τε καὶ μάλιστα) you shall expect (προσδόκα) Menelaos to come home (Μενέλεων μολεῖν.)

εἰ γοῦν τις ἀκτὶς ἡλίου νιν ἱστορεῖ
καὶ ζῶντα καὶ βλέποντα, μηχαναῖς Διός,
οὔπω θέλοντος ἐξαναλῶσαι γένος,
ἐλπίς τις αὐτὸν πρὸς δόμους ἥξειν πάλιν.

If at any rate (εἰ γοῦν) some ray of the sun (τις ἀκτὶς ἡλίου) observes him (νιν ἱστορεῖ) and he is living and seeing (καὶ ζῶντα καὶ βλέποντα,) through contrivances of Zeus (μηχαναῖς Διός,) who does not yet wish (οὔπω θέλοντος) utterly to destroy (ἐξαναλῶσαι) the family (γένος,) there is some hope (ἐλπίς τις) he (αὐτὸν) will come back (ἥξειν πάλιν) to his home (πρὸς δόμους.)

τοσαῦτ' ἀκούσας ἴσθι τἀληθῆ κλύων.

Upon hearing (ἀκούσας) thus much (τοσαῦτ') know (ἴσθι) that you are hearing (κλύων) the truth (τἀληθῆ.)

Χορός

τίς ποτ' ὠνόμαζεν ὧδ'
ἐς τὸ πᾶν ἐτητύμως
μή τις ὅντιν' οὐχ ὁρῶμεν προνοί-
αισι τοῦ πεπρωμένου
γλῶσσαν ἐν τύχᾳ νέμων;

Who once named thus (τίς ποτ' ὠνόμαζεν ὧδ') truthfully in all things (ἐς τὸ πᾶν ἐτητύμως,) must it not have been whoever we do not see (μή τις ὅντιν' οὐχ ὁρῶμεν) endowing, with respect to fate, the tongue (γλῶσσαν ἐν τύχᾳ νέμων) with foreknowledge of what is destined (προνοίαισι τοῦ πεπρωμένου?)

τὰν δορίγαμβρον ἀμφινει-
κῆ θ’ ῾Ελέναν; ἐπεὶ πρεπόντως[67]
ἑλένας, ἕλανδρος, ἑλέ-
πτολις, ἐκ τῶν ἁβροτίμων
προκαλυμμάτων ἔπλευσε
ζεφύρου γίγαντος αὔρᾳ,
πολύανδροί τε φεράσπιδες κυναγοὶ
κατ’ ἴχνος πλατᾶν ἄφαντον
κελσάντων Σιμόεντος ἀ-
κτὰς ἐπ’ ἀεξιφύλλους
δι’ ἔριν αἱματόεσσαν.

Helen, (῾Ελέναν) the one (τὰν) married by the spear (δορίγαμβρον) and (θ') battled for on all sides (ἀμφινεικῆ.) When (ἐπεὶ) fittingly (πρεπόντως) ship-taken (ἑλένας,) man-taken (ἕλανδρος,) city-taken (ἑλέπτολις) out of her luxurious curtains (ἐκ τῶν ἁβροτίμων προκαλυμμάτων,) carried across the sea (ἔπλευσε) by a breath of wind (αὔρᾳ) from the giant of the westwind (ζεφύρου γίγαντος,) numerous shieldbearing huntsmen (πολύανδροί τε φεράσπιδες κυναγοὶ) went in search of the vanished track of the oars (κατ' ἴχνος πλατᾶν ἄφαντον,) then beaching their boats (κελσάντων) on the leafy banks of the Simoeis (Σιμόεντος ἀκτὰς ἐπ' ἀεξιφύλλους) thanks to (δι') Strife (ἔριν) bloody struggle took place (αἱματόεσσαν.)

᾿Ιλίῳ δὲ κῆδος ὀρθ-
ώνυμον τελεσσίφρων
μῆνις ἤλασεν, τραπέζας ἀτί-
μωσιν ὑστέρῳ χρόνῳ
καὶ ξυνεστίου Διὸς
πρασσομένα τὸ νυμφότι-
μον μέλος ἐκφάτως τίοντας,
ὑμέναιον, ὃς τότ’ ἐπέρ-
ρεπεν γαμβροῖσιν ἀείδειν:

And (δὲ) wrath, working its will (τελεσσίφρων μῆνις) against Troy (᾿Ιλίῳ) set in motion (ἤλασεν) a rightly-named (ὀρθώνυμον) ceremony (κῆδος) with respect to hospitality dishonored (τραπέζας ἀτίμωσιν) at last (ὑστέρῳ χρόνῳ) even (καὶ) for Zeus, god of the hearth, (ξυνεστίου Διὸς) exacting (πρασσομένα) the bridal song (τὸ νυμφότιμον μέλος) from those paying honor (τίοντας) loudly (ἐκφάτως,) a hymn (ὑμέναιον) which then (ὃς τότ') it was falling (ἐπέρρεπεν) to the bridegroom’s kin (γαμβροῖσιν) to sing (ἀείδειν.)

μεταμανθάνουσα δ’ ὕμνον
Πριάμου πόλις γεραιὰ
πολύθρηνον μέγα που στένει κικλήσκου-
σα Πάριν τὸν αἰνόλεκτρον,
παμπορθῆ πολύθρηνον
αἰῶνα διαὶ πολιτᾶν
μέλεον αἷμ’ ἀνατλᾶσα.

While learning a different hymn (μεταμανθάνουσα δ' ὕμνον,) one much and greatly lamenting (πολύθρηνον μέγα) the ancient city of Priam (Πριάμου πόλις γεραιὰ) doubtless groans (που στένει) while calling (κικλήσκουσα) Paris the unluckily married one (Πάριν τὸν αἰνόλεκτρον,) while enduring (ἀνατλᾶσα) a time of complete destruction and much lamentation (παμπορθῆ πολύθρηνον αἰῶνα) because of (διαὶ) the useless bloodshed of the citizens (πολιτᾶν μέλεον αἷμ'.)

ἔθρεψεν δὲ λέοντος ἶ-
νιν δόμοις ἀγάλακτον οὕ-
τως ἀνὴρ φιλόμαστον.
ἐν βιότου προτελείοις
ἅμερον, εὐφιλόπαιδα
καὶ γεραροῖς ἐπίχαρτον.

So thus (δὲ... οὕτως) a man (ἀνὴρ) nourished (ἔθρεψεν) the cub of a lion (λέοντος ἶνιν) in the house (δόμοις,) a young one still suckling, taken from the mother’s teat (ἀγάλακτον φιλόμαστον.) In the beginning of it’s life (ἐν βιότου προτελείοις) it was tame (ἅμερον,) beloved of the children (εὐφιλόπαιδα) and to the old (καὶ γεραροῖς) a source of joy (ἐπίχαρτον.)

πολέα δ’ ἔσχ’ ἐν ἀγκάλαις
νεοτρόφου τέκνου δίκαν,
φαιδρωπὸς ποτὶ χεῖρα σαί-
νων τε γαστρὸς ἀνάγκαις.

And it was often held in their arms (πολέα δ' ἔσχ' ἐν ἀγκάλαις,) in the manner of a newly-reared child (νεοτρόφου τέκνου δίκαν,) and (τε) bright-eyed (φαιδρωπὸς) while fawning (σαίνων) against the hand (ποτὶ χεῖρα) for the sake of it’s belly (γαστρὸς ἀνάγκαις.)

χρονισθεὶς δ᾽ ἀπέδειξεν ἦ-
θος τὸ πρὸς τοκέων. χάριν
γὰρ τροφεῦσιν ἀμείβων
μηλοφόνοισιν ἄταις
δαῖτ᾽ ἀκέλευστος ἔτευξεν:
αἵματι δ᾽ οἶκος ἐφύρθη,
ἄμαχον ἄλγος οἰκέταις
μέγα σίνος πολυκτόνον.
ἐκ θεοῦ δ᾽ ἱερεύς τις ἄ-
τας δόμοις προσεθρέφθη.

But (δ') with the passing of time (χρονισθεὶς) character (ἦθος) shows (ἀπέδειξεν) what comes from the father (τὸ πρὸς τοκέων.) For (γὰρ,) by exchanging (ἀμείβων) cherishing by its foster-parents (χάριν τροφεῦσιν) for sheep-killing frenzy (μηλοφόνοισιν ἄταις) unbidden (ἀκέλευστος) it prepared a feast (δαῖτ'…ἔτευξεν.) And the house (δ' οἶκος) was defiled by blood (αἵματι ἐφύρθη,) an irresistable suffering to the household (ἄμαχον ἄλγος οἰκέταις,) a great and murderous plague (μέγα σίνος πολυκτόνον,) and (δ') some (τις) priest (ἱερεύς) of ruin (ἄτας,) from a god (ἐκ θεοῦ) nourished in the house (δόμοις προσεθρέφθη.)

πάραυτα δ᾽ ἐλθεῖν ἐς Ἰλίου πόλιν
λέγοιμ᾽ ἂν φρόνημα μὲν
νηνέμου γαλάνας,
ἀκασκαῖον ἄγαλμα πλούτου,
μαλθακὸν ὀμμάτων βέλος,
δηξίθυμον ἔρωτος ἄνθος.

So in like manner (πάραυτα δ') I would say (λέγοιμ' ἂν) that on one hand (μὲν) a spirit of calm serenity (φρόνημα νηνέμου γαλάνας) came to the city of Troy (ἐλθεῖν ἐς Ἰλίου πόλιν,) of gentle delight in treasure (ἀκασκαῖον ἄγαλμα πλούτου,) soft glances from the eyes (μαλθακὸν ὀμμάτων βέλος,) the flower of heartrending love (δηξίθυμον ἔρωτος ἄνθος.)

παρακλίνασ᾽ ἐπέκρανεν
δὲ γάμου πικρὰς τελευτάς,
δύσεδρος καὶ δυσόμιλος
συμένα Πριαμίδαισιν,
πομπᾷ Διὸς ξενίου,
νυμφόκλαυτος Ἐρινύς.

On the other hand (δὲ) when the Fury cried out upon by a young woman (νυμφόκλαυτος Ἐρινύς.) turned the other way (παρακλίνασ',) hunting the sons of Priam (συμένα Πριαμίδαισιν,) on a mission from Zeus, god of hospitality (πομπᾷ Διὸς ξενίου,) she brought to pass (ἐπέκρανεν) a bitter completion of marriage (γάμου πικρὰς τελευτάς,) bad for the home and bad for the people (δύσεδρος καὶ δυσόμιλος.)

παλαίφατος δ’ ἐν βροτοῖς γέρων λόγος
τέτυκται, μέγαν τελε-
σθέντα φωτὸς ὄλβον
τεκνοῦσθαι μηδ’ ἄπαιδα θνῄσκειν,
ἐκ δ’ ἀγαθᾶς τύχας γένει
βλαστάνειν ἀκόρεστον οἰζύν.

A old saying (γέρων λόγος) composed among mortals (ἐν βροτοῖς τέτυκται) and (δ') spoken in ancient times (παλαίφατος,) that great good fortune (μέγαν... ὄλβον) brought to fulfillment by a human being (τελεσθέντα φωτὸς) brings forth offspring (τεκνοῦσθαι) rather than dying childless (μηδ' ἄπαιδα θνῄσκειν,) that from good fortune (ἐκ δ' ἀγαθᾶς τύχας) to a people (γένει) shoots up (βλαστάνειν) unceasing misery (ἀκόρεστον οἰζύν.)

δίχα δ’ ἄλλων μονόφρων εἰ-
μί: τὸ δυσσεβὲς γὰρ ἔργον
μετὰ μὲν πλείονα τίκτει,
σφετέρᾳ δ’ εἰκότα γέννᾳ.

But separate from others (δίχα δ' ἄλλων) I am alone in my opinion (μονόφρων εἰμί:) for (γὰρ) the impious act (τὸ δυσσεβὲς ἔργον) indeed (μὲν) later (μετὰ) produces (τίκτει) more of the same (πλείονα) and (δ') resembling (εἰκότα) its own (σφετέρᾳ) kind (γέννᾳ.)

οἴκων δ’ ἄρ’ εὐθυδίκων
καλλίπαις πότμος αἰεί.

So naturally (δ' ἄρ') a beautiful child (καλλίπαις) is always (αἰεί) the destiny (πότμος) of a family (οἴκων) that follows the law (εὐθυδίκων.)

φιλεῖ δὲ τίκτειν Ὕβρις[68]
μὲν παλαιὰ νεά-
ζουσαν ἐν κακοῖς βροτῶν
ὕβριν τότ’ ἢ τόθ’, ὅτε τὸ κύρ-
ιον μόλῃ φάος τόκου,
δαίμονά τε τὰν ἄμαχον ἀπόλεμ-
ον, ἀνίερον Θράσος, μελαί-
νας μελάθροισιν Ἄτας,
εἰδομένας τοκεῦσιν.

And indeed (δὲ...μὲν) ancient (παλαιὰ) arrogance (Ὕβρις) loves to give birth to (φιλεῖ τίκτειν) newborn arrogance (νεάζουσαν... ὕβριν) and (τε) an irresistable, invincible, unholy (τὰν ἄμαχον ἀπόλεμον ἀνίερον) spirit (δαίμονά,) Rashness (Θράσος,) black delusions (μελαίνας...Ἄτας) which resemble their parents (εἰδομένας τοκεῦσιν) in evil people (ἐν κακοῖς βροτῶν) when (ὅτε,) at this time or that time (τότ' ἢ τόθ',) the appointed day of birth (τὸ κύριον... φάος τόκου) shall come (μόλῃ) to the household (μελάθροισιν.)

Δίκα δὲ λάμπει μὲν ἐν
δυσκάπνοις δώμασιν,
τὸν δ’ ἐναίσιμον τίει βίον.

But justice (Δίκα δὲ) shines out (λάμπει) even in (μὲν ἐν) a smoky hall (δυσκάπνοις δώμασιν,) she pays honor to (τίει) life lived by what is fit and proper (τὸν δ' ἐναίσιμον βίον.)

τὰ χρυσόπαστα δ’ ἔδεθλα σὺν
πίνῳ χερῶν παλιντρόποις
ὄμμασι λιποῦσ’, ὅσια προσέμολ-
ε, δύναμιν οὐ σέβουσα πλού-
του παράσημον αἴνῳ:
πᾶν δ’ ἐπὶ τέρμα νωμᾷ.

And (δ') while forsaking (λιποῦσ') the places (τὰ...ἔδεθλα) gold-sprinkled by filthy hands (σὺν πίνῳ χερῶν) with her eyes turned away (παλιντρόποις ὄμμασι) she went to (προσέμολε) ones respectful of what is right (ὅσια.) Giving no honor (οὐ σέβουσα) by praise (αἴνῳ) to the counterfeit (παράσημον) power (δύναμιν) of wealth (πλούτου,) so (δ') she guides (νωμᾷ) everything (πᾶν) to its end (ἐπὶ τέρμα.)

ἄγε δή, βασιλεῦ, Τροίας πτολίπορθ’,
Ἀτρέως γένεθλον.
πῶς σε προσείπω; πῶς σε σεβίζω
μήθ’ ὑπεράρας μήθ’ ὑποκάμψας
καιρὸν χάριτος;
πολλοὶ δὲ βροτῶν τὸ δοκεῖν εἶναι
προτίουσι δίκην παραβάντες.

Lead just so, (ἄγε δή,) o king (βασιλεῦ,) destroyer of Troy (Τροίας πτολίπορθ',) scion of Atreus (Ἀτρέως γένεθλον!) How shall I name you (πῶς σε προσείπω;) how shall I honor you (πῶς σε σεβίζω) neither over-exalting you (μήθ' ὑπεράρας) nor falling short of you (μήθ' ὑποκάμψας) with respect to a due measure of favor (καιρὸν χάριτος?) For many mortal men (πολλοὶ δὲ βροτῶν) put (προτίουσι) being thought well of (τὸ δοκεῖν εἶναι) before what is right (δίκην,) giving offense in so doing (παραβάντες).

τῷ δυσπραγοῦντι δ’ ἐπιστενάχειν
πᾶς τις ἕτοιμος: δῆγμα δὲ λύπης
οὐδὲν ἐφ’ ἧπαρ προσικνεῖται:
καὶ ξυγχαίρουσιν ὁμοιοπρεπεῖς
ἀγέλαστα πρόσωπα βιαζόμενοι.

And (δ') anyone and everyone (πᾶς τις) is ready (ἕτοιμος) to lament (ἐπιστενάχειν) for those whose affairs go badly (τῷ δυσπραγοῦντι) but (δὲ) the sting of pain (δῆγμα λύπης) reaches (προσικνεῖται) the seat of feeling (ἐφ' ἧπαρ) not at all (οὐδὲν) even (καὶ) while they keep forcing (βιαζόμενοι) their gloomy faces (ἀγέλαστα πρόσωπα) so that they look the same as (ὁμοιοπρεπεῖς) those who rejoice together (ξυγχαίρουσιν.)

ὅστις δ' ἀγαθὸς προβατογνώμων,
οὐκ ἔστι λαθεῖν ὄμματα φωτός,
τὰ δοκοῦντ' εὔφρονος ἐκ διανοίας
ὑδαρεῖ σαίνειν φιλότητι.

And (δ') whoever is a good judge of character (ὅστις ἀγαθὸς προβατογνώμων, literally a good judge of livestock) is not one to accept the eyes of a man (οὐκ ἔστι λαθεῖν ὄμματα φωτός) seemingly benevolent in intention (τὰ δοκοῦντ' εὔφρονος ἐκ διανοίας) that fawn in watery affection (ὑδαρεῖ σαίνειν φιλότητι.)

σὺ δέ μοι τότε μὲν στέλλων στρατιὰν
Ἑλένης ἕνεκ', οὐ γάρ ἐπικεύσω,
κάρτ' ἀπομούσως ἦσθα γεγραμμένος,
οὐδ' εὖ πραπίδων οἴακα νέμων
θράσος ἐκ θυσιῶν
ἀνδράσι θνῄσκουσι κομίζων.

And (δέ) you (σὺ) were indicted (ἦσθα γεγραμμένος) very unfavorably (κάρτ' ἀπομούσως,) by me (μοι) even when (τότε μὲν) assembling the army (στέλλων στρατιὰν) on account of Helen (Ἑλένης ἕνεκ'.) for I will not conceal it (οὐ γάρ ἐπικεύσω.) Your boldness (θράσος) in taking the helm (οἴακα νέμων) after the sacrifice (ἐκ θυσιῶν) was not (οὐδ') paying heed to dying men (ἀνδράσι θνῄσκουσι κομίζων) with good understanding (εὖ πραπίδων.)

νῦν δ' οὐκ ἀπ' ἄκρας φρενὸς οὐδ' ἀφίλως
* * *[69]
εὔφρων πόνος εὖ τελέσασιν.

But now (νῦν δ') neither from the bottom of my heart (οὐκ ἀπ' ἄκρας φρενὸς) nor in a hostile fashion (οὐδ' ἀφίλως) * * * reasonable work (εὔφρων πόνος) by those who did it well (εὖ τελέσασιν.)

γνώσῃ δὲ χρόνῳ διαπευθόμενος
τόν τε δικαίως καὶ τὸν ἀκαίρως
πόλιν οἰκουροῦντα πολιτῶν.

But in time (δὲ χρόνῳ) when you make inquiries (διαπευθόμενος) you will come to know (γνώσῃ) both (τε) those who did what is right (τόν δικαίως) and (καὶ) those who were troublesome (τὸν ἀκαίρως) among the citizens (πολιτῶν) who stayed behind and kept the city (πόλιν οἰκουροῦντα.)

Ἀγαμέμνων

πρῶτον μὲν Ἄργος καὶ θεοὺς ἐγχωρίους
δίκη προσειπεῖν, τοὺς ἐμοὶ μεταιτίους
νόστου δικαίων θ’ ὧν ἐπραξάμην πόλιν
Πριάμου: δίκας γὰρ οὐκ ἀπὸ γλώσσης θεοὶ
κλύοντες ἀνδροθνῆτας Ἰλίου φθορὰς
ἐς αἱματηρὸν τεῦχος οὐ διχορρόπως
ψήφους ἔθεντο: τῷ δ’ ἐναντίῳ κύτει
ἐλπὶς προσῄει χειρὸς οὐ πληρουμένῳ.

First indeed (πρῶτον μὲν) by custom (δίκη) I would speak to (προσειπεῖν) Argos and the gods of the country (Ἄργος καὶ θεοὺς ἐγχωρίους,) who were supportive to me (τοὺς ἐμοὶ μεταιτίους,) for a well-deserved return journey (νόστου δικαίων) and (θ') for what I exacted (ὧν ἐπραξάμην) from Priam’s city (πόλιν Πριάμου,) namely, justice (δίκας,) for (γὰρ) the gods, not listening to any speaking (οὐκ ἀπὸ γλώσσης θεοὶ κλύοντες) unwaveringly (οὐ διχορρόπως) put the pebbles (ψήφους ἔθεντο) in a bloodstained container (ἐς αἱματηρὸν τεῦχος) for murderous destruction of Troy (ἀνδροθνῆτας Ἰλίου φθορὰς.) Hope made an approach (ἐλπὶς προσῄει) to the other vessel (τῷ δ' ἐναντίῳ κύτει) not filling it from her hand (χειρὸς οὐ πληρουμένῳ.)

καπνῷ δ’ ἁλοῦσα νῦν ἔτ’ εὔσημος πόλις.
ἄτης θύελλαι ζῶσι: συνθνῄσκουσα δὲ
σποδὸς προπέμπει πίονας πλούτου πνοάς.

And (δ’) the conquered town (ἁλοῦσα.... πόλις) is still now (νῦν ἔτ’) clearly visible (εὔσημος) by the smoke (καπνῷ.) The storms of punishment (ἄτης θύελλαι) are at full strength (ζῶσι.) And as the embers die together (συνθνῄσκουσα δὲ σποδὸς) they send out (προπέμπει) rich vapors of wealth (πίονας πλούτου πνοάς.)

τούτων θεοῖσι χρὴ πολύμνηστον χάριν[70]
τίνειν. ἐπείπερ καὶ πάγας ὑπερκότους
ἐφραξάμεσθα καὶ γυναικὸς οὕνεκα
πόλιν διημάθυνεν. Ἀργεῖον δάκος,
ἵππου νεοσσός, ἀσπιδηφόρος λεώς,
πήδημ’ ὀρούσας ἀμφὶ Πλειάδων δύσιν.
ὑπερθορὼν δὲ πύργον ὠμηστὴς λέων
ἄδην ἔλειξεν αἵματος τυραννικοῦ.

It is necessary (χρὴ) to give in honor (τίνειν) much-remembering offerings (πολύμνηστον χάριν) to the gods (θεοῖσι) for these things (τούτων.) For indeed (ἐπείπερ καὶ) on account of a woman (γυναικὸς οὕνεκα) we threw a bitterly cruel noose around (πάγας ὑπερκότους ἐφραξάμεσθα) and (καὶ) a ravening Argive beast (Ἀργεῖον δάκος,) the youngling of a horse (ἵππου νεοσσός,) a shield-bearing host (ἀσπιδηφόρος λεώς,) by leaping a great leap (πήδημ' ὀρούσας) at the setting of the Pleiades (ἀμφὶ Πλειάδων δύσιν) utterly destroyed (διημάθυνεν) the city (πόλιν.) So (δὲ) a raw-meat-eating lion (ὠμηστὴς λέων) upon leaping over the towers (ὑπερθορὼν πύργον) licked up (ἔλειξεν) as much royal blood (αἵματος τυραννικοῦ) as it could hold (ἄδην.)

θεοῖς μὲν ἐξέτεινα φροίμιον τόδε:
τὰ δ’ ἐς τὸ σὸν φρόνημα, μέμνημαι κλύων,
καὶ φημὶ ταὐτὰ καὶ συνήγορόν μ’ ἔχεις.

So indeed (μὲν) I set forth (ἐξέτεινα) this initial utterance (φροίμιον τόδε) for the gods (θεοῖς.) But (δ') as for the things in your thoughts (τὰ ἐς τὸ σὸν φρόνημα,) having listened (κλύων,) I do remember (μέμνημαι,) and I say the same things (καὶ φημὶ ταὐτὰ,) and you are in agreement with me (καὶ συνήγορόν μ' ἔχεις.) ἔχω συνήγορον, literally I have the condition of saying the same, i.e. to be in agreement.

παύροις γὰρ ἀνδρῶν ἐστι συγγενὲς τόδε:
φίλον τὸν εὐτυχοῦντ’ ἄνευ φθόνου σέβειν.
δύσφρων γὰρ ἰὸς καρδίαν προσήμενος
ἄχθος διπλοΐζει τῷ πεπαμένῳ νόσον,
τοῖς τ’ αὐτὸς αὑτοῦ πήμασιν βαρύνεται
καὶ τὸν θυραῖον ὄλβον εἰσορῶν στένει.

For (γὰρ) this (τόδε) is natural (ἐστι συγγενὲς) to few (παύροις) among men (ἀνδρῶν:) to respect (σέβειν) a fortunate friend (φίλον τὸν εὐτυχοῦντ') without envy (ἄνευ φθόνου.) For (γὰρ) like a malignant poison (δύσφρων ἰὸς) lying near the heart (καρδίαν προσήμενος) the burden (ἄχθος) doubles (διπλοΐζει) the misery (νόσον) for the one who has it (τῷ πεπαμένῳ,) and (τ') he is weighed down (βαρύνεται) himself (αὐτὸς) by his own sufferings (τοῖς αὑτοῦ πήμασιν) and (καὶ) while looking upon (εἰσορῶν) the happiness outside his door (τὸν θυραῖον ὄλβον) he groans (στένει.)

εἰδὼς λέγοιμ’ ἄν, εὖ γὰρ ἐξεπίσταμαι
ὁμιλίας κάτοπτρον, εἴδωλον σκιᾶς
δοκοῦντας εἶναι κάρτα πρευμενεῖς ἐμοί.

Being knowledgable (εἰδὼς) I would speak (λέγοιμ' ἄν,) for I know well (εὖ γὰρ ἐξεπίσταμαι) the unreality of social association (ὁμιλίας κάτοπτρον,) the phantom of a shadow (εἴδωλον σκιᾶς,) those who pretend (δοκοῦντας) to be (εἶναι) very friendly to me (κάρτα πρευμενεῖς ἐμοί.)

μόνος δ’ Ὀδυσσεύς, ὅσπερ οὐχ ἑκὼν ἔπλει,
ζευχθεὶς ἕτοιμος ἦν ἐμοὶ σειραφόρος.

And only Odysseus, μόνος δ' Ὀδυσσεύς, who sailed not willingly (ὅσπερ οὐχ ἑκὼν ἔπλει,) once joined together for certain (ζευχθεὶς ἕτοιμος) was (ἦν) for me (ἐμοὶ) a pulling horse (σειραφόρος.)

εἴτ’ οὖν θανόντος εἴτε καὶ ζῶντος πέρι
λέγω. τὰ δ’ ἄλλα πρὸς πόλιν τε καὶ θεοὺς
κοινοὺς ἀγῶνας θέντες ἐν πανηγύρει
βουλευσόμεσθα. καὶ τὸ μὲν καλῶς ἔχον
ὅπως χρονίζον εὖ μενεῖ βουλευτέον:

I speak about him (πέρι λέγω) thus (οὖν) whether he is dead (εἴτ'...θανόντος) or whether he may be living (εἴτε καὶ ζῶντος.)
But (δ’) as for the rest (τὰ ἄλλα) I wish (βουλευσόμεσθα) to place it (θέντες) before both the city and the gods (πρὸς πόλιν τε καὶ θεοὺς) in common council and assembly (κοινοὺς ἀγῶνας ἐν πανηγύρει.) And indeed (καὶ... μὲν,) we must take counsel (βουλευτέον) so that (ὅπως) what is in good condition (τὸ καλῶς ἔχον) will continue well (εὖ μενεῖ) as time continues (χρονίζον.)

ὅτῳ δὲ καὶ δεῖ φαρμάκων παιωνίων,
ἤτοι κέαντες ἢ τεμόντες εὐφρόνως
πειρασόμεσθα πῆμ' ἀποστρέψαι νόσου.

And also (δὲ καὶ) for that which (ὅτῳ) requires (δεῖ) healing medicine (φαρμάκων παιωνίων,) what is reasonable (εὐφρόνως,) either cauterization or surgery (ἤτοι κέαντες ἢ τεμόντες,) will be attempted (πειρασόμεσθα) to turn trouble away from suffering (πῆμ' ἀποστρέψαι νόσου.)

νῦν δ' ἐς μέλαθρα καὶ δόμους ἐφεστίους
ἐλθὼν θεοῖσι πρῶτα δεξιώσομαι,
οἵπερ πρόσω πέμψαντες ἤγαγον πάλιν.
νίκη δ' ἐπείπερ ἕσπετ', ἐμπέδως μένοι.

But now (νῦν δ') upon coming into halls and familial chambers (ἐς μέλαθρα καὶ δόμους ἐφεστίους ἐλθὼν) first (πρῶτα) I will give honor /let me give honor (δεξιώσομαι) to the gods (θεοῖσι) who (οἵπερ) after sending us forth (πρόσω πέμψαντες) brought us back (ἤγαγον πάλιν.) And since indeed (δ' ἐπείπερ) victory (νίκη) followed (ἕσπετ',) may it remain (μένοι) unshaken (ἐμπέδως.)

Κλυταιμνήστρα

ἄνδρες πολῖται, πρέσβος Ἀργείων τόδε,
οὐκ αἰσχυνοῦμαι τοὺς φιλάνορας τρόπους
λέξαι πρὸς ὑμᾶς: ἐν χρόνῳ δ' ἀποφθίνει
τὸ τάρβος ἀνθρώποισιν. οὐκ ἄλλων πάρα[71]
μαθοῦσ', ἐμαυτῆς δύσφορον λέξω βίον
τοσόνδ' ὅσον περ οὗτος ἦν ὑπ' Ἰλίῳ.

Men of the city, (ἄνδρες πολῖται,) this honored assembly of Argives (πρέσβος Ἀργείων τόδε,) I take no shame upon myself (οὐκ αἰσχυνοῦμαι) to speak (λέξαι) of my husband-loving nature (τοὺς φιλάνορας τρόπους) before you (πρὸς ὑμᾶς:) For (δ') in time (ἐν χρόνῳ) fear (τὸ τάρβος) dies out (ἀποφθίνει) in people (ἀνθρώποισιν.) Not by learning from others (οὐκ ἄλλων πάρα μαθοῦσ',) I will say/let me speak (λέξω) about my (ἐμαυτῆς) life (βίον) so very (τοσόνδ') hard to bear (δύσφορον) for so very long that (ὅσον περ) he was below Troy (οὗτος ἦν ὑπ' Ἰλίῳ.)

τὸ μὲν γυναῖκα πρῶτον ἄρσενος δίχα[72]
ἧσθαι δόμοις ἔρημον ἔκπαγλον κακόν,
πολλὰς κλύουσαν κληδόνας παλιγκότους
καὶ τὸν μὲν ἥκειν, τὸν δ' ἐπεσφέρειν κακοῦ
κάκιον ἄλλο πῆμα, λάσκοντας δόμοις.

First of all (τὸ... πρῶτον) it is indeed (μὲν) a terrible, lonely, evil thing (ἔρημον ἔκπαγλον κακόν) for a woman to sit at home (γυναῖκα... ἧσθαι δόμοις) cut off from her man (ἄρσενος δίχα) while hearing (κλύουσαν) many (πολλὰς) malignant (παλιγκότους) rumors (κληδόνας) and indeed they come (καὶ τὸν μὲν ἥκειν,) to bring in evil upon evil (τὸν δ' ἐπεσφέρειν κακοῦ κάκιον,) crying out (λάσκοντας) yet another calamity (ἄλλο πῆμα) in the house (δόμοις.)

καὶ τραυμάτων μὲν εἰ τόσων ἐτύγχανεν
ἀνὴρ ὅδ', ὡς πρὸς οἶκον ὠχετεύετο
φάτις, τέτρηται δικτύου πλέον λέγειν.

And indeed (καὶ... μὲν) if this man (εἰ... ἀνὴρ ὅδ') suffered (ἐτύγχανεν) as many (τόσων) wounds (τραυμάτων) as (ὡς) the reports (φάτις) that streamed past the house (πρὸς οἶκον ὠχετεύετο) recount (λέγειν,) he would have been pierced with holes (τέτρηται) as full (πλέον) as a fishing-net (δικτύου.)

εἰ δ’ ἦν τεθνηκώς, ὡς ἐπλήθυον λόγοι,[73]
τρισώματός τἂν Γηρυὼν ὁ δεύτερος
χθονὸς τρίμοιρον χλαῖναν ἐξηύχει λαβεῖν,
ἅπαξ ἑκάστῳ κατθανὼν μορφώματι.

And (δ') if (εἰ) he were dead (ἦν τεθνηκώς,) as the tales grew (ὡς ἐπλήθυον λόγοι) surely as if he were (τἂν) the second (ὁ δεύτερος) three-bodied (τρισώματός) Geryon (Γηρυὼν,) he would loudly boast (ἐξηύχει) of putting on a triple cloak of earth (χθονὸς τρίμοιρον χλαῖναν λαβεῖν) once for each body (ἅπαξ ἑκάστῳ κατθανὼν μορφώματι,) the one above, I speak not of the one below (πολλὴν ἄνωθεν, τὴν κάτω γὰρ οὐ λέγω.)

τοιῶνδ’ ἕκατι κληδόνων παλιγκότων
πολλὰς ἄνωθεν ἀρτάνας ἐμῆς δέρης
ἔλυσαν ἄλλοι πρὸς βίαν λελημμένης.

Because of (ἕκατι) malignant (παλιγκότων) rumors (κληδόνων) such as these (τοιῶνδ') others (ἄλλοι) released (ἔλυσαν) by force (πρὸς βίαν) many (πολλὰς) nooses (ἀρτάνας) from above (ἄνωθεν) which had seized (λελημμένης) my neck (ἐμῆς δέρης.)

ἐκ τῶνδέ τοι παῖς ἐνθάδ’ οὐ παραστατεῖ,
ἐμῶν τε καὶ σῶν κύριος πιστωμάτων,
ὡς χρῆν, ’Ορέστης: μηδὲ θαυμάσῃς τόδε.

Because of these things (ἐκ τῶνδέ) consequently (τοι) a child (παῖς) the confirmation of both your promises and mine (ἐμῶν τε καὶ σῶν κύριος πιστωμάτων,) Orestês (’Ορέστης) is not standing by my side (οὐ παραστατεῖ) at this time (ἐνθάδ') as should be (ὡς χρῆν,) Do not be astonished at this (μηδὲ θαυμάσῃς τόδε.)

τρέφει γὰρ αὐτὸν εὐμενὴς δορύξενος[74]
Στρόφιος ὁ Φωκεύς. ἀμφίλεκτα πήματα
ἐμοὶ προφωνῶν, τόν θ’ ὑπ’ ’Ιλίῳ σέθεν
κίνδυνον, εἴ τε δημόθρους ἀναρχία
βουλὴν καταρρίψειεν, ὥστε σύγγονον
βροτοῖσι τὸν πεσόντα λακτίσαι πλέον.
τοιάδε μέντοι σκῆψις οὐ δόλον φέρει.

For (γὰρ) your gracious friend in war Strophios of Phocis (εὐμενὴς δορύξενος Στρόφιος ὁ Φωκεύς) is raising him (τρέφει αὐτὸν,) who warned me about (ἐμοὶ προφωνῶν) calamities much disputed in public (ἀμφίλεκτα πήματα) and the danger to you before Troy (τόν θ' ὑπ' ’Ιλίῳ σέθεν κίνδυνον,) and whether (εἴ τε) the clamoring public, lacking a leader, (δημόθρους ἀναρχία) might overthrow the council (βουλὴν καταρρίψειεν,) as is natural to people (ὥστε σύγγονον βροτοῖσι) to kick (λακτίσαι) those who fall (τὸν πεσόντα) all the more (πλέον.) To be sure (μέντοι) such an excuse (τοιάδε σκῆψις) carries no treachery (οὐ δόλον φέρει.)

ἔμοιγε μὲν δὴ κλαυμάτων ἐπίσσυτοι
πηγαὶ κατεσβήκασιν, οὐδ’ ἔνι σταγών.

For me (ἔμοιγε) certainly indeed (μὲν δὴ) gushing streams (ἐπίσσυτοι πηγαὶ) of weeping (κλαυμάτων) have dried up (κατεσβήκασιν,) and no (οὐδ') drops (σταγών) therein (ἔνι) (i.e. and not a drop remains.)

ἐν ὀψικοίτοις δ’ ὄμμασιν βλάβας ἔχω
τὰς ἀμφί σοι κλαίουσα λαμπτηρουχίας
ἀτημελήτους αἰέν. ἐν δ’ ὀνείρασιν
λεπταῖς ὑπαὶ κώνωπος ἐξηγειρόμην
ῥιπαῖσι θωύσσοντος, ἀμφί σοι πάθη
ὁρῶσα πλείω τοῦ ξυνεύδοντος χρόνου.

And (δ') with going to bed late (ἐν ὀψικοίτοις) my eyes took harm (ὄμμασιν βλάβας ἔχω,) for I kept crying out (κλαίουσα) that the beacon lookouts (τὰς... λαμπτηρουχίας) set up for your sake (ἀμφί σοι) are always baffled (ἀτημελήτους αἰέν.) And (δ') in my dreams (ἐν ὀνείρασιν) I was always being awakened (ἐξηγειρόμην) by (ὑπαὶ) the slight quivering (λεπταῖς...ῥιπαῖσι) of insects making sounds (κώνωπος... θωύσσοντος,) I seeing (ὁρῶσα) what is happening to you (ἀμφί σοι πάθη) during the whole time (πλείω... χρόνου) for sleeping together (τοῦ ξυνεύδοντος.)

νῦν ταῦτα πάντα τλᾶσ’ ἀπενθήτῳ φρενὶ
λέγοιμ’ ἂν ἄνδρα τόνδε τῶν σταθμῶν κύνα,
σωτῆρα ναὸς πρότονον, ὑψηλῆς στέγης
στῦλον ποδήρη, μονογενὲς τέκνον πατρί,

Now (νῦν,) having endured (τλᾶσ') all (πάντα) these things (ταῦτα,) with an unlamenting heart (ἀπενθήτῳ φρενὶ) I wish to speak of (λέγοιμ' ἂν) this man (ἄνδρα τόνδε,) the watchdog of the folds (τῶν σταθμῶν κύνα,) the protector (σωτῆρα,) the mainstay of the ship (ναὸς πρότονον,) the pillar reaching to the foot (στῦλον ποδήρη) of the high-raised palace (ὑψηλῆς στέγης,) the single child born to his father (μονογενὲς τέκνον πατρί,)

καὶ γῆν φανεῖσαν ναυτίλοις παρ’ ἐλπίδα,
κάλλιστον ἦμαρ εἰσιδεῖν ἐκ χείματος,
ὁδοιπόρῳ διψῶντι πηγαῖον ῥέος:
τερπνὸν δὲ τἀναγκαῖον ἐκφυγεῖν ἅπαν.
τοιοῖσδέ τοί νιν ἀξιῶ προσφθέγμασιν.

yes, (καὶ) land (γῆν) appearing to sailors (φανεῖσαν ναυτίλοις) beyond hope (παρ' ἐλπίδα,) a most beautiful day (κάλλιστον ἦμαρ) appearing in winter (εἰσιδεῖν ἐκ χείματος,) a flowing stream (πηγαῖον ῥέος) to a thirsty traveler (ὁδοιπόρῳ διψῶντι,) and a joy (τερπνὸν δὲ) to escape (ἐκφυγεῖν) every (ἅπαν) constraint (τἀναγκαῖον.) As such (τοιοῖσδέ) I commend (ἀξιῶ) him (νιν) to you (τοί) for your salutations (προσφθέγμασιν.)

φθόνος δ’ ἀπέστω: πολλὰ γὰρ τὰ πρὶν κακὰ
ἠνειχόμεσθα. νῦν δέ μοι, φίλον κάρα,
ἔκβαιν’ ἀπήνης τῆσδε, μὴ χαμαὶ τιθεὶς
τὸν σὸν πόδ’, ὦναξ, Ἰλίου πορθήτορα.

But let jealousy depart (φθόνος δ' ἀπέστω!) For (γὰρ) we bore up under (ἠνειχόμεσθα) much (πολλὰ) evil (κακὰ) before (τὰ πρὶν.) And now (νῦν δέ) dear person (φίλον κάρα) step down (ἔκβαιν') from this chariot (ἀπήνης τῆσδε) for me (μοι) while not touching (μὴ… τιθεὶς) your foot (τὸν σὸν πόδ',) the destroyer of Troy (Ἰλίου πορθήτορα,) to the ground (χαμαὶ,) O lord (ὦναξ.)

δμῳαί, τί μέλλεθ', αἷς ἐπέσταλται τέλος
πέδον κελεύθου στρωννύναι πετάσμασιν;
εὐθὺς γενέσθω πορφυρόστρωτος πόρος
ἐς δῶμ' ἄελπτον ὡς ἂν ἡγῆται δίκη.
τὰ δ' ἄλλα φροντὶς οὐχ ὕπνῳ νικωμένη
θήσει δικαίως σὺν θεοῖς εἱμαρμένα.

Serving-women (δμῳαί,) why do you delay (τί μέλλεθ'?) To whom (αἷς) have I assigned (ἐπέσταλται) the duty (τέλος) to furnish (στρωννύναι) the ground (πέδον) of his path (κελεύθου) with that which is to be spread out (πετάσμασιν?) Forthwith (εὐθὺς) let his path be (γενέσθω... πόρος) spread with purple (πορφυρόστρωτος) to the house (ἐς δῶμ') despaired of (ἄελπτον) so that (ὡς) what is right and proper (δίκη) may lead the way (ἂν ἡγῆται.) And as for the rest (τὰ δ' ἄλλα) power of mind (φροντὶς) not overcome by sleep (οὐχ ὕπνῳ νικωμένη) will set in place (θήσει) as is right and proper (δικαίως) along with the gods (σὺν θεοῖς) that which is due (εἱμαρμένα.)

Ἀγαμέμνων

Λήδας γένεθλον, δωμάτων ἐμῶν φύλαξ,
ἀπουσίᾳ μὲν εἶπας εἰκότως ἐμῇ:
μακρὰν γὰρ ἐξέτεινας: ἀλλ' ἐναισίμως
αἰνεῖν, παρ' ἄλλων χρὴ τόδ' ἔρχεσθαι γέρας:

Offspring of Leda, (Λήδας γένεθλον,) guardian of my halls (δωμάτων ἐμῶν φύλαξ,) indeed (μὲν) you spoke of (εἶπας) similarly (εἰκότως) to my absence (ἀπουσίᾳ... ἐμῇ,) for (γὰρ) you stretched it out (ἐξέτεινας) at length (μακρὰν.) However, (ἀλλ') to praise (αἰνεῖν) propitiously (ἐναισίμως) this honor (τόδ'... γέρας) ought (χρὴ) to be coming (ἔρχεσθαι) from others (παρ' ἄλλων.)

καὶ τἄλλα μὴ γυναικὸς ἐν τρόποις ἐμὲ
ἅβρυνε, μηδὲ βαρβάρου φωτὸς δίκην
χαμαιπετὲς βόαμα προσχάνῃς ἐμοί,
μηδ' εἵμασι στρώσασ' ἐπίφθονον πόρον
τίθει: θεούς τοι τοῖσδε τιμαλφεῖν χρεών:

And what is more (καὶ τἄλλα) do not (μὴ) make me wanton (ἐμὲ ἅβρυνε) in the manner (ἐν τρόποις) of a woman (γυναικὸς) and do not (μηδὲ) as is the custom (δίκην) of a barbarian man (βαρβάρου φωτὸς) open your mouth to me (προσχάνῃς ἐμοί) in a groveling shriek (χαμαιπετὲς βόαμα) nor (μηδ') make (τίθει) my path (πόρον) invidious (ἐπίφθονον) by furnishing it (στρώσασ') with coverings (εἵμασι.) Surely (τοι) by such things as these (τοῖσδε) the gods (θεούς) are fittingly honored (τιμαλφεῖν χρεών.)

ἐν ποικίλοις δὲ θνητὸν ὄντα κάλλεσιν
βαίνειν ἐμοὶ μὲν οὐδαμῶς ἄνευ φόβου.
λέγω κατ' ἄνδρα, μὴ θεόν, σέβειν ἐμέ.

But (δὲ) being mortal (θνητὸν ὄντα) to set foot (βαίνειν) on many-colored beautiful things (ἐν ποικίλοις κάλλεσιν) indeed (μὲν) is not at all far from fearful (οὐδαμῶς ἄνευ φόβου) to me (ἐμοὶ.) I tell you (λέγω) to honor me (σέβειν ἐμέ) as a man/as your husband (κατ' ἄνδρα,) not as a god (μὴ θεόν.)

χωρὶς ποδοψήστρων τε καὶ τῶν ποικίλων[75]
κληδὼν ἀυτεῖ: καὶ τὸ μὴ κακῶς φρονεῖν
θεοῦ μέγιστον δῶρον. ὀλβίσαι δὲ χρὴ
βίον τελευτήσαντ᾽ ἐν εὐεστοῖ φίλῃ.
εἰ πάντα δ᾽ ὣς πράσσοιμ᾽ ἄν, εὐθαρσὴς ἐγώ.

The meaning (κληδὼν) of footwipers and of these embroidered things (ποδοψήστρων τε καὶ τῶν ποικίλων) calls out (ἀυτεῖ) separately (χωρὶς) and (καὶ) not to think badly (τὸ μὴ κακῶς φρονεῖν) is the greatest gift of the gods (θεοῦ μέγιστον δῶρον.) For (δὲ) to be thought happy (ὀλβίσαι) finishing life (βίον τελευτήσαντ') in tranquil pleasure (ἐν εὐεστοῖ φίλῃ) is necessary (χρὴ.) And if (εἰ δ᾽) I do all things (πάντα) ὣς (as) I wish to do (πράσσοιμ᾽ ἄν,) I myself (ἐγώ) am confident (εὐθαρσὴς.)

Κλυταιμνήστρα

καὶ μὴν τόδ᾽ εἰπὲ μὴ παρὰ γνώμην ἐμοί.

And indeed (καὶ μὴν) say this (τόδ' εἰπὲ) to me (ἐμοί) not beyond (μὴ παρὰ) your judgement (γνώμην.)

Ἀγαμέμνων

γνώμην μὲν ἴσθι μὴ διαφθεροῦντ᾽ ἐμέ.

Indeed (μὲν) let you know (ἴσθι) my judgement (γνώμην) because I do not mean to weaken myself (μὴ διαφθεροῦντ' ἐμέ.)

Κλυταιμνήστρα

ηὔξω θεοῖς δείσας ἂν ὧδ᾽ ἔρδειν τάδε;

If you were fearful about the gods (θεοῖς δείσας) would you make a vow (ηὔξω... ἂν) thus (ὧδ') to do this (ἔρδειν τάδε?)

Ἀγαμέμνων

εἴπερ τις, εἰδώς γ᾽ εὖ τόδ᾽ ἐξεῖπον τέλος.

If indeed (εἴπερ) some man (τις,) while knowing this well indeed (εἰδώς γ' εὖ,) spoke out for (ἐξεῖπον) this duty (τόδ'...τέλος.)

Κλυταιμνήστρα

τί δ᾽ ἂν δοκεῖ σοι Πρίαμος, εἰ τάδ᾽ ἤνυσεν;

And what (τί δ᾽) does it seem to you (ἂν δοκεῖ σοι) Priam would do (Πρίαμος,) if he accomplished (εἰ ἤνυσεν) this (τάδ?)

Ἀγαμέμνων

ἐν ποικίλοις ἂν κάρτα μοι βῆναι δοκεῖ.

He would seem (ἂν... δοκεῖ) to me (μοι) very likely (κάρτα) to walk (βῆναι) on these beautiful things (ἐν ποικίλοις.)

Κλυταιμνήστρα

μή νυν τὸν ἀνθρώπειον αἰδεσθῇς ψόγον.

Now (νυν) let you not be ashamed (μή... αἰδεσθῇς) of human faultfinding (τὸν ἀνθρώπειον ψόγον.)

Ἀγαμέμνων

φήμη γε μέντοι δημόθρους μέγα σθένει.

Indeed (γε) at least (μέντοι) reputation spoken by the people (φήμη δημόθρους) has great power (μέγα σθένει.)

Κλυταιμνήστρα

ὁ δ' ἀφθόνητός γ' οὐκ ἐπίζηλος πέλει.

But (δ') the unenvied person (ὁ ἀφθόνητός) indeed (γ') πέλει (becomes) not envied/not happy (οὐκ ἐπίζηλος.)

Ἀγαμέμνων

οὔτοι γυναικός ἐστιν ἱμείρειν μάχης.

Indeed it is not (οὔτοι... ἐστιν) for a woman (γυναικός) to desire battle (ἱμείρειν μάχης.)

Κλυταιμνήστρα

τοῖς δ' ὀλβίοις γε καὶ τὸ νικᾶσθαι πρέπει.

is fitting (πρέπει) indeed (γε καὶ) to be conquered (τὸ νικᾶσθαι.) by the fortunate (τοῖς δ' ὀλβίοις)

Ἀγαμέμνων

ἦ καὶ σὺ νίκην τήνδε δήριος τίεις;

And truly (ἦ καὶ) do you yourself (σὺ) treasure (τίεις) to this victory in battle (νίκην τήνδε δήριος?)

Κλυταιμνήστρα

πιθοῦ: κράτος μέντοι πάρες γ' ἑκὼν ἐμοί.

Prevail upon yourself (πιθοῦ:) fully (μέντοι) relax (πάρες) your strength (κράτος) entirely willingly (γ' ἑκὼν) for me (ἐμοί.)

Ἀγαμέμνων

ἀλλ' εἰ δοκεῖ σοι ταῦθ', ὑπαί τις ἀρβύλας[76]
λύοι τάχος, πρόδουλον ἔμβασιν ποδός.

Very well then (ἀλλ';) if these things seem good to you, (εἰ δοκεῖ σοι ταῦθ',) may someone release me (τις... λύοι) from these boots (ὑπαί...ἀρβύλας) quickly (τάχος,) that which serves as a slave (πρόδουλον) to the sole of my foot (ἔμβασιν ποδός.)

καὶ τοῖσδέ μ' ἐμβαίνονθ' ἁλουργέσιν θεῶν
μή τις πρόσωθεν ὄμματος βάλοι φθόνος.
πολλὴ γὰρ αἰδὼς δωματοφθορεῖν ποσὶν
φθείροντα πλοῦτον ἀργυρωνήτους θ' ὑφάς.

And (καὶ) because I am stepping ((μ' ἐμβαίνονθ')) upon these (τοῖσδέ) goods dyed with genuine sea-purple (ἁλουργέσιν) may someone (τις) among the gods (θεῶν) not (μή) wish to hurl (βάλοι) malice (φθόνος) from his eyes (ὄμματος) from afar (πρόσωθεν.) For (γὰρ) it is a great shame (πολλὴ αἰδὼς) to ruin my household (δωματοφθορεῖν) by spoiling (φθείροντα) wealth (πλοῦτον) and (θ') woven goods bought with silver (ἀργυρωνήτους ὑφάς) with my feet (ποσὶν.)

τούτων μὲν οὕτω: τὴν ξένην δὲ πρευμενῶς
τήνδ' ἐσκόμιζε: τὸν κρατοῦντα μαλθακῶς
θεὸς πρόσωθεν εὐμενῶς προσδέρκεται.
ἑκὼν γὰρ οὐδεὶς δουλίῳ χρῆται ζυγῷ.
αὕτη δὲ πολλῶν χρημάτων ἐξαίρετον
ἄνθος, στρατοῦ δώρημ', ἐμοὶ ξυνέσπετο.

Indeed thus of these things/indeed, so much for that (τούτων μὲν οὕτω:) And (δὲ) with respect to this foreign woman (τὴν ξένην) bring her in (τήνδ' ἐσκόμιζε) graciously (πρευμενῶς.) A god (θεὸς) looks (προσδέρκεται) from afar (πρόσωθεν) with favor (εὐμενῶς) at one who uses power gently (τὸν κρατοῦντα μαλθακῶς) for no one (γὰρ οὐδεὶς) willingly suffers (ἑκὼν... χρῆται) slavish bondage (δουλίῳ ζυγῷ.) And (δὲ) she (αὕτη) is the special flower (ἐξαίρετον ἄνθος,) of the many things I possess (πολλῶν χρημάτων.) A gift from the army (στρατοῦ δώρημ',) she is constant to me (ἐμοὶ ξυνέσπετο.)

ἐπεὶ δ' ἀκούειν σοῦ κατέστραμμαι τάδε,
εἶμ' ἐς δόμων μέλαθρα πορφύρας πατῶν.

And (δ') since (ἐπεὶ) in obedience to you (ἀκούειν σοῦ) I have trampled upon these things/ I have been made subject with respect to these things (κατέστραμμαι τάδε,) I am (εἶμ') walking on (πατῶν) purple (πορφύρας) into the halls (ἐς... μέλαθρα) of my house (δόμων.)

Κλυταιμνήστρα

ἔστιν θάλασσα, τίς δέ νιν κατασβέσει;
τρέφουσα πολλῆς πορφύρας ἰσάργυρον
κηκῖδα παγκαίνιστον, είμάτων βαφάς.
οἶκος δ' ὑπάρχει τῶνδε σὺν θεοῖς ἅλις
ἔχειν: πένεσθαι δ' οὐκ ἐπίσταται δόμος.

There is the sea (ἔστιν θάλασσα,) and who (τίς δέ) shall drain it dry (νιν κατασβέσει?) She who breeds (τρέφουσα) much purple dye worth its weight in silver (πολλῆς πορφύρας ἰσάργυρον,) juice that always flows fresh (κηκῖδα παγκαίνιστον,) the dye in which we dip (βαφάς) our clothes (είμάτων.) And (δ') with the help of the gods (σὺν θεοῖς) our family (οἶκος) is able (ὑπάρχει) to hold (ἔχειν) an abundance of it (τῶνδε ἅλις.) So (δ') the household (δόμος) does not know how (οὐκ ἐπίσταται) to be poor (πένεσθαι.)

πολλῶν πατησμὸν δ' είμάτων ἂν ηὐξάμην,
δόμοισι προυνεχθέντος ἐν χρηστηρίοις,
ψυχῆς κόμιστρα τῆσδε μηχανωμένῃ.

And (δ') I would have vowed (ἂν ηὐξάμην) a trampling (πατησμὸν) of many cloths (πολλῶν είμάτων,) offering it (προυνεχθέντος) in the oracular temples (δόμοισι ἐν χρηστηρίοις,) when I was devising (μηχανωμένῃ) a reward (κόμιστρα) for this life (ψυχῆς τῆσδε.)

ῥίζης γὰρ οὔσης φυλλὰς ἵκετ' ἐς δόμους,
σκιὰν ὑπερτείνασα σειρίου κυνός.
καὶ σοῦ μολόντος δωματῖτιν ἑστίαν,
θάλπος μὲν ἐν χειμῶνι σημαίνεις μολόν:
ὅταν δὲ τεύχῃ Ζεὺς ἀπ' ὄμφακος πικρᾶς
οἶνον, τότ' ἤδη ψῦχος ἐν δόμοις πέλει,
ἀνδρὸς τελείου δῶμ' ἐπιστρωφωμένου.

For (γὰρ) while the root lives (ῥίζης οὔσης) the leaves return to the house (φυλλὰς ἵκετ' ἐς δόμους) stretching shade (σκιὰν ὑπερτείνασα) from the scorching dog-star (σειρίου κυνός.) And (καὶ) by your returning (σοῦ μολόντος) to the household hearth (δωματῖτιν ἑστίαν,) you show (σημαίνεις) the heat of summer itself ((θάλπος μὲν) coming in winter (ἐν χειμῶνι μολόν:) And (δὲ) just as (ὅταν) Zeus (Ζεὺς) provides (τεύχῃ) wine (οἶνον) from young bitter grapes (ἀπ' ὄμφακος πικρᾶς,) then immediately (τότ' ἤδη) coolness (ψῦχος) comes (πέλει) into the house (ἐν δόμοις) when a man of full authority (ἀνδρὸς τελείου) occupies (ἐπιστρωφωμένου) the house (δῶμ'.)

Ζεῦ, Ζεῦ τέλειε, τὰς ἐμὰς εὐχὰς τέλει:
μέλοι δέ τοι σοὶ τῶν περ ἂν μέλλῃς τελεῖν.

O Zeus, o perfect Zeus, (Ζεῦ, Ζεῦ τέλειε,) accomplish (τέλει) these my prayers (τὰς ἐμὰς εὐχὰς.) For (δέ) surely (τοι) it would be of concern (μέλοι) to you (σοὶ) to accomplish (τελεῖν) what (τῶν) you already (περ) may intend to do (ἂν μέλλῃς.)

Χορός

τίπτε μοι τόδ' ἐμπέδως
δεῖμα προστατήριον
καρδίας τερασκόπου ποτᾶται,
μαντιπολεῖ δ' ἀκέλευστος ἄμισθος ἀοιδά,
οὐδ' ἀποπτύσαι δίκαν
δυσκρίτων ὀνειράτων
θάρσος εὐπειθὲς ἵ-
ζει φρενὸς φίλον θρόνον;

Why then (τίπτε) does this (τόδ') unshakeably (ἐμπέδως) standing (προστατήριον) fear (δεῖμα) fly (ποτᾶται) to me (μοι) from my heart (καρδίας) that watches for something terrible (τερασκόπου?) And (δ') an unbidden and unpaid incantation (ἀκέλευστος ἄμισθος ἀοιδά) haunts in prophecy (μαντιπολεῖ) in the manner (δίκαν) of uninterpretable dreams (δυσκρίτων ὀνειράτων.) It does not (οὐδ') establish (ἵζει) obedient courage (θάρσος εὐπειθὲς) in the seat of my own heart (φρενὸς φίλον θρόνον) to give protection (ἀποπτύσαι.)

χρόνος δ' ἐπὶ πρυμνησίων ξυνεμβολαῖς[77]
ψάμος ἄμπτα, παρή-
βησεν, εὖθ' ὑπ' Ἴλιον
ὦρτο ναυβάτας στρατός.

But (δ') time (χρόνος) has grown old (παρήβησεν) since the sand (ψάμος) flew up (ἄμπτα) against (ἐπὶ) the fastenings (ξυνεμβολαῖς) of the cables (πρυμνησίων) when (εὖθ') the army (στρατός) urged on (ὦρτο) the sailors (ναυβάτας) beneath the walls of Troy (ὑπ' Ἴλιον.)

πεύθομαι δ' ἀπ' ὀμμάτων
νόστον, αὐτόμαρτυς ὤν:
τὸν δ' ἄνευ λύρας ὅμως ὑμνῳδεῖ
θρῆνον Ἐρινύος αὐτοδίδακτος ἔσωθεν
θυμός, οὐ τὸ πᾶν ἔχων
ἐλπίδος φίλον θράσος.

But (δ') I learn of (πεύθομαι) the return home (νόστον) from my eyes (ἀπ' ὀμμάτων,) being (ὤν) an eyewitness (αὐτόμαρτυς:) But (δ') my heart (θυμός) chants/sings (ὑμνῳδεῖ) all the same (ὅμως) from within (ἔσωθεν) the self-taught lament of the Fury (τὸν...θρῆνον Ἐρινύος αὐτοδίδακτος,) not sung to the lyre (ἄνευ λύρας,) my own courage (φίλον θράσος) not having (οὐ... ἔχων) any hope at all (τὸ πᾶν ἐλπίδος.)

σπλάγχνα δ’ οὔτοι ματᾴ-[78]
ζει πρὸς ἐνδίκοις φρεσὶν
τελεσφόροις δίναις κυκώμενον κέαρ.
εὔχομαι δ’ ἐξ ἐμᾶς
ἐλπίδος ψύθη πεσεῖν
ἐς τὸ μὴ τελεσφόρον.

And (δ') as my heart keeps churning (κυκώμενον κέαρ,) my guts/gut emotions (σπλάγχνα) certainly do not speak foolishly (οὔτοι ματᾴζει) to my upright mind (πρὸς ἐνδίκοις φρεσὶν) of whirlwinds that bear fruit in due season (τελεσφόροις δίναις.) But (δ') I pray (εὔχομαι) for falsehoods to fall (ψύθη πεσεῖν) from my expectation (ἐξ ἐμᾶς ἐλπίδος) into unfulfillment (ἐς τὸ μὴ τελεσφόρον.)

μάλα γέ τοι τὸ μεγάλας ὑγιείας[79]
ἀκόρεστον τέρμα: νόσος γάρ
γείτων ὁμότοιχος ἐρείδει.
καὶ πότμος εὐθυπορῶν
* * *
ἀνδρὸς ἔπαισεν ἄφαντον ἕρμα.

Indeed and very truly (μάλα γέ τοι) the greatest health (τὸ μεγάλας ὑγιείας) is the limit (τέρμα) that does not cause surfeit (ἀκόρεστον) for (γάρ) sickness (νόσος,) its neighbor who shares a common wall (γείτων ὁμότοιχος) presses hard (ἐρείδει) and (καὶ) that which befalls one (πότμος) upon holding a straight course (εὐθυπορῶν) * * * struck hard against (ἔπαισεν) the invisible support (ἄφαντον ἕρμα) of a man (ἀνδρὸς.)

καὶ πρὸ μέν τι χρημάτων
κτησίων ὄκνος βαλὼν
σφενδόνας ἀπ’ εὐμέτρου,
οὐκ ἔδυ πρόπας δόμος.
πημονᾶς γέμων ἄγαν,
οὐδ’ ἐπόντισε σκάφος.

And indeed rather than (καὶ πρὸ μέν) fearing to throw (ὄκνος βαλὼν) something of one’s own wealth (τι χρημάτων κτησίων) by a well-measured sling-throw (σφενδόνας ἀπ' εὐμέτρου) the whole household (πρόπας δόμος) is not made to sink (οὐκ ἔδυ.) Though very much loaded with suffering (πημονᾶς γέμων ἄγαν,) nor yet does the ship sink (οὐδ' ἐπόντισε σκάφος.)

πολλά τοι δόσις ἐκ Διὸς ἀμφιλα-
φής τε καὶ ἐξ ἀλόκων ἐπετειᾶν
νῆστιν ὤλεσεν νόσον.

Surely many (πολλά τοι) abundant (ἀμφιλαφής) gifts (δόσις) both from Zeus as well as from the annual furrows/plowing/planting (ἐκ Διὸς τε καὶ ἐξ ἀλόκων ἐπετειᾶν) put an end to (ὤλεσεν) suffering (νόσον) hunger (νῆστιν.)

τὸ δ’ ἐπὶ γᾶν πεσὸν ἅπαξ θανάσιμον
πρόπαρ ἀνδρὸς μέλαν αἷμα τίς ἂν
πάλιν ἀγκαλέσαιτ’ ἐπαείδων;

But (δ') who (τίς) may call (ἂν... ἀγκαλέσαιτ') back (πάλιν) by singing (ἐπαείδων) the deadly black blood (τὸ... θανάσιμον... μέλαν αἷμα) when once (ἅπαξ) it has fallen (πεσὸν) upon the earth (ἐπὶ γᾶν) in front of a man (πρόπαρ ἀνδρὸς?)

οὐδὲ τὸν ὀρθοδαῆ[80]
τῶν φθιμένων ἀνάγειν
Ζεὺς ἀπέπαυσεν ἐπ ἀβλαβείαι;

And did not (οὐδὲ) Zeus (Ζεὺς) put and end to (ἀπέπαυσεν) the man who (τὸν) knew rightly (ὀρθοδαῆ) raising (ἀνάγειν) of the dead (τῶν φθιμένων) for the sake of reverence (ἐπ' εὐλαβείᾳ?)

εἰ δὲ μὴ τεταγμένα
μοῖρα μοῖραν ἐκ θεῶν
εἶργε μὴ πλέον φέρειν,
προφθάσασα καρδία
γλῶσσαν ἂν τάδ’ ἐξέχει.

And (δὲ) if (εἰ) destiny (μοῖρα) while keeping good order (τεταγμένα) did not hinder (μὴ... εἶργε) lest (μὴ) fate (μοῖραν) carry away too much (πλέον φέρειν) by the gods (ἐκ θεῶν) my tongue (γλῶσσαν) outrunning (προφθάσασα) my heart (καρδία) would pour this forth (ἂν τάδ' ἐξέχει.)

νῦν δ’ ὑπὸ σκότῳ βρέμει
θυμαλγής τε καὶ οὐδὲν ἐπελπομέ-
να ποτὲ καίριον ἐκτολυπεύσειν
ζωπυρουμένας φρενός.

But (δ') now (νῦν) under the cover of darkness (ὑπὸ σκότῳ) it grumbles (βρέμει.) It is both (τε) heartsick (θυμαλγής) and (καὶ) has hope (ἐπελπομένα) of nothing (οὐδὲν) to bring things to an end (ἐκτολυπεύσειν) when the time is right (ποτὲ καίριον) while my mind is bursting into flame (ζωπυρουμένας φρενός.)

Κλυταιμνήστρα

εἴσω κομίζου. καὶ σύ, Κασσάνδραν λέγω.
ἐπεί σ’ ἔθηκε Ζεὺς ἀμηνίτως δόμοις
κοινωνὸν εἶναι χερνίβων, πολλῶν μέτα
δούλων σταθεῖσαν κτησίου βωμοῦ πέλας:
ἔκβαιν’ ἀπήνης τῆσδε, μηδ’ ὑπερφρόνει.

Let you be brought (κομίζου) inside (εἴσω.) Even you (καὶ σύ,) I am speaking to you, Kassandra (Κασσάνδραν λέγω.) Since (ἐπεί) Zeus (Ζεὺς) put you (σ' ἔθηκε) in our halls (δόμοις) to be (εἶναι) a fellow-partaker of our lustral water-bowl (κοινωνὸν…χερνίβων,) without wrath directed against you (ἀμηνίτως,) to be set in place (σταθεῖσαν) among our many slaves (πολλῶν μέτα δούλων) by (πέλας) our household altar (κτησίου βωμοῦ,) step down from this wagon (ἔκβαιν' ἀπήνης τῆσδε) and do not be proud (μηδ' ὑπερφρόνει.)

καὶ παῖδα γάρ τοί φασιν Ἀλκμήνης ποτὲ
πραθέντα τλῆναι δουλίας μάζης βίᾳ.
εἰ δ᾽ οὖν ἀνάγκη τῆσδ᾽ ἐπιρρέποι τύχης,
ἀρχαιοπλούτων δεσποτῶν πολλὴ χάρις.
οἳ δ᾽ οὔποτ᾽ ἐλπίσαντες ἤμησαν καλῶς,
ὠμοί τε δούλοις πάντα καὶ παρὰ στάθμην.
ἔξεις παρ᾽ ἡμῶν οἷά περ νομίζεται.

For (γάρ) as you know (τοί) they say (φασιν) even the son of Alkmênê once (καὶ παῖδα Ἀλκμήνης ποτὲ) happened (τυχεῖν) to be sold (πραθέντα,) to endure (τλῆναι) the bread (μάζης) of slavery (δουλίας.) And if now (εἰ δ' οὖν) necessity (ἀνάγκη) wishes to allot you (ἐπιρρέποι) this stroke of fortune (τῆσδ' τύχης,) there is much favor (πολλὴ χάρις) in masters who are of ancient wealth (ἀρχαιοπλούτων δεσποτῶν.) For (δ') when those who never hoped (οἳ οὔποτ' ἐλπίσαντες) harvest well (ἤμησαν καλῶς,) they are both savage (ὠμοί τε) to slaves (δούλοις) in all things (πάντα) and so beyond measure (καὶ παρὰ στάθμην.) You have (ἔχεις) on our part (παρ᾽ ἡμῶν) all that which (οἷά περ) is customary (νομίζεται.)

Χορός

σοί τοι λέγουσα παύεται. σαφῆ λόγον.
ἐντός δ᾽ ἂν οὖσα μορσίμων ἀγρευμάτων
πείθοι᾽ ἄν, εἰ πείθοι᾽, ἀπειθοίης δ᾽ ἴσως.

Certainly (τοι) she brings herself to a stop (παύεται) while speaking (λέγουσα) clear (σαφῆ) words (λόγον) to you (σοί.) And (δ') because it seems you are (ἂν οὖσα) within snares appointed by fate (ἐντός μορσίμων ἀγρευμάτων) perhaps you may obey (πείθοι' ἄν,) if you wish to obey (εἰ πείθοι') but (δ') should you be disobedient (ἀπειθοίης) it is all the same (ἴσως.)

Κλυταιμνήστρα

ἀλλ᾽ εἴπερ ἐστι μὴ χελιδόνος δίκην
ἀγνῶτα φωνὴν βάρβαρον κεκτημένη,
ἔσω φρενῶν λέγουσα πείθω νιν λόγῳ.

However if indeed (ἀλλ' εἴπερ) it is the case that (ἐστι) she does not possess (μὴ... κεκτημένη) in the manner (δίκην) of a swallow (χελιδόνος, an unknown (ἀγνῶτα) barbarian (βάρβαρον) language (φωνὴν,) by speaking (λέγουσα) within (ἔσω) her understanding (φρενῶν) I may persuade (πείθω) her (νιν) by means of words (λόγῳ.)

Χορός

ἕπου. τὰ λῷστα τῶν παρεστώτων λέγει.
πιθοῦ λιποῦσα τόνδ᾽ ἁμαξήρη θρόνον.

Obey (ἕπου.) She says (λέγει) what is best (τὰ λῷστα) of what is at hand (τῶν παρεστώτων.) Be persuaded (πιθοῦ) to leave (λιποῦσα) this carriage-seat (τόνδ' ἁμαξήρη θρόνον.)

Κλυταιμνήστρα

οὔτοι θυραίᾳ τῇδ’ ἐμοὶ σχολὴ πάρα[81]
τρίβειν: τὰ μὲν γὰρ ἑστίας μεσομφάλου
ἕστηκεν ἤδη μῆλα πρὸς σφαγὰς πάρος,
ὡς οὔποτ’ ἐλπίσασι τήνδ’ ἕξειν χάριν.

Here at this door (θυραίᾳ τῇδ') there certainly is not (οὔτοι) available to me (ἐμοὶ... πάρα) leisure (σχολὴ) to waste (τρίβειν.) For indeed (μὲν γὰρ) the animals (τὰ... μῆλα) have been put already (ἕστηκεν ἤδη) within the central hearth (ἑστίας μεσομφάλου) before this (πάρος) for slaughter (πρὸς σφαγὰς) as never (ὡς οὔποτ') to hope (ἐλπίσασι) to have (ἕξειν) this joy (τήνδ' χάριν.)

σὺ δ’ εἴ τι δράσεις τῶνδε, μὴ σχολὴν τίθει.[82]
εἰ δ’ ἀξυνήμων οὖσα μὴ δέχῃ λόγον,
σὺ δ’ ἀντὶ φωνῆς φράζε καρβάνῳ χερί.

And (δ') you, (σὺ) if you would do (εἴ... δράσεις) any of this (τι...τῶνδε,) do not rest (μὴ... τίθει) at leisure (σχολὴν.) But if (εἰ δ') being (οὖσα) devoid of understanding (ἀξυνήμων) she should not take in (μὴ δέχῃ) a word (λόγον,) then you (σὺ δ') show her (φράζε) by means of barbarian hand-signals (καρβάνῳ χερί) instead of voice (ἀντὶ φωνῆς.)

Χορός

ἑρμηνέως ἔοικεν ἡ ξένη τοροῦ
δεῖσθαι: τρόπος δὲ θηρὸς ὡς νεαιρέτου.

The foreign woman (ἡ ξένη) is likely (ἔοικεν) acutely to stand in need of (τοροῦ δεῖσθαι) an interpreter (ἑρμηνέως.) And (δὲ) her manner (τρόπος) is like (ὡς) that of a newly captured wild animal (θηρὸς νεαιρέτου.)

Κλυταιμνήστρα

ἦ μαίνεταί γε καὶ κακῶν κλύει φρενῶν,
ἥτις λιποῦσα μὲν πόλιν νεαίρετον
ἥκει, χαλινὸν δ’ οὐκ ἐπίσταται φέρειν,
πρὶν αἱματηρὸν ἐξαφρίζεσθαι μένος.
οὐ μὴν πλέω ῥίψασ’ ἀτιμασθήσομαι.

Certainly (ἦ) she is mad (μαίνεταί) indeed (γε) and (καὶ) she listens to (κλύει) her wretched heart (κακῶν φρενῶν,) a woman who (ἥτις,) upon leaving indeed (λιποῦσα μὲν) a newly captured city (πόλιν νεαίρετον,) has come (ἥκει,) and does not know how to endure a bridle (χαλινὸν δ' οὐκ ἐπίσταται φέρειν,) until she foams off her bloody rage (πρὶν αἱματηρὸν ἐξαφρίζεσθαι μένος.) Indeed (μὴν) if she throws more (πλέω ῥίψασ') I will not be slighted (οὐ...ἀτιμασθήσομαι.)

Χορός

ἐγὼ δ', ἐποικτίρω γάρ, οὐ θυμώσομαι.
ἴθ', ὦ τάλαινα, τόνδ' ἐρημώσασ' ὄχον,
εἴκουσ' ἀνάγκῃ τῇδε καίνισον ζυγόν.

But as for myself (ἐγὼ δ',) because I feel compassion (ἐποικτίρω γάρ,) I will not be angry (οὐ θυμώσομαι.) Come now, O suffering woman, (ἴθ', ὦ τάλαινα,) upon abandoning this wagon (τόνδ' ἐρημώσασ' ὄχον,) while giving into this necessity (εἴκουσ' ἀνάγκῃ τῇδε) use the yoke for the first time (καίνισον ζυγόν.)

Κασσάνδρα

ὀτοτοτοῖ πόποι δᾶ.[83]
Ὦπολλον Ὦπολλον.

Ahhh (ὀτοτοτοῖ!) Ohhh (πόποι!) Zeus/Earth (δᾶ!) Apollo! Apollo (Ὦπολλον Ὦπολλον!)

Χορός

τί ταῦτ' ἀνωτότυξας ἀμφὶ Λοξίου;
οὐ γὰρ τοιοῦτος ὥστε θρηνητοῦ τυχεῖν.

Why (τί) do you cry out (ἀνωτότυξας) these things (ταῦτ') in the name of Apollo (ἀμφὶ Λοξίου?) For he is not (οὐ γὰρ) of such a kind (τοιοῦτος) as (ὥστε) to meet with/have anything to do with (τυχεῖν) one who wails (θρηνητοῦ.)

Κασσάνδρα

ὀτοτοτοῖ πόποι δᾶ.
Ὦπολλον Ὦπολλον.

Ahhh (ὀτοτοτοῖ!) Ohhh (πόποι!) Zeus/Earth (δᾶ!) Apollo! Apollo (Ὦπολλον Ὦπολλον!)

Χορός

ἡ δ' αὖτε δυσφημοῦσα τὸν θεὸν καλεῖ
οὐδὲν προσήκοντ' ἐν γόοις παραστατεῖν.

And on the other hand (ἡ δ' αὖτε) you invoke (καλεῖ) her god (τὸν θεὸν) with ill-omened words (δυσφημοῦσα) though it is not appropriate for him (οὐδὲν προσήκοντ') to help with lamentations (ἐν γόοις παραστατεῖν.)

Κασσάνδρα

Ἄπολλον Ἄπολλον[84]
ἀγυιᾶτ', Ἀπόλλων ἐμός,
ἀπώλεσας γὰρ οὐ μόλις τὸ δεύτερον.

O Apollo, O Apollo guardian of roads (Ἄπολλον Ἄπολλον ἀγυιᾶτ',) my Apollo (ἀπόλλων ἐμός,) for you destroy me (ἀπώλεσας γὰρ) utterly (οὐ μόλις) for the second time (τὸ δεύτερον.)

Χορός

χρήσειν ἔοικεν ἀμφὶ τῶν αὑτῆς κακῶν.
μένει τὸ θεῖον δουλίᾳ περ ἐν φρενί.

She seems likely (ἔοικεν) to proclaim as if by an oracle (χρήσειν) concerning (ἀμφὶ) her own miseries (τῶν αὑτῆς κακῶν.) That which is divine (τὸ θεῖον) remains (μένει) in her mind (ἐν φρενί) though (περ) in slavery (δουλίᾳ.)

Κασσάνδρα

Ἄπολλον Ἄπολλον
ἀγυιᾶτ', Ἀπόλλων ἐμός.
ἆ ποῖ ποτ' ἤγαγές με; πρὸς ποίαν στέγην;

O Apollo, O Apollo guardian of roads (Ἄπολλον Ἄπολλον ἀγυιᾶτ',) my Apollow (ἀπόλλων ἐμός,) ah! (ἆ) where in the world (ποῖ ποτ') did you lead me (ἤγαγές με?) To what sort of house (πρὸς ποίαν στέγην?)

Χορός

πρὸς τὴν Ἀτρειδῶν: εἰ σὺ μὴ τόδ' ἐννοεῖς,
ἐγὼ λέγω σοι: καὶ τάδ' οὐκ ἐρεῖς ψύθη.

To the house of the Atreidae (πρὸς τὴν Ἀτρειδῶν:) If you (εἰ σὺ) do not understand this (μὴ τόδ' ἐννοεῖς,) I myself tell you (ἐγὼ λέγω σοι) and (καὶ) you will not call (οὐκ ἐρεῖς) these things (τάδ') lies (ψύθη.)

Κασσάνδρα

μισόθεον μὲν οὖν, πολλὰ συνίστορα[85]
αὐτόφονα κακὰ καρατόμα,
ἀνδροσφαγεῖον καὶ πεδορραντήριον.

Certainly (οὖν) indeed (μὲν) witness (συνίστορα) to much (πολλὰ) kin-murdering (αὐτόφονα,) head-cutting (καρατόμα) evil (κακὰ,) a god-hating (μισόθεον) place where men are sacrificed, their blood caught in bowls (ἀνδροσφαγεῖον) and sprinkled on the ground (καὶ πεδορραντήριον.)

Χορός

ἔοικεν εὔρις ἡ ξένη κυνὸς δίκην
εἶναι, ματεύει δ' ὧν ἀνευρήσει φόνον.

The foreign woman (ἡ ξένη) seems likely (ἔοικεν) to be (εἶναι) keen-scented (εὔρις) like a dog (κυνὸς δίκην) and (δ') from what (ὧν) she seeks (ματεύει) she will discover (ἀνευρήσει) murder (φόνον.)

Κασσάνδρα

μαρτυρίοισι γὰρ τοῖσδ' ἐπιπείθομαι:
κλαιόμενα τάδε βρέφη, σφαγάς,
ὀπτάς τε σάρκας πρὸς πατρὸς βεβρωμένας.

For (γὰρ) I am persuaded (ἐπιπείθομαι) by this evidence (μαρτυρίοισι τοῖσδ':) these unborn young (τάδε βρέφη) crying out in the womb (κλαιόμενα) of slaughter (σφαγάς) and (τε) roasted meat (ὀπτάς σάρκας) being eaten (βεβρωμένας.) by a father (πρὸς πατρὸς.)

Χορός

τὸ μὲν κλέος σοῦ μαντικὸν πεπυσμένοι
ἦμεν. προφήτας δ' οὔτινας ματεύομεν.

Indeed, (μὲν) we were informed about (πεπυσμένοι ἦμεν) your reputation (τὸ…κλέος σοῦ) as a seer (μαντικὸν.) But (δ') we are not hunting for any (ὔτινας ματεύομεν) prophets (προφήτας.)

Κασσάνδρα

ἰὼ πόποι, τί ποτε μήδεται;
τί τόδε νέον ἄχος μέγα
μέγ' ἐν δόμοισι τοῖσδε μήδεται κακὸν
ἄφερτον φίλοισιν, δυσίατον; ἀλκὰ δ'
ἑκὰς ἀποστατεῖ.

Oh, you gods, (ἰὼ πόποι,) what now does she intend (τί ποτε μήδεται;) What is this (τί τόδε) new great agony (νέον ἄχος μέγα) she is planning (μήδεται,) a great evil in this house (μέγ' ἐν δόμοισι τοῖσδε κακὸν) insufferable to the beloved (ἄφερτον φίλοισιν,) incurable (δυσίατον?) But (δ') defence (ἀλκὰ) stands aloof (ἀποστατεῖ.) far away (ἑκὰς.)

Χορός

τούτων ἄιδρίς εἰμι τῶν μαντευμάτων.
ἐκεῖνα δ’ ἔγνων: πᾶσα γὰρ πόλις βοᾷ.

I am ignorant (ἄιδρίς εἰμι) of these your prophecies (τούτων τῶν μαντευμάτων,) though I am informed about these things (ἐκεῖνα δ' ἔγνων,) for (γὰρ) all the city (πᾶσα πόλις) is filled with the sound (βοᾷ.)

Κασσάνδρα

ἰὼ τάλαινα, τόδε γὰρ τελεῖς,[86]
τὸν ὁμοδέμνιον πόσιν
λουτροῖσι φαιδρύνασα πῶς φράσω τέλος;
τάχος γὰρ τόδ’ ἔσται: προτείνει δὲ χεὶρ ἐκ
χερὸς ὀρέγματα.

Oh, miserable woman (ἰὼ τάλαινα,) for you will do this (τόδε γὰρ τελεῖς,) how shall I show what will happen (πῶς φράσω τέλος) when you wash (φαιδρύνασα) the husband who shares your bed (τὸν ὁμοδέμνιον πόσιν) in the bath (λουτροῖσι?) For this will be soon (τάχος γὰρ τόδ' ἔσται.) And a hand (δὲ χεὶρ) puts forward (προτείνει) what is held out (ὀρέγματα) from a hand (ἐκ χερὸς.)

Χορός

οὔπω ξυνῆκα: νῦν γὰρ ἐξ αἰνιγμάτων
ἐπαργέμοισι θεσφάτοις ἀμηχανῶ.

I still did not understand. (οὔπω ξυνῆκα:) For now (νῦν γὰρ) I fall helpless (ἀμηχανῶ) into obscure oracles (ἐπαργέμοισι θεσφάτοις) from riddles (ἐξ αἰνιγμάτων.)

Κασσάνδρα

ἒ ἕ, παπαῖ παπαῖ, τί τόδε φαίνεται;[87]
ἦ δίκτυόν τί γ’ Ἅιδου;
ἀλλ’ ἄρκυς ἡ ξύνευνος, ἡ ξυναιτία
φόνου. στάσις δ’ ἀκόρετος γένει
κατολολυξάτω θύματος λευσίμου.

Oh, oh, woe, woe (ἒ ἕ, παπαῖ παπαῖ,) why does this appear (τί τόδε φαίνεται?) truly why indeed (ἦ... τί γ') a net from Hades (δίκτυόν Ἅιδου?) But (ἀλλ') the net (ἄρκυς) is she who shares his bed (ἡ ξύνευνος,) she who conspires in murder (ἡ ξυναιτία φόνου.) So (δ') let insatiable strife (στάσις ἀκόρετος) cry out (κατολολυξάτω) at the house/clan (γένει) for a sacrifice (θύματος) deserving of stoning (λευσίμου.)

Χορός

ποίαν Ἐρινὺν τήνδε δώμασιν κέλῃ
ἐπορθιάζειν; οὔ με φαιδρύνει λόγος.
ἐπὶ δὲ καρδίαν ἔδραμε κροκοβαφὴς
σταγών, ἅτε καὶ δορὶ πτώσιμος
ξυνανύτει βίου δύντος αὐγαῖς:
ταχεῖα δ᾽ ἄτα πέλει.

What kind of Fury (ποίαν τήνδε Ἐρινὺν) do you call (κέλῃ) to lift up wailing (ἐπορθιάζειν) in this house (δώμασιν?) Your utterance (λόγος) does not brighten for me/ does not make anything clear to me (οὔ με φαιδρύνει.) And (δὲ) upon my heart (ἐπὶ...καρδίαν) ran (ἔδραμε) a pale yellow drop (κροκοβαφὴς σταγών) the one which (ἅτε) also (καὶ) upon men fallen to the spear (δορὶ πτώσιμος) comes to an end together with (ξυνανύτει) the twilight (αὐγαῖς) of sinking (δύντος) life (βίου) and (δ') sudden ruin comes to be/I am suddenly destroyed (ταχεῖα ἄτα πέλει.)

Κασσάνδρα

ἆ ἆ, ἰδοὺ ἰδού: ἄπεχε τῆς βοὸς
τὸν ταῦρον: ἐν πέπλοισι
μελαγκέρῳ λαβοῦσα μηχανήματι
τύπτει: πίτνει δ᾽ ἐνύδρῳ τεύχει.
δολοφόνου λέβητος τύχαν σοι λέγω.

Ah, ah, look, look, (ἆ ἆ, ἰδοὺ ἰδού.) keep (ἄπεχε) the bull (τὸν ταῦρον) away from his cow! (τῆς βοὸς) She strikes (τύπτει) by means of black-horned contrivance (μελαγκέρῳ μηχανήματι) while taking him (λαβοῦσα) in robes (ἐν πέπλοισι.) And (δ') he falls (πίτνει) in the tub (τεύχει) full of water (ἐνύδρῳ.) I recount (λέγω) to you (σοι) the acts done (τύχαν) in the craftily murderous bath (δολοφόνου λέβητος.)

Χορός

οὐ κομπάσαιμ᾽ ἂν θεσφάτων γνώμων ἄκρος
εἶναι, κακῷ δέ τῳ προσεικάζω τάδε.
ἀπὸ δὲ θεσφάτων τίς ἀγαθὰ φάτις
βροτοῖς τέλλεται; κακῶν γὰρ διαὶ
πολυεπεῖς τέχναι θεσπιῳδὸν
φόβον φέρουσιν μαθεῖν.

I would not wish to boast (οὐ κομπάσαιμ' ἂν) to be (εἶναι) the ultimate (ἄκρος) amoung interpreters (γνώμων) of what is spoken by gods (θεσφάτων,) but (δέ) I take (προσεικάζω) these things (τάδε) as something (τῳ) evil (κακῷ.) But (δὲ) what good prophecy (τίς ἀγαθὰ φάτις) of divine utterance (ἀπὸ θεσφάτων) turns out well (τέλλεται) for mortals (βροτοῖς?) For by means of evil (κακῶν γὰρ διαὶ) wordy doings (πολυεπεῖς τέχναι) cause us (φέρουσιν) to learn (μαθεῖν) fear singing in prophecy (θεσπιῳδὸν φόβον.)

Κασσάνδρα

ἰὼ ἰὼ ταλαίνας κακόποτμοι τύχαι:[88]
τὸ γὰρ ἐμὸν θροῶ πάθος ἐπεγχέασα.
ποῖ δή με δεῦρο τὴν τάλαιναν ἤγαγες;
οὐδέν ποτ᾽ εἰ μὴ ξυνθανουμένην. τί γάρ;

Oh, oh, (ἰὼ ἰὼ,) ill-fated fortune (κακόποτμοι τύχαι) of a wretched woman (ταλαίνας!) For (γὰρ) I cry aloud (θροῶ) my misfortune (τὸ ἐμὸν πάθος) while pouring in more besides (ἐπεγχέασα.) So then (δή) where/to what end (ποῖ) to this place (δεῦρο) did you lead (ἤγαγες) me (με,) the wretched woman (τὴν τάλαιναν?) For nothing (οὐδέν) if not (εἰ μὴ) now (ποτ') for her to die together with him (ξυνθανουμένην.) For what (τί γάρ?)

Χορός

φρενομανής τις εἶ θεοφόρητος, ἀμ-[89]
φὶ δ᾽ αὑτᾶς θροεῖς
νόμον ἄνομον, οἷά τις ξουθὰ
ἀκόρετος βοᾶς, φεῦ, ταλαίναις φρεσίν
Ἴτυν Ἴτυν στένουσ᾽ ἀμφιθαλῆ κακοῖς
ἀηδὼν βίον.

You are (εἶ) possessed (θεοφόρητος) by some god (τις,) causing you to be frantic in your mind (φρενομανής) and (δ') you cry aloud (θροεῖς) an unmelodic melody (νόμον ἄνομον) about yourself (ἀμφὶ αὑτᾶς) just as (οἷά) some (τις) golden-yellow (ξουθὰ) nightingale (ἀηδὼν,) never ceasing (ἀκόρετος,) you cry out (βοᾶς,) oh for pity (φεῦ,) in your wretched feelings (ταλαίναις φρεσίν,) moaning (στένουσ') "Itys, Itys," (Ἴτυν Ἴτυν,) for a life (βίον) abounding (ἀμφιθαλῆ) in sorrows (κακοῖς.)

Κασσάνδρα

ἰὼ ἰὼ λιγείας μόρον ἀηδόνος.
περέβαλον γάρ οἱ πτεροφόρον δέμας
θεοὶ γλυκύν τ᾽ αἰῶνα κλαυμάτων ἄτερ.
ἐμοὶ δὲ μίμνει σχισμὸς ἀμφήκει δορί.

Oh, oh, (ἰὼ ἰὼ) for the fate (μόρον) of the clear-singing nightingale (λιγείας ἀηδόνος!) for (γάρ) the (οἱ) gods (θεοὶ) covered her with (περέβαλον) a feathered form (πτεροφόρον δέμας) and a sweet age (γλυκύν τ' αἰῶνα) apart (ἄτερ) from weeping (κλαυμάτων.) But (δὲ) there waits (μίμνει) for me (ἐμοὶ) being cleaved (σχισμὸς) by a two-edged spear (ἀμφήκει δορί.)

Χορός

πόθεν ἐπισσύτους θεοφόρους τ' ἔχεις
ματαίους δύας?
τὰ δ' ἐπίφοβα δυσφάτῳ κλαγγᾷ
μελοτυπεῖς ὁμοῦ τ' ὀρθίοις ἐν νόμοις;
πόθεν ὅρους ἔχεις θεσπεσίας ὁδοῦ
κακορρήμονας;

From what cause (πόθεν) are you in a state of (ἔχεις) gushing (ἐπισσύτους) and (τ') divinely inspired (θεοφόρους) ineffectual (ματαίους) anguish (δύας?) And the terrible things (τὰ δ' ἐπίφοβα) you chant (μελοτυπεῖς) in cries (κλαγγᾷ) that are hard to utter (δυσφάτῳ) and together with (ὁμοῦ τ') high sounds (ὀρθίοις) in melody (ἐν νόμοις?) From where (πόθεν) do you have (ἔχεις) the divinely decreed (θεσπεσίας) ill-omened (κακορρήμονας) boundaries (ὅρους) of your way (ὁδοῦ?)

Κασσάνδρα

ἰὼ γάμοι γάμοι Πάριδος ὀλέθριοι φίλων.[90]
ἰὼ Σκαμάνδρου πάτριον ποτόν.
τότε μὲν ἀμφὶ σὰς ἀϊόνας τάλαιν'
ἠνυτόμαν τροφαῖς:
νῦν δ' ἀμφὶ Κωκυτόν τε κἀχερουσίους
ὄχθας ἔοικα θεσπιῳδήσειν τάχα.

Oh (ἰὼ,) marriages, marriages, (γάμοι γάμοι) destructive (ὀλέθριοι) of the dear ones of Paris (Πάριδος φίλων.) Oh (ἰὼ,) ancestral drink from Scamandros (Σκαμάνδρου πάτριον ποτόν, waters of Scamandros that my fathers drank.) At that time indeed (τότε μὲν) by your banks (ἀμφὶ σὰς ἀιόνας) I the unhappy woman (τάλαιν') was brought up on your nourishments (ἠνυτόμαν τροφαῖς.) But (δ') now (νῦν) both by those of Cocytus (ἀμφὶ Κωκυτόν) and (τε) by the banks (ὄχθας) of Acheron (κἀχερουσίους) I seem likely (ἔοικα) soon (τάχα) to prophesy (θεσπιῳδήσειν.)

Χορός

τί τόδε τορὸν ἄγαν ἔπος ἐφημίσω;[91]
νεόγονος ἂν ἀΐων μάθοι.
πέπληγμαι δ' ὑπαὶ δάκει φοινίῳ.
δυσαλγεῖ τύχᾳ μινυρὰ. κακὰ θρεομένας
θραύματ' ἐμοὶ κλύειν.

Why (τί) did you utter (ἐφημίσω) this very clear prophecy (τόδε τορὸν ἄγαν ἔπος?) A baby (νεόγονος) upon hearing it (ἀΐων) would understand (ἂν μάθοι.) and (δ') I have been wounded (πέπληγμαι) by a bloody sting (ὑπαὶ δάκει φοινίῳ.) You are whimpering softly of your sorrows (μινυρὰ κακὰ) due to a very painful situation (δυσαλγεῖ τύχᾳ.) When you cry out (θρεομένας) to listen (κλύειν) is destruction/breakage to me (θραύματ' ἐμοὶ.)

Κασσάνδρα

ἰὼ πόνοι πόνοι πόλεος ὀλομένας τὸ πᾶν.
ἰὼ πρόπυργοι θυσίαι πατρὸς
πολυκανεῖς βοτῶν ποιονόμων: ἄκος δ’
οὐδὲν ἐπήρκεσαν
τὸ μὴ πόλιν μὲν ὥσπερ οὖν ἔχει παθεῖν.
ἐγὼ δὲ θερμόνους τάχ’ ἐν πέδῳ βαλῶ.

Oh (ἰὼ,) the suffering (πόνοι,) the suffering of the city (πόνοι πόλεος,) entirely (τὸ πᾶν) destroyed (ὀλομένας.) Oh (ἰὼ,) the sacrifices (θυσίαι) before the city towers (πρόπυργοι) that slaughtered so many (πολυκανεῖς) beasts of the field (βοτῶν ποιονόμων) belonging to my father (πατρὸς.) But (δ') no (οὐδὲν) remedy (ἄκος) has sufficed so that (ἐπήρκεσαν) the city (τὸ... πόλιν) not suffer (μὴ παθεῖν) as in fact it has (μὲν ὥσπερ οὖν ἔχει.) So (δὲ) heated in mind (θερμόνους,) soon (τάχ') I will throw myself (ἐγὼ βαλῶ) to the ground (ἐν πέδῳ.)

Χορός

ἑπόμενα προτέροισι τάδ’ ἐφημίσω.
καί τίς σε κακοφρονῶν τίθη-
σι δαίμων ὑπερβαρὴς ἐμπίτνων
μελίζειν πάθη γοερὰ θανατοφόρα.
τέρμα δ’ ἀμηχανῶ.

You say (ἐφημίσω) these things (τάδ') in accordance with what was before (ἑπόμενα προτέροισι.) and some god (καί τίς... δαίμων) who is evil-minded towards you (σε κακοφρονῶν,) throwing his full weight upon you (ὑπερβαρὴς ἐμπίτνων) forces you to sing (τίθησι μελίζειν) of mournful (γοερὰ) sufferings (πάθη) that lead to death (θανατοφόρα.) But (δ') I am at a loss for (ἀμηχανῶ) the end (τέρμα, what will happen in the end.)

Κασσάνδρα

καὶ μὴν ὁ χρησμὸς οὐκέτ’ ἐκ καλυμμάτων
ἔσται δεδορκὼς νεογάμου νύμφης δίκην.

And surely (καὶ μὴν) the word of prophecy (ὁ χρησμὸς) no longer will (οὐκέτ'... ἔσται) appear (δεδορκὼς) from behind veils (ἐκ καλυμμάτων) like a newly married bride (νεογάμου νύμφης δίκην.)

λαμπρὸς δ’ ἔοικεν ἡλίου πρὸς ἀντολὰς[92]
πνέων ἐσᾴξειν, ὥστε κύματος δίκην
κλύζειν πρὸς αὐγὰς τοῦδε πήματος πολὺ
μεῖζον. φρενώσω δ’ οὐκέτ’ ἐξ αἰνιγμάτων.
καὶ μαρτυρεῖτε συνδρόμως ἴχνος κακῶν
ῥινηλατούσῃ τῶν πάλαι πεπραγμένων.

So (δ',) it seems (ἔοικεν) radiant (λαμπρὸς) like the sun at the point where it rises (ἡλίου πρὸς ἀντολὰς,) ready (πνέων) to dash in (ἐσᾴξειν,) to break (κλύζειν) at dawn (πρὸς αὐγὰς) just (ὥστε) in the manner of (δίκην) a wave (κύματος,) much more powerful (πολὺ μεῖζον) than this calamity (τοῦδε πήματος,) So (δ') I will teach no more (φρενώσω οὐκέτ') by riddles (ἐξ αἰνιγμάτων.) So (καὶ) bear witness (μαρτυρεῖτε,) following closely (συνδρόμως) the track of evil (ἴχνος κακῶν,) to me as I hunt by scent (ῥινηλατούσῃ) for what was done not long ago (τῶν πάλαι πεπραγμένων.)

τὴν γὰρ στέγην τήνδ’ οὔποτ’ ἐκλείπει χορὸς
ξύμφθογγος οὐκ εὔφωνος: οὐ γὰρ εὖ λέγει.

For (γὰρ) a chorus (χορὸς) that voices together (ξύμφθογγος,) not harmonious (οὐκ εὔφωνος,) never departs from (οὔποτ' ἐκλείπει) this house (τὴν στέγην τήνδ':) For (γὰρ) it does not speak (οὐ...λέγει) of what is good (εὖ.)

καὶ μὴν πεπωκώς γ’, ὡς θρασύνεσθαι πλέον,
βρότειον αἷμα κῶμος ἐν δόμοις μένει,
δύσπεμπτος ἔξω, συγγόνων Ἐρινύων.

And it carouses indeed (καὶ μὴν πεπωκώς γ',) as to be even more bold (ὡς θρασύνεσθαι πλέον,) a human-blood-revel (βρότειον αἷμα κῶμος) of native-born Furies (συγγόνων Ἐρινύων) stays (μένει) in the house (ἐν δόμοις,) hard to banish (δύσπεμπτος ἔξω.)

ὑμνοῦσι δ’ ὕμνον δώμασιν προσήμεναι
πρώταρχον ἄτην: ἐν μέρει δ’ ἀπέπτυσαν
εὐνὰς ἀδελφοῦ τῷ πατοῦντι δυσμενεῖς.

And (δ') while sitting (προσήμεναι) in the halls (δώμασιν) they sing hymns (ὑμνοῦσι ὕμνον) of primordial punishment (πρώταρχον ἄτην) and (δ') by turns (ἐν μέρει) full of hate (δυσμενεῖς) they spit upon (ἀπέπτυσαν) the one who trampled on/misused (τῷ πατοῦντι) a brother's bed (εὐνὰς ἀδελφοῦ.)

ἥμαρτον, ἢ κυρῶ τι τοξότης τις ὥς;[93]
ἢ ψευδόμαντίς εἰμι θυροκόπος φλέδων;
ἐκμαρτύρησον προυμόσας τό μ’ εἰδέναι
λόγῳ παλαιὰς τῶνδ’ ἁμαρτίας δόμων.

Am I wrong (ἥμαρτον,) or do hit something (ἢ κυρῶ τι) like some archer (τοξότης τις ὥς?) Or am I a lying prophet (ἢ ψευδόμαντίς εἰμι,) a begging babbler (θυροκόπος φλέδων?) Bear witness (ἐκμαρτύρησον) by testifying (προυμόσας) to what I know (τό μ' εἰδέναι) by prophecy (λόγῳ) of the ancient guilt/sings (παλαιὰς... ἁμαρτίας) of this house (τῶνδ' δόμων.
)

Χορός

καὶ πῶς ἂν ὅρκος, πῆγμα γενναίως παγέν,
παιώνιον γένοιτο; θαυμάζω δέ σου,
πόντου πέραν τραφεῖσαν ἀλλόθρουν πόλιν
κυρεῖν λέγουσαν, ὥσπερ εἰ παρεστάτεις.

And how (καὶ πῶς) might (ἂν... γένοιτο) an oath (ὅρκος,) though a nobly fixed obligation (πῆγμα γενναίως παγέν,) become a healer/a healing influence (παιώνιον?) I am amazed at you (θαυμάζω δέ σου,) a woman raised on the other side of the ocean (πόντου πέραν τραφεῖσαν) to be exactly correct when speaking about (κυρεῖν λέγουσαν) a foreign city (ἀλλόθρουν πόλιν,) just as if (ὥσπερ εἰ) you were standing there (παρεστάτεις.)

Κασσάνδρα

μάντις μ' Ἀπόλλων τῷδ' ἐπέστησεν τέλει.

As a prophet (μάντις.) Apollo (Ἀπόλλων) brought me (μ'...ἐπέστησεν) to to this outcome (τῷδ'...τέλει.)

Χορός

μῶν καὶ θεός περ ἱμέρῳ πεπληγμένος;

Then (καὶ) is it really true that (μῶν) even (περ) a god (θεός) was struck (πεπληγμένος) by desire (ἱμέρῳ?)

Κασσάνδρα

προτοῦ μὲν αἰδὼς ἦν ἐμοὶ λέγειν τάδε.

Before now (προτοῦ) indeed (μὲν) it was a shame for me (αἰδὼς ἦν ἐμοὶ) to speak of this (λέγειν τάδε.)

Χορός

ἁβρύνεται γὰρ πᾶς τις εὖ πράσσων πλέον.

For (γὰρ) all who experience good fortune (πᾶς τις εὖ πράσσων) give themselves airs (ἁβρύνεται) all the more (πλέον.)

Κασσάνδρα

ἀλλ’ ἦν παλαιστὴς κάρτ’ ἐμοὶ πνέων χάριν.

But (ἀλλ') he was (ἦν) very much (κάρτ') a suitor to me (παλαιστὴς ἐμοὶ) when he breathed favor upon me (ἐμοὶ πνέων χάριν.) I repeat ἐμοὶ here to show how it functions as a pivot word; it can be construed with both the preceding and following phrases.

Χορός

ἦ καὶ τέκνων εἰς ἔργον ἤλθετον νόμῳ;

And really (ἦ καὶ) did you two come (ἤλθετον) as is the custom (νόμῳ) to the making (εἰς ἔργον) of children (τέκνων?)

Κασσάνδρα

ξυναινέσασα Λοξίαν ἐψευσάμην.[94]

When I consented (ξυναινέσασα) to Apollo/Loxias (Λοξίαν) I beguiled him (Λοξίαν ἐψευσάμην.)

Χορός

ἤδη τέχναισιν ἐνθέοις ᾑρημένη;

Had you already taken on (ἤδη... ᾑρημένη) the divinely inspired (ἐνθέοις) art of prophecy (τέχναισιν?)

Κασσάνδρα

ἤδη πολίταις πάντ’ ἐθέσπιζον πάθη.[95]

I was already prophesying (ἤδη... ἐθέσπιζον) to the city (πολίταις) everything that would happen (πάντ' πάθη) to the city (πολίταις.)

Χορός

πῶς δῆτ’ ἄνατος ἦσθα Λοξίου κότῳ;

Just (δῆτ') how (πῶς) were you (ἦσθα) unharmed (ἄνατος) by the anger (κότῳ) of Apollo/Loxias (Λοξίου?)

Κασσάνδρα

ἔπειθον οὐδέν᾽ οὐδέν, ὡς τάδ᾽ ἤμπλακον.

I convinced (ἔπειθον) no one (οὐδέν) of anything (οὐδέν᾽) because of (ὡς) these things (τάδ᾽) I did wrong (ἤμπλακον.)

Χορός

ἡμῖν γε μὲν δὴ πιστὰ θεσπίζειν δοκεῖς.

To us (ἡμῖν) at least (γε) indeed (μὲν) really (δὴ) you appear (δοκεῖς) trustworthy (πιστὰ) to prophesy (θεσπίζειν.)

Κασσάνδρα

ἰοὺ ἰού, ὢ ὢ κακά.[96]

Ah! Ah! Oh! Oh! Evils! (ἰοὺ ἰού, ὢ ὢ κακά.)

ὑπ᾽ αὖ με δεινὸς ὀρθομαντείας πόνος
στροβεῖ ταράσσων φροιμίοις

Again (αὖ) the terribly powerful labor (δεινὸς πόνος) of authentic prophecy (ὀρθομαντείας) whirls (στροβεῖ) me (με) setting me in motion (ταράσσων) by what it foreshadows (ὑπ' φροιμίοις.)

ὁρᾶτε τούσδε τοὺς δόμοις ἐφημένους[97]
νέους, ὀνείρων προσφερεῖς μορφώμασιν;
παῖδες θανόντες ὡσπερεὶ πρὸς τῶν φίλων,
χεῖρας κρεῶν πλήθοντες οἰκείας βορᾶς,
σὺν ἐντέροις τε σπλάγχν᾽, ἐποίκτιστον γέμος,
πρέπουσ᾽ ἔχοντες, ὧν πατὴρ ἐγεύσατο.

Do you see (ὁρᾶτε) them (τούσδε) the young ones (τοὺς...νέους) who sit in the house (δόμοις ἐφημένους,) similar to (προσφερεῖς;) the shapes (μορφώμασιν) of dreams (ὀνείρων?) Just like (ὡσπερεὶ) children killed by their dear ones (παῖδες θανόντες πρὸς τῶν φίλων,) hands (χεῖρας) filling full (πλήθοντες) of meat (κρεῶν,) familial fodder (οἰκείας βορᾶς,) together with their guts and bowels (σὺν ἐντέροις τε σπλάγχν',) they are clearly visible (πρέπουσ') holding (ἔχοντες) a pitiable load (ἐποίκτιστον γέμος) which their father tastes (ὧν πατὴρ ἐγεύσατο.)

ἐκ τῶνδε ποινὰς φημὶ βουλεύειν τινὰ[98]
λέοντ᾽ ἄναλκιν ἐν λέχει στρωφώμενον
οἰκουρόν, οἴμοι, τῷ μολόντι δεσπότῃ
ἐμῷ: φέρειν γὰρ χρὴ τὸ δούλιον ζυγόν:

I say that (φημὶ) some feeble lion (τινὰ λέοντ' ἄναλκιν,) a stay-at-home coward rolling in a bed (ἐν λέχει στρωφώμενον οἰκουρόν) plots (βουλεύειν) vengeance (ποινὰς) for this (ἐκ τῶνδε,) oh, my (οἴμοι,) against my master when he returns (τῷ μολόντι δεσπότῃ ἐμῷ:) for (γὰρ) I must (χρὴ) bear (φέρειν) the slavish yoke (τὸ δούλιον ζυγόν:)

νεῶν τ' ἄπαρχος 'Ιλίου τ' ἀναστάτης
οὐκ οἶδεν οἷα γλῶσσα μισητῆς κυνὸς
λείξασα κἀκτείνασα φαιδρὸν οὗς, δίκην
Ἄτης λαθραίου, τεύξεται κακῇ τύχῃ.

The commander of the ships and the destroyer of Troy (νεῶν τ' ἄπαρχος 'Ιλίου τ' ἀναστάτης) does not know (οὐκ οἶδεν) how (οἷα) the tongue (γλῶσσα) of a hateful bitch (μισητῆς κυνὸς) licking (λείξασα) and stretching out joyful ears (κἀκτείνασα φαιδρὸν οὗς,) in the manner of furtive vengeance (δίκην Ἄτης λαθραίου,) will fashion an evil act (τεύξεται κακῇ τύχῃ.)

τοιάδε τόλμα: θῆλυς ἄρσενος φονεὺς
ἔστιν. τί νιν καλοῦσα δυσφιλὲς δάκος
τύχοιμ' ἄν; ἀμφίσβαιναν, ἢ Σκύλλαν τινὰ
οἰκοῦσαν ἐν πέτραισι, ναυτίλων βλάβην,
θύουσαν Ἅιδου μητέρ' ἄσπονδόν τ' Ἄρη
φίλοις πνέουσαν; ὡς δ' ἐπωλολύξατο
ἡ παντότολμος, ὥσπερ ἐν μάχης τροπῇ,
δοκεῖ δὲ χαίρειν νοστίμῳ σωτηρίᾳ.

Such recklessness (τοιάδε τόλμα!) She is (ἔστιν) a female murderer (θῆλυς... φονεὺς) of a male (ἄρσενος.) By naming (καλοῦσα) her (νιν) what hateful beast (τί δυσφιλὲς δάκος) would I hit the mark (τύχοιμ' ἄν?) A snake that crawls both ways (ἀμφίσβαιναν) or some Scylla living in caves (ἢ Σκύλλαν τινὰ οἰκοῦσαν ἐν πέτραισι) doing harm to sailors (ναυτίλων βλάβην,) worshipping (θύουσαν) the mother (μητέρ') of Hades (Ἅιδου) to whom one does not offer libations (ἄσπονδόν) and (τ') breathing (πνέουσαν) War (Ἄρη) on loved ones (φίλοις?) And (δ') how she shouted for joy (ὡς ἐπωλολύξατο,) the shameless woman (ἡ παντότολμος,) just as (ὥσπερ) in the moment of routing the enemy (ἐν… τροπῇ) in battle (μάχης!) And (δὲ) she seemed to rejoice (δοκεῖ χαίρειν) at his deliverance and safe return (νοστίμῳ σωτηρίᾳ.)

καὶ τῶνδ' ὅμοιον εἴ τι μὴ πείθω: τί γάρ;
τὸ μέλλον ἥξει. καὶ σύ μ' ἐν τάχει παρὼν
ἄγαν γ' ἀληθόμαντιν οἰκτίρας ἐρεῖς.

Of these things (τῶνδ') it is the same (ὅμοιον) even if (καὶ... εἴ) I should not persuade (μὴ πείθω) anyone (τι:) How else (τί γάρ?) The future will come (τὸ μέλλον ἥξει.) And you (καὶ σύ) who are present (παρὼν) soon (ἐν τάχει) will say (ἐρεῖς) that you pity (οἰκτίρας) me (μ') as very much indeed a true prophet (ἄγαν γ' ἀληθόμαντιν.)

Χορός

τὴν μὲν Θυέστου δαῖτα παιδείων κρεῶν
ξυνῆκα καὶ πέφρικα, καὶ φόβος μ' ἔχει
κλύοντ' ἀληθῶς οὐδὲν ἐξῃκασμένα.
τὰ δ' ἄλλ' ἀκούσας ἐκ δρόμου πεσὼν τρέχω.

Indeed (μὲν) I heard of (ξυνῆκα) the feast of Thyestes (τὴν Θυέστου δαῖτα) on the flesh of his children (παιδείων κρεῶν) and I shuddered (καὶ πέφρικα,) and fear holds me (καὶ φόβος μ' ἔχει,) hearing of it in reality (κλύοντ' ἀληθῶς) not at all by representation (οὐδὲν ἐξῃκασμένα.) But as to the rest (τὰ δ' ἄλλ') although I listened (ἀκούσας) I could not follow it (ἐκ δρόμου πεσὼν τρέχω literally I ran while falling off the track.)

Κασσάνδρα

Ἀγαμέμνονός σέ φημ' ἐπόψεσθαι μόρον.

I say (φημ') you (σέ) will look upon (ἐπόψεσθαι) the death (μόρον) of Agamemon (Ἀγαμέμνονός.)

Χορός

εὔφημον, ὦ τάλαινα, κοίμησον στόμα.

You miserable woman (ὦ τάλαινα,) lull your mouth (κοίμησον στόμα) to pious silence (εὔφημον!)

Κασσάνδρα

ἀλλ' οὔτι παιὼν τῷδ' ἐπιστατεῖ λόγῳ.

But (ἀλλ') surely no (οὔτι) a healing god/Paeon god of healing (παιὼν) attends (ἐπιστατεῖ) to this utterance/ (τῷδ' λόγῳ.)

Χορός

οὔκ, εἴπερ ἔσται γ': ἀλλὰ μὴ γένοιτό πως.

No (οὔκ,) if truly (εἴπερ) it must be (ἔσται) indeed (γ'.) But (ἀλλὰ) somehow (πως) let it not come to pass (μὴ γένοιτό.)

Κασσάνδρα

σὺ μὲν κατεύχῃ, τοῖς δ' ἀποκτείνειν μέλει.

Indeed (μὲν) you should pray (σὺ κατεύχῃ,) but (δ') to kill (ἀποκτείνειν) is of interest (μέλει) to them (τοῖς.)

Χορός

τίνος πρὸς ἀνδρὸς τοῦτ' ἄγος πορσύνεται;

This thing of holy terror (τοῦτ' ἄγος) is prepared (πορσύνεται) by (πρὸς) what man (τίνος...ἀνδρὸς?)

Κασσάνδρα

ἦ κάρτα τἄρ' ἂν παρεκόπης χρησμῶν ἐμῶν.[99]

So then (τἄρ') truly (ἦ) you were deranged (ἂν παρεκόπης) by of my prophecies (χρησμῶν ἐμῶν) very much (κάρτα.)

Χορός

τοὺς γὰρ τελοῦντας οὐ ξυνῆκα μηχανήν.

For (γὰρ) I did not understand (οὐ ξυνῆκα) who will accomplish (τοὺς τελοῦντας) the scheme (μηχανήν.)

Κασσάνδρα

καὶ μὴν ἄγαν γ’ Ἕλλην’ ἐπίσταμαι φάτιν.

And surely (καὶ μὴν) I am skilled (ἐπίσταμαι) too much indeed (ἄγαν γ') in Greek speech (Ἕλλην'... φάτιν.)

Χορός

καὶ γὰρ τὰ πυθόκραντα: δυσμαθῆ δ’ ὅμως.

And certainly (καὶ γὰρ) so are the Pythian oracles (τὰ πυθόκραντα:) And (δ') just the same (ὅμως,) hard to understand (δυσμαθῆ.)

Κασσάνδρα

παπαῖ, οἷον τὸ πῦρ: ἐπέρχεται δέ μοι.
ὀτοτοῖ, Λύκει’ Ἄπολλον, οἳ ἐγὼ ἐγώ.

Oh! Oh (παπαῖ!) what a fire (οἷον τὸ πῦρ!) And it comes upon me (ἐπέρχεται δέ μοι!) Oh, oh (ὀτοτοῖ,) Lycian Apollo (Λύκει' Ἄπολλον,) oh, I, I (οἳ ἐγὼ ἐγώ!)

αὕτη δίπους λέαινα συγκοιμωμένη
λύκῳ, λέοντος εὐγενοῦς ἀπουσίᾳ,
κτενεῖ με τὴν τάλαιναν: ὡς δὲ φάρμακον
τεύχουσα κἀμοῦ μισθὸν ἐνθήσει πότῳ
ἐπεύχεται, θήγουσα φωτὶ φάσγανον
ἐμῆς ἀγωγῆς ἀντιτείσασθαι φόνον.

She (αὕτη,) a two-legged lioness (δίπους λέαινα) who is sleeping together (συγκοιμωμένη) with a wolf (λύκῳ) in the absence of her noble lion (λέοντος εὐγενοῦς ἀπουσίᾳ,) will kill me, a miserable woman (κτενεῖ με τὴν τάλαιναν.) So (δὲ) thus (ὡς) she is preparing (τεύχουσα) a poison (φάρμακον) and (κ-) she puts it in (ἐνθήσει) the drink (κότῳ) as requital (μισθὸν) for me (κἀμοῦ.) She vows (ἐπεύχεται) a murder (φόνον) to take revenge for (ἀντιτείσασθαι) my being brought in (ἐμῆς ἀγωγῆς) while she sharpens (θήγουσα) a sword (φάσγανον) for a man (φωτὶ.)

τί δῆτ᾽ ἐμαυτῆς καταγέλωτ᾽ ἔχω τάδε,[100]
καὶ σκῆπτρα καὶ μαντεῖα περὶ δέρῃ στέφη;
σὲ μὲν πρὸ μοίρας τῆς ἐμῆς διαφθερῶ.
ἴτ᾽ ἐς φθόρον: πεσόντα γ᾽ ὧδ᾽ ἀμείβομαι.
ἄλλην τιν᾽ ἄτης ἀντ᾽ ἐμοῦ πλουτίζετε.

Why must (τί δῆτ') these things (τάδε) hold/make (ἔχω) a mockery (καταγέλωτ') of me (ἐμαυτῆς) not only (καὶ... καὶ) the staff (σκῆπτρα) but (καὶ... καὶ) the oracular garland (μαντεῖα...στέφη) around my neck (περὶ δέρῃ?) Truly (μὲν) I will destroy (διαφθερῶ) you (σὲ) in advance of this my destiny (πρὸ μοίρας τῆς ἐμῆς.) Go (ἴτ') to destruction (ἐς φθόρον!) By throwing you down (πεσόντα) thus (ὧδ') I pay you back (ἀμείβομαι) indeed (γ'.) Give a wealth (πλουτίζετε) of punishment (ἄτης) to someone (τιν') else (ἄλλην) instead (ἀντ') of me (ἐμοῦ.)

ἰδοὺ δ᾽ Ἀπόλλων αὐτὸς ἐκδύων ἐμὲ
χρηστηρίαν ἐσθῆτ᾽. ἐποπτεύσας δέ με
κἀν τοῖσδε κόσμοις καταγελωμένην μέγα
φίλων ὑπ᾽ ἐχθρῶν οὐ διχορρόπως, μάτην
καλουμένη δὲ φοιτὰς ὡς ἀγύρτρια
πτωχὸς τάλαινα λιμοθνὴς ἠνεσχόμην.
καὶ νῦν ὁ μάντις μάντιν ἐκπράξας ἐμὲ
ἀπήγαγ᾽ ἐς τοιάσδε θανασίμους τύχας.

And (δ') behold (ἰδοὺ) Apollo himself (Ἀπόλλων αὐτὸς) who strips me of prophetic clothing (ἐκδύων ἐμὲ χρηστηρίαν ἐσθῆτ'.) And (δέ) he watched me (ἐποπτεύσας με) while I was laughed at greatly (καταγελωμένην μέγα) by loved ones (φίλων) out of (ὑπ') unwavering (οὐ διχορρόπως) hatred (ἐχθρῶν,) in (κἀν) such dress as this (τοῖσδε κόσμοις) and (δὲ) without reason (μάτην) being called (καλουμένη) wandering distraught (φοιτὰς,) like (ὡς) a beggar (ἀγύρτρια,) starving (λιμοθνὴς,) cowering (πτωχὸς) miserable (τάλαινα,) I sustained myself (ἠνεσχόμην.) And now (καὶ νῦν) the prophet (ὁ μάντις) upon destroying (ἐκπράξας) the prophet (μάντιν) has led (ἀπήγαγ') me (ἐμὲ) into (ἐς) deadly circumstances (θανασίμους τύχας) such as these (τοιάσδε.)

βωμοῦ πατρῴου δ᾽ ἀντ᾽ ἐπίξηνον μένει,
θερμῷ κοπείσης φοινίῳ προσφάγματι.
οὐ μὴν ἄτιμοί γ᾽ ἐκ θεῶν τεθνήξομεν.

And (δ') instead of (ἀντ') the altar of my father (βωμοῦ πατρῴου) the chopping block (ἐπίξηνον) waits (μένει) for a hot bloody preliminary sacrifice (θερμῷ φοινίῳ προσφάγματι) to be struck by her (κοπείσης) Yet (μὴν) we will not die (οὐ τεθνήξομεν) dishonored by the gods (ἄτιμοί γ' ἐκ θεῶν.)

ἥξει γὰρ ἡμῶν ἄλλος αὖ τιμάορος,[101]
μητροκτόνον φίτυμα, ποινάτωρ πατρός.
φυγὰς δ᾽ ἀλήτης τῆσδε γῆς ἀπόξενος
κάτεισιν, ἄτας τάσδε θριγκώσων φίλοις:
ἄξει νιν ὑπτίασμα κειμένου πατρός.

For (γὰρ) an avenging (τιμάορος) other (ἄλλος) will come (ἥξει) in turn (αὖ) for us/for our sake (ἡμῶν,) a mother-killing offspring (μητροκτόνον φίτυμα,) an avenger of his father (ποινάτωρ πατρός.) A fugitive and a wanderer (φυγὰς δ' ἀλήτης) he returns (κάτεισιν) from far away (ἀπόξενος) from this land (τῆσδε γῆς,) in order to bring about completion (θριγκώσων) of this punishment (ἄτας τάσδε) for his dear ones (φίλοις.) The outstretched (κειμένου) remains (ὑπτίασμα) of his father (πατρός) will bring (ἄξει) him (νιν.)

τί δῆτ’ ἐγὼ κάτοικτυς ὧδ’ ἀναστένω;[102]
ἐπεὶ τὸ πρῶτον εἶδον ’Ιλίου πόλιν
πράξασαν ὡς ἔπραξεν, οἳ δ’ εἷλον πόλιν
οὕτως ἀπαλλάσσουσιν ἐν θεῶν κρίσει.
ἰοῦσα πράξω: τλήσομαι τὸ κατθανεῖν.

Why indeed (τί δῆτ') should I (ἐγὼ) the pitiable one (κάτοικτος) thus groan aloud (ὧδ' ἀναστένω?) Since (ἐπεὶ) first (τὸ πρῶτον) I saw (εἶδον) the city of Ilium ('Ιλίου πόλιν) suffering what it suffered (πράξασαν ὡς ἔπραξεν) and (δ') those who took the city (οἳ εἷλον πόλιν) deliver it (ἀπαλλάσσουσιν) thus (οὕτως) to the judgment of the gods (ἐν θεῶν κρίσει.) While I am/while I move (ἰοῦσα) I will be active (πράξω.) I will dare to die (τλήσομαι τὸ κατθανεῖν.)

Ἅιδου πύλας δὲ τάσδ’ ἐγὼ προσεννέπω.
ἐπεύχομαι δὲ καιρίας πληγῆς τυχεῖν,
ὡς ἀσφάδαστος, αἱμάτων εὐθνησίμων
ἀπορρυέντων, ὄμμα συμβάλω τόδε.

So (δὲ) I myself (ἐγὼ) address (προσεννέπω) these (τάσδ') as the gates of Hades (Ἅιδου πύλας.) And (δὲ) I pray (ἐπεύχομαι) to get (τυχεῖν) a blow in a mortal spot (καιρίας πληγῆς) so that (ὡς) this eye will close (ὄμμα συμβάλω τόδε) while my blood flows away in easy death (αἱμάτων εὐθνησίμων ἀπορρυέντων) without a struggle (ἀσφάδαστος.)

Χορός

ὦ πολλὰ μὲν τάλαινα, πολλὰ δ’ αὖ σοφὴ
γύναι, μακρὰν ἔτεινας. εἰ δ’ ἐτητύμως
μόρον τὸν αὑτῆς οἶσθα, πῶς θεηλάτου
βοὸς δίκην πρὸς βωμὸν εὐτόλμως πατεῖς;

O (ὦ) indeed (μὲν) greatly wretched (πολλὰ τάλαινα,) yet moreover (δ' αὖ) greatly wise woman (πολλὰ σοφὴ γύναι) you struggled long (μακρὰν ἔτεινας.) Yet (δ') if (εἰ) you know (οἶσθα) truly (ἐτητύμως) your fate (μόρον τὸν αὑτῆς,) how (πῶς) do you walk (πατεῖς) to the altar (πρὸς βωμὸν) courageously (εὐτόλμως) in the manner of a cow (βοὸς δίκην) driven by the gods (θεηλάτου?)

Κασσάνδρα

οὐκ ἔστ’ ἄλυξις, οὔ, ξένοι, χρόνον πλέω.

There is no escape (οὐκ ἔστ' ἄλυξις,) my hosts, (ξένοι,) no more time (οὔ...χρόνον πλέω.)

Χορός

ὁ δ’ ὕστατός γε τοῦ χρόνου πρεσβεύεται.

But (δ’) indeed (γε) the last moment (ὁ ὕστατός) of time (τοῦ χρόνου) ranks the highest (πρεσβεύεται.)

Κασσάνδρα

ἥκει τόδ’ ἦμαρ: σμικρὰ κερδανῶ φυγῇ.

This day (τόδ' ἦμαρ) has come (ἥκει.) I will gain (κερδανῶ) little (σμικρὰ) by fleeing (φυγῇ.)

Χορός

ἀλλ’ ἴσθι τλήμων οὖσ’ ἀπ’ εὐτόλμου φρενός.

But (ἀλλ') be (ἴσθι) patient (τλήμων) while being (οὖσ') courageous (εὐτόλμου) in your heart (ἀπ' φρενός.)

Κασσάνδρα

οὐδεὶς ἀκούει ταῦτα τῶν εὐδαιμόνων.[103]

No one (οὐδεὶς) among the fortunate (τῶν εὐδαιμόνων) hears these things (ἀκούει ταῦτα.)

Χορός

ἀλλ’ εὐκλεῶς τοι κατθανεῖν χάρις βροτῷ.[104]

But (ἀλλ') surely (τοι) to die (κατθανεῖν) with renown (εὐκλεῶς) is a grace (χάρις) to mortals (βροτῷ.)

Κασσάνδρα

ἰὼ πάτερ σοῦ σῶν τε γενναίων τέκνων.

Oh (ἰὼ,) father (πάτερ,) for you (σοῦ) and (τε) your noble children (σῶν γενναίων τέκνων.)

Χορός

τί δ’ ἐστὶ χρῆμα; τίς σ’ ἀποστρέφει φόβος;

But (δ') what is the matter (τί...ἐστὶ χρῆμα?) What (τίς) fear (φόβος) turns you back (σ' ἀποστρέφει?)

Κασσάνδρα

φεῦ φεῦ.[105]

Fah! Fah! (φεῦ φεῦ.)

Χορός

τί τοῦτ’ ἔφευξας; εἴ τι μὴ φρενῶν στύγος.[106]

Why (τί) did you cry out (ἔφευξας) this (τοῦτ'?) if (εἴ) not (μὴ) for some horror (τι...στύγος) to your spirit (φρενῶν?)

Κασσάνδρα

φόνον δόμοι πνέουσιν αἱματοσταγῆ,

The halls (δόμοι,) dripping with blood (αἱματοσταγῆ,) breathe out/smell of (πνέουσιν) murder (φόνον.)

Χορός

καί πῶς; τόδ’ ὄζει θυμάτων ἐφεστίων.

Just how (καί πῶς?) This smells (τόδ' ὄζει) of a household sacrifice (θυμάτων ἐφεστίων.)

Κασσάνδρα

ὅμοιος ἀτμὸς ὥσπερ ἐκ τάφου πρέπει.

The same odor (ὅμοιος ἀτμὸς) as (ὥσπερ) appears (πρέπει) from a grave (ἐκ τάφου.)

Χορός

οὐ Σύριον ἀγλάισμα δώμασιν λέγεις.[107]

You do not speak (οὐ... λέγεις) of a Syrian perfume (Σύριον ἀγλάισμα) in the house (δώμασιν.)

Κασσάνδρα

ἀλλ’ εἶμι κἀν δόμοισι κωκύσουσ’ ἐμὴν
Ἀγαμέμνονός τε μοῖραν. ἀρκείτω βίος.

However (ἀλλ',) I go (εἶμι) into the halls (κἀν δόμοισι) while lamenting (κωκύσουσ') my fate (ἐμὴν... μοῖραν) and (τε) Agamemnon's (Ἀγαμέμνονός.) Let my life suffice (ἀρκείτω βίος.)

ἰὼ ξένοι,
οὔτοι δυσοίζω θάμνον ὡς ὄρνις φόβῳ
ἀλλ ὡς θανούσῃ μαρτυρεῖτέ μοι τόδε,
ὅταν γυνὴ γυναικὸς ἀντ’ ἐμοῦ θάνῃ,
ἀνήρ τε δυσδάμαρτος ἀντ’ ἀνδρὸς πέσῃ.
ἐπιξενοῦμαι ταῦτα δ’ ὡς θανουμένη.

Oh my hosts (ἰὼ ξένοι,) indeed I do not cry out (οὔτοι δυσοίζω) in fear (φόβῳ) at a bush (θάμνον) like a bird (ὡς ὄρνις) but so that (ἀλλ ὡς,) as I die (θανούσῃ,) bear witness (μαρτυρεῖτέ) for me (μοι) here (τόδε) when (ὅταν) a woman (γυνὴ) shall die (θάνῃ) for the sake of a woman (ἀντ' γυναικὸς,) for my sake (ἀντ' ἐμοῦ) and (τε) a man, an ill-wedded man (ἀνήρ δυσδάμαρτος) shall die (πέσῃ) for the sake of a man (ἀντ' ἀνδρὸς.) And (δ’) as I die/am slain (ὡς θανουμένη) I claim the rights of a guest (ἐπιξενοῦμαι) with respect to these things (ταῦτα.)

Χορός

ὦ τλῆμον, οἰκτίρω σε θεσφάτου μόρου.

O suffering one (ὦ τλῆμον,) I pity you (οἰκτίρω σε) for your god-spoken fate (θεσφάτου μόρου.)

Κασσάνδρα

ἅπαξ ἔτ’ εἰπεῖν ῥῆσιν ἤ θρῆνον θέλω[108]
ἐμὸν τὸν αὐτῆς. ἡλίῳ δ’ ἐπεύχομαι
πρὸς ὕστατον φῶς τοῖς ἐμοῖς τιμαόροις
ἐχθροῖς φονεῦσι τοῖς ἐμοῖς τίνειν ὁμοῦ,
δούλης θανούσης, εὐμαροῦς χειρώματος.

Yet (ἔτ') once and for all (ἅπαξ) I want (θέλω) to speak (εἰπεῖν) a speech (ῥῆσιν,) or (ἤ) my own (τὸν ἐμὸν) lamentation (θρῆνον) for myself (αὐτῆς.) But (δ') I pray (ἐπεύχομαι) to the sun (ἡλίῳ,) toward the last light (πρὸς ὕστατον φῶς) for these my avengers (τοῖς ἐμοῖς τιμαόροις) to repay (τίνειν) my hateful murderers (ἐχθροῖς φονεῦσι τοῖς ἐμοῖς) in the same manner (ὁμοῦ) for a slain slave (δούλης θανούσης,) an easy deed of violence (εὐμαροῦς χειρώματος.)

ἰὼ βρότεια πράγματ’: εὐτυχοῦντα μὲν[109]
σκιά τις ἂν τρέψειεν: εἰ δὲ δυστυχῆ,
βολαῖς ὑγρώσσων σπόγγος ὤλεσεν γραφήν.
καὶ ταῦτ’ ἐκείνων μᾶλλον οἰκτίρω πολύ.

Ah, human actions! (ἰὼ βρότεια πράγματ':) When successful indeed (εὐτυχοῦντα μὲν) some phantom (σκιά τις) may turn them aside (ἂν τρέψειεν) and if unlucky (εἰ δὲ δυστυχῆ) with a stroke (βολαῖς) a wet sponge (ὑγρώσσων σπόγγος) makes an end of what is written (ὤλεσεν γραφήν.) And (καὶ) I pity (οἰκτίρω) these (ταῦτ') rather more (μᾶλλον...πολύ) than those (ἐκείνων.)

Χορός

τὸ μὲν εὖ πράσσειν ἀκόρεστον ἔφυ
πᾶσι βροτοῖσιν: δακτυλοδείκτων δ’
οὔτις ἀπειπὼν εἴργει μελάθρων,
μηκέτ’ ἐσέλθῃς, τάδε φωνῶν.
καὶ τῷδε πόλιν μὲν ἑλεῖν ἔδοσαν
μάκαρες Πριάμου:
θεοτίμητος δ’ οἴκαδ’ ἱκάνει.

Indeed (μὲν,) it is natural that (ἔφυ) good fortune (τὸ εὖ πράσσειν) is unsatisfying (ἀκόρεστον) to all humankind (πᾶσι βροτοῖσιν.) And nobody (δ' οὔτις) keeps it away (εἴργει) from the halls (μελάθρων) at which the finger points (δακτυλοδείκτων,) declaring (ἀπειπὼν) "you shall enter no more" (μηκέτ' ἐσέλθῃς,) raising the voice (φωνῶν) on this account/with respect to these things (τάδε.) And (καὶ) indeed (μὲν) the blessed ones (μάκαρες) gave (ἔδοσαν) him (τῷδε) the city of Priam (πόλιν... Πριάμου) to take (ἑλεῖν.) So (δ') he returned (ἱκάνει) homeward (οἴκαδ') honored by the gods (θεοτίμητος.)

νῦν δ’ εἰ προτέρων αἷμ’ ἀποτείσῃ[110]
καὶ τοῖσι θανοῦσι θανὼν ἄλλων
ποινὰς θανάτων ἐπικράνῃ,
τίς ἂν εὔξαιτο βροτῶν ἀσινεῖ
δαίμονι φῦναι τάδ’ ἀκούων;

But (δ') now (νῦν) if he must make atonement for the blood of the former (εἰ προτέρων αἷμ' ἀποτείσῃ) and (καὶ) fulfill (ἐπικράνῃ) the price (ποινὰς) of other (ἄλλων) deaths (θανάτων) by dying (θανὼν) for those who died (τοῖσι θανοῦσι,) who among humankind (τίς... βροτῶν) after hearing this (τάδ' ἀκούων) would wish to claim (ἂν εὔξαιτο) to be born with (φῦναι) with a protective genius (ἀσινεῖ δαίμονι?)

Ἀγαμέμνων

ὤμοι, πέπληγμαι καιρίαν πληγὴν ἔσω.

Ah! (ὤμοι,) I have been struck (πέπληγμαι) a mortal blow (καιρίαν πληγὴν) deep inside (ἔσω.)

Χορός

σῖγα: τίς πληγὴν ἀυτεῖ καιρίως οὐτασμένος;

Quiet (σῖγα!) Who (τίς) cries out (ἀυτεῖ) that a blow (πληγὴν) has wounded him (οὐτασμένος) mortally (καιρίως?)

Ἀγαμέμνων

ὤμοι μάλ’ αὖθις, δευτέραν πεπληγμένος.[111]

Ah (ὤμοι!) once more (μάλ' αὖθις,) I have been struck (πεπληγμένος) a second time (δευτέραν.)

Χορός

τοὔργον εἰργάσθαι δοκεῖ μοι βασιλέως
οἰμώγμασιν.
ἀλλὰ κοινωσώμεθ’ ἤν πως ἀσφαλῆ βουλεύματα.
ἐγὼ μὲν ὑμῖν τὴν ἐμὴν γνώμην λέγω,
πρὸς δῶμα δεῦρ’ ἀστοῖσι κηρύσσειν βοήν.

It seems to me (δοκεῖ μοι) by the cries (οἰμώγμασιν) of the king (βασιλέως) that the deed has been done (τοὔργον εἰργάσθαι.) However (ἀλλὰ,) let us take common counsel (κοινωσώμεθ') if somehow (ἤν πως) there is a safe plan (ἀσφαλῆ βουλεύματα.) Indeed (μὲν) I myself (ἐγὼ) tell (λέγω) you all (ὑμῖν) my intention (τὴν ἐμὴν γνώμην,) to proclaim it like a herald with shouting (κηρύσσειν βοήν) to the citizens (ἀστοῖσι) right here (δεῦρ') in front of the house (πρὸς δῶμα.)

ἐμοὶ δ’ ὅπως τάχιστά γ’ ἐμπεσεῖν δοκεῖ
καὶ πρᾶγμ’ ἐλέγχειν σὺν νεορρύτῳ ξίφει.

And (δ') as for me (ἐμοὶ) I say to break in (ἐμπεσεῖν) to the door (δοκεῖ) just as quickly as possible (ὅπως τάχιστά γ') and (καὶ) to put to shame (ἐλέγχειν) what has been done (πρᾶγμ') with fresh-flowing/newly drawn swords (σὺν νεορρύτῳ ξίφει.)

κἀγὼ τοιούτου γνώματος κοινωνὸς ὢν
ψηφίζομαί τι δρᾶν: τὸ μὴ μέλλειν δ’ ἀκμή.

And as for me (κἀγὼ) because I am a partner (κοινωνὸς ὢν) in a judgement such as this (τοιούτου γνώματος) I vote to do something (ψηφίζομαί τι δρᾶν:) But (δ') not to delay (τὸ μὴ μέλλειν) is the main point (ἀκμή.)

ὁρᾶν πάρεστι: φροιμιάζονται γὰρ ὡς
τυραννίδος σημεῖα πράσσοντες πόλει.

It’s easy to see (ὁρᾶν πάρεστι:) For (γὰρ) they are starting (φροιμιάζονται) what they are about to do (πράσσοντες) to the city (πόλει) with signs of tyranny (ὡς τυραννίδος σημεῖα.)

χρονίζομεν γάρ. οἱ δὲ τῆς μελλοῦς κλέος
πέδοι πατοῦντες οὐ καθεύδουσιν χερί.

For (γάρ) we take our time (χρονίζομεν.) But (δὲ) they do not give rest to their hand (οἱ... οὐ καθεύδουσιν χερί) while they are trample (πατοῦντες) talk (κλέος) of delay (τῆς μελλοῦς) into the ground (πέδοι.)

οὐκ οἶδα βουλῆς ἧστινος τυχὼν λέγω.[112]
τοῦ δρῶντός ἐστι καὶ τὸ βουλεῦσαι πέρι.

I don’t know (οὐκ οἶδα) of any plan which (βουλῆς ἧστινος) I would happen to speak for (τυχὼν λέγω.) Also (καὶ) the doer of a thing (τοῦ δρῶντός) is the one to plan concerning it (ἐστι τὸ βουλεῦσαι πέρι.)

κἀγὼ τοιοῦτός εἰμ’, ἐπεὶ δυσμηχανῶ
λόγοισι τὸν θανόντ’ ἀνιστάναι πάλιν.

And I myself (κἀγὼ) am of such a kind (τοιοῦτός εἰμ') since I am at a loss (ἐπεὶ δυσμηχανῶ) to raise (ἀνιστάναι) the dead (τὸν θανόντ') again (πάλιν) by means of words (λόγοισι.)

ἦ καὶ βίον τείνοντες ὧδ’ ὑπείξομεν
δόμων καταισχυντῆρσι τοῖσδ’ ἡγουμένοις;

And (καὶ) truly (ἦ) for the sake of stretching out our lives (βίον τείνοντες) should we give way (ὑπείξομεν) thus (ὧδ') to these who bring dishonor (καταισχυντῆρσι) on those who have the dominion (τοῖσδ' ἡγουμένοις) of our halls (δόμων?)

ἀλλ’ οὐκ ἀνεκτόν, ἀλλὰ κατθανεῖν κρατεῖ:
πεπαιτέρα γὰρ μοῖρα τῆς τυραννίδος.

No, but that is unbearable (ἀλλ' οὐκ ἀνεκτόν,) and to die is superior (ἀλλὰ κατθανεῖν κρατεῖ:.) For (γὰρ) death (μοῖρα) is milder (πεπαιτέρα) than tyranny (τῆς τυραννίδος.)

ἦ γὰρ τεκμηρίοισιν ἐξ οἰμωγμάτων
μαντευσόμεσθα τἀνδρὸς ὡς ὀλωλότος;

For (γὰρ) truly (ἦ) should I prophesy (μαντευσόμεσθα) by signs from groans (τεκμηρίοισιν ἐξ οἰμωγμάτων) even of a man as lost (τἀνδρὸς ὡς ὀλωλότος?)

σάφ’ εἰδότας χρὴ τῶνδε μυθεῖσθαι πέρι:[113]
τὸ γὰρ τοπάζειν τοῦ σάφ’ εἰδέναι δίχα.

It is necessary (χρὴ) to know (εἰδότας) with certainty (σάφ') to speak (μυθεῖσθαι) concerning (πέρι) these things (τῶνδε.) For (γὰρ) divination (τὸ τοπάζειν) is separate from (δίχα) certain knowledge (τοῦ σάφ' εἰδέναι.)

ταύτην ἐπαινεῖν πάντοθεν πληθύνομαι,
τρανῶς Ἀτρείδην εἰδέναι κυροῦνθ’ ὅπως.

I am prevailed upon (πληθύνομαι) from all sides (πάντοθεν) to agree to (ἐπαινεῖν) these things (ταύτην:) to know (εἰδέναι) clearly (τρανῶς) how (ὅπως) things turn out (κυροῦνθ') for the Atreidae (Ἀτρείδην.)

Κλυταιμνήστρα

πολλῶν πάροιθεν καιρίως εἰρημένων
τἀναντί’ εἰπεῖν οὐκ ἐπαισχυνθήσομαι.

Although I have said (εἰρημένων) in season (καιρίως) much (πολλῶν) before this time (πάροιθεν) I will not be ashamed (οὐκ ἐπαισχυνθήσομαι) to say (εἰπεῖν) the opposite (τἀναντί'.)

πῶς γάρ τις ἐχθροῖς ἐχθρὰ πορσύνων, φίλοις[114]
δοκοῦσιν εἶναι, πημονῆς ἀρκύστατ’ ἂν
φράξειεν; ὕψος κρεῖσσον ἐκπηδήματος.

For (γάρ) how (πῶς) could anyone (τις) declare (ἂν φράξειεν) how one is preparing(πορσύνων) something hateful (ἐχθρὰ,) entangled (ἀρκύστατ') in misery (πημονῆς) for the hated ones (ἐχθροῖς,) who pretend to be dear ones (φίλοις δοκοῦσιν εἶναι?) It is a height superior to overleaping (ὕψος κρεῖσσον ἐκπηδήματος.)

ἐμοὶ δ᾽ ἀγὼν ὅδ᾽ οὐκ ἀφρόντιστος πάλαι[115]
δίκης παλαιᾶς ἦλθε, σὺν χρόνῳ γε μήν:
ἕστηκα δ᾽ ἔνθ᾽ ἔπαισ᾽ ἐπ᾽ ἐξειργασμένοις.
οὕτω δ᾽ ἔπραξα, καὶ τάδ᾽ οὐκ ἀρνήσομαι,
ὡς μήτε φεύγειν μήτ᾽ ἀμύνεσθαι μόρον.

And (δ') this (ὅδ') not unexpected (οὐκ ἀφρόντιστος) contest (ἀγὼν) came (ἦλθε) to me (ἐμοὶ) just now (πάλαι) from an ancient claim to justice (δίκης παλαιᾶς) indeed and truly (γε μήν) in the fullness of time (σὺν χρόνῳ.) So (δ') after what has been accomplished (ἐπ' ἐξειργασμένοις) I stand (ἕστηκα) here where (ἔνθ') I struck (ἔπαισ'.) And (δ') just so (οὕτω) I acted (ἔπραξα,) and these things I will not deny (καὶ τάδ' οὐκ ἀρνήσομαι,) neither in order to flee (ὡς μήτε φεύγειν) nor to ward off death (μήτ' ἀμύνεσθαι μόρον.)

ἄπειρον ἀμφίβληστρον, ὥσπερ ἰχθύων, [116]
περιστιχίζω, πλοῦτον εἵματος κακόν.

Just as if I were fishing (ὥσπερ ἰχθύων) I put all around him (περιστιχίζω) a circular casting net (ἄπειρον ἀμφίβληστρον,) an evil (κακόν) wealth (πλοῦτον) of covering (εἵματος.)

παίω δέ νιν δίς: κἀν δυοῖν οἰμωγμάτοιν[117]
μεθῆκεν αὐτοῦ κῶλα: καὶ πεπτωκότι
τρίτην ἐπενδίδωμι, τοῦ κατὰ χθονὸς
Διὸς νεκρῶν σωτῆρος εὐκταίαν χάριν.

And (δέ) I struck him twice (παίω νιν δίς) and with two cries of pain (κἀν δυοῖν οἰμωγμάτοιν) his (αὐτοῦ) arms and legs (κῶλα) relaxed (μεθῆκεν.) Then (καὶ) I gave for good measure (ἐπενδίδωμι) a third (τρίτην) to him when he had fallen (πεπτωκότι) for the sake of (κατὰ) the grace we pray for (εὐκταίαν χάριν) from Zeus, god of the earth, (τοῦ χθονὸς Διὸς) protector of the dead (νεκρῶν σωτῆρος.)

οὕτω τὸν αὑτοῦ θυμὸν ὁρμαίνει πεσών:[118]
κἀκφυσιῶν ὀξεῖαν αἵματος σφαγὴν
βάλλει μ᾽ ἐρεμνῇ ψακάδι φοινίας δρόσου,
χαίρουσαν οὐδὲν ἧσσον ἢ διοσδότῳ
γάνει σπορητὸς κάλυκος ἐν λοχεύμασιν.

Having fallen (πεσών) in this way (οὕτω) he sets his own breath in motion (τὸν αὑτοῦ θυμὸν ὁρμαίνει) and while he is spouting blood (κἀκφυσιῶν... αἵματος) through a piercing wound (ὀξεῖαν σφαγὴν) he throws at me (βάλλει μ') with black drops (ἐρεμνῇ ψακάδι) of bloody dew (φοινίας δρόσου,) while I kept rejoicing (χαίρουσαν) not at all less than (οὐδὲν ἧσσον ἢ) for the brightness (γάνει) given by Zeus (διοσδότῳ) in the time of opening (ἐν λοχεύμασιν) of a flower of growing corn (σπορητὸς κάλυκος.)

ὡς ὧδ' ἐχόντων, πρέσβος Ἀργείων τόδε,
χαίροιτ' ἄν, εἰ χαίροιτ', ἐγὼ δ' ἐπεύχομαι.
εἰ δ' ἦν πρεπόντων ὥστ' ἐπισπένδειν νεκρῷ,
τῷδ' ἂν δικαίως ἦν, ὑπερδίκως μὲν οὖν.
τοσῶνδε κρατῆρ' ἐν δόμοις κακῶν ὅδε
πλήσας ἀραίων αὐτὸς ἐκπίνει μολών.

Now (τόδε) let it be (ἐχόντων) as it is (ὡς ὧδ',) elders of Argos (πρέσβος Ἀργείων,) If you would rejoice (εἰ χαίροιτ') then you should rejoice (χαίροιτ' ἄν,) but (δ') as for myself (ἐγὼ) I pray/boast/curse (ἐπεύχομαι.) And/but (δ') if it were fitting (εἰ ἦν πρεπόντων) consequently (ὥστ') to pour libations (ἐπισπένδειν) for a corpse (νεκρῷ,) it would be (ἂν...ἦν) just (δικαίως) for him (τῷδ',) indeed certainly (μὲν οὖν) more than just (ὑπερδίκως.) This man (ὅδε) while filling (πλήσας) the mixing-bowl (κρατῆρ') in the halls (ἐν δόμοις) with such cursed evils (τοσῶνδε...κακῶν...ἀραίων) drinks them dry (ἐκπίνει) himself (αὐτὸς) upon coming (μολών.)

Χορός

θαυμάζομέν σου γλῶσσαν, ὡς θρασύστομος,
ἥτις τοιόνδ' ἐπ' ἀνδρὶ κομπάζεις λόγον.

We are amazed (θαυμάζομέν) at your tongue (σου γλῶσσαν,) so insolent (ὡς θρασύστομος,) you who speaks loudly (ἥτις... κομπάζεις) such utterance as this (τοιόνδ'... λόγον) against your husband (ἐπ' ἀνδρὶ.)

Κλυταιμνήστρα

πειρᾶσθέ μου γυναικὸς ὡς ἀφράσμονος.[119]
ἐγὼ δ' ἀτρέστῳ καρδίᾳ πρὸς εἰδότας
λέγω. σὺ δ' αἰνεῖν εἴτε με ψέγειν θέλεις
ὅμοιον. οὗτός ἐστιν Ἀγαμέμνων, ἐμὸς
πόσις. νεκρὸς δέ τῆσδε δεξιᾶς χερὸς
ἔργον, δικαίας τέκτονος. τάδ' ὧδ' ἔχει.

Make a trial (πειρᾶσθέ) of me (μου) as (ὡς) of a foolish (ἀφράσμονος) woman (γυναικὸς.) But (δ') as for me (ἐγὼ) I speak (λέγω) with a fearless heart (ἀτρέστῳ καρδίᾳ) according to (πρὸς) what I know (εἰδότας.) And (δ') as for you (σὺ) whether (εἴτε) you wish (θέλεις) to praise (αἰνεῖν) or blame (ψέγειν) me (με) is all the same (ὅμοιον.) This is Agamemnon (οὗτός ἐστιν Ἀγαμέμνων,) my husband (ἐμὸς πόσις.) And (δέ) he is dead (νεκρὸς) the work (ἔργον) of this right hand (τῆσδε δεξιᾶς χερὸς,) of a craftsman (τέκτονος.) of justice (δικαίας.) These things (τάδ') stand (ἔχει) thus (ὧδ'.)

Χορός

τί κακόν, ὦ γύναι,
χθονοτρεφὲς ἐδανὸν ἢ ποτὸν
πασαμένα ῥυτᾶς ἐξ ἁλὸς ὀρόμενον
τόδ' ἐπέθου θύος, δημοθρόους τ' ἀράς;
ἀπέδικες. ἀπέταμες. ἀπόπολις δ' ἔσῃ
μῖσος ὄβριμον ἀστοῖς.

O woman (ὦ γύναι,) upon eating (πασαμένα) what evil thing (τί κακόν,) a food ἐδανὸν) grown from the earth (χθονοτρεφὲς) or a drink (ἢ ποτὸν) drawn (ὀρόμενον) out of the flowing sea (ῥυτᾶς ἐξ ἁλὸς,) did you impose upon yourself (ἐπέθου) this sacrifice (τόδ'...θύος) and (τ') public curses (δημοθρόους ἀράς?) You threw him down (ἀπέδικες.) You cut him off (ἀπέταμες.) And (δ') you will be (ἔσῃ) banished (ἀπόπολις) as an object of terrible (ὄβριμον) hate (μῖσος) by the citizens (ἀστοῖς.)

Κλυταιμνήστρα

νῦν μὲν δικάζεις ἐκ πόλεως φυγὴν ἐμοὶ
καὶ μῖσος ἀστῶν δημόθρους τ' ἔχειν ἀράς,
οὐδὲν τότ' ἀνδρὶ τῷδ' ἐναντίον φέρων,
ὃς οὐ προτιμῶν, ὡσπερεὶ βοτοῦ μόρον,
μήλων φλεόντων εὐπόκοις νομεύμασιν,
ἔθυσεν αὑτοῦ παῖδα, φιλτάτην ἐμοὶ
ὠδῖν', ἐπῳδὸν Θρῃκίων ἀημάτων.

Indeed (μὲν) now (νῦν) you pass sentence (δικάζεις) on me (ἐμοὶ) of banishment (φυγὴν) out of the city (ἐκ πόλεως) and (καὶ) as an object of the hatred of the citizens (μῖσος ἀστῶν) and (τ') the public voice (δημόθρους) to be a matter of (ἔχειν) curses (ἀράς.) while bringing (φέρων) nothing (οὐδὲν) back then (τότ') against (ἐναντίον) this (τῷδ') man (ἀνδρὶ) who recklessly (ὃς οὐ προτιμῶν) sacrificed his own child (ἔθυσεν αὑτοῦ παῖδα,) my (ἐμοὶ) best-loved womb-fruit (φιλτάτην ὠδῖν',) as if it were (ὡσπερεὶ) the death (μόρον) of an animal (βοτοῦ) among the abundant sheep (μήλων φλεόντων) belonging to the fleecy flocks (εὐπόκοις νομεύμασιν,) as a charm against the winds of Thrace (ἐπῳδὸν Θρῃκίων ἀημάτων.)

οὐ τοῦτον ἐκ γῆς τῆσδε χρῆν σ' ἀνδρηλατεῖν,[120]
μιασμάτων ἄποιν'; ἐπήκοος δ' ἐμῶν
ἔργων δικαστὴς τραχὺς εἶ. λέγω δέ σοι
τοιαῦτ' ἀπειλεῖν, ὡς παρεσκευασμένης.
ἐκ τῶν ὁμοίων χειρὶ νικήσαντ' ἐμοῦ
ἄρχειν: ἐὰν δὲ τοὔμπαλιν κραίνῃ θεός,
γνώσῃ διδαχθεὶς ὀψὲ γοῦν τὸ σωφρονεῖν.

Was not it necessary (οὐ... χρῆν) for you to banish (σ' ἀνδρηλατεῖν) this man (τοῦτον) out of (ἐκ) this (τῆσδε) land (γῆς) as atonement (ἄποιν') for pollution (μιασμάτων?) But (δ') you are (εἶ) a harsh (τραχὺς) judge (δικαστὴς) hearer of my actions (ἐπήκοος ἐμῶν ἔργων.) So (δέ) I tell you (λέγω σοι) as follows (τοιαῦτ':) to keep away (ἀπειλεῖν,) since I am prepared (ὡς παρεσκευασμένης.) in like manner (ἐκ τῶν ὁμοίων) that if you prevail (νικήσαντ') by force/by your hand (χειρὶ) to rule (ἄρχειν) over me (ἐμοῦ.) But (δὲ) if (ἐὰν) a god (θεός) should accomplish (κραίνῃ) contrariwise (τοὔμπαλιν,) at least (γοῦν) you will learn (γνώσῃ) late (ὀψὲ) having been taught (διδαχθεὶς) soundness of mind (τὸ σωφρονεῖν.)

Χορός

μεγαλόμητις εἶ,
περίφρονα δ’ ἔλακες ὥσπερ οὖν
φονολιβεῖ τύχᾳ φρὴν ἐπιμαίνεται,
λίβος ἐπ’ ὀμμάτων αἵματος εὖ πρέπει:[121]
ἀτίετον ἔτι σὲ χρὴ στερομέναν φίλων
τύμμα τύμματι τεῖσαι.

You are highly ambitious (μεγαλόμητις εἶ) and (δ') you cried out (ἔλακες,) haughty woman (περίφρονα,) as if certainly (ὥσπερ οὖν) your mind (φρὴν) is crazed (ἐπιμαίνεται) for bloodthirsty actions (φονολιβεῖ τύχᾳ.) A drop (λίβος) of blood (αἵματος) is easily visible (εὖ πρέπει) on your eyes (ἐπ' ὀμμάτων.) Yet still (ἔτι) dishonored (ἀτίετον) it is your fate (χρὴ) to pay (τεῖσαι) blow for blow (τύμμα τύμματι) while you go without friends (σὲ στερομέναν φίλων.)

Κλυταιμνήστρα

καὶ τήνδ’ ἀκούεις ὁρκίων ἐμῶν θέμιν:
μὰ τὴν τέλειον τῆς ἐμῆς παιδὸς Δίκην,
Ἄτην Ἐρινύν θ’, αἷσι τόνδ’ ἔσφαξ’ ἐγώ.
οὔ μοι φόβου μέλαθρον ἐλπὶς ἐμπατεῖ,
ἕως ἂν αἴθῃ πῦρ ἐφ’ ἑστίας ἐμῆς
Αἴγισθος, ὡς τὸ πρόσθεν εὖ φρονῶν ἐμοί.
οὗτος γὰρ ἡμῖν ἀσπὶς οὐ σμικρὰ θράσους.

And (καὶ) you hear (ἀκούεις) this justice/justification (τήνδ'... θέμιν) by my oath (ὁρκίων ἐμῶν.) By (μὰ) justice (τὴν... Δίκην,) fulfillment (τέλειον) of my daughter (τῆς ἐμῆς παιδὸς,) Punishment and Vengeance (Ἄτην Ἐρινύν θ',) by whom (αἷσι) I myself (ἐγώ) slew (ἔσφαξ') this man (τόνδ'.) Expectation (ἐλπὶς) does not (οὔ) walk in (ἐμπατεῖ) the house (μέλαθρον) of fear (φόβου) to my disadvantage (μοι) so long as (ἕως) Aigisthos (Αἴγισθος) should kindle a fire (ἂν αἴθῃ πῦρ) on my hearth (ἐφ' ἑστίας ἐμῆς) just as (ὡς) formerly (τὸ πρόσθεν) he thinking well of me (εὖ φρονῶν ἐμοί.) For (γὰρ) he (οὗτος) is no (οὐ) small (σμικρὰ) shield (ἀσπὶς) of courage (θράσους) to me (ἡμῖν.)

κεῖται γυναικὸς τῆσδε λυμαντήριος,[122]
Χρυσηίδων μείλιγμα τῶν ὑπ’ Ἰλίῳ:
ἥ τ’ αἰχμάλωτος ἥδε καὶ τερασκόπος
καὶ κοινόλεκτρος τοῦδε, θεσφατηλόγος
πιστὴ ξύνευνος, ναυτίλων δὲ σελμάτων
ἰστοτριβής. ἄτιμα δ’ οὐκ ἐπραξάτην.[123]
ὁ μὲν γὰρ οὕτως. ἡ δέ τοι κύκνου δίκην
τὸν ὕστατον μέλψασα θανάσιμον γόον
κεῖται, φιλήτωρ τοῦδ’: ἐμοὶ δ’ ἐπήγαγεν
εὐνῆς παροψώνημα τῆς ἐμῆς χλιδῆς.

He lies dead (κεῖται,) destructive (λυμαντήριος) of this (τῆσδε) woman (γυναικὸς,) plaything (μείλιγμα) of the (τῶν) daughters of Chryseis (Χρυσηίδων) under Troy (ὑπ' Ἰλίῳ:) And (τ') she (ἥ,) a captive (αἰχμάλωτος,) even (καὶ) this woman (ἥδε,) one who sees marvels (τερασκόπος,) and a bed-partner of this man (καὶ κοινόλεκτρος τοῦδε,) trustworthy (πιστὴ) speaker of the words of the gods (θεσφατηλόγος,) bedding-sharer (ξύνευνος,) and (δὲ) a worker (ἰστοτριβής) of the rowing-benches (σελμάτων) of the ships (ναυτίλων.) So (δ',) these two accomplished nothing (οὐκ ἐπραξάτην) unworthy (ἄτιμα.) Indeed, for (μὲν γὰρ) he (ὁ) is thus (οὕτως.) But (δέ) she (ἡ) indeed (τοι) after singing (μέλψασα) the last (τὸν ὕστατον) lamentation (γόον) for death (θανάσιμον) in the manner (δίκην) of a swan (κύκνου) lies dead (κεῖται,) a lover (φιλήτωρ) for him (τοῦδ':) but (δ') for me (ἐμοὶ) he/she/it brought in (ἐπήγαγεν) a special treat (παροψώνημα) for the luxury (τῆς....χλιδῆς) of my bed (ἐμῆς…εὐνῆς.)

Χορός

φεῦ, τίς ἂν ἐν τάχει, μὴ περιώδυνος,[124]
μηδὲ δεμνιοτήρης,
μόλοι τὸν αἰεὶ φέρουσ’ ἐν ἡμῖν
μοῖρ’ ἀτέλευτον ὕπνον, δαμέντος
φύλακος εὐμενεστάτου καὶ
πολλὰ τλάντος γυναικὸς διαί:
πρὸς γυναικὸς δ’ ἀπέφθισεν βίον.

Fah! (φεῦ,) that some fate might come (τίς... μοῖρ'...ἂν... μόλοι) bringing (φέρουσ') endless sleep (ἀτέλευτον ὕπνον) forever (τὸν αἰεὶ) to us (ἐν ἡμῖν,) quickly (ἐν τάχει,) neither with great pain nor with wasting away in bed (μὴ περιώδυνος, μηδὲ δεμνιοτήρης,) for our well-disposed guardian has been overpowered (δαμέντος φύλακος εὐμενεστάτου) even after enduring much (καὶ πολλὰ τλάντος) γυναικὸς διαί (because of a woman) and (δ') lost his life (ἀπέφθισεν βίον) because of a woman (πρὸς γυναικὸς.)

ἰὼ παράνους Ἑλένα
μία τὰς πολλάς, τάς πάνυ πολλὰς
ψυχὰς ὀλέσασ’ ὑπὸ Τροίᾳ,
νῦν δὲ τελέαν πολύμναστον ἐπηνθίσω
δι’ αἷμ’ ἄνιπτον. ἦ τις ἦν τότ’ ἐν δόμοις
ἔρις ἐρίδματος ἀνδρὸς οἰζύς.

Oh insane Helen (ἰὼ παράνους Ἑλένα,) a single woman (μία) you destroying (ὀλέσασ') many, so very many lives (τὰς πολλάς, τάς πάνυ πολλὰς ψυχὰς) under the walls of Troy (ὑπὸ Τροίᾳ.) Now (νῦν δὲ) perfect, much-remembered (τελέαν πολύμναστον) you decorate yourself (ἐπηνθίσω) on account of blood that cannot be washed away (δι' αἷμ' ἄνιπτον.) Truly (ἦ) then (τότ') there was (ἦν) some strife (τις... ἔρις) in the halls (ἐν δόμοις,) unconquerable misery (ἐρίδματος... οἰζύς) for a man (ἀνδρὸς.)

Κλυταιμνήστρα

μηδὲν θανάτου μοῖραν ἐπεύχου
τοῖσδε βαρυνθείς:
μηδ' εἰς Ἑλένην κότον ἐκτρέψῃς,
ὡς ἀνδρολέτειρ', ὡς μία πολλῶν
ἀνδρῶν ψυχὰς Δαναῶν ὀλέσασ'
ἀξύστατον ἄλγος ἔπραξεν.

Neither (μηδὲν) pray for (ἐπεύχου) a allotment (μοῖραν) of death (θανάτου) because you have been so weighed down (βαρυνθείς) by such as these (τοῖσδε) nor (μηδ') turn (ἐκτρέψῃς) your anger (κότον) onto Helen (εἰς Ἑλένην) as a murderess (ὡς ἀνδρολέτειρ',) as though one woman destroying the lives of many Greek men (ὡς μία πολλῶν ἀνδρῶν ψυχὰς Δαναῶν ὀλέσασ') inflicted incurable pain (ἀξύστατον ἄλγος ἔπραξεν.)

Χορός

δαῖμον, ὃς ἐμπίτνεις δώμασι καὶ διφυί-[125]
οισι Τανταλίδαισιν,
κράτος τ' ἰσόψυχον ἐκ γυναικῶν
καρδιόδηκτον ἐμοὶ κρατύνεις.

O god (δαῖμον,) you who fall upon the halls and upon the twofold descendants of Tantalus (ὃς ἐμπίτνεις δώμασι καὶ διφυίοισι Τανταλίδαισιν,) and (τ') who take power (κρατύνεις) with a likeminded (ἰσόψυχον) power (κράτος) from women (ἐκ γυναικῶν) that gnaws at my heart (καρδιόδηκτον ἐμοὶ.)

ἐπὶ δὲ σώματος δίκαν[126]
κόρακος ἐχθροῦ σταθεῖσ' ἐκνόμως
ὕμνον ὑμνεῖν ἐπεύχεται κακόν.

And (δὲ) standing (σταθεῖσ') over the body (ἐπὶ σώματος,) in the manner (δίκαν) of a hateful (ἐχθροῦ) raven (κόρακος) unlawfully (ἐκνόμως) you exult (ἐπεύχεται) to sing (ὑμνεῖν) to me (μοι) an evil (κακόν) hymn (ὕμνον.)

Κλυταιμνήστρα

νῦν δ’ ὤρθωσας στόματος γνώμην,
τὸν τριπάχυντον[127]
δαίμονα γέννης τῆσδε κικλήσκων.
ἐκ τοῦ γὰρ ἔρως αἱματολοιχὸς
νείρᾳ τρέφεται, πρὶν καταλῆξαι
τὸ παλαιὸν ἄχος, νέος ἰχώρ.

So (δ') now (νῦν) you set forth straight (ὤρθωσας) your judgement (γνώμην) from your mouth (στόματος,) by calling on (κικλήσκων) the triple-fattened daemon (τὸν τριπάχυντον δαίμονα) of this (τῆσδε) family (γέννης.) For (γὰρ) the ancient pain (τὸ παλαιὸν ἄχος) is nourished (τρέφεται) below (νείρᾳ,) on bloodthirsty desire (ἐκ τοῦ ἔρως αἱματολοιχὸς) before finishing (πρὶν καταλῆξαι) as fresh ichor (νέος ἰχώρ.)

Χορός

ἦ μέγαν οἴκοις τοῖσδε[128]
δαίμονα καὶ βαρύμηνιν αἰνεῖς.
φεῦ φεῦ, κακὸν αἶνον ἀτη-
ρᾶς τύχας ἀκορέστου:
ἰὼ ἰή, διαὶ Διὸς
παναιτίου πανεργέτα:
τί γὰρ βροτοῖς ἄνευ Διὸς τελεῖται;
τί τῶνδ’ οὐ θεόκραντόν ἐστιν;

Truly (ἦ) you speak of (αἰνεῖς) a great (μέγαν) and (καὶ) wrathful (βαρύμηνιν) spirit (δαίμονα) in this house (οἴκοις τοῖσδε.) Fah, fah (φεῦ φεῦ,) an evil story (κακὸν αἶνον) of willfully blind (ἀτηρᾶς) insatiable (ἀκορέστου) action (τύχας.) Oh, ah (ἰὼ ἰή,) through Zeus (διαὶ Διὸς,) cause of everything that happens, maker of everything that is (παναιτίου πανεργέτα,) for (γὰρ) what (τί) is accomplished (τελεῖται) by mortals (βροτοῖς) without Zeus (ἄνευ Διὸς?) What (τί) of this (τῶνδ') is not (οὐ...ἐστιν) brought about by a god (θεόκραντόν?)

ἰὼ ἰὼ βασιλεῦ βασιλεῦ,
πῶς σε δακρύσω;
φρενὸς ἐκ φιλίας τί ποτ’ εἴπω;
κεῖσαι δ’ ἀράχνης ἐν ὑφάσματι τῷδ’
ἀσεβεῖ θανάτῳ βίον ἐκπνέων.

Oh, oh, my king, my king (ἰὼ ἰὼ βασιλεῦ βασιλεῦ,) how will I weep for you (πῶς σε δακρύσω?) What then should I say (τί ποτ' εἴπω) from (ἐκ) an affectionate heart (φρενὸς...φιλίας?) But (δ') you lie dead (κεῖσαι) in (ἐν) this (τῷδ') weaving (ὑφάσματι) of a spider (ἀράχνης) because you breathed out (ἐκπνέων) your life (βίον) in an unholy death (ἀσεβεῖ θανάτῳ.)

ὤμοι μοι κοίταν τάνδ’ ἀνελεύθερον
δολίῳ μόρῳ δαμεὶς
ἐκ χερὸς ἀμφιτόμῳ βελέμνῳ.

Woe for me (ὤμοι μοι,) O you who have been overpowered (δαμεὶς) by crafty death (δολίῳ μόρῳ) in this bed unworthy of a free man (κοίταν τάνδ' ἀνελεύθερον) by means of a doubled-edge weapon (ἀμφιτόμῳ βελέμνῳ.) from her hand (ἐκ χερὸς.)

Κλυταιμνήστρα

αὐχεῖς εἶναι τόδε τοὔργον ἐμόν;
μηδ’ ἐπιλεχθῇς
Ἀγαμεμνονίαν εἶναί μ’ ἄλοχον.

Do you believe confidently (αὐχεῖς) that this act (τόδε τοὔργον) is (εἶναι) mine (ἐμόν?) Let me (μ') not be deemed (μηδ' ἐπιλεχθῇς) to be (εἶναί) Agamemnon's wife (Ἀγαμεμνονίαν ἄλοχον.)

φανταζόμενος δὲ γυναικὶ νεκροῦ
τοῦδ’ ὁ παλαιὸς δριμὺς ἀλάστωρ
Ἀτρέως χαλεποῦ θοινατῆρος
τόνδ’ ἀπέτεισεν,
τέλεον νεαροῖς ἐπιθύσας.

But (δὲ) while appearing (φανταζόμενος) as the wife of this dead man (γυναικὶ νεκροῦ τοῦδ') the ancient bitter avenger (ὁ παλαιὸς δριμὺς ἀλάστωρ) of Atreus (Ἀτρέως,) of the harsh (χαλεποῦ) lord of the feast (θοινατῆρος,) pays in full with (ἀπέτεισεν) this (τόνδ',) a full-grown one (τέλεον) for the young ones (νεαροῖς) by making additional sacrifice (ἐπιθύσας.)

Χορός

ὡς μὲν ἀναίτιος εἶ[129]
τοῦδε φόνου τίς ὁ μαρτυρήσων;
πῶ πῶ; πατρόθεν δὲ συλλή-
πτωρ γένοιτ’ ἂν ἀλάστωρ.
βιάζεται δ’ ὁμοσπόροις
ἐπιρροαῖσιν αἱμάτων
μέλας Ἄρης ὅποι δὲ καὶ προβαίνων
πάχναν κουροβόρον παρέξει.

Truly (μὲν) who is the one to bear witness (τίς ὁ μαρτυρήσων) that (ὡς) you are (εἶ) guiltless (ἀναίτιος) of this murder (τοῦδε φόνου?) How, how? (πῶ πῶ;) But (δὲ) an avenging spirit (ἀλάστωρ) could be (γένοιτ' ἂν) an accomplice (συλλήπτωρ) arising from the father's side (πατρόθεν.) And (δ') the black god of slaughter (μέλας Ἄρης) forces his way (βιάζεται) by means of streams (ἐπιρροαῖσιν) of kindred (ὁμοσπόροις) blood (αἱμάτων) and so (δὲ καὶ) wherever (ὅποι) he goes (προβαίνων) he will cause (παρέξει) for child-devouring frost (πάχναν κουροβόρον.
)

ἰὼ ἰὼ βασιλεῦ βασιλεῦ,
πῶς σε δακρύσω;
φρενὸς ἐκ φιλίας τί ποτ’ εἴπω;
κεῖσαι δ’ ἀράχνης ἐν ὑφάσματι τῷδ’
ἀσεβεῖ θανάτῳ βίον ἐκπνέων.

Oh, oh, my king, my king (ἰὼ ἰὼ βασιλεῦ βασιλεῦ,) how will I weep for you (πῶς σε δακρύσω?) What then should I say (τί ποτ' εἴπω) from (ἐκ) an affectionate heart (φρενὸς...φιλίας?) But (δ') you lie dead (κεῖσαι) in (ἐν) this (τῷδ') weaving (ὑφάσματι) of a spider (ἀράχνης) because you breathed out (ἐκπνέων) your life (βίον) in an unholy death (ἀσεβεῖ θανάτῳ.)

ὤμοι μοι κοίταν τάνδ’ ἀνελεύθερον
δολίῳ μόρῳ δαμεὶς
ἐκ χερὸς ἀμφιτόμῳ βελέμνῳ.

Woe for me (ὤμοι μοι,) O you who have been overpowered (δαμεὶς) by crafty death (δολίῳ μόρῳ) in this bed unworthy of a free man (κοίταν τάνδ' ἀνελεύθερον) by means of a doubled-edge weapon (ἀμφιτόμῳ βελέμνῳ.) from her hand (ἐκ χερὸς.)

Κλυταιμνήστρα

οὔτ’ ἀνελεύθερον οἶμαι θάνατον[130]
τῷδε γενέσθαι.
οὐδὲ γὰρ οὗτος δολίαν ἄτην
οἴκοισιν ἔθηκ’.
ἀλλ’ ἐμὸν ἐκ τοῦδ’ ἔρνος ἀερθέν,
τὴν πολυκλαύτην ’Ιφιγενείαν.
ἄξια δράσας ἄξια πάσχων
μηδὲν ἐν Ἅιδου μεγαλαυχείτω,
ξιφοδηλήτῳ
θανάτῳ τείσας ἅπερ ἦρξεν.

And I do not consider (οὔτ'... οἶμαι) this (τῷδε) to have been (γενέσθαι) a slavish death (ἀνελεύθερον...θάνατον.) For (γὰρ) he himself (οὗτος) did not (οὐδὲ) bring (ἔθηκ') devious ruin (δολίαν ἄτην) to the halls (οἴκοισιν.) But (ἀλλ') when my child (ἐμὸν... ἔρνος) was taken (ἀερθέν) from here (ἐκ τοῦδ',) Iphigenia, for whom I have lamented so much (τὴν πολυκλαύτην ’Ιφιγενείαν.) His suffering (πάσχων) is worth (ἄξια) what his doings (δράσας) are worth (ἄξια.) Let him not boast in Hades (μηδὲν ἐν Ἅιδου μεγαλαυχείτω) that he paid (τείσας) by means of death (θανάτῳ) by the sword (ξιφοδηλήτῳ) for what he did (ἅπερ ἦρξεν.)

Χορός

ἀμηχανῶ φροντίδος στερηθεὶς
εὐπάλαμον μέριμναν.
ὅπα τράπωμαι, πίτνοντος οἴκου;
δέδοικα δ’ ὄμβρου κτύπον δομοσφαλῆ
τὸν αἱματηρόν: ψακὰς δὲ λήγει.
δίκην δ’ ἐπ’ ἄλλο πρᾶγμα θηγάνει βλάβης
πρὸς ἄλλαις θηγάναισι μοῖρα.

I am without means (ἀμηχανῶ) of mental power (φροντίδος,) having been robbed of (στερηθεὶς) inventive thought (εὐπάλαμον μέριμναν.) Where should I turn (ὅπα τράπωμαι,) when the house is falling down (πίτνοντος οἴκου?) And (δ') I fear (δέδοικα) the bloody (τὸν αἱματηρόν) house-shaking (δομοσφαλῆ) crash (κτύπον) of a storm (ὄμβρου.) The rain is stopping (ψακὰς δὲ λήγει.) And (δ') fate (μοῖρα) sharpens (θηγάνει) justice (δίκην) for other (ἐπ' ἄλλο) actions that are harmful (πρᾶγμα βλάβης) on other whetstones (πρὸς ἄλλαις θηγάναισι.)

ἰὼ γᾶ γᾶ, εἴθ’ ἔμ’ ἐδέξω,
πρὶν τόνδ’ ἐπιδεῖν ἀργυροτοίχου
δροίτης κατέχοντα χάμευναν.
τίς ὁ θάψων νιν; τίς ὁ θρηνήσων;

Oh, earth, earth, if only (ἰὼ γᾶ γᾶ, εἴθ') you took (ἐδέξω) me (ἔμ',) before (πρὶν) looking upon (ἐπιδεῖν) this (τόνδ',) him occupying (κατέχοντα) a bed (χάμευναν) of a silver-sided bath (ἀργυροτοίχου δροίτης.) Who is (τίς) the one who will bury him (ὁ θάψων νιν?) Who is (τίς) the one who will sing the dirge (ὁ θρηνήσων?)

ἦ σὺ τόδ’ ἔρξαι τλήσῃ, κτείνασ’
ἄνδρα τὸν αὑτῆς ἀποκωκῦσαι
ψυχῇ τ’ ἄχαριν χάριν ἀντ’ ἔργων
μεγάλων ἀδίκως ἐπικρᾶναι;

Can it be (ἦ) you (σὺ) will dare (τλήσῃ) to do (ἔρξαι) this (τόδ',) to wail in mourning (ἀποκωκῦσαι) after killing (κτείνασ') your own (αὑτῆς) husband (τὸν...ἄνδρα,) and (τ') to grant (ἐπικρᾶναι) his soul (ψυχῇ) unjustly (ἀδίκως) graceless grace (ἄχαριν χάριν) in return for (ἀντ') his great (μεγάλων) deeds (ἔργων?)

τίς δ’ ἐπιτύμβιον αἶνον ἐπ’ ἀνδρὶ θείῳ
σὺν δακρύοις ἰάπτων
ἀληθείᾳ φρενῶν πονήσει;

And (δ') who (τίς) will feel pain (πονήσει) while putting forth (ἰάπτων) a tombside eulogy (ἐπιτύμβιον αἶνον) over (ἐπ') this godlike (θείῳ) man (ἀνδρὶ) with (σὺν) tears (δακρύοις) from the heart (φρενῶν) in sincerity (ἀληθείᾳ?)

Κλυταιμνήστρα

οὐ σὲ προσήκει τὸ μέλημ' ἀλέγειν.
τοῦτο: πρὸς ἡμῶν
κάππεσε, κάτθανε, καὶ καταθάψομεν,
οὐχ ὑπὸ κλαυθμῶν τῶν ἐξ οἴκων,
ἀλλ' Ἰφιγένειά νιν ἀσπασίως
θυγάτηρ, ὡς χρή,
πατέρ' ἀντιάσασα πρὸς ὠκύπορον
πόρθμευμ' ἀχέων
περὶ χεῖρε βαλοῦσα φιλήσει.

It is not fitting (οὐ... προσήκει) for you (σὲ) to be concerned about (ἀλέγειν) this duty (τὸ μέλημ') As for this: (τοῦτο:) by us (πρὸς ἡμῶν) he fell, he died, and we will carry out burial (κάππεσε, κάτθανε, καὶ καταθάψομεν,) not with the accompaniment of weeping by those from the house (οὐχ ὑπὸ κλαυθμῶν τῶν ἐξ οἴκων.) Rather, Iphigenia (ἀλλ' Ἰφιγένειά) his daugther (θυγάτηρ,) welcoming her father (πατέρ' ἀντιάσασα) in front of the swift-sailing ferry of sorrows (πρὸς ὠκύπορον πόρθμευμ' ἀχέων) gladly (ἀσπασίως) throwing (βαλοῦσα) her arms (χεῖρε) around him (περὶ) should kiss (φιλήσει) him (νιν) as is fitting (ὡς χρή.)

Χορός

ὄνειδος ἥκει τόδ' ἀντ' ὀνείδους.
δύσμαχα δ' ἔστι κρῖναι.
φέρει φέροντ', ἐκτίνει δ' ὁ καίνων.
μίμνει δὲ μίμνοντος ἐν θρόνῳ Διὸς
παθεῖν τὸν ἔρξαντα: θέσμιον γάρ.
τίς ἂν γονὰν ἀραῖον ἐκβάλοι δόμων;
κεκόλληται γένος πρὸς ἄτᾳ.

This (τόδ') blame (ὄνειδος) comes (ἥκει) against (ἀντ') blame (ὀνείδους.) And (δ') it is (ἔστι) a hard fight (δύσμαχα) to decide (κρῖναι.) She takes it to one who takes it to her (φέρει φέροντ',) and (δ') the man who kills (ὁ καίνων) pays in full (ἐκτίνει.) But (δὲ) while Zeus (Διὸς) remains (μίμνοντος) on his throne (ἐν θρόνῳ) it remains (μίμνει) to suffer for what one does (παθεῖν τὸν ἔρξαντα) for (γάρ) it is according to law (θέσμιον.) Who may throw out (τίς ἂν... ἐκβάλοι) of the house (δόμων) the cursed (ἀραῖον) seed (γονὰν?) The family (γένος) has glued itself (κεκόλληται) to blind recklessness (πρὸς ἄτᾳ.)

Κλυταιμνήστρα

ἐς τόνδ' ἐνέβης ξὺν ἀληθείᾳ
χρησμόν. ἐγὼ δ' οὖν
ἐθέλω δαίμονι τῷ Πλεισθενιδᾶν
ὅρκους θεμένη τάδε μὲν στέργειν,
δύστλητά περ ὄνθ', ὃ δὲ λοιπόν, ἰόντ'
ἐκ τῶνδε δόμων ἄλλην γενεὰν
τρίβειν θανάτοις αὐθένταισι.

You entered (ἐνέβης) into this oracular utterance (ἐς τόνδ'... χρησμόν) with truthfulness (ξὺν ἀληθείᾳ.) And certainly (δ' οὖν) I myself (ἐγὼ) desire (ἐθέλω) to make (θεμένη) a sworn agreement (ὅρκους) with the (τῷ) god (δαίμονι) of the line of Pleisthenes (Πλεισθενιδᾶν,) to be content (στέργειν) with this (τάδε) indeed (μὲν,) hard to bear (δύστλητά) as it is (περ ὄνθ',) and (δὲ) that in future (λοιπόν) he (ὃ) goes (ἰόντ') from these halls (ἐκ τῶνδε δόμων) to ravage (τρίβειν) another family (ἄλλην γενεὰν) with deaths done by blood-relatives (θανάτοις αὐθένταισι.)

κτεάνων τε μέρος
βαιὸν ἐχούσῃ πᾶν ἀπόχρη μοι
μανίας μελάθρων
ἀλληλοφόνους ἀφελούσῃ.

And (τε) having (ἐχούσῃ) a little portion (μέρος βαιὸν) of wealth (κτεάνων) would satisfy me (ἀπόχρη μοι) altogether (πᾶν) if I could take away (ἀφελούσῃ) mad bouts of murdering each other (μανίας... ἀλληλοφόνους) from the halls (μελάθρων.)

Αἴγισθος

ὦ φέγγος εὖφρον ἡμέρας δικηφόρου.
φαίην ἂν ἤδη νῦν βροτῶν τιμαόρους
θεοὺς ἄνωθεν γῆς ἐποπτεύειν ἄχη,
ἰδὼν ὑφαντοῖς ἐν πέπλοις Ἐρινύων
τὸν ἄνδρα τόνδε κείμενον. φίλως ἐμοί,
χερὸς πατρῴας ἐκτίνοντα μηχανάς.

O (ὦ) happy (εὖφρον) light (φέγγος) of the day (ἡμέρας) that brings justice (δικηφόρου.) Now (νῦν) at last (ἤδη) I can say (φαίην ἂν) the avenging gods (τιμαόρους θεοὺς) from above the earth (ἄνωθεν γῆς) look down on (ἐποπτεύειν) the anguish (ἄχη) of mortals (βροτῶν,) because I see (ἰδὼν) this man (τὸν ἄνδρα τόνδε) lying dead (κείμενον) in woven (ὑφαντοῖς) robes (ἐν πέπλοις) of the Furies (Ἐρινύων.) It is delightful to me (φίλως ἐμοί,) to pay back in full (ἐκτίνοντα) the machinations (μηχανάς) of the hand of his father (χερὸς πατρῴας.)

Ἀτρεὺς γὰρ ἄρχων τῆσδε γῆς, τούτου πατήρ,
πατέρα Θυέστην τὸν ἐμόν, ὡς τορῶς φράσαι,
αὑτοῦ δ᾽ ἀδελφόν, ἀμφίλεκτος ὢν κράτει,
ἠνδρηλάτησεν ἐκ πόλεώς τε καὶ δόμων.

For (γὰρ) Atreus (Ἀτρεὺς) the leader of this land (ἄρχων τῆσδε γῆς,) father of this man (τούτου πατήρ,) to put it plainly (ὡς τορῶς φράσαι,) because he was quarrelsome in power (ἀμφίλεκτος ὢν κράτει,) persecuted (ἠνδρηλάτησεν) Thyestes (Θυέστην) my (τὸν ἐμόν) father (πατέρα) and (δ') his own brother (αὑτοῦ...ἀδελφόν) out of the city and out of his home (ἐκ πόλεώς τε καὶ δόμων.)

καὶ προστρόπαιος ἑστίας μολὼν πάλιν
τλήμων Θυέστης μοῖραν ηὕρετ᾽ ἀσφαλῆ,
τὸ μὴ θανὼν πατρῷον αἱμάξαι πέδον,
αὐτός: ξένια δὲ τοῦδε δύσθεος πατὴρ
Ἀτρεύς, προθύμως μᾶλλον ἢ φίλως, πατρὶ
τὠμῷ, κρεουργὸν ἦμαρ εὐθύμως ἄγειν
δοκῶν, παρέσχε δαῖτα παιδείων κρεῶν.

And (καὶ) upon coming back (μολὼν πάλιν) to the hearth (ἑστίας) as a suppliant (προστρόπαιος) suffering Thyestes (τλήμων Θυέστης) found (ηὕρετ') his unshakeable (ἀσφαλῆ) destiny (μοῖραν): not (μὴ) that of staining with blood (τὸ... αἱμάξαι) while dying (θανὼν) his father's earth (πατρῷον...πέδον) himself (αὐτός) but (δὲ) as gifts for my father (ξένια πατρὶ τὠμῷ,) Atreus (Ἀτρεύς) the godless father (δύσθεος πατὴρ) of this man (τοῦδε,) more eager than kind (προθύμως μᾶλλον ἢ φίλως,) while pretending (δοκῶν) to conduct (ἄγειν) joyfully (εὐθύμως) a feast-day (κρεουργὸν ἦμαρ) provided a meal (παρέσχε δαῖτα) of the flesh (κρεῶν) of his (Thyestes') children (παιδείων.)

τὰ μὲν ποδήρη καὶ χερῶν ἄκρους κτένας[131]
ἔθρυπτ᾽, ἄνωθεν . . . . .
*
. . .ἀνδρακὰς καθήμενος.
ἄσημα δ᾽ αὐτῶν αὐτίκ᾽ ἀγνοίᾳ λαβὼν
ἔσθει βορὰν ἄσωτον, ὡς ὁρᾷς, γένει.

Indeed (μὲν) the toes and fingers (τὰ…ποδήρη καὶ χερῶν ἄκρους κτένας) were broken up small (ἔθρυπτ',) above ... he being seated apart (ἄνωθεν ... . . .ἀνδρακὰς καθήμενος.) And (δ') without a sign (ἄσημα) as soon as (αὐτίκ') in ignorance (ἀγνοίᾳ) upon receiving (λαβὼν) of them (αὐτῶν) he eats food (ἔσθει βορὰν) ruinous, as you see, to his family (ἄσωτον, ὡς ὁρᾷς, γένει.)

κἄπειτ᾽ ἐπιγνοὺς ἔργον οὐ καταίσιον[132]
ᾤμωξεν, ἀμπίπτει δ᾽ ἀπὸ σφαγὴν ἐρῶν,
μόρον δ᾽ ἄφερτον Πελοπίδαις ἐπεύχεται,
λάκτισμα δείπνου ξυνδίκως τιθεὶς ἀρᾷ,
οὕτως ὀλέσθαι πᾶν τὸ Πλεισθένους γένος.
ἐκ τῶνδέ σοι πεσόντα τόνδ᾽ ἰδεῖν πάρα.

And then (κἄπειτ') when he recognized (ἐπιγνοὺς) the unrighteous (οὐ καταίσιον) act (ἔργον) he cried out (ᾤμωξεν) and (δ') fell backwards (ἀμπίπτει) while vomiting up (ἀπὸ… ἐρῶν) the slaughter (σφαγὴν) and (δ') he prayed for (ἐπεύχεται) an unendurable death (μόρον ἄφερτον) for the line of Pelops (Πελοπίδαις,) while setting about (τιθεὶς) a trampling of the feast (λάκτισμα δείπνου) jointly with his curse (ξυνδίκως ἀρᾷ,) for all the line of Pleisthenes (πᾶν τὸ Πλεισθένους γένος) to perish (ὀλέσθαι) thus (οὕτως.) Because of these things (ἐκ τῶνδέ) look upon (ἰδεῖν) this (τόνδ') fallen man (πεσόντα) before you (σοι... πάρα.)

κἀγὼ δίκαιος τοῦδε τοῦ φόνου ῥαφεύς.[133]
τρίτον γὰρ ὄντα μ’ ἐπὶ δυσαθλίῳ πατρὶ
συνεξελαύνει τυτθὸν ὄντ’ ἐν σπαργάνοις:
τραφέντα δ’ αὖθις ἡ δίκη κατήγαγεν.
καὶ τοῦδε τἀνδρὸς ἡψάμην θυραῖος ὤν,
πᾶσαν συνάψας μηχανὴν δυσβουλίας.
οὕτω καλὸν δὴ καὶ τὸ κατθανεῖν ἐμοί,
ἰδόντα τοῦτον τῆς δίκης ἐν ἕρκεσιν.

And I (κἀγὼ) am the just (δίκαιος) cobbler (ῥαφεύς) of this murder (τοῦδε τοῦ φόνου.) For (γὰρ,) I being the third son (τρίτον ὄντα,) he drove me forth (μ'... συνεξελαύνει) beside my hard-struggling father (ἐπὶ δυσαθλίῳ πατρὶ) when I was (ὄντ') little, in swaddling clothes (τυτθὸν...ἐν σπαργάνοις) and (δ') having been brought up (τραφέντα) justice (τραφέντα) brought me back (κατήγαγεν) again (αὖθις.) And (καὶ) I got hold (ἡψάμην) of this man (τοῦδε τἀνδρὸς) even though I am from a stranger (θυραῖος ὤν,) by tying together (συνάψας) every device (πᾶσαν...μηχανὴν) of malicious counsel (δυσβουλίας.) Thus (οὕτω) even to die (καὶ τὸ κατθανεῖν) is beautiful indeed (καλὸν δὴ) to me (ἐμοί,) upon seeing this man (ἰδόντα τοῦτον) in the snares (ἐν ἕρκεσιν) of justice (τῆς δίκης.)

Χορός

Αἴγισθ’, ὑβρίζειν ἐν κακοῖσιν οὐ σέβω.[134]
σὺ δ’ ἄνδρα τόνδ’ ἔφης ἑκὼν κατακτανεῖν,
μόνος δ’ ἔποικτον τόνδε βουλεῦσαι φόνον;
οὔ φημ’ ἀλύξειν ἐν δίκῃ τὸ σὸν κάρα
δημορριφεῖς, σάφ’ ἴσθι, λευσίμους ἀράς.

Aigisthos (Αἴγισθ',) I do not honor (οὐ σέβω) being arrogant in crimes (ὑβρίζειν ἐν κακοῖσιν.) And (δ') you (σὺ) say (φῂς) willingly (ἑκὼν) that you killed (κατακτανεῖν) this man (ἄνδρα τόνδε,) and (δ') that you alone plotted (μόνος... βουλεῦσαι) this (τόνδε) pitiful (ἔποικτον) murder (φόνον.) I say that (φημ') in the course of justice (ἐν δίκῃ) your head (τὸ σὸν κάρα) will not avoid (οὔ...ἀλύξειν) those things hurled by the people (δημορριφεῖς,) know it, you! (σάφ' ἴσθι,) a stoning-curse (λευσίμους ἀράς.)

Αἴγισθος

σὺ ταῦτα φωνεῖς νερτέρᾳ προσήμενος
κώπῃ, κρατούντων τῶν ἐπὶ ζυγῷ δορός;
γνώσῃ γέρων ὢν ὡς διδάσκεσθαι βαρὺ
τῷ τηλικούτῳ, σωφρονεῖν εἰρημένον.

You say (σὺ...φωνεῖς) these things (ταῦτα) while seated (προσήμενος) at the lower oar-handles (νερτέρᾳ κώπῃ,) though those up on the the place that joins the oars (τῶν ἐπὶ ζυγῷ δορός) hold power (κρατούντων?) You will learn (γνώσῃ,) being old men (γέρων ὢν) that being schooled is heavy (ὡς διδάσκεσθαι βαρὺ) for one as old as you (τῷ τηλικούτῳ,) when he has been told to be wise (σωφρονεῖν εἰρημένον.)

δεσμὸς δὲ καὶ τὸ γῆρας αἵ τε νήστιδες
δύαι διδάσκειν ἐξοχώταται φρενῶν
ἰατρομάντεις. οὐχ ὁρᾷς ὁρῶν τάδε;
πρὸς κέντρα μὴ λάκτιζε, μὴ παίσας μογῇς.

But (δὲ) both (καὶ) prison (δεσμὸς) and (τε) hunger pangs (νήστιδες δύαι) are the most prominent physicians (αἵ ἐξοχώταται ἰατρομάντεις) to teach (διδάσκειν) being wise (φρενῶν) to the old (τὸ γῆρας.) When you look at this (ὁρῶν τάδε,) do you not see (οὐχ ὁρᾷς?) Do not kick (μὴ λάκτιζε) at the goad (πρὸς κέντρα,) lest you suffer (μὴ μογῇς) because you lashed out (παίσας.)

Χορός

γύναι, σὺ τοὺς ἥκοντας ἐκ μάχης νέον[135]
οἰκουρὸς εὐνὴν ἀνδρὸς αἰσχύνων ἅμα
ἀνδρὶ στρατηγῷ τόνδ' ἐβούλευσας μόρον;

You woman, (γύναι,) you (σὺ,) a housewife (οἰκουρὸς,) shaming the bed of a man (εὐνὴν ἀνδρὸς αἰσχύνων,) did you not plot (ἐβούλευσας) against this man, the leader of the army (ἀνδρὶ στρατηγῷ) and at the same time (ἅμα) those who have come (τοὺς ἥκοντας) newly (νέον) from the war (ἐκ μάχης) this death (τόνδ' μόρον?)

Αἴγισθος

καὶ ταῦτα τἄπη κλαυμάτων ἀρχηγενῆ.
Ὀρφεῖ δὲ γλῶσσαν τὴν ἐναντίαν ἔχεις.
ὁ μὲν γὰρ ἦγε πάντ' ἀπὸ φθογγῆς χαρᾷ,
σὺ δ' ἐξορίνας νηπίοις ὑλάγμασιν
ἄξῃ: κρατηθεὶς δ' ἡμερώτερος φανῇ.

And these words (καὶ ταῦτα τἄπη) are causative (ἀρχηγενῆ) of groans (κλαυμάτων.) So (δὲ) you have (ἔχεις) a tongue (γλῶσσαν) the opposite (τὴν ἐναντίαν) to Orpheus (Ὀρφεῖ.) For (γὰρ) indeed (μὲν) he used to lead everyone (ὁ ἦγε πάντ') in delight (χαρᾷ) by his voice (ἀπὸ φθογγῆς,) but (δ') you (σὺ) are exasperating (ἐξορίνας,) you would lead (ἄξῃ) by childish snarling (νηπίοις ὑλάγμασιν.) But (δ') you will appear (φανῇ) tame (ἡμερώτερος) upon being made subject to rule (κρατηθεὶς.)

Χορός

ὡς δὴ σύ μοι τύραννος Ἀργείων ἔσῃ,
ὃς οὐκ, ἐπειδὴ τῷδ' ἐβούλευσας μόρον,
δρᾶσαι τόδ' ἔργον οὐκ ἔτλης αὐτοκτόνως.

So surely you (ὡς δὴ σύ) to my disadvantage (μοι) would be (ἔσῃ) a usurping ruler (tyrant) of the Argives (τύραννος Ἀργείων,) you who (ὃς) after (ἐπειδὴ) plotting (ἐβούλευσας) death (μόρον) for this man (τῷδ') did not dare (οὐκ ἔτλης) to do this action (δρᾶσαι τόδ' ἔργον,) not killing by your own hand (οὐκ αὐτοκτόνως.)

Αἴγισθος

τὸ γὰρ δολῶσαι πρὸς γυναικὸς ἦν σαφῶς.
ἐγὼ δ' ὕποπτος ἐχθρὸς ἢ παλαιγενής.

For (γὰρ) to deceive/ensare (τὸ...δολῶσαι) was clearly (ἦν σαφῶς) up to a woman (πρὸς γυναικὸς.) and (δ') I myself (ἐγὼ) was (ἢ) liable to be suspected (ὕποπτος) as an ancient enemy (ἐχθρὸς παλαιγενής.)

ἐκ τῶν δὲ τοῦδε χρημάτων πειράσομαι
ἄρχειν πολιτῶν. τὸν δὲ μὴ πειθάνορα
ζεύξω βαρείαις οὔτι μὴν σειραφόρον
κριθῶντα πῶλον: ἀλλ' ὁ δυσφιλὴς σκότῳ
λιμὸς ξύνοικος μαλθακόν σφ' ἐπόψεται.

But (δὲ) by means of the wealth (ἐκ τῶν... χρημάτων) of this man (τοῦδε) I will attempt (πειράσομαι) to be ruler (ἄρχειν) of the citizens (πολιτῶν.) And (δὲ) I will harness (ζεύξω) the disobedient man (τὸν μὴ πειθάνορα) with that which is heavy (βαρείαις.) Indeed (μὴν) not as some (οὔτι) grain-fed young horse (κριθῶντα πῶλον,) a trace-horse (σειραφόρον,) rather as (ἀλλ') the hated one (ὁ δυσφιλὴς.) In darkness (σκότῳ) famine in the house (λιμὸς ξύνοικος) will see (ἐπόψεται) them (σφ') gentle (μαλθακόν.)

Χορός

τί δὴ τὸν ἄνδρα τόνδ' ἀπὸ ψυχῆς κακῆς[136]
οὐκ αὐτὸς ἠνάριζες, ἀλλά νιν γυνὴ
χώρας μίασμα καὶ θεῶν ἐγχωρίων
ἔκτειν';Ὀρέστης ἆρά που βλέπει φάος,
ὅπως κατελθὼν δεῦρο πρευμενεῖ τύχῃ
ἀμφοῖν γένηται τοῖνδε παγκρατὴς φονεύς;

Why indeed (τί δὴ) didn't you try to kill in battle (οὐκ...ἠνάριζες) this man (τὸν ἄνδρα τόνδ') yourself (αὐτὸς) in conformity with your cowardly spirit (ἀπὸ ψυχῆς κακῆς,) but yet (ἀλλά) a woman (γυνὴ,) a pollution (μίασμα) of the country and the gods of the country (χώρας...καὶ θεῶν ἐγχωρίων,) killed (ἔκτειν') him (νιν?) Ah (ἆρά,) Orestes somewhere sees the light (Ὀρέστης...που βλέπει φάος,) upon returning here (κατελθὼν δεῦρο) by favorable fortune (πρευμενεῖ τύχῃ) how (ὅπως) may he become (γένηται) the all-conquering killer (παγκρατὴς φονεύς) of both these (ἀμφοῖν τοῖνδε?)

Αἴγισθος

ἀλλ' ἐπεὶ δοκεῖς τάδ' ἔρδειν καὶ λέγειν, γνώσῃ τάχα.
εἶα δή, φίλοι λοχῖται, τοὔργον οὐχ ἑκὰς τόδε.

However (ἀλλ',) since you think to act on and to speak about (ἐπεὶ δοκεῖς...ἔρδειν καὶ λέγειν) these things (τάδ',) you will learn quickly (γνώσῃ τάχα.) Friends, fellow soldiers, (φίλοι λοχῖται,) come on (εἶα δή,) the action (τοὔργον) is not (οὐχ) far from (ἑκὰς) here (τόδε.)

Χορός

εἶα δή, ξίφος πρόκωπον πᾶς τις εὐτρεπιζέτω.

Come on, (εἶα δή,) swords ready (ξίφος πρόκωπον) everyone get ready (πᾶς τις εὐτρεπιζέτω!)

Αἴγισθος

ἀλλὰ κἀγὼ μὴν πρόκωπος οὐκ ἀναίνομαι θανεῖν.

And I (κἀγὼ) certainly indeed (ἀλλὰ μὴν) am ready (πρόκωπος) I do not refuse to die (οὐκ ἀναίνομαι θανεῖν.)

Χορός

δεχομένοις λέγεις θανεῖν σε. τὴν τύχην δ' αἱρούμεθα.

You say (λέγεις) “you will die” (θανεῖν σε) to we who welcome it (δεχομένοις.) And (δ’) we take for ourselves (αἱρούμεθα) the action (τὴν τύχην) (i.e. we accept battle.)

Κλυταιμνήστρα

μηδαμῶς, ὦ φίλτατ' ἀνδρῶν, ἄλλα δράσωμεν κακά.

ἀλλὰ καὶ τάδ' ἐξαμῆσαι πολλά, δύστηνον θέρος.

πημονῆς δ' ἅλις γ' ὑπάρχει: μηδὲν αἱματώμεθα.[137]

στείχετ' αἰδοῖοι γέροντες πρὸς δόμους, πεπρωμένοις

πρὶν παθεῖν εἴξαντες ὥρᾳ: χρῆν τάδ' ὡς ἐπράξαμεν.

O dearest husband (ὦ φίλτατ' ἀνδρῶν,) let us do (δράσωμεν) no other evil (μηδαμῶς...ἄλλα...κακά.) And (καὶ) also (ἀλλὰ) to cut down (ἐξαμῆσαι) these many (τάδ' πολλά) is a wretched harvest (δύστηνον θέρος.) And (δ') there is (ὑπάρχει) indeed (γ') enouogh (ἅλις) of suffering (πημονῆς.) Let nothing more be stained with blood (μηδὲν αἱματώμεθα.) Upon yielding in good time (εἴξαντες ὥρᾳ) to those things which have been fulfilled (πεπρωμένοις,) go (στείχετ',) venerable old men (αἰδοῖοι γέροντες) to your homes (πρὸς δόμους,) before something happens (πρὶν παθεῖν.) That we did (ὡς ἐπράξαμεν) these things (τάδ') was necessary (χρῆν.)

εἰ δέ τοι μόχθων γένοιτο τῶνδ' ἅλις, δεχοίμεθ' ἄν,[138]
δαίμονος χηλῇ βαρείᾳ δυστυχῶς πεπληγμένοι.
ὧδ' ἔχει λόγος γυναικός, εἴ τις ἀξιοῖ μαθεῖν.

But (δέ) surely (τοι) if (εἰ) from these troubles (μόχθων) there should be (γένοιτο) enough (ἅλις) of these things (τῶνδ') we would accept it (δεχοίμεθ' ἄν,) we who are wounded (πεπληγμένοι) unluckily (δυστυχῶς) by the strong claws (χηλῇ βαρείᾳ) of a daemon (δαίμονος.) Thus (ὧδ') holds (ἔχει) the word (λόγος) of a woman (γυναικός,) if (εἴ) anyone (τις) thinks it worthwhile (ἀξιοῖ) to understand (μαθεῖν.)

Αἴγισθος

ἀλλὰ τούσδ' ἐμοὶ ματαίαν γλῶσσαν ὧδ' ἀπανθίσαι[139]
κἀκβαλεῖν ἔπη τοιαῦτα δαίμονος πειρωμένους,
σώφρονος γνώμης θ' ἁμαρτεῖν τὸν κρατοῦντά θ' ὑβρίσαι.

But (ἀλλὰ) of this (τούσδ') to my disadvantage (ἐμοὶ) he should talk at random (liteally he should pluck the flowers of his tongue, ματαίαν γλῶσσαν ἀπανθίσαι) thus (ὧδ',) throwing out words such as these (κἀκβαλεῖν ἔπη τοιαῦτα) while tempting the gods (δαίμονος πειρωμένους,) and (θ') going astray from prudent judgement (σώφρονος γνώμης ἁμαρτεῖν) and (θ') insulting their master (τὸν κρατοῦντά ὑβρίσαι.)

Χορός

οὐκ ἂν Ἀργείων τόδ' εἴη, φῶτα προσσαίνειν κακόν.

May this (τόδ') not be (οὐκ ἂν εἴη) among Argives (Ἀργείων,) to fawn on (προσσαίνειν) a cowardly (κακόν) man (φῶτα.)

Αἴγισθος

ἀλλ' ἐγώ σ' ἐν ὑστέραισιν ἡμέραις μέτειμ' ἔτι.

But I (ἀλλ' ἐγώ) get a piece of (literally, have a share of μέτειμ') you (σ') yet (ἔτι) one of these days (literally, in the last days ἐν ὑστέραισιν ἡμέραις.)

Χορός

οὔκ ἐὰν δαίμων Ὀρέστην δεῦρ' ἀπευθύνῃ μολεῖν.

Not if a god (οὔκ ἐὰν δαίμων) should direct (ἀπευθύνῃ) Orestes (Ὀρέστην) to come (μολεῖν) here (δεῦρ'.)

Αἴγισθος

οἶδ’ ἐγὼ φεύγοντας ἄνδρας ἐλπίδας σιτουμένους.

I myself (ἐγὼ) know (οἶδ') how men on the run (φεύγοντας ἄνδρας) are continually feeding (σιτουμένους) on hope (ἐλπίδας.)

Χορός

πρᾶσσε, πιαίνου, μιαίνων τὴν δίκην, ἐπεὶ πάρα.

Keep on doing what you’re doing (πρᾶσσε,) dishonoring justice (μιαίνων τὴν δίκην,) get fat (πιαίνου) while you’re at it (ἐπεὶ πάρα.)

Αἴγισθος

ἴσθι μοι δώσων ἄποινα τῆσδε μωρίας χάριν.[140]

Know (ἴσθι) you are to pay (δώσων) me (μοι) a price (ἄποινα) for the sake (χάριν) of this folly (τῆσδε μωρίας.)

Χορός

κόμπασον θαρσῶν, ἀλέκτωρ ὥστε θηλείας πέλας.

Boast (κόμπασον) of courage (θαρσῶν,) just as (ὥστε) a cock (ἀλέκτωρ) beside his hens (θηλείας πέλας.)

Κλυταιμνήστρα

μὴ προτιμήσῃς ματαίων τῶνδ’ ὑλαγμάτων. ἐγὼ[141] καὶ σὺ δωμάτων κρατοῦντε τῶνδε θήσομεν καλῶς.

Take no heed (μὴ προτιμήσῃς) of these (τῶνδ') empty snarlings (ματαίων...ὑλαγμάτων.) We will bring to pass (θήσομεν) well (καλῶς) that I and you are master of these halls (ἐγὼ καὶ σὺ...κρατοῦντε τῶνδε δωμάτων.)

Χοηφόροι

Ὀρέστης

Ἑρμῆ χθόνιε πατρῷ' ἐποπτεύων κράτη,[142]
σωτὴρ γενοῦ μοι ξύμμαχός τ' αἰτουμένῳ.
ἥκω γὰρ ἐς γῆν τήνδε καὶ κατέρχομαι.

O Hermes (Ἑρμῆ) beneath the earth (χθόνιε,) you the powers (κράτη) of my fathers (πατρῷ',) in order to punish (ἐποπτεύων,) become (γενοῦ) protector and ally (σωτὴρ... ξύμμαχός τ') to me as I ask (μοι αἰτουμένῳ.) For (γὰρ) I have arrived (ἥκω) and entered into (καὶ κατέρχομαι) this (τήνδε) land (ἐς γῆν.)

τύμβου δ' ἐπ' ὄχθῳ τῷδε κηρύσσω πατρὶ
κλύειν, ἀκοῦσαι . . .

And (δ') upon this (ἐπ'… τῷδε) mound (ὄχθῳ) of a tomb (τύμβου) I call (κηρύσσω) on my father (πατρὶ) to lisen, to hear (κλύειν, ἀκοῦσαι . . .)

*

. . . πλόκαμον Ἰνάχῳ θρεπτήριον.
τὸν δεύτερον δὲ τόνδε πενθητήριον

...a lock of hair (πλόκαμον) to Inachus (Ἰνάχῳ) as thanks for my nourishment (θρεπτήριον.) And (δὲ) this (τόνδε) the second (τὸν δεύτερον) as as sign of mourning (πενθητήριον...)

*

οὐ γὰρ παρὼν ᾤμωξα σόν, πάτερ, μόρον
οὐδ' ἐξέτεινα χεῖρ' ἐπ' ἐκφορᾷ νεκροῦ.

for (γὰρ) father (πάτερ,) I did not lament (οὐ... ᾤμωξα) your death (σόν μόρον) beside you (παρὼν, literally "being there") nor did I stretch out my hands (οὐδ' ἐξέτεινα χεῖρ') for the carrying out of the dead (ἐπ' ἐκφορᾷ νεκροῦ.)

*

τί χρῆμα λεύσσω; τίς ποθ' ἥδ' ὁμήγυρις
στείχει γυναικῶν φάρεσιν μελαγχίμοις
πρέπουσα; ποίᾳ ξυμφορᾷ προσεικάσω;

What extraordinary thing do I see (τί χρῆμα λεύσσω?) Whatever is (τίς ποθ') this striking assembly of women (ἥδ' ὁμήγυρις... γυναικῶν... πρέπουσα?) They come walking (στείχει) in deep black mantles (φάρεσιν μελαγχίμοις.) What sort of event would I conjecture this to be like (ποίᾳ ξυμφορᾷ προσεικάσω?)

πότερα δόμοισι πῆμα προσκυρεῖ νέον;
ἢ πατρὶ τὠμῷ τάσδ' ἐπεικάσας τύχω
χοὰς φερούσας νερτέροις μειλίγματα;

Whether (πότερα) new (νέον) calamity (πῆμα) falls upon (προσκυρεῖ) the halls (δόμοισι;) or (ἢ) these (τάσδ') are bringing (φερούσας) to my father (πατρὶ τὠμῷ) libations for the dead (χοὰς,) propitiations (μειλίγματα) for the dead (νερτέροις,) as I happen to surmise (ἐπεικάσας τύχω?)

οὐδέν ποτ' ἄλλο· καὶ γὰρ Ἠλέκτραν δοκῶ
στείχειν ἀδελφὴν τὴν ἐμὴν πένθει λυγρῷ
πρέπουσαν. ὦ Ζεῦ, δός με τείσασθαι μόρον
πατρός, γενοῦ δὲ σύμμαχος θέλων ἐμοί.

Nothing at all else (οὐδέν ποτ' ἄλλο:) for (γὰρ) I think (δοκῶ) that Electra (Ἠλέκτραν) also (καὶ,) my sister (ἀδελφὴν τὴν ἐμὴν,) is clearly visible (πρέπουσαν) walking (στείχειν) in miserable grief (πένθει λυγρῷ.) O Zeus (ὦ Ζεῦ,) grant me (δός με) to revenge myself (τείσασθαι) for the death of my father (μόρον πατρός,) and (δὲ) willingly (θέλων) be (γενοῦ) an ally to me (σύμμαχος ἐμοί.)

Πυλάδη, σταθῶμεν ἐκποδών, ὡς ἂν σαφῶς
μάθω γυναικῶν ἥτις ἥδε προστροπή.

Pylades (Πυλάδη,) let us stand out of the way (σταθῶμεν ἐκποδών,) so that I may clearly understand (ὡς ἂν σαφῶς μάθω) whatever (ἥτις) this address to the gods (ἥδε προστροπή) by women (γυναικῶν) may be.

Χορός

ἰαλτὸς ἐκ δόμων ἔβαν
χοὰς προπομπὸς ὀξύχειρι σὺν κτύπῳ.

Sent quickly forth (ἰαλτὸς) out of the house (ἐκ δόμων) I brought (ἔβαν) libations for the dead (χοὰς,) as an escort (προπομπὸς) quickly beating my hands (ὀξύχειρι) with loud noises (σὺν κτύπῳ.)

πρέπει παρηὶς φοινίοις ἀμυγμοῖς
ὄνυχος ἄλοκι νεοτόμῳ,
δι' αἰῶνος δ' ἰυγμοῖσι βόσκεται κέαρ.

My cheek (παρηὶς) is conspicious (πρέπει) for bloody scratches (φοινίοις ἀμυγμοῖς,) newly cut (νεοτόμῳ) furrows (ἄλοκι) from my nails (ὄνυχος,) and (δ') my heart (κέαρ) feeds itself (βόσκεται) through a lifetime (δι' αἰῶνος) on cries of pain (ἰυγμοῖσι.)

λινοφθόροι δ' ὑφασμάτων
λακίδες ἔφλαδον ὑπ' ἄλγεσιν,
προστέρνῳ στολμῷ
πέπλων ἀγελάστοις
ξυμφοραῖς πεπληγμένων.

And (δ') λινοφθόροι (linen-wasting) rips (λακίδες) of woven cloth (ὑφασμάτων) I tear loudly (ἔφλαδον) from pain (ὑπ' ἄλγεσιν,) in the garment on my chest (προστέρνῳ στολμῷ) while my robes are wounded (πέπλων... πεπληγμένων) by my grave misfortunes (ἀγελάστοις ξυμφοραῖς.)

τορὸς γὰρ ὀρθόθριξ φόβος[143]
δόμων ὀνειρόμαντις, ἐξ ὕπνου κότον
πνέων, ἀωρόνυκτον ἀμβόαμα
μυχόθεν ἔλακε περὶ φόβῳ,
γυναικείοισιν ἐν δώμασιν βαρὺς πίτνων.

For (γὰρ) piercing (τορὸς) fear (φόβος,) hair standing on end (ὀρθόθριξ,) the dream-prophet (ὀνειρόμαντις) of the house (δόμων,) breathing rage (κότον πνέων) out of sleep (ἐξ ὕπνου,) in the dead of night (ἀωρόνυκτον) a scream (ἀμβόαμα) of fear (περὶ φόβῳ) rang out (ἔλακε) from the women's quarters (μυχόθεν) falling (πίτνων) heavily (βαρὺς) in the women's halls (γυναικείοισιν ἐν δώμασιν.)

κριταί τε τῶνδ' ὀνειράτων
θεόθεν ἔλακον ὑπέγγυοι
μέμφεσθαι τοὺς γᾶς
νέρθεν περιθύμως
τοῖς κτανοῦσί τ' ἐγκοτεῖν.

And (τε) interpreters (κριταί) of these dreams (τῶνδ' ὀνειράτων) having given surety (ὑπέγγυοι) cried out (ἔλακον) by divine force (θεόθεν) that those of the earth (τοὺς γᾶς) complain (μέμφεσθαι) from below (νέρθεν) and (τ') are indignant (ἐγκοτεῖν,) furious (περιθύμως) at those who kill (τοῖς κτανοῦσί.)

τοιάνδε χάριν ἀχάριτον ἀπότροπον κακῶν,
ἰὼ γαῖα μαῖα,
μωμένα μ' ἰάλλει
δύσθεος γυνά. φοβοῦ-
μαι δ' ἔπος τόδ' ἐκβαλεῖν.
τί γὰρ λύτρον πεσόντος αἵματος πέδοι;
ἰὼ πάνοιζυς ἑστία,
ἰὼ κατασκαφαὶ δόμων.
ἀνήλιοι βροτοστυγεῖς
δνόφοι καλύπτουσι δόμους
δεσποτῶν θανάτοισι.

O mother Earth (ἰὼ γαῖα μαῖα,) a godless woman (δύσθεος γυνά) sends me forth in haste (μ' ἰάλλει,) she seeking after (μωμένα) such a graceless grace (τοιάνδε χάριν ἀχάριτον) defensive against evil (ἀπότροπον κακῶν.) But (δ') I am struck with fear (φοβοῦμαι) to let fall (ἐκβαλεῖν) this utterance (ἔπος τόδ'.) For (γὰρ) what is (τί) the price (λύτρον) of blood (αἵματος) that fell (πεσόντος) on the ground (πέδοι?) Oh, wholly miserable hearth (ἰὼ πάνοιζυς ἑστία,) oh, utter destruction of the house (ἰὼ κατασκαφαὶ δόμων.) Sunless (ἀνήλιοι,) hated by all humanity (βροτοστυγεῖς,) darknesses cover up the halls (δνόφοι καλύπτουσι δόμους) due to the deaths (θανάτοισι) of the masters (δεσποτῶν.)

σέβας δ’ ἄμαχον ἀδάματον ἀπόλεμον τὸ πρὶν
δι’ ὤτων φρενός τε
δαμίας περαῖνον
νῦν ἀφίσταται. φοβεῖ-
ται δέ τις. τὸ δ’ εὐτυχεῖν,
τόδ’ ἐν βροτοῖς θεός τε καὶ θεοῦ πλέον.

Though (δ’) honor (σέβας,) irresistable (ἄμαχον,) untameable (ἀδάματον,) unconquerable (ἀπόλεμον,) formerly (τὸ πρὶν) went through (περαῖνον δι’) the ears (ὤτων) and (τε) heart (φρενός) of the people (δαμίας) now (νῦν) is deposed (ἀφίσταται.) And (δέ) some (τις) are afraid (φοβεῖται.) And (δ’) being prosperous (τὸ εὐτυχεῖν,) that (τόδ’) in humankind (ἐν βροτοῖς) is a god and even more than a god (θεός τε καὶ θεοῦ πλέον.)

ῥοπὴ δ’ ἐπισκοπεῖ δίκας[144]
ταχεῖα τοὺς μὲν ἐν φάει,
τὰ δ’ ἐν μεταιχμίῳ σκότου
μένει χρονίζοντας βρύει,
τοὺς δ’ ἄκραντος ἔχει νύξ.

But (δ’) the swift (ταχεῖα) sinking of the scale (ῥοπὴ) of justice (δίκας) examines (ἐπισκοπεῖ) indeed (μὲν) those in the light (τοὺς ἐν φάει,) and (δ’) it is full (βρύει,) it remains (μένει,) lingering (χρονίζοντας) in the frontiers of darkness (ἐν μεταιχμίῳ σκότου,) and (δ’) night (νύξ) holds (ἔχει) them (τοὺς) unfulfilled (ἄκραντος.)

δι’ αἵματ’ ἐκποθένθ’ ὑπὸ χθονὸς τροφοῦ
τίτας φόνος πέπηγεν οὐ διαρρύδαν.
διαλγὴς δ’ ἄτα διαφέρει
τὸν αἴτιον παναρκέτας νόσου βρύειν.

On account of (δι’) blood having been drunk (αἵματ’ ἐκποθένθ’) by the nourishing earth (ὑπὸ χθονὸς τροφοῦ) revenge for murder (τίτας φόνος) has solidified (πέπηγεν) unflowingly (οὐ διαρρύδαν.) And (δ’) grievous (διαλγὴς) punishment (ἄτα) tears apart (διαφέρει) the one responsible (τὸν αἴτιον) swelling (βρύειν) with all-embracing misery (παναρκέτας νόσου.)

θιγόντι δ’ οὔτι νυμφικῶν ἑδωλίων
ἄκος, πόροι τε πάντες ἐκ μιᾶς ὁδοῦ
προβαίνοντες τὸν χερομυσῆ
φόνον καθαίροντες ἴθυσαν μάταν.

And (δ’) as there is no cure (οὔτι ἄκος) for one who breaches (θιγόντι) the women’s quarters (νυμφικῶν ἑδωλίων,) and (τε) all (πάντες) streams (πόροι) advancing (προβαίνοντες) from one single passageway (ἐκ μιᾶς ὁδοῦ,) in order to wash away (καθαίροντες) his hand-defiling murder (τὸν χερομυσῆ φόνον) rushed straight on in vain (ἴθυσαν μάταν.)

ἐμοὶ δ’ ἀνάγκαν γὰρ ἀμφίπτολιν
θεοὶ προσήνεγκαν· ἐκ γὰρ οἴκων
πατρῴων δούλιόν μ’ ἐσᾶγον αἶσαν.

But (δ’) as for me (ἐμοὶ,) for (γὰρ) the gods (θεοὶ) applied (προσήνεγκαν) city-encircling compulsion (ἀνάγκαν…ἀμφίπτολιν) for (γὰρ) they led (ἐσᾶγον) me (μ’) out of the house of my fathers (ἐκ οἴκων πατρῴων) to my fate (αἶσαν) as a slave (δούλιόν.)

δίκαια καὶ μὴ δίκαια πρέποντ' ἀρξὰς βίου,[145]
βίᾳ φερομένων αἰνέσαι
πικρὸν στύγος κρατούσῃ.

It is fitting (πρέποντ') to acquiesce to (αἰνέσαι) the rulers of my life (ἀρξὰς βίου) justly or unjustly (δίκαια καὶ μὴ δίκαια,) when things are swept along (φερομένων) by force (βίᾳ,) and for me to control (κρατούσῃ) the bitter (πικρὸν) loathing (στύγος) of my heart (φρενῶν.)

δακρύω δ' ὑφ' εἱμάτων
ματαίοισι δεσποτᾶν
τύχαις, κρυφαίοις πένθεσιν παχνουμένη.

Yet (δ') I weep (δακρύω) beneath my robes (ὑφ' εἱμάτων) for the unworthy fate (ματαίοισι... τύχαις) of my master (δεσποτᾶν.) I am congealed (παχνουμένη) by hidden sorrow (κρυφαίοις πένθεσιν.)

Ἠλέκτρα

δμωαὶ γυναῖκες, δωμάτων εὐθήμονες,
ἐπεὶ πάρεστε τῆσδε προστροπῆς ἐμοὶ
πομποί, γένεσθε τῶνδε σύμβουλοι πέρι.
τί φῶ χέουσα τάσδε κηδείους χοάς;
πῶς εὔφρον' εἴπω, πῶς κατεύξομαι πατρί;

Women of the household (δμωαὶ γυναῖκες,) women who set the house in order (δωμάτων εὐθήμονες,,) since you are here (ἐπεὶ πάρεστε) as my escorts (ἐμοὶ πομποί) for this supplication-ceremony (τῆσδε προστροπῆς,) be (γένεσθε) advisors (σύμβουλοι) concerning (πέρι) this (τῶνδε.) what should I say (τί φῶ) while pouring out (χέουσα) this (τάσδε) loving (κηδείους) libation (χοάς?) How (πῶς) shall I speak (εἴπω) with joy (εὔφρον',) how shall I pray to my father (πῶς κατεύξομαι πατρί?)

πότερα λέγουσα παρὰ φίλης φίλῳ φέρειν[146]
γυναικὸς ἀνδρί, τῆς ἐμῆς μητρὸς πάρα;
τῶνδ' οὐ πάρεστι θάρσος, οὐδ' ἔχω τί φῶ,
χέουσα τόνδε πέλανον ἐν τύμβῳ πατρός.

Which should I say (πότερα λέγουσα:) that I bring this (φέρειν) from a loving wife (παρὰ φίλης γυναικὸς) to her beloved husband (φίλῳ ἀνδρί,) from my own mother (τῆς ἐμῆς μητρὸς πάρα?) The audacity (θάρσος) for those things (τῶνδ') is not in my power (οὐ πάρεστι,) nor do I have what I should say (οὐδ' ἔχω τί φῶ) as I pour out this offering of oil and honey (χέουσα τόνδε πέλανον) on my father's tomb (ἐν τύμβῳ πατρός.)

ἢ τοῦτο φάσκω τοὔπος, ὡς νόμος βροτοῖς,[147]
ἔστ' ἀντιδοῦναι τοῖσι πέμπουσιν τάδε
στέφη, δόσιν γε τῶν κακῶν ἐπαξίαν;

Or (ἢ) should I say (φάσκω) this expression (τοῦτο τοὔπος,) as is usual among humankind (ὡς νόμος βροτοῖς,) it is (ἔστ') to return (ἀντιδοῦναι) to those who send these garlands (τοῖσι πέμπουσιν τάδε στέφη,) a gift (δόσιν) indeed (γε) worthy (ἐπαξίαν) of the evil ones (τῶν κακῶν?)

ἢ σῖγ' ἀτίμως, ὥσπερ οὖν ἀπώλετο
πατήρ, τάδ' ἐκχέασα, γάποτον χύσιν,
στείχω καθάρμαθ' ὥς τις ἐκπέμψας πάλιν
δικοῦσα τεῦχος ἀστρόφοισιν ὄμμασιν;

Or (ἢ) upon pouring this out (τάδ' ἐκχέασα) a stream (χύσιν) to be drunk up by the earth (γάποτον,) shall I go back (στείχω... πάλιν) throwing away (δικοῦσα) the left-overs (καθάρμαθ',) the vessel (τεῦχος,) like something sent away (ὥς τις ἐκπέμψας πάλιν) without a glance (ἀστρόφοισιν ὄμμασιν without turning the eyes) silently (σῖγ',) without honor (ἀτίμως,) just as in fact (ὥσπερ οὖν) my father (πατήρ) was killed (ἀπώλετο?)

τῆσδ' ἔστε βουλῆς, ὦ φίλαι, μεταίτιαι·
κοινὸν γὰρ ἔχθος ἐν δόμοις νομίζομεν.
μὴ κεύθετ' ἔνδον καρδίας φόβῳ τινός.
τὸ μόρσιμον γὰρ τόν τ' ἐλεύθερον μένει
καὶ τὸν πρὸς ἄλλης δεσποτούμενον χερός.
λέγοις ἄν, εἴ τι τῶνδ' ἔχοις ὑπέρτερον.

Be (ἔστε) part (μεταίτιαι) of this deliberation (τῆσδ' βουλῆς,) O my dear women (ὦ φίλαι:) for (γὰρ) we hold (νομίζομεν) a common hatred (κοινὸν ἔχθος) within our house (ἐν δόμοις.) Do not hide away (μὴ κεύθετ') inside your hearts (ἔνδον καρδίας) for fear of anyone (φόβῳ τινός.) For (γὰρ) destiny (τὸ μόρσιμον) awaits (μένει) both (τ'... καὶ) one who is free (τόν ἐλεύθερον) and (τ'... καὶ) one who is despotically ruled (τὸν... δεσποτούμενον) by the hand (πρὸς... χερός) of another (ἄλλης.) If anyone (εἴ τι) might have (ἔχοις) better (ὑπέρτερον) than this (τῶνδ',) let you speak (λέγοις ἄν.)

Χορός

αἰδουμένη σοι βωμὸν ὡς τύμβον πατρὸς
λέξω, κελεύεις γάρ, τὸν ἐκ φρενὸς λόγον.

Standing in awe (αἰδουμένη) for your sake (σοι) of the altar (βωμὸν) as the tomb of your father (ὡς τύμβον πατρὸς) I will speak (λέξω,) because you command (κελεύεις γάρ,) the word from my heart (τὸν ἐκ φρενὸς λόγον.)

Ἠλέκτρα

λέγοις ἄν, ὥσπερ ᾐδέσω τάφον πατρός.

Let you speak (λέγοις ἄν) as though you stood in awe (ὥσπερ ᾐδέσω) of my father's grave (τάφον πατρός.)

Χορός

φθέγγου χέουσα σεμνὰ τοῖσιν εὔφροσιν.

Let you be heard speaking (φθέγγου) while you pour (χέουσα) that which is holy (σεμνὰ) for those who have good hearts (τοῖσιν εὔφροσιν.)

’Ηλέκτρα

τίνας δὲ τούτους τῶν φίλων προσεννέπω;

And (δὲ) to which (τίνας) of these (τούτους) among my dear ones (τῶν φίλων) shall I address (προσεννέπω?)

Χορός

πρῶτον μὲν αὑτὴν. χὤστις Αἴγισθον στυγεῖ.

First (πρῶτον) indeed (μὲν) yourself (αὑτὴν.) Whoever (χὤστις) hates (στυγεῖ) Aegisthos (Αἴγισθον.)

’Ηλέκτρα

ἐμοί τε καὶ σοί γ’ ἆρ’ ἐπεύξομαι τάδε;[148]

Should I pray (ἐπεύξομαι) these (τάδε) both (τε καὶ... τ’) for you (σοί) indeed (γ’) then (ἆρ’) and (τε καὶ... τ’) for me (ἐμοί) as well?

Χορός

αὐτὴ σὺ ταῦτα μανθάνουσ’ ἤδη φράσαι.

Consider (σὺ...φράσαι) these things (ταῦτα) yourself (αὐτὴ) by what you have learned already (μανθάνουσ’ ἤδη.)

’Ηλέκτρα

τίν’ οὖν ἔτ’ ἄλλον τῇδε προστιθῶ στάσει;

So (οὖν) whom (τίν’) else (ἄλλον) yet (ἔτ’) should I add as part of (προστιθῶ) this faction (τῇδε στάσει?)

Χορός

μέμνησ’ ’Ορέστου, κεἰ θυραῖός ἐσθ’ ὅμως.

Keep in mind (μέμνησ’) Orestês (’Ορέστου,) even if (κεἰ) he is (ἐσθ’) abroad (θυραῖός) yet (ὅμως.)

’Ηλέκτρα

εὖ τοῦτο, κἀφρένωσας οὐχ ἥκιστά με.

This is good (εὖ τοῦτο,) while instructing (κἀφρένωσας) me (με) not the least (οὐχ ἥκιστά.)

Χορός

τοῖς αἰτίοις νῦν τοῦ φόνου μεμνημένη.

Now (νῦν) once you have given your attention (μεμνημένη) to those who are guilty (τοῖς αἰτίοις) of the murder (τοῦ φόνου….) The incomplete grammar might indicate that Êlektra interrupts them.

Ἠλέκτρα

τί φῶ; δίδασκ᾽ ἄπειρον ἐξηγουμένη.[149]

What do I say (τί φῶ?) Teach (δίδασκ᾽) an inexperienced one (ἄπειρον) so that she may be instructed (ἐξηγουμένη.)

Χορός

ἐλθεῖν τιν᾽ αὐτοῖς δαίμον᾽ ἢ βροτῶν τινα

That someone (τινα) some god or mortal (τιν᾽... δαίμον᾽ ἢ βροτῶν) is to come to them (ἐλθεῖν αὐτοῖς)

Ἠλέκτρα

πότερα δικαστὴν ἢ δικηφόρον λέγεις;

Which (πότερα) are you saying (λέγεις) a judge (δικαστὴν) or an avenger (ἢ δικηφόρον?)

Χορός

ἁπλῶς τι φράζουσ᾽, ὅστις ἀνταποκτενεῖ.[150]

Saying (φράζουσ᾽) something (τι) simply (ἁπλῶς,) anyone who (ὅστις) will kill in return for killing (ἀνταποκτενεῖ.)

Ἠλέκτρα

καὶ ταῦτά μοὐστὶν εὐσεβῆ θεῶν πάρα;

And (καὶ) this (ταῦτά) is righteous (εὐσεβῆ) for me (μοὐστὶν) from the point of view (πάρα) of the gods (θεῶν?)

Χορός

πῶς δ' οὐ τὸν ἐχθρὸν ἀνταμείβεσθαι κακοῖς;[151]

And/but (δ') how is it not (πῶς οὐ) to repay (ἀνταμείβεσθαι) the one you hate (τὸν ἐχθρὸν) with evils (κακοῖς?) The full expression would be πῶς δ' οὐ εὐσεβῆ; how is it not religiously proper, righteous...?

Ἠλέκτρα

κῆρυξ μέγιστε τῶν ἄνω τε καὶ κάτω,[152]
ἄρηξον, Ἑρμῆ χθόνιε, κηρύξας ἐμοὶ
τοὺς γῆς ἔνερθε δαίμονας κλύειν ἐμὰς
εὐχάς, πατρῴων δωμάτων ἐπισκόπους,
καὶ Γαῖαν αὐτήν, ἣ τὰ πάντα τίκτεται,
θρέψασά τ' αὖθις τῶνδε κῦμα λαμβάνει·

O mighty (μέγιστε) herald (κῆρυξ) of those (τῶν) both (τε καὶ) above (ἄνω) and (τε καὶ) below (κάτω,) give aid (ἄρηξον) to me (ἐμοὶ,) O Hermes below the earth (Ἑρμῆ χθόνιε,) by calling to (κηρύξας) those spirits (τοὺς... δαίμονας) beneath (ἔνερθε) the earth (γῆς) to hear (κλύειν) our prayers (ἐμὰς εὐχάς,) as guardians (ἐπισκόπους) of my father's halls (πατρῴων δωμάτων,) and to the Earth herself (καὶ Γαῖαν αὐτήν,) she who (ἣ) brings forth (τίκτεται) and nourishes (θρέψασά) all things (τὰ πάντα) and (τ') from them (τῶνδε) takes (λαμβάνει) back (αὖθις) the increase (κῦμα.)

κἀγὼ χέουσα τάσδε χέρνιβας νεκροῖς[153]
λέγω καλοῦσα πατέρ', ἐποίκτιρόν τ' ἐμὲ
φίλον τ' Ὀρέστην. πῶς ἀνάξομεν δόμοις;
πεπραμένοι γὰρ νῦν γέ πως ἀλώμεθα.
πρὸς τῆς τεκούσης, ἄνδρα δ' ἀντηλλάξατο
Αἴγισθον, ὅσπερ σοῦ φόνου μεταίτιος.

And I myself (κἀγὼ,) while pouring (χέουσα) these purifications for the dead (τάσδε χέρνιβας νεκροῖς,) I say (λέγω,) calling to my father (καλοῦσα πατέρ',) have pity on (ἐποίκτιρόν) both me (τ' ἐμὲ) and (τ') dear Orestês (φίλον Ὀρέστην.) How will we be masters of the house (πῶς ἀνάξομεν δόμοις?) For (γὰρ) we having been sold (πεπραμένοι) now indeed (νῦν γέ) somehow (πως) we are shunned(ἀλώμεθα.) For (δ') she exchanged (ἀντηλλάξατο) her husband Aigisthos (ἄνδρα Αἴγισθον) who (ὅσπερ) is jointly responsible (μεταίτιος) for your murder (σοῦ φόνου) for her own children (πρὸς τῆς τεκούσης.)

κἀγὼ μὲν ἀντίδουλος. ἐκ δὲ χρημάτων
φεύγων Ὀρέστης ἐστίν, οἱ δ' ὑπερκόπως
ἐν τοῖσι σοῖς πόνοισι χλίουσιν μέγα.

Indeed, (μὲν) I myself (κἀγὼ) am treated as a slave (ἀντίδουλος.) And (δὲ) Orestês is (Ὀρέστης ἐστίν) exiled (φεύγων) from his own property (ἐκ χρημάτων,) and (δ') they luxuriate (οἱ… χλίουσιν they warm themselves) greatly (μέγα,) extravagantly/arrogantly (ὑπερκόπως,) in the results of your labor (ἐν τοῖσι σοῖς πόνοισι.)

ἐλθεῖν δ' Ὀρέστην δεῦρο σὺν τύχῃ τινὶ
κατεύχομαί σοι, καὶ σὺ κλῦθί μου, πάτερ·
αὐτῇ τέ μοι δὸς σωφρονεστέραν πολὺ
μητρὸς γενέσθαι χεῖρά τ' εὐσεβεστέραν.

So (δ') I pray to you for (κατεύχομαί σοι) Orestês (Ὀρέστην) to come here (ἐλθεῖν… δεῦρο) by means of some good fortune (σὺν τύχῃ τινὶ,) and (καὶ,) you listen to me, father (σὺ κλῦθί μου, πάτερ!) and (τέ) give (δὸς) to me (μοι) for myself (αὐτῇ) a hand (χεῖρά) that comes to be (γενέσθαι) much (πολὺ) more self-controlled (σωφρονεστέραν) and (τ') more religously law-abiding (εὐσεβεστέραν) than my mother (μητρὸς.)

ἡμῖν μὲν εὐχὰς τάσδε, τοῖς δ' ἐναντίοις
λέγω φανῆναί σου, πάτερ, τιμάορον,
καὶ τοὺς κτανόντας ἀντικατθανεῖν δίκῃ.

Just as (μὲν) these prayers (εὐχὰς τάσδε) are for us (ἡμῖν,) so (δ') for my enemies (τοῖς ἐναντίοις) I say (λέγω,) father (πάτερ,) reveal (φανῆναί) your (σου) avenger (τιμάορον) and (καὶ) with justice (δίκῃ) to kill in return (ἀντικατθανεῖν) the kllers (τοὺς κτανόντας.)

ταῦτ' ἐν μέσῳ τίθημι τῆς καλῆς ἀρᾶς,
κείνοις λέγουσα τήνδε τὴν κακὴν ἀράν·
ἡμῖν δὲ πομπὸς ἴσθι τῶν ἐσθλῶν ἄνω,
σὺν θεοῖσι καὶ γῇ καὶ δίκῃ νικηφόρῳ.
τοιαῖσδ' ἐπ' εὐχαῖς τάσδ' ἐπισπένδω χοάς.
ὑμᾶς δὲ κωκυτοῖς ἐπανθίζειν νόμος,
παιᾶνα τοῦ θανόντος ἐξαυδωμένας.

I put (τίθημι) these things (ταῦτ') in the middle (ἐν μέσῳ) of the prayer for good (τῆς καλῆς ἀρᾶς,) saying (λέγουσα) for those others (κείνοις) this prayer for evil (τήνδε τὴν κακὴν ἀράν.) So (δὲ) be (ἴσθι) a guide (πομπὸς) for us (ἡμῖν) among the good ones above (τῶν ἐσθλῶν ἄνω,) with the gods and the earth and victorious justice (σὺν θεοῖσι καὶ γῇ καὶ δίκῃ νικηφόρῳ.) After (ἐπ') such prayers as these (τοιαῖσδ'…εὐχαῖς τάσδ') I pour forth the libation (ἐπισπένδω χοάς.) And (δὲ) it is the custom (νόμος) for you (ὑμᾶς) to celebrate (ἐπανθίζειν) with lamentations (κωκυτοῖς,) by uttering (ἐξαυδωμένας) a song of praise (παιᾶνα) for the dead (τοῦ θανόντος.)

Χορός

ἵετε δάκρυ καναχὲς ὀλόμενον
ὀλομένῳ δεσπότᾳ
πρὸς ἔρυμα τόδε κακῶν κεδνῶν τ'
ἀπότροπον ἄγος ἀπεύχετον
κεχυμένων χοᾶν. κλύε δέ μοι, κλύε, σέ-
βας ὦ δέσποτ', ἐξ ἀμαυρᾶς φρενός.

Put forth (ἵετε) a wretched (ὀλόμενον) splashing (καναχὲς) tear (δάκρυ) for our lost master (ὀλομένῳ δεσπότᾳ) toward the tomb (πρὸς ἔρυμα,) this horrible pollution (τόδε ἀπότροπον ἄγος,) abominable libation (ἀπεύχετον χοᾶν,) a pouring out (κεχυμένων) of evils and goods (κακῶν, κεδνῶν τ'.) So (δέ) hear me, hear, o majesty, o master, from the darkness of my heart. (κλύε μοι, κλύε, σέβας ὦ δέσποτ', ἐξ ἀμαυρᾶς φρενός.)

ὀτοτοτοτοτοτοτοῖ,
ἴτω τις δορυ-
σθενὴς ἀνήρ, ἀναλυτὴρ δόμων,
Σκυθικά τ᾽ ἐν χεροῖν παλίντον᾽
ἐν ἔργῳ βέλη ᾽πιπάλλων Ἄρης
σχέδιά τ᾽ αὐτόκωπα νωμῶν ξίφη.

Oh no, no, no, Oh no, no, no (ὀτοτοτοτοτοτοτοῖ,) let there be some warrior (ἴτω τις… ἀνήρ) who wields a mighty spear (δορυσθενὴς,) a savior of the house (ἀναλυτὴρ δόμων,) both (τ᾽) a Scythian bow (Σκυθικά) bent (παλίντον᾽) in his two hands (ἐν χεροῖν,) a wargod (Ἄρης) brandishing (᾽πιπάλλων) arrows (βέλη) in action (ἐν ἔργῳ) and (τ᾽) wielding (νωμῶν) a sword (ξίφη) made for close combat (σχέδιά) with the haft and blade all one piece (αὐτόκωπα.)

Ἠλέκτρα

ἔχει μὲν ἤδη γαπότους χοὰς πατήρ
νέου δὲ μύθου τοῦδε κοινωνήσατε.

On one hand (μὲν) my father (πατήρ) already (ἤδη) has (ἔχει) the libations (χοὰς) which the earth drinks (γαπότους earth-slaking) but on the other hand (δὲ) share (κοινωνήσατε) this (τοῦδε) new (νέου) message (μύθου.)

Χορός

λέγοις ἄν. ὀρχεῖται δὲ καρδία φόβῳ.

Speak (λέγοις ἄν.) for (δὲ) my heart (καρδία) is dancing (ὀρχεῖται) with fear (φόβῳ.)

Ἠλέκτρα

ὁρῶ τομαῖον τόνδε βόστρυχον τάφῳ.

Look (ὁρῶ) at this (τόνδε) cut-off lock of hair on the tomb (τομαῖον βόστρυχον τάφῳ.)

Χορός

τίνος ποτ᾽ ἀνδρός, ἢ βαθυζώνου κόρης;

Of what (τίνος) man (ἀνδρός) ever (ποτ᾽,) or (ἢ) slim-waisted woman (βαθυζώνου κόρης?)

Ἠλέκτρα

εὐξύμβολον τόδ᾽ ἐστὶ παντὶ δοξάσαι.

This is (τόδ᾽ ἐστὶ) an easy matter (εὐξύμβολον) for anyone (παντὶ) to form an opinion (δοξάσαι.)

Χορός

πῶς οὖν; παλαιὰ παρὰ νεωτέρας μάθω.

How so? (πῶς οὖν?) Let an old woman learn (παλαιὰ…μάθω) from a yojng one (παρὰ νεωτέρας.)

Ἠλέκτρα

οὐκ ἔστιν ὅστις πλὴν ἐμοῦ κείραιτό νιν.

Except (πλὴν) for me (ἐμοῦ) there is not (οὐκ ἔστιν) anyone who (ὅστις) would have cut it (κείραιτό νιν.)

Χορός

ἐχθροὶ γὰρ οἷς προσῆκε πενθῆσαι τριχί.

Because (γὰρ) those whom it did befit (οἷς προσῆκε) to mourn (πενθῆσαι) by means of hair (τριχί) are enemies (ἐχθροὶ.)

Ἠλέκτρα

καὶ μὴν ὅδ᾽ ἐστὶ κάρτ᾽ ἰδεῖν ὁμόπτερος

And truly (καὶ μὴν) to look at (ἰδεῖν) this (ὅδ᾽) it is absolutely (ἐστὶ κάρτ᾽) the same (ὁμόπτερος....)

Χορός

ποίαις ἐθείραις; τοῦτο γὰρ θέλω μαθεῖν.

As what kind of hair (ποίαις ἐθείραις?) For (γὰρ) that (τοῦτο) I want to learn (θέλω μαθεῖν.)

Ἠλέκτρα

αὐτοῖσιν ἡμῖν κάρτα προσφερὴς ἰδεῖν.

Look (ἰδεῖν) it is absolutely similar (κάρτα προσφερὴς) to our own (αὐτοῖσιν ἡμῖν.)

Χορός

μῶν οὖν Ὀρέστου κρύβδα δῶρον ἦν τόδε;

Certainly (οὖν) this (τόδε) was (ἦν) hardly (μῶν) a gift (δῶρον) from Orestês (Ὀρέστου) in secret (κρύβδα?)

Ἠλέκτρα

μάλιστ᾽ ἐκείνου βοστρύχοις προσείδεται.

Most of all (μάλιστ᾽) it is similar to (προσείδεται) locks of hair (βοστρύχοις) from him (ἐκείνου.)

Χορός

καὶ πῶς ἐκεῖνος δεῦρ᾽ ἐτόλμησεν μολεῖν;

Yet how (καὶ πῶς) did he dare (ἐκεῖνος…ἐτόλμησεν) to come (μολεῖν) here (δεῦρ᾽?)

Ἠλέκτρα

ἔπεμψε χαίτην κουρίμην χάριν πατρός.

He sent (ἔπεμψε) a shorn lock of hair (χαίτην κουρίμην) as as an offering for his father (χάριν πατρός.)

Χορός

οὐχ ἧσσον εὐδάκρυτά μοι λέγεις τάδε,
εἰ τῆσδε χώρας μήποτε ψαύσει ποδί.

These (τάδε things) you say (λέγεις) are no less lamentable (οὐχ ἧσσον εὐδάκρυτά) to me (μοι,) than if (εἰ) never again (μήποτε) will he touch (ψαύσει) these lands (τῆσδε χώρας) with his foot (ποδί.)

Ἠλέκτρα

κἀμοὶ προσέστη καρδίας κλυδώνιον
χολῆς, ἐπαίσθην δ᾽ ὡς διανταίῳ βέλει.

And to me (κἀμοὶ) come on (προσέστη) little waves (κλυδώνιον) of bile (χολῆς) from my heart (καρδίας,) and (δ᾽) I am hit (ἐπαίσθην) as if by a relentless arrow (ὡς διανταίῳ βέλει.)

ἐξ ὀμμάτων δὲ δίψιοι πίπτουσί μοι
σταγόνες ἄφρακτοι δυσχίμου πλημμυρίδος,
πλόκαμον ἰδούσῃ τόνδε· πῶς γὰρ ἐλπίσω
ἀστῶν τιν᾽ ἄλλον τῆσδε δεσπόζειν φόβης;

And (δὲ) from my eyes (ἐξ ὀμμάτων) thirsty drops (δίψιοι σταγόνες) that cannot be kept in (ἄφρακτοι) from a wintry flood (δυσχίμου πλημμυρίδος) fall (πίπτουσί) from me (μοι) when I see (ἰδούσῃ) this (τόνδε) twist of hair (πλόκαμον.) For (γὰρ) how (πῶς) shall I suppose (ἐλπίσω) some other (τιν᾽ ἄλλον) of the townspeople (ἀστῶν) to be the master (δεσπόζειν) of this curl of hair?

ἀλλ' οὐδὲ μήν νιν ἡ κτανοῦσ' ἐκείρατο,
ἐμὴ δὲ μήτηρ, οὐδαμῶς ἐπώνυμον
φρόνημα παισὶ δύσθεον πεπαμένη.

But (ἀλλ') surely (μήν) the murderess (ἡ κτανοῦσ' the killing woman) did not cut (οὐδὲ…ἐκείρατο) it (νιν.) Though (δὲ) my mother (ἐμὴ μήτηρ,) she has been possessed with (πεπαμένη) a godless (δύσθεον) spirit (φρόνημα) towards her children (παισὶ) in no way related to that name (οὐδαμῶς ἐπώνυμον.)

ἐγὼ δ' ὅπως μὲν ἄντικρυς τάδ' αἰνέσω,
εἶναι τόδ' ἀγλάισμά μοι τοῦ φιλτάτου
βροτῶν Ὀρέστου; σαίνομαι δ' ὑπ' ἐλπίδος.
φεῦ.

But (δ') as for me (ἐγὼ) how indeed (ὅπως μὲν) will I speak (αἰνέσω) openly (ἄντικρυς) of these things (τάδ',) that this (τόδ') for me (μοι) is (εἶναι) a rare and precious thing (ἀγλάισμά) belonging to Orestês (Ὀρέστου,) the best-loved of humankind (τοῦ φιλτάτου βροτῶν?) But (δ') I am beguiled (σαίνομαι) by hope (ὑπ' ἐλπίδος.) Ah! (φεῦ.)

εἴθ' εἶχε φωνὴν εὔφρον' ἀγγέλου δίκην,
ὅπως δίφροντις οὖσα μὴ 'κινυσσόμην,
ἀλλ' εὖ 'σαφήνει τόνδ' ἀποπτύσαι πλόκον,
εἴπερ γ' ἀπ' ἐχθροῦ κρατὸς ἦν τετμημένος,
ἢ ξυγγενὴς ὢν εἶχε συμπενθεῖν ἐμοὶ
ἄγαλμα τύμβου τοῦδε καὶ τιμὴν πατρός.

If only (εἴθ') it had (εἶχε) a benevolent (εὔφρον') voice (φωνὴν) in the manner of (δίκην) a messenger (ἀγγέλου,) so that (ὅπως) thought I am of two minds (δίφροντις οὖσα) I would not waver (μὴ 'κινυσσόμην,) at least (ἀλλ') it would well and clearly say (εὖ 'σαφήνει) to spurn (ἀποπτύσαι) this twist of hair (τόνδ' πλόκον,) if really indeed (εἴπερ γ') it was cut (ἦν τετμημένος) from the head (ἀπ'… κρατὸς) of an enemy (ἐχθροῦ,) or (ἢ) being (ὢν) of my own sibling (ξυγγενὴς born together with) it would be able (εἶχε) to mourn together (συμπενθεῖν) with me (ἐμοὶ,) a thing of beauty (ἄγαλμα) for this (τοῦδε) tomb (τύμβου) and (καὶ) an honor (τιμὴν) for my father (πατρός.)

ἀλλ' εἰδότας μὲν τοὺς θεοὺς καλούμεθα,
οἵοισιν ἐν χειμῶσι ναυτίλων δίκην
στροβούμεθ'. εἰ δὲ χρὴ τυχεῖν σωτηρίας,
σμικροῦ γένοιτ' ἂν σπέρματος μέγας πυθμήν.

However (ἀλλ') we invoke on our behalf (καλούμεθα) indeed (μὲν) the gods (τοὺς θεοὺς) who know (εἰδότας,) in (ἐν) what kind of winter storms (οἵοισιν χειμῶσι) we are whirled about (στροβούμεθ') in the manner of (δίκην) ships (ναυτίλων.) But (δὲ) if (εἰ) it is my fate (χρὴ) to meet with (τυχεῖν) deliverance (σωτηρίας,) great roots (μέγας πυθμήν) may come to be (γένοιτ' ἂν) from small seeds (σμικροῦ σπέρματος.)

καὶ μὴν στίβοι γε, δεύτερον τεκμήριον,
ποδῶν ὅμοιοι τοῖς τ' ἐμοῖσιν ἐμφερεῖς
καὶ γὰρ δύ' ἐστὸν τώδε περιγραφὰ ποδοῖν,
αὐτοῦ τ' ἐκείνου καὶ συνεμπόρου τινός.

And indeed and truly (καὶ μὴν… γε,) tracks, (στίβοι,) a second sign (δεύτερον τεκμήριον,) of feet (ποδῶν) similar to each other (ἐμφερεῖς) and (τ') the same as these of mine (ὅμοιοι τοῖς ἐμοῖσιν) for also (καὶ γὰρ) there are (ἐστὸν) these (τώδε) two (δύ') outlines of feet (περιγραφὰ ποδοῖν,) of myself and of him (αὐτοῦ τ' ἐκείνου) and (καὶ) of some (τινός) companion (συνεμπόρου.)

πτέρναι τενόντων θ’ ὑπογραφαὶ μετρούμεναι[154]
εἰς ταὐτὸ συμβαίνουσι τοῖς ἐμοῖς στίβοις.
πάρεστι δ’ ὠδὶς καὶ φρενῶν καταφθορά.

The heels of the feet (πτέρναι τενόντων) and (θ’) by measuring the outlines (ὑπογραφαὶ μετρούμεναι) they agree (συμβαίνουσι) in these things (εἰς ταὐτὸ) with these tracks (τοῖς…στίβοις.) of mine (ἐμοῖς.) So (δ’) anguish (ὠδὶς) and (καὶ) wracking (καταφθορά) of the heart (φρενῶν) are upon me (πάρεστι are present.)

Ὀρέστης

εὔχου τὰ λοιπά, τοῖς θεοῖς τελεσφόρους[155]
εὐχὰς ἐπαγγέλλουσα, τυγχάνειν καλῶς.

Pray (εὔχου) to the gods (τοῖς θεοῖς) for fulfilled prayers (τελεσφόρους εὐχὰς) in the future (τὰ λοιπά) while you announce (ἐπαγγέλλουσα) succeeding (τυγχάνειν) fortunately (καλῶς.)

Ἠλέκτρα

ἐπεὶ τί νῦν ἕκατι δαιμόνων κυρῶ;

So what (ἐπεὶ τί) would I obtain (κυρῶ) now (νῦν) by the grace of the gods (ἕκατι δαιμόνων?)

Ὀρέστης

εἰς ὄψιν ἥκεις ὧνπερ ἐξηύχου πάλαι.

You have come (ἥκεις) into sight (εἰς ὄψιν) of that for which (ὧνπερ) you were praying (ἐξηύχου) all along (πάλαι.)

Ἠλέκτρα

καὶ τίνα σύνοισθά μοι καλουμένῃ βροτῶν;

And (καὶ) do you share knowledge (σύνοισθά) with me (μοι) about the one to whom I call (τίνα καλουμένῃ) among humankind (βροτῶν?)

Ὀρέστης

σύνοιδ’ Ὀρέστην πολλά σ’ ἐκπαγλουμένην.[156]

I share your knowledge (σύνοιδ’) of Orestês (Ὀρέστην) which astonishes you violently (σ’ ἐκπαγλουμένην) to a great degree (πολλά.)

Ἠλέκτρα

καὶ πρὸς τί δῆτα τυγχάνω κατευγμάτων;

And (καὶ) with respect to what (πρὸς τί) indeed (δῆτα) would I succeed (τυγχάνω) in my curses (κατευγμάτων?)

Ὀρέστης

ὅδ᾽ εἰμί. μὴ μάτευ᾽ ἐμοῦ μᾶλλον φίλον.

Here I am (ὅδ᾽ εἰμί.) Do not search (μὴ μάτευ᾽) for a dearer friend (μᾶλλον φίλον) than me (ἐμοῦ.)

Ἠλέκτρα

ἀλλ᾽ ἦ δόλον τιν᾽, ὦ ξέν᾽, ἀμφί μοι πλέκεις;

But can it be (ἀλλ᾽ ἦ?) What treachery (δόλον τιν᾽,) O stranger (ὦ ξέν᾽,) do you weave (πλέκεις) around me (ἀμφί μοι?)

Ὀρέστης

αὑτὸς καθ᾽ αὑτοῦ τἄρα μηχανορραφῶ.

And then (τἄρα) I myself (αὑτὸς) would be stitching up a plot (μηχανορραφῶ) against myself (καθ᾽ αὑτοῦ.)

Ἠλέκτρα

ἀλλ᾽ ἐν κακοῖσι τοῖς ἐμοῖς γελᾶν θέλεις.

Yet (ἀλλ᾽) you want (θέλεις) to find humor (γελᾶν) in my suffering (ἐν κακοῖσι τοῖς ἐμοῖς.)

Ὀρέστης

κἀν τοῖς ἐμοῖς ἄρ᾽, εἴπερ ἔν γε τοῖσι σοῖς.

And so (κἀν) then (ἄρ᾽) at mine, (τοῖς ἐμοῖς,) if (εἴπερ) indeed (γε) in yours (ἔν τοῖσι σοῖς.)

Ἠλέκτρα

ὡς ὄντ᾽ Ὀρέστην τάδε σ᾽ ἐγὼ προσεννέπω;[157]

Therefore (τάδε) am I myself to call you by name (ἐγὼ προσεννέπω…σ᾽) as if you are Orestês (ὡς ὄντ᾽ Ὀρέστην?)

Ὀρέστης

αὐτὸν μὲν οὖν ὁρῶσα δυσμαθεῖς ἐμέ·[158]
κουρὰν δ’ ἰδοῦσα τήνδε κηδείου τριχὸς
ἰχνοσκοποῦσά τ’ ἐν στίβοισι τοῖς ἐμοῖς
ἀνεπτερώθης κἀδόκεις ὁρᾶν ἐμέ.

So then (μὲν οὖν) even while you are looking at my very self (αὐτὸν…ὁρῶσα) you are slow to recognize (δυσμαθεῖς) me (ἐμέ) But (δ’) upon seeing (ἰδοῦσα) this (τήνδε) cutting (κουρὰν) of beloved hair (κηδείου τριχὸς) and (τ’) while carefully examining the tracks (ἰχνοσκοποῦσά) in my trail (ἐν στίβοισι τοῖς ἐμοῖς) you became excited (ἀνεπτερώθης fluttered your wings) and you were seeming (κἀδόκεις) to see me (ὁρᾶν ἐμέ.)

σκέψαι τομῇ προσθεῖσα βόστρυχον τριχὸς
σαυτῆς ἀδελφοῦ σύμμετρον τὠμῷ κάρᾳ.

Look carefully (σκέψαι) at the exactly fitting (σύμμετρον) twist of hair (βόστρυχον τριχὸς) of your own brother (σαυτῆς ἀδελφοῦ) while you put it (προσθεῖσα) to the cut (τομῇ) on my head (τὠμῷ κάρᾳ.)

ἰδοῦ δ’ ὕφασμα τοῦτο, σῆς ἔργον χερός,
σπάθης τε πληγὰς ἠδὲ θήρειον γραφήν.

And (δ’) look at (ἰδοῦ) this (τοῦτο) woven cloth (ὕφασμα) and the design of wild animals (ἠδὲ θήρειον γραφήν,) the work (ἔργον) of your hands (σῆς χερός,) and (τε) of the blow (πληγὰς) of your weaving blade (σπάθης.)

ἔνδον γενοῦ, χαρᾷ δὲ μὴ ‘κπλαγῇς φρένας.
τοὺς φιλτάτους γὰρ οἶδα νῷν ὄντας πικρούς.

Control yourself (ἔνδον γενοῦ literally be inside,) so (δὲ) you are not struck from your spirit (μὴ ‘κπλαγῇς φρένας) by joy (χαρᾷ.) For (γὰρ) I know (οἶδα) our nearest and dearest (τοὺς φιλτάτους) are hateful (ὄντας πικρούς) to us two (νῷν.)

Ἠλέκτρα

ὦ φίλτατον μέλημα δώμασιν πατρός,
δακρυτὸς ἐλπὶς σπέρματος σωτηρίου,
ἀλκῇ πεποιθὼς δῶμ’ ἀνακτήσῃ πατρός.

O best-loved (ὦ φίλτατον) treasure (μέλημα) in the halls of our father (δώμασιν πατρός,) the hope I wept for (δακρυτὸς ἐλπὶς) of deliverance for this seed (σπέρματος σωτηρίου,) win back (ἀνακτήσῃ) the halls of our father (δῶμ’…πατρός) by relying on (πεποιθὼς) your strength (ἀλκῇ.)

ὦ τερπνὸν ὄμμα τέσσαρας μοίρας ἔχον
ἐμοί· προσαυδᾶν δ’ ἐστ’ ἀναγκαίως ἔχον
πατέρα τε, καὶ τὸ μητρὸς ἐς σέ μοι ῥέπει
στέργηθρον· ἡ δὲ πανδίκως ἐχθαίρεται·

O delightful face, (ὦ τερπνὸν ὄμμα) having four shares in me (τέσσαρας μοίρας ἔχον ἐμοί) for (δ’) to address you (προσαυδᾶν) and (τε) holding you (ἔχον) as father (πατέρα) is necessary (ἐστ’ ἀναγκαίως) and (καὶ) the affection (τὸ… στέργηθρον) for mother (μητρὸς) falls (ῥέπει) to you (ἐς σέ) for me (μοι) for (δὲ) she (ἡ) is entirely hateful (πανδίκως ἐχθαίρεται.)

καὶ τῆς τυθείσης νηλεῶς ὁμοσπόρου·[159]
πιστὸς δ’ ἀδελφὸς ἦσθ’, ἐμοὶ σέβας φέρων
μόνος· Κράτος τε καὶ Δίκη σὺν τῷ τρίτῳ
πάντων μεγίστῳ Ζηνὶ συγγένοιτό σοι.

And (καὶ) for the sister (τῆς… ὁμοσπόρου) who was sacrificed (τυθείσης) ruthlessly (νηλεῶς.) But (δ’) you truly were (ἦσθ’) my faithful brother (πιστὸς ἀδελφὸς,) alone (μόνος) bringing (φέρων) respect (σέβας) to me (ἐμοὶ.) May both Strength and Justice (Κράτος τε καὶ Δίκη) with the third (σὺν τῷ τρίτῳ,) Zeus (Ζηνὶ) greatest (μεγίστῳ) of all (πάντων) be with you (συγγένοιτό σοι.)

Ὀρέστης

Ζεῦ Ζεῦ, θεωρὸς τῶνδε πραγμάτων γενοῦ.
ἰδοῦ δὲ γένναν εὖνιν αἰετοῦ πατρός,
θανόντος ἐν πλεκταῖσι καὶ σπειράμασιν
δεινῆς ἐχίδνης. τοὺς δ’ ἀπωρφανισμένους
νῆστις πιέζει λιμός· οὐ γὰρ ἐντελεῖς
θήραν πατρῴαν προσφέρειν σκηνήμασιν.

O Zeus, Zeus, (Ζεῦ Ζεῦ,) be (γενοῦ) one who goes forth and looks upon (θεωρὸς) these matters (τῶνδε πραγμάτων.) And (δὲ) look upon (ἰδοῦ) a child (γένναν) bereft (εὖνιν) of a father (πατρός) like an eagle (αἰετοῦ) because he died (θανόντος) in the twistings and coilings (ἐν πλεκταῖσι καὶ σπειράμασιν) of a dreadful viper (δεινῆς ἐχίδνης.) And (δ’) fasting (νῆστις,) hunger (λιμός) presses upon (πιέζει) the orphaned ones (τοὺς ἀπωρφανισμένους.) for (γὰρ) they are not able (οὐ ἐντελεῖς, not complete, not perfected) to bring (προσφέρειν) their father’s (πατρῴαν) prey (θήραν) to the nest (σκηνήμασιν.)

οὕτω δὲ κἀμὲ τήνδε τ’, Ἠλέκτραν λέγω,[160]
ἰδεῖν πάρεστί σοι, πατροστερῆ γόνον,
ἄμφω φυγὴν ἔχοντε τὴν αὐτὴν δόμων.

And (δὲ) thus (οὕτω) I say (λέγω) that you see (ἰδεῖν) both me (κἀμὲ) and (τ’) this woman (τήνδε,) Êlektra (Ἠλέκτραν) present before you (πάρεστί σοι) each a fatherless child (πατροστερῆ γόνον,) both (ἄμφω) in their own way (τὴν αὐτὴν) in a condition (ἔχοντε) of exile (φυγὴν) from their homes (δόμων.)

καὶ τοῦ θυτῆρος καί σε τιμῶντος μέγα
πατρὸς νεοσσοὺς τούσδ’ ἀποφθείρας πόθεν
ἕξεις ὁμοίας χειρὸς εὔθοινον γέρας;

And (καὶ) upon destroying (ἀποφθείρας) these (τούσδ’) young (νεοσσοὺς) of a father (πατρὸς,) of one who sacrificed to you (τοῦ θυτῆρος) and (καί) greatly (μέγα) honored (τιμῶντος) you (σε,) from where (πόθεν) will you have (ἕξεις) sumptuous (εὔθοινον) honor (γέρας) the same (ὁμοίας) as from his hand (χειρὸς?)

οὔτ’ αἰετοῦ γένεθλ’ ἀποφθείρας, πάλιν
πέμπειν ἔχοις ἂν σήματ’ εὐπιθῆ βροτοῖς.
οὔτ’ ἀρχικός σοι πᾶς ὅδ’ αὐανθεὶς πυθμὴν
βωμοῖς ἀρήξει βουθύτοις ἐν ἤμασιν.

By no means (οὔτ’) upon destroying (ἀποφθείρας) the race of the eagle (αἰετοῦ γένεθλ’) would you be able (ἔχοις ἂν) to send (πέμπειν) back (πάλιν) persuasive (εὐπιθῆ) signs (σήματ’) to humankind (βροτοῖς.) By no means (οὔτ’) after drying up (αὐανθεὶς) all (πᾶς) this (ὅδ’) royal (ἀρχικός) stock (πυθμὴν) will it help (ἀρήξει) you (σοι) at your altars (βωμοῖς) on days (ἐν ἤμασιν) for cattle-sacrifice (βουθύτοις.)

κόμιζ', ἀπὸ σμικροῦ δ' ἂν ἄρειας μέγαν
δόμον, δοκοῦντα κάρτα νῦν πεπτωκέναι.

Preserve us (κόμιζ',) and (δ') you would lift (ἂν ἄρειας) a great house (μέγαν δόμον) out of littleness (ἀπὸ σμικροῦ) even though it seems (δοκοῦντα) now (νῦν) to have fallen (πεπτωκέναι) utterly (κάρτα.)

Χορός

ὦ παῖδες, ὦ σωτῆρες ἑστίας πατρός,
σιγᾶθ', ὅπως μὴ πεύσεταί τις, ὦ τέκνα,
γλώσσης χάριν δὲ πάντ' ἀπαγγείλῃ τάδε
πρὸς τοὺς κρατοῦντας· οὓς ἴδοιμ' ἐγώ ποτε
θανόντας ἐν κηκῖδι πισσήρει φλογός.

O children (ὦ παῖδες,,) O protectors of your father's hearth (ὦ σωτῆρες ἑστίας πατρός,) be still (σιγᾶθ'!) lest that (ὅπως μὴ) someone will overhear (πεύσεταί τις,) O youngsters (ὦ τέκνα,) and (δὲ) for the sake of talking (γλώσσης χάριν,) might report (ἀπαγγείλῃ) all these things (πάντ'…τάδε) to the murderers (πρὸς τοὺς κρατοῦντας) who (οὓς) I myself (ἐγώ) would like to see (ἴδοιμ') someday (ποτε) dying (θανόντας) in an ooze (ἐν κηκῖδι) of pitchy (πισσήρει) flame (φλογός.)

Ὀρέστης

οὔτοι προδώσει Λοξίου μεγασθενὴς
χρησμὸς κελεύων τόνδε κίνδυνον περᾶν,
κἀξορθιάζων πολλὰ καὶ δυσχειμέρους
ἄτας ὑφ' ἧπαρ θερμὸν ἐξαυδώμενος,
εἰ μὴ μέτειμι τοῦ πατρὸς τοὺς αἰτίους.

The mighty oracle (μεγασθενὴς χρησμὸς) of Apollo (Λοξίου) surely will not play me false (οὔτοι… προδώσει) while commanding me (κελεύων) to pass through (περᾶν) these dangers (τόνδε κίνδυνον) while it cries out greatly (κἀξορθιάζων πολλὰ) even (καὶ) while speaking of (ἐξαυδώμενος) bitter wintry (δυσχειμέρους) punishments (ἄτας) beneath (ὑφ') the warm (θερμὸν) liver (ἧπαρ) if I do not pursue (εἰ μὴ μέτειμι) the ones who are guilty (τοὺς αἰτίους) of my father (τοῦ πατρὸς.)

τρόπον τὸν αὐτὸν ἀνταποκτεῖναι λέγων,
ἀποχρημάτοισι ζημίαις ταυρούμενον.
αὐτὸν δ' ἔφασκε τῇ φίλῃ ψυχῇ τάδε
τείσειν μ' ἔχοντα πολλὰ δυστερπῆ κακά.

While telling me (λέγων) to kill in return (ἀνταποκτεῖναι) in the same fashion (τρόπον τὸν αὐτὸν,) raging like a savage bull (ταυρούμενον) because of losses far beyond mere money (ἀποχρημάτοισι ζημίαις) and (δ') he promised (ἔφασκε) that I will pay (αὐτὸν… τείσειν) with my dear life (τῇ φίλῃ ψυχῇ) for these things (τάδε) while I suffer (μ' ἔχοντα, while I have) many unpleasant evils (πολλὰ δυστερπῆ κακά.)

τὰ μὲν γὰρ ἐκ γῆς δυσφρόνων μηνίματα[161]
βροτοῖς πιφαύσκων εἶπε, τὰς δ' αἰνῶν νόσους,
σαρκῶν ἐπαμβατῆρας ἀγρίαις γνάθοις
λειχῆνας ἐξέσθοντας ἀρχαίαν φύσιν·
λευκὰς δὲ κόρσας τῇδ' ἐπαντέλλειν νόσῳ.

For (γὰρ) indeed (μὲν) it speaks (εἶπε,) so as to make manifest (πιφαύσκων) to humankind (βροτοῖς,) while speaking about (αἰνῶν) causes of rage (τὰ… μηνίματα) out of (ἐκ) the sorrowful (δυσφρόνων) earth (γῆς) and (δ') about diseases (τὰς…νόσους,) attackers of the flesh with ferocious jaws (σαρκῶν ἐπαμβατῆρας ἀγρίαις γνάθοις,) cankers (λειχῆνας) that eat away at (ἐξέσθοντας) ancestral (ἀρχαίαν) substance (φύσιν) And (δὲ) white hair (λευκὰς…κόρσας white hair) appears (ἐπαντέλλειν) due to these miseries (τῇδ' νόσῳ.)

ἄλλας τ' φωνεῖ προσβολάς Ἐρινύων
ἐκ τῶν πατρῴων αἱμάτων τελουμένας.

And (τ') it speaks of (φωνεῖ) other visitations (ἄλλας… προσβολάς) to be carried out (τελουμένας) by the Furies (Ἐρινύων) for the blood of the fathers (ἐκ τῶν πατρῴων αἱμάτων.)

ὁρῶντα λαμπρὸν ἐν σκότῳ νωμῶντ' ὀφρὺν[162]
τὸ γὰρ σκοτεινὸν τῶν ἐνερτέρων βέλος
ἐκ προστροπαίων ἐν γένει πεπτωκότων,
καὶ λύσσα καὶ μάταιος ἐκ νυκτῶν φόβος
κινεῖ, ταράσσει, καὶ διώκεσθαι πόλεως
χαλκηλάτῳ μάστιγι λυμανθὲν δέμας.

Trying to see (ὁρῶντα) clearly (λαμπρὸν) in darkness (ἐν σκότῳ) by moving (νωμῶντ') his eyebrows (ὀφρὺν) for (γὰρ) the dark arrow (τὸ σκοτεινὸν… βέλος) from the lower depths (τῶν ἐνερτέρων,) from the supplication (ἐκ προστροπαίων) of those who have fallen (πεπτωκότων) at the hands of family (ἐν γένει) and rage and vain fear (καὶ λύσσα καὶ μάταιος… φόβος) in the night (ἐκ νυκτῶν) disturbs him (κινεῖ,) confuses him (ταράσσει) even (καὶ) so as to drive him away (διώκεσθαι) from the city (πόλεως) upon maiming (λυμανθὲν) his body (δέμας) with a whip (πλάστιγγι) made of bronze (χαλκηλάτῳ.)

καὶ τοῖς τοιούτοις οὔτε κρατῆρος μέρος
εἶναι μετασχεῖν, οὐ φιλοσπόνδου λιβός,
βωμῶν τ' ἀπείργειν οὐχ ὁρωμένην πατρὸς
μῆνιν· δέχεσθαι δ' οὔτε συλλύειν τινά.
πάντων δ' ἄτιμον κἄφιλον θνῄσκειν χρόνῳ
κακῶς ταριχευθέντα παμφθάρτῳ μόρῳ.

And (καὶ) with such as those (τοῖς τοιούτοις) no part (οὔτε… μέρος) of the a cup (κρατῆρος) is to be shared (εἶναι μετασχεῖν,) no libation-loving flow of liquid (οὐ φιλοσπόνδου λιβός,) and that (τ') though it is not seen (οὐχ ὁρωμένην) a father's wrath (πατρὸς μῆνιν) keeps such a one away (ἀπείργειν) from the tomb (βωμῶν.) And that (δ') not (οὔτε) is to be accepted (δέχεσθαι) to share shelter with (συλλύειν) anyone (τινά) And that (δ') in time (χρόνῳ) he dies (θνῄσκειν) dishonored (ἄτιμον) by everyone (πάντων) and friendless (κἄφιλον) badly (κακῶς) shriveled (ταριχευθέντα) by a death (μόρῳ) that destroys him completely (παμφθάρτῳ.)

τοιοῖσδε χρησμοῖς ἆρα χρὴ πεποιθέναι;
κεἰ μὴ πέποιθα, τοὔργον ἔστ' ἐργαστέον.

Well (ἆρα,) is it neceswsary (χρὴ) to believe in (πεποιθέναι) such (τοιοῖσδε) a prophecy (χρησμοῖς;) And if I do not believe it (κεἰ μὴ πέποιθα,) the deed (τοὔργον) is (ἔστ') mandatory (ἐργαστέον.)

πολλοὶ γὰρ εἰς ἓν συμπίτνουσιν ἵμεροι,[163]
θεοῦ τ' ἐφετμαὶ καὶ πατρὸς πένθος μέγα,
καὶ προςπιέζει χρημάτων ἀχηνία,
τὸ μὴ πολίτας εὐκλεεστάτους βροτῶν,
Τροίας ἀναστατῆρας εὐδόξῳ φρενί,
δυοῖν γυναικοῖν ὧδ' ὑπηκόους πέλειν.
θήλεια γὰρ φρήν· εἰ δὲ μή, τάχ' εἴσεται.

For (γὰρ) many longings (πολλοὶ… ἵμεροι) fall together (συμπίτνουσιν) into one (εἰς ἓν.) Both (τ') the god's command (θεοῦ ἐφετμαὶ) and (καὶ) great (μέγα) sorrow (πένθος) for my father (πατρὸς,) and (καὶ) need (ἀχηνία) for wealth (χρημάτων) presses upon me (πρὸςπιέζει) that (τὸ) citizens of good reputation (πολίτας εὐκλεεστάτους) among humankind (βροτῶν) with a glorious spirit (εὐδόξῳ φρενί,) that destroyed Troy (Τροίας ἀναστατῆρας,) should not come to be (μὴ… πέλειν) so very subjected (ὧδ' ὑπηκόους) to a pair of women (δυοῖν γυναικοῖν.) For (γὰρ) his heart (φρήν) is womanish (θήλεια.) And if not (εἰ δὲ μή,) it will soon be known (τάχ' εἴσεται.)

Χορός

ἀλλ' ὦ μεγάλαι Μοῖραι, Διόθεν[164]
τῇδε τελευτᾶν,
τὸ δίκαιον μεταβαίνει.
ἀντὶ μὲν ἐχθρᾶς γλώσσης ἐχθρὰ

Still (ἀλλ') O great Fates (ὦ μεγάλαι Μοῖραι,) by the favor of Zeus (Διόθεν,) justice (τὸ δίκαιον) is changing into a new state (μεταβαίνει,) let there be fulfillment (τελευτᾶν) thus (τῇδε.) Indeed (μὲν) in return for (ἀντὶ) a word of hate (ἐχθρᾶς γλώσσης) let a word of hate (ἐχθρὰ γλῶσσα) be fulfilled (τελείσθω.)

γλῶσσα τελείσθω· τοὐφειλόμενον
πράσσουσα Δίκη μέγ' ἀυτεῖ·
ἀντὶ δὲ πληγῆς φονίας φονίαν
πληγὴν τινέτω. δράσαντι παθεῖν,
τριγέρων μῦθος τάδε φωνεῖ.

And while exacting payment (πράσσουσα) from the one who owes (τοὐφειλόμενον) Justice greatly cries out (Δίκη μέγ' ἀυτεῖ,) "and (δὲ) in return for (ἀντὶ) murderous blows (πληγῆς φονίας) let murderous blows (φονίαν πληγὴν) be paid (τινέτω.)" The one who acts (δράσαντι) suffers (παθεῖν,) a very old (τριγέρων) saying (μῦθος) expresses (φωνεῖ) this (τάδε.)

Ὀρέστης

ὦ πάτερ αἰνόπατερ, τί σοι
φάμενος ἢ τί ῥέξας
τύχοιμ’ ἂν ἕκαθεν οὐρίσας,
ἔνθα σ’ ἔχουσιν εὐναί,
σκότῳ φάος ἀντίμοι-
ρον; χάριτες δ’ ὁμοίως
κέκληνται γόος εὐκλεὴς
προσθοδόμοις Ἀτρείδαις.

O father, grim father, (ὦ πάτερ αἰνόπατερ,) by saying (φάμενος) or (ἢ) by doing (ῥέξας) what (τί) could I succeed (τύχοιμ’ ἂν) in wafting (οὐρίσας) proportionate light (φάος ἀντίμοιρον) in darkness (σκότῳ)from far away (ἕκαθεν) to you (σοι) there where (ἔνθα) your grave (εὐναί) holds (ἔχουσιν) you (σ’?) But (δ’) all the same (ὁμοίως) graces (χάριτες) have been invoked (κέκληνται,) glorious (εὐκλεὴς) lamentation (γόος) before the house ofo the Atreidae (προσθοδόμοις Ἀτρείδαις.)

Χορός

τέκνον, φρόνημα τοῦ
θανόντος οὐ δαμάζει
πυρὸς ἡ μαλερὰ γνάθος,
φαίνει δ’ ὕστερον ὀργάς·
ὀτοτύζεται δ’ ὁ θνῄσκων,
ἀναφαίνεται δ’ ὁ βλάπτων.
πατέρων τε καὶ τεκόντων
γόος ἔνδικος ματεύει
τὸ πᾶν ἀμφιλαφής ταραχθείς.

Child (τέκνον,) the ravenous jaw (ἡ μαλερὰ γνάθος) of the fire (πυρὸς) does not break (οὐ δαμάζει) the spirit of the dead man (φρόνημα τοῦ θανόντος.) Rather (δ’) he makes clear (φαίνει) his wrath (ὀργάς) at last (ὕστερον.) And (δ’) the one who died (ὁ θνῄσκων) is mourned for (ὀτοτύζεται) and (δ’) the one who does harm (ὁ βλάπτων) is revealed (ἀναφαίνεται.) Legitimate (ἔνδικος) lamentation (γόος) for both (τε) fathers (πατέρων) and (καὶ) begetters (τεκόντων) hunts after (ματεύει) everything (τὸ πᾶν) upon being set in motion (ταραχθείς) on all sides (ἀμφιλαφής.)

ʼΗλέκτρα

κλῦθί νυν, ὦ πάτερ, ἐν μέρει
πολυδάκρυτα πένθη.
δίπαις τοί σ' ἐπιτύμβιος
θρῆνος ἀναστενάζει.
τάφος δ' ἱκέτας δέδεκται
φυγάδας θ' ὁμοίως.
τί τῶνδ' εὖ, τί δ' ἄτερ κακῶν;
οὐκ ἀτρίακτος ἄτα;

Now (νυν,) O father (ὦ πάτερ,) hear (κλῦθί) in turn (ἐν μέρει) sorrow (πένθη) for which so many tears have been shed (πολυδάκρυτα) A two-child (δίπαις) funeral song (θρῆνος) over your tomb (ἐπιτύμβιος) gives voice to lamentation (ἀναστενάζει) surely (τοί) for you (σ'.) And (δ') your tomb (τάφος) has accepted (δέδεκται) us like (ὁμοίως) suppliants (ἱκέτας) and (θ') fugitives (φυγάδας.) What of this is good? (τί τῶνδ' εὖ?) And what of this is without evil (τί δ' ἄτερ κακῶν,) without unconquerable delusion (οὐκ ἀτρίακτος ἄτα?)

Χορός

ἀλλ' ἔτ' ἂν ἐκ τῶνδε θεὸς χρῄζων
θείη κελάδους εὐφθογγοτέρους·
ἀντὶ δὲ θρήνων ἐπιτυμβιδίων
παιὰν μελάθροις ἐν βασιλείοις
νεοκρᾶτα φίλον κομίσειεν.

But yet (ἀλλ' ἔτ') from these circumstances (ἐκ τῶνδε) a god (θεὸς) if willing (χρῄζων) may bring to pass (ἂν θείη) a cheerful (εὐφθογγοτέρους) noise (κελάδους) and (δὲ) instead of (ἀντὶ) songs of lamentation (θρήνων ἐπιτυμβιδίων) over the tomb, songs of joy (παιὰν) may provide (κομίσειεν) the beloved newly mixed wine (νεοκρᾶτα φίλον) to (ἐν) the royal (βασιλείοις) halls (μελάθροις.)

Ὀρέστης

εἰ γὰρ ὑπ' Ἰλίῳ
πρός τινος Λυκίων, πάτερ,
δορίτμητος κατηναρίσθης·
λιπὼν ἂν εὔκλειαν ἐν δόμοισι
τέκνων τ' ἐν κελεύθοις
ἐπιστρεπτὸν αἰῶ
κτίσας πολύχωστον ἂν εἶχες
τάφον διαποντίου γᾶς
δώμασιν εὐφόρητον.

For (γὰρ) father (πάτερ,) if (εἰ) you had been killed outright (κατηναρίσθης) speared (δορίτμητος) under the walls of Troy (ὑπ' Ἰλίῳ) by some Lycian (πρός τινος Λυκίων,) while leaving (λιπὼν ἂν) glory in the halls of your children (εὔκλειαν ἐν δόμοισι τέκνων) and (τ') having made (κτίσας) in the expedition (ἐν κελεύθοις) an admirable lot in life (ἐπιστρεπτὸν αἰῶ,) you would have had (ἂν εἶχες) a high-piled (πολύχωστον) grave (τάφον) in overseas ground (διαποντίου γᾶς,) easy to bear (εὐφόρητον) for your family (δώμασιν.)

Χορός

φίλος φίλοισι τοῖς
ἐκεῖ καλῶς θανοῦσιν
κατὰ χθονὸς ἐμπρέπων
σεμνότιμος ἀνάκτωρ,
πρόπολός τε τῶν μεγίστων
χθονίων ἐκεῖ τυράννων·
βασιλεὺς γὰρ ἦσθ', ὄφρ' ἔζης,
μόριμον λάχος πιπλάντων
χεροῖν πεισίβροτόν τε βάκτρον.

Dear (φίλος) to those (τοῖς) dear ones (φίλοισι) who upon dying (θανοῦσιν) well (καλῶς,) a famous lord (ἐμπρέπων ἀνάκτωρ) there (ἐκεῖ,) treated with reverence (σεμνότιμος) below the earth (κατὰ χθονὸς) and (τε) a minister (πρόπολός) of those great ones (τῶν μεγίστων,) absolute rulers (τυράννων) there (ἐκεῖ) beneath the earth (χθονίων,) for while you were alive (ὄφρ' ἔζης) you were (γὰρ ἦσθ') a king (βασιλεὺς) over those who fulfill (πιπλάντων) their appointed destiny (μόριμον λάχος) with their two hands (χεροῖν) and their man-ruling (πεισίβροτόν) staff/sceptre (τε βάκτρον.)

’Ηλέκτρα

μηδ’ ὑπὸ Τρωίας[165]
τείχεσι φθίμενος, πάτερ,
μετ’ ἄλλῳ δουρικμῆτι λαῷ
παρὰ Σκαμάνδρου πόρον τεθάφθαι.
πάρος δ’ οἱ κτανόντες
νιν οὕτως δαμῆναι
τοῖς ἦν θανατηφόρον αἶσαν
πρόσω τινὰ πυνθάνεσθαι
τῶνδε πόνων ἄπειρον.

O father (πάτερ,) I do not wish you to be buried (μηδ’…τεθάφθαι) along the course of the Scamander (παρὰ Σκαμάνδρου πόρον) perishing (φθίμενος,) beneath (ὑπὸ) the walls (τείχεσι) of Troy (Τρωίας,) among (μετ’) all the army (ἄλλῳ… λαῷ) who were slain with the spear (δουρικμῆτι,) but (δ’) rather (πάρος) as he was (νιν οὕτως) I wish to the murders be laid low (οἱ κτανόντες…δαμῆναι) of whose (τοῖς ἦν, for whom) death-bringing destiny (θανατηφόρον αἶσαν) someone (τινὰ) far away (πρόσω) unacquainted (ἄπειρον) with these sorrows (τῶνδε πόνων) would learn (πυνθάνεσθαι.)

Χορός

ταῦτα μέν, ὦ παῖ, κρείσσονα χρυσοῦ,
μεγάλης δὲ τύχης καὶ ὑπερβορέου
μείζονα φωνεῖς· δύνασαι γάρ.

Indeed (μέν) O child, (ὦ παῖ) you say (φωνεῖς) these things (ταῦτα) better than gold (κρείσσονα χρυσοῦ) and (δὲ) great good fortune (μεγάλης τύχης,) even (καὶ) greater than (μείζονα) the happiness of the Hyperboreans (ὑπερβορέου,) for (γάρ) you are able to do so (δύνασαι.)

ἀλλὰ διπλῆς γὰρ τῆσδε μαράγνης
δοῦπος ἱκνεῖται· τῶν μὲν ἀρωγοὶ
κατὰ γῆς ἤδη, τῶν δὲ κρατούντων
χέρες οὐχ ὅσιαι στυγερῶν τούτων·
παισὶ δὲ μᾶλλον γεγένηται.

Certainly (ἀλλὰ γὰρ) for the beating sound (δοῦπος) comes (ἱκνεῖται) from this (τῆσδε) double scourge (διπλῆς…μαράγνης) on one hand (μὲν…) already (ἤδη) allies (ἀρωγοὶ) for them (τῶν) from under the earth (κατὰ γῆς) on the other (δὲ) the unhallowed (οὐχ ὅσιαι) hands (χέρες) of those hated powerful ones (τῶν…κρατούντων…στυγερῶν…τούτων.) But (δὲ) for the children (παισὶ) it has come to be (γεγένηται) more than this (μᾶλλον.)

Ὀρέστης

τοῦτο διαμπερὲς οὖς[166]
ἵκεθ' ἅπερ τι βέλος.
Ζεῦ Ζεῦ, κάτωθεν ἀμπέμπων
ὑστερόποινον ἄταν
βροτῶν τλάμονι καὶ πανούργῳ
χειρὶ τοκεῦσι δ' ὅμως τελεῖται.

This (τοῦτο) came to (ἵκεθ') the ear (οὖς) piercingly (διαμπερὲς) like some arrow (ἅπερ τι βέλος.) O Zeus, O Zeus, (Ζεῦ Ζεῦ,) though you send up (ἀμπέμπων) from below (κάτωθεν) slow-vengeant punishment (ὑστερόποινον ἄταν) for the reckless and wicked (τλάμονι καὶ πανούργῳ) hand (χειρὶ) of mortals (βροτῶν) yet (δ') it will bring fulfillment (τελεῖται) for my father (τοκεῦσι) all the same (ὅμως.)

Χορός

ἐφυμνῆσαι γένοιτό μοι πυκά-[167]
εντ' ὀλολυγμὸν ἀνδρὸς
θεινομένου, γυναικός τ'
ὀλλυμένας· τί γὰρ κεύθω φρέν' ὃ σεῖον ἔμπας
ποτᾶται; πάροιθεν δὲ πρῴρας
δριμὺς ἄηται κραδίας
θυμὸς ἔγκοτον στύγος.

May it come to me (γένοιτό μοι) with vehement rejoicing (πυκάεντ' ὀλολυγμὸν) to sing a dirge (ἐφυμνῆσαι) over a man who has been slain (ἀνδρὸς θεινομένου) and (τ') a woman who has been killed (γυναικός ὀλλυμένας.) for (γὰρ) what (τί) should I hide (κεύθω) that which nevertheless flies around (ἔμπας ποτᾶται) shaking (σεῖον) my heart (φρέν'?) For (δὲ) in front of (πάροιθεν) the prow (πρῴρας) of my heart (κραδίας) my piercing (δριμὺς) anger (θυμὸς) buffets (ἄηται) my malignant hatred (ἔγκοτον στύγος.)

Ἠλέκτρα

καί πότ' ἂν ἀμφιθαλὴς[168]
Ζεὺς ἐπὶ χεῖρα βάλοι,
φεῦ φεῦ, κάρανα δαΐξας;
πιστὰ γένοιτο χώρᾳ.
δίκαν δ' ἐξ ἀδίκων ἀπαιτῶ.
κλῦτε δὲ Γᾶ χθονίων τε τιμαί.

And when (καί πότ') would (ἂν… βάλοι) flourishing Zeus (ἀμφιθαλὴς Ζεὺς) strike (ἂν… βάλοι) at their crime (ἐπὶ χεῖρα,) ah! ah! (φεῦ φεῦ,) splitting their heads (κάρανα δαΐξας?) Let there be (γένοιτο) belief (πιστὰ) in the land (χώρᾳ.) So (δ') for unjust acts (ἐξ ἀδίκων) I demand in return (ἀπαιτῶ) justice (δίκαν.) So (δὲ) hear me (κλῦτε) you goddess Earth (Γᾶ) and (τε) you authorities (τιμαί) beneath the earth (χθονίων.)

Χορός

ἀλλὰ νόμος μὲν φονίας σταγόνας[169]
χυμένας ἐς πέδον ἄλλο προσαιτεῖν
αἷμα βοᾷ γὰρ λοιγὸς Ἐρινὺν
παρὰ τῶν πρότερον φθιμένων ἄτην
ἑτέραν ἐπάγουσαν ἐπ᾽ ἄτῃ.

Still (ἀλλὰ) indeed (μὲν) it is law (νόμος) to demand (προσαιτεῖν) other blood (ἄλλο αἷμα) for bloody drops (φονίας σταγόνας) that flowed on the ground (χυμένας ἐς πέδον) for (γὰρ) havoc (λοιγὸς) cries out (βοᾷ) to the Fury (Ἐρινὺν) for another (ἑτέραν) punishment (ἄτην) for (παρὰ) those who were destroyed (τῶν…φθιμένων) earlier (πρότερον,) setting them on (ἐπάγουσαν) to punishment (ἐπ᾽ ἄτῃ.)

Ὀρέστης

πόποι δᾶ νερτέρων τυραννίδες,
ἴδετε πολυκρατεῖς Ἀραὶ φθινομένων.
ἴδεσθ᾽ Ἀτρειδᾶν τὰ λοίπ᾽ ἀμηχάνως
ἔχοντα καὶ δωμάτων
ἄτιμα. πᾷ τις τράποιτ᾽ ἄν, ὦ Ζεῦ;

Ah! (πόποι δᾶ) you sovereign goddesses (τυραννίδες) of the world of the dead (νερτέρων) you all-powerful Furies (πολυκρατεῖς Ἀραὶ) look (ἴδετε) upon those who are wasting away (φθινομένων.) See for yourselves (ἴδεσθ') that which remains (τὰ λοίπ') of the house of Atreus (Ἀτρειδᾶν) in a state of helplessness (ἀμηχάνως ἔχοντα) and dishonored in the halls (καὶ δωμάτων ἄτιμα.) In what way (πᾷ) should one guide oneself (τις τράποιτ' ἄν) O Zeus (ὦ Ζεῦ?)

Χορός

πέπαλται δαὖτὲ μοι φίλον κέαρ[170]
τόνδε κλύουσαν οἶκτον
καὶ τότε μὲν δύσελπις.
σπλάγχνα δέ μοι κελαινοῦ-
ται πρὸς ἔπος κλυούσᾳ.

In turn (δαὖτὲ) my own heart (φίλον κέαρ) has shaken (πέπαλται) within me (μοι) as I hear (κλύουσαν) this (τόνδε) with pity (οἶκτον) and then indeed (καὶ τότε μὲν) with despair (δύσελπις,) and (δέ) my guts (σπλάγχνα) turn black (κελαινοῦται) within me (μοι) at the words (πρὸς ἔπος) as I listen (κλυούσᾳ.)

ὅταν δ᾽ αὖτ᾽ ἐπ᾽ ἀλκῆς ἐπάρῃ μ᾽[171]
ἐλπὶς, ἀπέστασεν ἄχος
προσφανεῖσά μοι καλῶς.

But on the other hand (δ' αὖτ') whenever (ὅταν) hope (ἐλπὶς) sets me up (ἐπάρῃ μ') upon my courage (ἐπ' ἀλκῆς) it puts away (ἀπέστασεν) my anguish (ἄχος) within me (μοι) I am brought before the light (προσφανεῖσά) well (καλῶς.)

Ἠλέκτρα

τί δ᾽ ἂν φάντες τύχοιμεν ἢ τά περ[172]
πάθομεν ἄχεα πρός γε τῶν τεκομένων;
πάρεστι σαίνειν, τὰ δ᾽ οὔτι θέλγεται.
λύκος γὰρ ὥστ᾽ ὠμόφρων
ἄσαντος ἐκ ματρός ἐστι θυμός.

But (δ') by speaking (φάντες) what could we obtain (τί ἂν…τύχοιμεν) than just (ἢ…περ) the pains (τά… ἄχεα) we suffered (πάθομεν) indeed (γε) from she who bore us (πρός τῶν τεκομένων) It is in her power (πάρεστι) to to fawn like a dog (σαίνειν,) but (δ') nothing (οὔτι) soothes (θέλγεται) these (τὰ.) For (γὰρ) like (ὥστ') a wolf (λύκος) my fierce-minded (ὠμόφρων) untameable (ἄσαντος) spirit (θυμός) is (ἐστι) from my mother (ἐκ ματρός.)

Χορός

ἔκοψα κομμὸν Ἄριον ἔν τε Κισσίας[173]
νόμοις ἰηλεμιστρίας,
ἀπριγδόπληκτα πολυπάλαγκτα δ᾽ ἦν ἰδεῖν
ἐπασσυτεροτριβῆ τὰ χερὸς ὀρέγματα
ἄνωθεν ἀνέκαθεν, κτύπῳ δ᾽ ἐπερρόθει
κροτητὸν ἀμὸν καὶ πανάθλιον κάρα.

I mourned (ἔκοψα) with a Median (Ἄριον) lamentation (κομμὸν) and (τε) in (ἔν) the customs (νόμοις) of Cissian mourning women (Κισσίας ἰηλεμιστρίας,) striking with clenched hands (ἀπριγδόπληκτα) spattering with blood (πολυπάλαγκτα) and (δ') there was to see (ἦν ἰδεῖν) one right after the other (ἐπασσυτεροτριβῆ) the outreachings (τὰ ὀρέγματα) of my hands (χερὸς) high, high above (ἄνωθεν ἀνέκαθεν) and (δ') my (ἀμὸν) beaten (κροτητὸν) and sorrow-laden head (καὶ πανάθλιον κάρα) kept ringing (ἐπερρόθει) with the pounding (κτύπῳ)

Ἠλέκτρα

ἰὼ ἰὼ δαΐα
πάντολμε μᾶτερ, δαΐαις ἐν ἐκφοραῖς
ἄνευ πολιτᾶν ἄνακτ᾽,
ἄνευ δὲ πενθημάτων
ἔτλας ἀνοίμωκτον ἄνδρα θάψαι.

Oh, oh, cunning shameless mother (ἰὼ ἰὼ δαΐα πάντολμε μᾶτερ,) cunning in carrying out the dead (δαΐαις ἐν ἐκφοραῖς) you dared (ἔτλας) to bury (θάψαι) a lord (ἄνακτ') without his people (ἄνευ πολιτᾶν,) a man (ἄνδρα) unmourned (ἀνοίμωκτον) and (δὲ) without lamentation (ἄνευ…πενθημάτων.)

Ὀρέστης

τὸ πᾶν ἀτίμως ἔλεξας, οἴμοι.
πατρὸς δ’ ἀτίμωσιν ἆρα τείσει
ἕκατι μὲν δαιμόνων,
ἕκατι δ’ ἀμᾶν χερῶν;
ἔπειτ’ ἐγὼ νοσφίσας ὀλοίμαν.

Everything (τὸ πᾶν) you told of (ἔλεξας) is dishonorable (ἀτίμως,) alas (οἴμοι.) And (δ') soon (ἆρα) there will be payment (τείσει) for the dishonor (ἀτίμωσιν) of my father (πατρὸς) with the help indeed of the gods (ἕκατι μὲν δαιμόνων,) with the help also of my own hands (ἕκατι δ' ἀμᾶν χερῶν?) And then (ἔπειτ') after killing (νοσφίσας) I myself (ἐγὼ) could come to an end (ὀλοίμαν.)

Χορός

ἐμασχαλίσθη δέ γ’, ὡς τόδ’ εἰδῇς.
ἔπρασσε δ’, ἅπερ νιν ὧδε θάπτει,
μόρον κτίσαι μωμένα
ἄφερτον αἰῶνι σῷ.
κλύεις πατρῴους δύας ἀτίμους.

And indeed (δέ γ',) he was mutilated (ἐμασχαλίσθη) as you should know (ὡς τόδ' εἰδῇς.) She did it (ἔπρασσε) and (δ') she, the very one who (ἅπερ) buried (θάπτει) him (νιν) thus (ὧδε,) acted out of eagerly seeeking (μωμένα) to bring about (κτίσαι) a death (μόρον) intolerable (ἄφερτον) to you (σῷ) for a lifetime (αἰῶνι.) You hear (κλύεις) the dishonor (ἀτίμους) done to your father (πατρῴους,) of his anguish (δύας.)

Ἠλέκτρα

λέγεις πατρῷον μόρον. ἐγὼ δ’ ἀπεστάτουν[174]
ἄτιμος, οὐδὲν ἀξία·
μυχῷ δ’ ἄφερκτος πολυσινοῦς κυνὸς δίκαν.
ἑτοιμότερα γέλωτος ἀνέφερον λίβη,
χέουσα πολύδακρυν γόον κεκρυμμένα.
τοιαῦτ’ ἀκούων ἐν φρεσὶν σαῖσιν γράφου.

You speak (λέγεις) of my father’s death (πατρῷον μόρον.) But (δ') I myself (ἐγὼ) was standing apart (ἀπεστάτουν,) dishonored, worthless (ἄτιμος, οὐδὲν ἀξία,) and (δ') shut away (ἄφερκτος) in the farthest corner (μυχῷ) like (δίκαν) a vicious dog (πολυσινοῦς κυνὸς.) I was bringing forth (ἀνέφερον) tears (λίβη) that were readier to hand (ἑτοιμότερα) than laughter (γέλωτος) while pouring out (χέουσα) lamentation (γόον) accompanied by many tears (πολύδακρυν) while having hid myself away (κεκρυμμένα)

Χορός

γράφου δι’ ὤτων δὲ συν-[175]
τέτραινε μῦθον ἡσύχῳ φρενῶν βάσει.
τὰ μὲν γὰρ οὕτως ἔχει,
τὰ δ’ αὐτὸς ὄργα μαθεῖν.
πρέπει δ’ ἀκάμπτῳ μένει καθήκειν.

Write it (γράφου!) And (δὲ) drill (συντέτραινε) the story (μῦθον) through your ears (δι' ὤτων) into the quiet foundation (ἡσύχῳ βάσει) of your heart (φρενῶν.) For (γὰρ) on one hand (μὲν… δ') thus (οὕτως) you have (ἔχει) these things (τὰ,) on the other hand (μὲν… δ') be eager (ὄργα) to learn (μαθεῖν) the rest (τὰ) for yourself (αὐτὸς.) And (δ') it is fitting (πρέπει) to come into action (καθήκειν) with unflinching strength (ἀκάμπτῳ μένει.)

Ὀρέστης

σὲ τοι λέγω, ξυγγενοῦ, πάτερ, φίλοις.

Father (πάτερ,) surely (τοι) I say (λέγω) to you (σὲ,) stand by your loved ones (ξυγγενοῦ φίλοις!)

Ἠλέκτρα

ἐγὼ δ’ ἐπιφθέγγομαι κεκλαυμένα.

And (δ') as for me (ἐγὼ) I say the same (ἐπιφθέγγομαι) having cried out for myself (κεκλαυμένα.)

Χορός

στάσις δὲ πάγκοινος ἅδ’ ἐπιρροθεῖ·
ἄκουσον ἐς φάος μολών,
ξὺν δὲ γενοῦ πρὸς ἐχθρούς.

And (δὲ) this (ἅδ') common company (στάσις…πάγκοινος) raises its voice in approval (ἐπιρροθεῖ.) Hear (ἄκουσον!) as you rise (μολών) into the light (ἐς φάος,) and (δὲ) stand by us (ξὺν γενοῦ) against the hated ones (πρὸς ἐχθρούς.)

Ὀρέστης

Ἄρης Ἄρει ξυμβαλεῖ, Δίκᾳ Δίκα.

The god of war (Ἄρης) will join with (ξυμβαλεῖ) war (Ἄρει.) the goddess of justice (Δίκα) with justice (Δίκᾳ.)

’Ηλέκτρα

ἰὼ θεοί, κραίνετ’ ἐνδίκως δίκας.

Oh, you gods, (ἰὼ θεοί,) use your power (κραίνετ’) justly (ἐνδίκως) for justice (δίκας.)

Χορός

τρόμος μ’ ὑφέρπει κλύουσαν εὐγμάτων.
τὸ μόρσιμον μένει πάλαι,
εὐχομένοις δ’ ἂν ἔλθοι.
ὦ πόνος ἐγγενὴς
καὶ παράμουσος Ἄτας
αἱματόεσσα πλαγά.
ἰὼ δύστον’ ἄφερτα κήδη·
ἰὼ δυσκατάπαυστον ἄλγος.

Trembling (τρόμος) comes over (ὑφέρπει) me (μ') while listening (κλύουσαν) to these prayers (εὐγμάτων.) That which is fated (τὸ μόρσιμον) remains (μένει) from long ago/all along (πάλαι,) and (δ') may come (ἂν ἔλθοι) to those who pray (εὐχομένοις.) O, for the sorrow born of this house (ὦ πόνος ἐγγενὴς) and (καὶ) for the grating (παράμουσος) bloody blows (αἱματόεσσα πλαγά) of punishment (Ἄτας.) Oh (ἰὼ) for the intolerable (ἄφερτα) wracking (δύστον') worry (κήδη,) Oh (ἰὼ) for the pain (ἄλγος) so hard to stop (δυσκατάπαυστον.)

δώμασιν ἔμμοτον
τῶνδ’ ἄκος, οὐδ’ ἀπ’ ἄλλων
ἔκτοθεν, ἀλλ’ ἀπ’ αὐτῶν,
δι’ ὠμὰν ἔριν αἱματηράν.

O healing (ἔμμοτον, wound-dressing) for the family (δώμασιν!) No (οὐδ') cure (ἄκος) for these things (τῶνδ',) not at all from others outside (ἀπ' ἄλλων ἔκτοθεν,) rather from themselves (ἀλλ' ἀπ' αὐτῶν,) by means of (δι') raw (ὠμὰν,) bloody (αἱματηράν) battle (ἔριν.)

θεῶν τῶν κατὰ γᾶς ὅδ’ ὕμνος.
ἀλλὰ κλύοντες, μάκαρες χθόνιοι,
τῆσδε κατευχῆς πέμπετ’ ἀρωγὴν
παισὶν προφρόνως ἐπὶ νίκῃ.

This hymn (ὅδ' ὕμνος) is for the gods (θεῶν,) for those (τῶν) below the earth (κατὰ γᾶς) And as you listen (ἀλλὰ κλύοντες) to these prayers (τῆσδε κατευχῆς,) O blessed ones beneath the earth (μάκαρες χθόνιοι,) send (πέμπετ') help (ἀρωγὴν) graciously (προφρόνως) to the children (παισὶν) for victory (ἐπὶ νίκῃ.)

Ὀρέστης

πάτερ, τρόποισιν οὐ τυραννικοῖς θανών,
αἰτουμένῳ μοι δὸς κράτος τῶν σῶν δόμων.

Father (πάτερ,) you who died (θανών) in ways (τρόποισιν) not royal (οὐ τυραννικοῖς,) grant (δὸς) to me (μοι,) who ask it (αἰτουμένῳ) mastery (κράτος) of your halls (τῶν σῶν δόμων.)

Ἠλέκτρα

κἀγώ, πάτερ, τοιάνδε σου χρείαν ἔχω,
τυχεῖν με γαμβροῦ θεῖσαν Αἰγίσθῳ μόρον.

And for me, father (κἀγώ, πάτερ,) I have (ἔχω) a need (χρείαν) such as this (τοιάνδε) from you (σου,) to bring the good fortune (τυχεῖν) to me (με) of a husband (γαμβροῦ) after inflicting (θεῖσαν) death (μόρον) on Aigisthos (Αἰγίσθῳ.)

Ὀρέστης

οὕτω γὰρ ἄν σοι δαῖτες ἔννομοι βροτῶν
κτιζοίατ'· εἰ δὲ μή, παρ' εὐδείπνοις ἔσῃ
ἄτιμος ἐμπύροισι κνισωτοῖς χθονός.

For (γὰρ) thus (γὰρ) feasts (δαῖτες) ordained by law (ἔννομοι) would be established (ἄν… κτιζοίατ') for you (σοι) among humankind (βροτῶν.) But if you do not (εἰ δὲ μή,) you will be without honor (ἔσῃ ἄτιμος) beside those who are well-feasted (παρ' εὐδείπνοις) where the steaming of burnt offerings rises (ἐμπύροισι κνισωτοῖς) from the ground (χθονός.)

Ἠλέκτρα

κἀγὼ χοάς σοι τῆς ἐμῆς παγκληρίας
οἴσω πατρῴων ἐκ δόμων γαμηλίους.
πάντων δὲ πρῶτον τόνδε πρεσβεύσω τάφον.

And as for me (κἀγὼ) I will offer (οἴσω) wedding (γαμηλίους) libations (χοάς) to you (σοι) from my own inheritance (τῆς ἐμῆς παγκληρίας) from (ἐκ) the paternal (πατρῴων) halls (δόμων) and (δὲ) before (πρῶτον) all else (πάντων) I will put first (πρεσβεύσω) this grave (τόνδε…τάφον.)

Ὀρέστης

ὦ Γαῖ', ἄνες μοι πατέρ' ἐποπτεῦσαι μάχην.

O goddess Earth, (ὦ Γαῖ',) deliver up (ἄνες) to me (μοι) my father (πατέρ') to oversee (ἐποπτεῦσαι) my struggle (μάχην.)

Ἠλέκτρα

ὦ Περσέφασσα, δὸς δ’ ἔτ’ εὔμορφον κράτος.[176]

And (δ’) O Persephone (ὦ Περσέφασσα,) grant (δὸς) yet (ἔτ’) well-formed (εὔμορφον) victory (κράτος.)

Ὀρέστης

μέμνησο λουτρῶν οἷς ἐνοσφίσθης, πάτερ.[177]

Father (πάτερ,) be mindful of (μέμνησο) the waters for washing (λουτρῶν) in which (οἷς) you were forsaken/separated from your life (ἐνοσφίσθης.)

Ἠλέκτρα

μέμνησο δ’ ἀμφίβληστρον ὡς ἐκαίνισαν.

And (δ’) remember (μέμνησο) how (ὡς) they devised strangely (ἐκαίνισαν) a way to enwrap you (ἀμφίβληστρον.)

Ὀρέστης

πέδαις δ’ ἀχαλκεύτοις ἐθηρεύθης, πάτερ.

So (δ’) you were caught (ἐθηρεύθης) in shackles (πέδαις) not forged of metal (ἀχαλκεύτοις,) father (πάτερ.)

Ἠλέκτρα

αἰσχρῶς τε βουλευτοῖσιν ἐν καλύμμασιν.

Shamefully caught (αἰσχρῶς) in coverings (ἐν καλύμμασιν) and (τε) by conspiracies (βουλευτοῖσιν.)

Ὀρέστης

ἆρ’ ἐξεγείρῃ τοῖσδ’ ὀνείδεσιν, πάτερ;

So (ἆρ’) father (πάτερ) let you awaken yourself (ἐξεγείρῃ) to such shames as these (τοῖσδ’ ὀνείδεσιν?)

Ἠλέκτρα

ἆρ᾽ ὀρθὸν αἴρεις φίλτατον τὸ σὸν κάρα;

So (ἆρ᾽) do you lift up (αἴρεις) straight (ὀρθὸν) your (σὸν) most beloved (φίλτατον) head (τὸ κάρα?)

Ὀρέστης

ἤτοι δίκην ἴαλλε σύμμαχον φίλοις,
ἢ τὰς ὁμοίας ἀντίδος λαβὰς λαβεῖν,
εἴπερ κρατηθείς γ᾽ ἀντινικῆσαι θέλεις.

If indeed (εἴπερ) after being conquered indeed (κρατηθείς γ') you wish (θέλεις) to conquer in return (ἀντινικῆσαι) either (ἤτοι) send (ἴαλλε) Justice (δίκην) as an ally (σύμμαχον) to your dear ones (φίλοις) or (ἢ) grant us instead (ἀντίδος) to seize (λαβεῖν) the same opportunities (τὰς ὁμοίας…λαβὰς,.)

Ἠλέκτρα

καὶ τῆσδ᾽ ἄκουσον λοισθίου βοῆς, πάτερ,[178]
ἰδὼν νεοσσοὺς τούσδ᾽ ἐφημένους τάφῳ.
οἴκτιρε θῆλυν ἄρσενός θ᾽ ὁμοῦ γόνον.

And (καὶ,) father (πάτερ,) listen (ἄκουσον) to this last outcry (τῆσδ' λοισθίου βοῆς,) upon seeing (ἰδὼν) these (τούσδ') younglings (νεοσσοὺς) as they are sitting (ἐφημένους) at your tomb (τάφῳ.) Have pity (οἴκτιρε) on the female (θῆλυν) child (γόνον) and (θ') for the male (ἄρσενός) alike (ὁμοῦ.)

Ὀρέστης

καὶ μὴ ‘ξαλείψῃς σπέρμα Πελοπιδῶν τόδε.
οὕτω γὰρ οὐ τέθνηκας οὐδὲ περ θανών.

And (καὶ) may you not obliterate (μὴ ‘ξαλείψῃς) this (τόδε) seed (σπέρμα) of the line of Pelops (Πελοπιδῶν.) For (γὰρ) thus (οὕτω) you have not died (οὐ τέθνηκας) nor indeed (οὐδὲ περ) are you dead (θανών.)

Ἠλέκτρα

παῖδες γὰρ ἀνδρὶ κληδόνες σωτήριοι[179]
θανόντι. φελλοὶ δ᾽ ὣς ἄγουσι δίκτυον,
τὸν ἐκ βυθοῦ κλωστῆρα σῴζοντες λίνου.

For (γὰρ) children (παῖδες) are preserving glories (κληδόνες σωτήριοι) to a man (ἀνδρὶ) though he is dead (θανόντι.) And just as (δ' ὣς) buoys (φελλοὶ, literally corks) hold up (ἄγουσι, literally carry) a fishnet (δίκτυον,) out of the deep (ἐκ βυθοῦ) they keep alive (τὸν…σῴζοντες) the line (κλωστῆρα λίνου.)

Ὀρέστης

ἄκου’, ὑπὲρ σοῦ τοιάδ’ ἔστ’ ὀδύρματα.
αὐτὸς δὲ σῴζῃ τόνδε τιμήσας λόγον.

Listen (ἄκου',) lamentations (ὀδύρματα) such as these (τοιάδ') are (ἔστ') for the sake of you (ὑπὲρ σοῦ.) So (δὲ) by honoring (τιμήσας) this utterance (τόνδε λόγον) let you keep yourself alive (αὐτὸς σῴζῃ.)

Χορός

καὶ μὴν ἀμεμφῆ τόνδ’ ἐτείνατον λόγον,[180]
τίμημα τύμβου τῆς ἀνοιμώκτου τύχης.
τὰ δ’ ἄλλ’, ἐπειδὴ δρᾶν κατώρθωσαι φρενί,
ἔρδοις ἂν ἤδη δαίμονος πειρώμενος.

So indeed (καὶ μὴν) You two drew out (ἐτείνατον) this (τόνδ') irreproachable (ἀμεμφῆ) utterance (λόγον,) a recompense (τίμημα) made at the tomb (τύμβου) for the action (τῆς… τύχης) of not mourning (ἀνοιμώκτου.) And (δ') as for the rest (τὰ ἄλλ',) since (ἐπειδὴ) you have set yourself up (κατώρθωσαι) in your heart (φρενί) to take action (δρᾶν,) you may act (ἔρδοις ἂν) immediately (ἤδη) so as to make a trial of (πειρώμενος) your destiny (δαίμονος.)

Ὀρέστης

ἔσται. πυθέσθαι δ’ οὐδέν ἐστ’ ἔξω δρόμου,
πόθεν χοὰς ἔπεμψεν, ἐκ τίνος λόγου
μεθύστερον τιμῶσ’ ἀνήκεστον πάθος;

It will be (ἔσται.) But (δ') it is (ἐστ') not at all (οὐδέν) off course (ἔξω δρόμου) to learn by inquiry (πυθέσθαι.) Why did she send libations (πόθεν χοὰς ἔπεμψεν,) out of what thought (ἐκ τίνος λόγου) is she paying recompense (τιμῶσ') after so long (μεθύστερον) for irreparable suffering (ἀνήκεστον πάθος?)

θανόντι δ’ οὐ φρονοῦντι δειλαία χάρις[181]
ἐπέμπετ’. οὐκ ἔχοιμ’ ἂν εἰκάσαι τόδε.
τὰ δῶρα μείω δ’ ἐστὶ τῆς ἁμαρτίας.
τὰ πάντα γάρ τις ἐκχέας ἀνθ’ αἵματος
ἑνός, μάτην ὁ μόχθος ὧδ’ ἔχει λόγος.
θέλοντι δ’, εἴπερ οἶσθ’, ἐμοὶ φράσον τάδε.

Then (δ') paltry grace (δειλαία χάρις) was sending (ἐπέμπετ') to a dead man (θανόντι) who does not think of it (οὐ φρονοῦντι.) I would not be able (οὐκ ἔχοιμ' ἂν) to figure this (εἰκάσαι τόδε.) For (δ)' the gift (τὰ δῶρα) is (ἐστὶ) less than (μείω) the crime (τῆς ἁμαρτίας.) Because (γάρ) although someone is pouring out (τις ἐκχέας) everything (τὰ πάντα) for the sake (ἀνθ') of one drop (ἑνός) of blood (αἵματος,) the effort (ὁ μόχθος) is in vain (μάτην) as the proverb holds (ὧδ' ἔχει λόγος.) Then (δ') as one who wishes it (θέλοντι) if indeed you know (εἴπερ οἶσθ') tell this (φράσον τάδε) to me (ἐμοὶ.)

Χορός

οἶδ’, ὦ τέκνον, παρῆ γάρ. ἔκ τ’ ὀνειράτων
καὶ νυκτιπλάγκτων δειμάτων πεπαλμένη
χοὰς ἔπεμψε τάσδε δύσθεος γυνή.

O, child (ὦ τέκνον,) I know (οἶδ'.) For I was there (παρῆ γάρ.) A godless woman (δύσθεος γυνή) sent (ἔπεμψε) these (τάσδε) libations (χοὰς) because she was afraid (πεπαλμένη) both (τ') of her dreams (ἔκ…ὀνειράτων) and of horrors that walked in the night (καὶ νυκτιπλάγκτων δειμάτων.)

Ὀρέστης

ἦ καὶ πέπυσθε τοὔναρ, ὥστ’ ὀρθῶς φράσαι;

So (ἦ,) and have you learned about the dream (καὶ πέπυσθε τοὔναρ,) so as (ὥστ’) to expound (φράσαι) correctly (ὀρθῶς?)

Χορός

τεκεῖν δράκοντ’ ἔδοξεν, ὡς αὐτὴ λέγει.

As (ὡς) she said (λέγει) herself (αὐτὴ,) she seemed (ἔδοξεν) to give birth to (τεκεῖν) a snake (δράκοντ’.)

Ὀρέστης

καὶ ποῖ τελευτᾷ καὶ καρανοῦται λόγος;

And (καὶ) to what completion, (ποῖ τελευτᾷ,) and (καὶ) does the story (λόγος) come to a head (καρανοῦται?)

Χορός

ἐν σπαργάνοισι παιδὸς ὁρμίσαι δίκην.

She put it to sleep (ὁρμίσαι) in swaddling cloths (ἐν σπαργάνοισι) as if it were a child (παιδὸς δίκην.)

Ὀρέστης

τίνος βορᾶς χρῄζοντα, νεογενὲς δάκος;

Was it longing for (χρῄζοντα) something to feed on (τίνος βορᾶς,) the newborn dangerous beast (νεογενὲς δάκος?)

Χορός

αὐτὴ προσέσχε μαζὸν ἐν τὠνείρατι.

In her dream (ἐν τὠνείρατι) she herself (αὐτὴ) offered (προσέσχε) the breast (μαζὸν.)

Ὀρέστης

καὶ πῶς ἄτρωτον οὖθαρ ἦν ὑπὸ στύγους;[182]

And how (καὶ πῶς) was (ἦν) the udder (οὖθαρ) unwounded (ἄτρωτον) by the abomination (ὑπὸ στύγος?)

Χορός

ὥστ' ἐν γάλακτι θρόμβον αἵματος σπάσαι.

Just so as (ὥστ') to suck in (σπάσαι) gouts of blood (θρόμβον αἵματος) in the milk (ἐν γάλακτι.)

Ὀρέστης

οὔτοι μάταιον ἂν τόδ' ὄψανον πέλοι.

May this vision (τόδ' ὄψανον) come to be (ἂν πέλοι) not at all (οὔτοι) in vain (μάταιον.)

Χορός

ἡ δ' ἐξ ὕπνου κέκλαγγεν ἐπτοημένη.[183]
πολλοὶ δ' ἀνῆλθον, ἐκτυφλωθέντες σκότῳ,
λαμπτῆρες ἐν δόμοισι δεσποίνης χάριν·
πέμπει τ' ἔπειτα τάσδε κηδείους χοάς,
ἄκος τομαῖον ἐλπίσασα πημάτων.

Then (δ') she (ἡ) screamed (κέκλαγγεν) having been terrified (ἐπτοημένη) out of her sleep (ἐξ ὕπνου.) And (δ') many fire-grates (πολλοὶ… λαμπτῆρες) after being blinded by the darkness (ἐκτυφλωθέντες σκότῳ) were lighting up (ἀνῆθον) in the halls (ἐν δόμοισι) for the sake (χάριν) of the mistress (δεσποίνης.) And then (τ' ἔπειτα) she sends (πέμπει) these mourning libations (τάσδε κηδείους χοάς,) she hoping for (ἐλπίσασα) a ready-cut (τομαῖον) cure (ἄκος) for her suffering (πημάτων.)

Ὀρέστης

ἀλλ’ εὔχομαι γῇ τῇδε καὶ πατρὸς τάφῳ
τοὔνειρον εἶναι τοῦτ’ ἐμοὶ τελεσφόρον.
κρίνω δέ τοί νιν ὥστε συγκόλλως ἔχειν.

But (ἀλλ') I pray (εὔχομαι) to this (τῇδε) earth (γῇ) even (καὶ) at the tomb (τάφῳ) of my father (πατρὸς) that this (τοῦτ') dream (τοὔνειρον) is (εἶναι) brought to fulfillment (τελεσφόρον) in me (ἐμοὶ.) And (δέ) truly (τοί) I judge (κρίνω) it (νιν) as that (ὥστε) it holds as if glued together (συγκόλλως ἔχειν.)

εἰ γὰρ τὸν αὐτὸν χῶρον ἐκλιπὼν ἐμοὶ
οὔφις ἐμοῖσι σπαργάνοις ὡπλίζετο,
καὶ μαστὸν ἀμφέχασκ’ ἐμὸν θρεπτήριον,
θρόμβῳ δ’ ἔμειξεν αἵματος φίλον γάλα.

For (γὰρ) if (εἰ) upon departing from (ἐκλιπὼν) the same place (τὸν αὐτὸν χῶρον) as I (ἐμοὶ) the snake (οὔφις) was dressed (ὡπλίζετο) in my swaddling clothes (ἐμοῖσι σπαργάνοις,) and (καὶ) was gaping its mouth around (ἀμφέχασκ') a breast (μαστὸν) nourishing (θρεπτήριον) to me (ἐμὸν.) Then (δ') her dear milk (φίλον γάλα) mixed (ἔμειξεν) with a gout (θρόμβῳ) of blood (αἵματος.)

ἡ δ’ ἀμφὶ τάρβει τῷδ’ ἐπῴμωξεν πάθει,
δεῖ τοί νιν, ὡς ἔθρεψεν ἔκπαγλον τέρας,
θανεῖν βιαίως· ἐκδρακοντωθεὶς δ’ ἐγὼ
κτείνω νιν, ὡς τοὔνειρον ἐννέπει τόδε.

And (δ') she (ἡ) lamented (ἐπῴμωξεν) in fear (τάρβει) for the sake of this suffering (ἀμφὶ τῷδ' πάθει,) it must surely be to her (δεῖ τοί νιν,) just as she nourished (ὡς ἔθρεψεν) a terrible monstrosity (ἔκπαγλον τέρας,) to die by violence (θανεῖν βιαίως.) So (δ') upon becoming a snake (ἐκδρακοντωθεὶς) I myself (ἐγὼ) should kill her (κτείνω νιν,) as (ὡς) this (τόδε) dream (τοὔνειρον) describes (ἐννέπει.)

Χορός

τερασκόπον δὴ τῶνδέ σ’ αἱροῦμαι πέρι.
γένοιτο δ’ οὕτως. τἄλλα δ’ ἐξηγοῦ φίλοις,
τοὺς μέν τι ποιεῖν, τοὺς δὲ μή τι δρᾶν λέγων.

Prophetic indeed! (τερασκόπον δὴ) I understand (αἱροῦμαι) you (σ') concerning (πέρι) these things (τῶνδέ.) And (δ') may it come to be (γένοιτο) thus (οὕτως.) And as for the rest (τἄλλα δ') be the leader (ἐξηγοῦ) of your dear ones (φίλοις,) while telling (λέγων) on one hand (μέν… δὲ) some (τι) what to do (τοὺς ποιεῖν,) on the other hand (μέν… δὲ) some (τι) what actions not to take (τοὺς μή δρᾶν.)

Ὀρέστης

ἁπλοῦς ὁ μῦθος. τήνδε μὲν στείχειν ἔσω,
αἰνῶ δὲ κρύπτειν τάσδε συνθήκας ἐμάς,
ὡς ἂν δόλῳ κτείναντες ἄνδρα τίμιον
δόλοισι καὶ ληφθῶσιν ἐν ταὐτῷ βρόχῳ
θανόντες, καὶ Λοξίας ἐφήμισεν,
ἄναξ Ἀπόλλων, μάντις ἀψευδὴς τὸ πρίν.

The plan (ὁ μῦθος) is simple (ἁπλοῦς.) This woman indeed (τήνδε μὲν) is to walk in (στείχειν ἔσω,) and (δὲ) I advise (αἰνῶ) keeping secret (κρύπτειν) these (τάσδε) agreements (συνθήκας) of ours (ἐμάς,) so that (ὡς) just as they killed (κτείναντες) a worthy man (ἄνδρα τίμιον) by trickery (δόλῳ) they would die (θανόντες) by trickery (δόλοισι) and (καὶ) would be carried off (ἂν… ληφθῶσιν) in the same snare (ἐν ταὐτῷ βρόχῳ,) just as (καὶ) Apollo said (Λοξίας ἐφήμισεν,) lord Apollo (ἄναξ Ἀπόλλων,) a prophet (μάντις) without falsehood (ἀψευδὴς) in th past (τὸ πρίν.)

ξένῳ γὰρ εἰκώς, παντελῆ σαγὴν ἔχων,
ἥξω σὺν ἀνδρὶ τῷδ᾽ ἐφ᾽ ἑρκείους πύλας
Πυλάδῃ, ξένος τε καὶ δορύξενος δόμων.

For (γὰρ) while resembling a stranger (ξένῳ…εἰκώς,) while having (ἔχων) a complete (παντελῆ) baggage pack (σαγὴν,,) I have come (ἥξω) with (σὺν) this (τῷδ') man (ἀνδρὶ) Pylades (Πυλάδῃ) to the gate of the house-court (ἐφ' ἑρκείους πύλας) both (τε) as a guest (ξένος) and (καὶ) an ally (δορύξενος) of the house (δόμων.)
\

ἄμφω δὲ φωνὴν οἴσομεν Παρνησσίδα,[184]
γλώσσης ἀυτὴν Φωκίδος μιμουμένω.

And (δὲ) both of us (ἄμφω) will set going (ἥσομεν) the same (ἀυτὴν) Parnassian (Παρνησσίδα) voices (φωνὴν,) we both doing an imitation (μιμουμένω) of the speech (γλώσσης) of Phocis (Φωκίδος.)

καὶ δὴ θυρωρῶν οὔτις ἂν φαιδρᾷ φρενὶ
δέξαιτ᾽, ἐπειδὴ δαιμονᾷ δόμος κακοῖς,
μενοῦμεν οὕτως ὥστ᾽ ἐπεικάζειν τινὰ
δόμους παραστείχοντα καὶ τάδ᾽ ἐννέπειν·
τί δὴ πύλαισι τὸν ἱκέτην ἀπείργεται
Αἴγισθος, εἴπερ οἶδεν ἔνδημος παρών;

And indeed (καὶ δὴ) should none (οὔτις) of the gatekeepers (θυρωρῶν) offer welcome (ἂν… δέξαιτ') with a happy heart (φαιδρᾷ φρενὶ,) inasmuch as (ἐπειδὴ) the house (δόμος) is suffering (δαιμονᾷ) from evils (κακοῖς,) we will remain (μενοῦμεν) thus (οὕτως) so that (ὥστ') anyone (τινὰ) while passing by (παραστείχοντα) the house (δόμους) would speculate (ἐπεικάζειν) and say (καὶ…ἐννέπειν) this (τάδ') why indeed (τί δὴ) does Aigisthos (Αἴγισθος) repel (ἀπείργεται) the suppliant (τὸν ἱκέτην) at the gate (πύλαισι,) if he, being at home (ἔνδημος) knows (εἴπερ οἶδεν) one is present (παρών?)

εἰ δ’ οὖν ἀμείψω βαλὸν ἑρκείων πυλῶν
κἀκεῖνον ἐν θρόνοισιν εὑρήσω πατρός,
ἢ καὶ μολὼν ἔπειτά μοι κατὰ στόμα
ἀρεῖ, σάφ’ ἴσθι, καὶ κατ’ ὀφθαλμοὺς καλεῖ.
πρὶν αὐτὸν εἰπεῖν ποδαπὸς ὁ ξένος; νεκρὸν
θήσω, ποδώκει περιβαλὼν χαλκεύματι.

And (δ') if thus (εἰ…οὖν) I should pass the threshold of the house-court gates (ἀμείψω βαλὸν ἑρκείων πυλῶν) I will find (εὑρήσω) that man (κἀκεῖνον) in my father’s seat (ἐν θρόνοισιν πατρός) or even (ἢ καὶ) when he comes (μολὼν) thereupon (ἔπειτά) to me (μοι) he will come up (ἀρεῖ) face to face (κατὰ στόμα) and (καὶ) he will meet my gaze (βαλεῖ) eye to eye (κατ' ὀφθαλμοὺς) know for certain (σάφ' ἴσθι,) before he asks (πρὶν αὐτὸν εἰπεῖν,) “where is the stranger from (ποδαπὸς ὁ ξένος?)” I will strike him dead (νεκρὸν θήσω,) by stabbing him (περιβαλὼν, literally wrapping him around) with my swift brass-work (ποδώκει χαλκεύματι, my swift brass sword.)

φόνου δ’ Ἐρινὺς οὐχ ὑπεσπανισμένη
ἄκρατον αἷμα πίεται τρίτην πόσιν.

So (δ') the Fury (Ἐρινὺς) not having lacked (οὐχ ὑπεσπανισμένη) for murder (φόνου) will drink (πίεται) unmixed blood (ἄκρατον αἷμα) as her third drink (τρίτην πόσιν.)

νῦν οὖν σὺ μὲν φύλασσε τἀν οἴκῳ καλῶς,
ὅπως ἂν ἀρτίκολλα συμβαίνῃ τάδε.
ὑμῖν δ’ ἐπαινῶ γλῶσσαν εὔφημον φέρειν,
σιγᾶν θ’ ὅπου δεῖ καὶ λέγειν τὰ καίρια.

Therefore (οὖν) now (νῦν) you (Êlektra) indeed (σὺ μὲν) keep watch well (φύλασσε… καλῶς) in the house (τἀν οἴκῳ) so that (ὅπως) these things (τάδε) shall stay in step (ἂν… συμβαίνῃ) as if glued (ἀρτίκολλα.) And (δ') as for you (the Choros) (ὑμῖν,) I would recommend (ἐπαινῶ) keeping (φέρειν) an auspicious (εὔφημον) tongue (γλῶσσαν,) both (θ'… καὶ) keeping silence (σιγᾶν) where it is necessary (ὅπου δεῖ) and (θ'… καὶ) saying (λέγειν) what is opportune (τὰ καίρια.)

τὰ δ’ ἄλλα τούτῳ δεῦρ’ ἐποπτεῦσαι λέγω,
ξιφηφόρους ἀγῶνας ὀρθώσαντί μοι.

And (δ') as for the rest (τὰ ἄλλα) I say (λέγω) to this one here (τούτῳ δεῦρ') to watch over (ἐποπτεῦσαι) me (μοι) as I find the true path through (ὀρθώσαντί) these battles (ἀγῶνας) in which I bear a sword (ξιφηφόρους.)

Χορός

πολλὰ μὲν γᾶ τρέφει[185]
δεινὰ καὶ δειμάτων ἄχη,
πόντιαί τ' ἀγκάλαι κνωδάλων
ἀνταίων βροτοῖσι·
πλήθουσι. βλαστοῦσι καὶ πεδαίχμιοι
λαμπάδες πεδάοροι,
πτανά τε καὶ πεδοβά-
μονα κἀνεμοέντ' ἂν
αἰγίδων φράσαι κότον.

Indeed (μὲν) the earth (γᾶ) nourishes (τρέφει) many (πολλὰ) horrors (δεινὰ) and (καὶ) agonies (ἄχη) of fear (δειμάτων) and (τ') the arms of the sea (πόντιαί ἀγκάλαι) are full (πλήθουσι) of creatures (κνωδάλων) hostile (ἀνταίων) to humankind (βροτοῖσι.) Lights hanging in the air (λαμπάδες πεδάοροι) halfway between earth and sky (πεδαίχμιοι) approach (πλάθουσι) are shooting forth (βλαστοῦσι) and (καὶ) both (τε καὶ) winged things (πτανά) and (τε καὶ) earth-walking things (πεδοβάμονα) blown by the winds (κἀνεμοέντ') would tell of (ἂν… φράσαι) the wrath (κότον) of the stormclouds (αἰγίδων.)

ἀλλ' ὑπέρτολμον ἀν-[186]
δρὸς φρόνημα τίς λέγοι
καὶ γυναικῶν φρεσὶν τλαμόνων [καὶ]
παντόλμους ἔρωτας
ἄταις ματαίαισι συννόμους βροτῶν;
ξυζύγους δ' ὁμαυλίας
θηλυκρατὴς ἀπέρω-
τος ἔρως παρανικᾷ
κνωδάλων τε καὶ βροτῶν.

But (ἀλλ') who would speak of (τίς λέγοι) the overbold (ὑπέρτολμον) arrogance (φρόνημα) of man (ἀνδρὸς) and (καὶ) the impetuous passion (παντόλμους ἔρωτας) in the minds (φρεσὶν) of daring women (γυναικῶν τλαμόνων) and (καὶ) the partnerships of mortals (συννόμους βροτῶν) in infatuation (ἄταισι.) And (δ') loveless desire (ἀπέρωτος ἔρως) that conquers women (θηλυκρατὴς) perverts (παρανικᾷ) the bond that holds male and female together (ξυζύγους ὁμαυλίας) both (τε καὶ) among beasts (κνωδάλων) and (τε καὶ) humankind (βροτῶν.)

ἴστω δ’, ὅστις οὐχ ὑπόπτερος[187]
φροντίσιν, δαεὶς
τὰν ἁ παιδολυ-
μὰς. τάλαινα Θεστιὰς μήσατο
πυρδαῆ τινα πρόνοιαν,
καταίθουσα παιδὸς δαφοινὸν
δαλὸν ἥλικ’, ἐπεὶ μολὼν
ματρόθεν κελάδησε,
ξύμμετρόν τε διαὶ βίου
μοιρόκραντον ἐς ἆμαρ.

So (δ') whoever is not quick to flit away in mind (ὅστις οὐχ ὑπόπτερος φροντίσιν,) let him know (ἴστω) while learning about (δαεὶς) her (τὰν,) the child-mistreater (ἁ παιδολυμὰς.) Thestios’ cruel daughter (τάλαινα Θεστιὰς) decided (μήσατο) with some (τινα) fiery premeditation (πυρδαῆ…πρόνοιαν) to burn to ashes (καταίθουσα) a blood-red firebrand (δαφοινὸν δαλὸν) that was the samge age (ἥλικ') as her child (παιδὸς) when (ἐπεὶ) when he was coming (μολὼν) crying loudly (κελάδησε) from his mother (ματρόθεν) and (τε) was precisely commensurate throughout life (ξύμμετρόν διαὶ βίου,) as determined by fate (μοιρόκραντον) to the day (ἐς ἆμαρ.)

ἄλλαν δεῖ τιν’ ἐν λόγοις στυγεῖν[188]
φοινίαν κόραν,
ἅτ’ ἐχθρῶν ὑπαὶ
φῶτ’ ἀπώλεσεν φίλον. Κρητικοῖς
χρυσοκμήτοισιν ὅρμοις
πιθήσασα δώροισι Μίνω,
Νῖσον ἀθανάτας τριχὸς
νοσφίσασ’ ἀπροβούλως
πνέονθ’ ἁ κυνόφρων ὕπνῳ.
κιγχάνει δέ μιν Ἑρμῆς.

One (τιν') must (δεῖ) abominate (στυγεῖν) another (ἄλλαν) murderous young woman (φοινίαν κόραν) in the stories (ἐν λόγοις,) inasmuch as (ἅτ') for the sake (ὑπαὶ) of his enemies (ἐχθρῶν) she destroyed (ἀπώλεσεν) the man she loved (φῶτ'…φίλον.) After being won over (πιθήσασα) by Cretan (Κρητικοῖς) necklaces (ὅρμοις) made of gold (χρυσοκμήτοισιν,) the gifts (δώροισι) of Minos (Μίνω,) she was shameless as a dog (ἁ κυνόφρων,) separating (νοσφίσασ') Nisos (Νῖσον) from his immortal hair (ἀθανάτας τριχὸς) while he breathed (πνέονθ') in his sleep (ὕπνῳ) without forethought (ἀπροβούλως.) And (δέ) Hermes (Ἑρμῆς) caught up (κιγχάνει) with him (μιν.)

ἐπεὶ δ’ ἐπεμνασάμαν ἀμειλίχων
πόνων, ὁ καιρὸς δὲ δυσφιλὲς γαμή-
λευμ’ ἀπεύχετον δόμοις
γυναικοβούλους τε μήτιδας φρενῶν
ἐπ’ ἀνδρὶ τευχεσφόρῳ,
ἐπ’ ἀνδρὶ δῄοις ἐπικότω σέβας.

So (δ') while (ἐπεὶ) I am thinking (ἐπεμνασάμαν) of relentless suffering (ἀμειλίχων πόνων,) so (δὲ) now is the time for (ὁ καιρὸς) a hateful state of marriage (δυσφιλὲς γαμήλευμ') detestable in the halls (ἀπεύχετον δόμοις,) a woman's plots and cunning of heart (γυναικοβούλους τε μήτιδας φρενῶν) against (ἐπ') an armor-wearing (τευχεσφόρῳ) warrior (ἀνδρὶ,) against (ἐπ') a man (ἀνδρὶ,) honorable (σέβαι) with good reason (ἐπεικότως) even to his enemies (δᾴοις.)

τίω δ’ ἀθέρμαντον ἑστίαν δόμων
γυναικείαν τ’ ἄτολμον αἰχμάν.

So (δ') I honor (τίω) a uninflamed hearth (ἀθέρμαντον ἑστίαν) in the house (δόμων) and (τ') retiring mettle (ἄτολμον αἰχμάν) in women (γυναικείαν.)

κακῶν δὲ πρεσβεύεται τὸ Λήμνιον[189]
λόγῳ· γοᾶται δὲ δημόθεν κατά-
πτυστον· ᾔκασεν δέ τις
τὸ δεινὸν αὖ Λημνίοισι πήμασιν.

So (δὲ) that of Lemnos (τὸ Λήμνιον) ranks first (πρεσβεύεται) among evils (κακῶν) in story (λόγῳ.) And indeed (δὲ δὴ) one groans (γοᾶται) for despicable (κατάπτυστον) suffering (πάθος.) So anyone (δέ τις) compares (ᾔκασεν) again (αὖ) what is horrible (τὸ δεινὸν) to the calamity at Lemnos (Λημνίοισι πήμασιν.)

θεοστυγήτῳ δ’ ἄχει[190]
βροτῶν ἀτιμωθὲν οἴχεται γένος.
σέβει γὰρ οὔτις τὸ δυσφιλὲς θεοῖς.
τί τῶνδ’ οὐκ ἐνδίκως ἀγείρω;

And (δ') in anguish (ἄχει,) in the state of being hated by the gods (θεοστυγήτῳ) a people (γένος) are gone (οἴχεται,) suffering dishonour (ἀτιμωθὲν) among humankind (βροτῶν.) For (γὰρ) no one (οὔτις) honors (σέβει) what is hateful (.τὸ δυσφιλὲς) to the gods (θεοῖς.) What of this (τί τῶνδ') do I bring together (ἀγείρω) unfairly (οὐκ ἐνδίκως?)

τὸ δ’ ἄγχι πλευμόνων ξίφος[191]
διανταίαν ὀξυπευκὲς οὐτᾷ
διαὶ Δίκας τὸ μὴ Θέμις γὰρ οὖν
λὰξ πέδοι πατούμενον, τὸ πᾶν Διὸς
σέβας παρεκβάντος οὐ θεμιστῶς.

And (δ') the (τὸ) bright sharp (ὀξυπευκὲς) sword (ξίφος) close to the lungs (ἄγχι πλευμόνων) pierces (οὐτᾷ) through and through (διανταίαν) for the sake of Justice (διαὶ Δίκας.) It is Right (θέμις) indeed (οὖν) for (γὰρ) they are being trampled (πατουμένας) underfoot (λὰξ πέδοι,) which transgresses (παρεκβάντος) unrighteously (οὐ θεμιστῶς) all (τὸ πᾶν) honor (σέβας) of Zeus (Διὸς.)

Δίκας δ’ ἐρείδεται πυθμήν.
προχαλκεύει δ’ Αἶσα φασγανουργός.
τέκνον δ’ ἐπεισφέρει δόμοισιν
αἱμάτων παλαιτέρων τίνειν μύσος
χρόνῳ κλυτὰ βυσσόφρων Ἐρινύς.

So (δ') the foundation (πυθμήν) of Justice (Δίκας) is being firmly established (ἐρείδεται.) And (δ') Destiny (Αἶσα) who forges swords (φασγανουργός) works the metal in advance (προχαλκεύει.) And (δ') in due time (χρόνῳ) the fury (Ἐρινύς) famous for deep thought (κλυτὰ βυσσόφρων) introduces (ἐπεισφέρει) a child (τέκνον) into the halls (δόμοισιν) to take vengeance (τίνειν) for the defilement (μύσος) of ancient (παλαιτέρων) bloodshed (αἱμάτων.)

Ὀρέστης

παῖ παῖ, θύρας ἄκουσον ἑρκείας κτύπον.
τίς ἔνδον, ὦ παῖ, παῖ, μάλ’ αὖθις, ἐν δόμοις;
τρίτον τόδ’ ἐκπέραμα δωμάτων καλῶ,
εἴπερ φιλόξεν’ ἐστὶν Αἰγίσθου διαί.

Boy! Boy! (παῖ παῖ,) listen! (ἄκουσον) Knocking (κτύπον) on the court gate (θύρας ἑρκείας!) Who is inside (τίς ἔνδον?) O, boy! boy! (ὦ παῖ! παῖ!) yet again (μάλ' αὖθις!) In the house! (ἐν δόμοις) This is (τόδ') the third time (τρίτον) I’m calling for (καλῶ) someone to come out (ἐκπέραμα, an action of emerging) from the house (δωμάτων) if truly (εἴπερ) there is (ἐστὶν) hospitality for strangers (φιλόξεν') on account of Aigithos (Αἰγίσθου διαί.)

Οἰκέτης

εἶεν, ἀκούω. ποδαπὸς ὁ ξένος; πόθεν;

Well then (εἶεν,) I hear (ἀκούω.) What is the stranger (ποδαπὸς ὁ ξένος?) From where (πόθεν?)

Ὀρέστης

ἄγγελλε τοῖσι κυρίοισι δωμάτων,
πρὸς οὕσπερ ἥκω καὶ φέρω καινοὺς λόγους.
τάχυνε δ’, ὡς καὶ νυκτὸς ἅρμ’ ἐπείγεται
σκοτεινόν, ὥρα δ’ ἐμπόρους καθιέναι
ἄγκυραν ἐν δόμοισι πανδόκοις ξένων.

Announce (ἄγγελλε) to the masters of the house (τοῖσι κυρίοισι δωμάτων,) to whom I come (πρὸς οὕσπερ ἥκω) and bring (καὶ φέρω) news (καινοὺς λόγους literally fresh reports.) But (δ') hurry (τάχυνε,) since (ὡς καὶ) the gloomy (σκοτεινόν) chariot (ἅρμ') of night (νυκτὸς) hurries on (ἐπείγεται,) and (δ') it is time for (ὥρα) voyagers (ἐμπόρους) to drop anchor (καθιέναι ἄγκυραν) in a house (ἐν δόμοισι) welcoming to all (πανδόκοις) among strangers (ξένων.)

ἐξελθέτω τις δωμάτων τελεσφόρος[192]
γυνὴ τόπαρχος. ἄνδρα δ' εὐπρεπέστερον·
αἰδὼς γὰρ ἐν λεχθεῖσιν οὖσ' ἐπαργέμους
λόγους τίθησιν· εἶπε θαρσήσας ἀνὴρ
πρὸς ἄνδρα. κἀσήμηνεν ἐμφανὲς τέκμαρ.

Let there come forth (ἐξελθέτω) some (τις) woman (γυνὴ) who carries authority (τελεσφόρος,) the mistress (τόπαρχος) of the halls (δωμάτων.) But (δ') the man of the house (ἄνδρα) is more fitting (εὐπρεπέστερον) for in that case (γὰρ) when there is (οὖσ') diffidence (αἰδὼς) in speaking (ἐν λεχθεῖσιν) it makes (τίθησιν) words (λόγους) obscure (ἐπαργέμους) A man (ἀνὴρ) of good courage (θαρσήσας) speaks (εἶπε) to a man (πρὸς ἄνδρα.) He declares (κἀσήμηνεν) his manifest (ἐμφανὲς) purpose (τέκμαρ.)

Κλυταιμνήστρα

ξένοι, λέγοιτ' ἂν εἴ τι δεῖ· πάρεστι γὰρ
ὁποῖά περ δόμοισι τοῖσδ' ἐπεικότα,
καὶ θερμὰ λουτρὰ καὶ πόνων θελκτηρία
στρωμνή, δικαίων τ' ὀμμάτων παρουσία.
εἰ δ' ἄλλο πρᾶξαι δεῖ τι βουλιώτερον,
ἀνδρῶν τόδ' ἐστὶν ἔργον, οἷς κοινώσομεν.

Strangers (ξένοι,) may you speak (λέγοιτ' ἂν) if something is necessary (εἴ τι δεῖ.) For (γὰρ) indeed (περ) there is present (πάρεστι) whatever (ὁποῖά) is proper (ἐπεικότα) to these (τοῖσδ') halls (δόμοισι,) whether (καὶ… καὶ) hot baths (θερμὰ λουτρὰ) or a bed (στρωμνή) that is soothing (θελκτηρία) of trouble (πόνων) and (τ') the presence (παρουσία) of honest eyes (δικαίων ὀμμάτων.) And (δ') if (εἰ) it is necessary (δεῖ) to do (πρᾶξαι) something (τι) else (ἄλλο) which more requires advice (βουλιώτερον,) that is (τόδ' ἐστὶν) the work (ἔργον) of men (ἀνδρῶν) which we will communicate (οἷς κοινώσομεν.)

Ὀρέστης

ξένος μέν εἰμι Δαυλιεὺς ἐκ Φωκέων.[193]
στείχοντα δ' αὐτόφορτον οἰκείᾳ σαγῇ
εἰς Ἄργος, ὥσπερ δεῦρ' ἀπεζύγην πόδα,
ἀγνὼς πρὸς ἀγνῶτ' εἶπε συμβαλὼν ἀνήρ,
ἐξιστορήσας καὶ σαφηνίσας ὁδόν.
Στροφίος ὁ Φωκεύς· πεύθομαι γὰρ ἐν λόγῳ.

Truly (μέν) I am (εἰμι) a foreigner (ξένος,) a Daulian from Phokis (Δαυλιεὺς ἐκ Φωκέων.) And (δ') while walking (στείχοντα) to Argos (εἰς Ἄργος,) minding my own business (αὐτόφορτον, bearing one's own baggage) with my personal baggage (οἰκείᾳ σαγῇ,) just as (ὥσπερ) I took rest (ἀπεζύγην πόδα literally I was freed from my feet) here (δεῦρ',) a man (ἀνήρ) who fell in with me (συμβαλὼν) spoke (εἶπε) as one stranger to another (ἀγνὼς πρὸς ἀγνῶτ' literally as an unknown one to an unknown one) asking about my journey (ἐξιστορήσας… ὁδόν) and explaining his journey (καὶ σαφηνίσας ὁδόν,) namely (γὰρ) Strophios the Phocean (Στροφίος ὁ Φωκεύς) I learned by inquiry (πεύθομαι) in our conversation (ἐν λόγῳ.)

ἐπείπερ ἄλλως, ὦ ξέν', εἰς Ἄργος κίεις,
πρὸς τοὺς τεκόντας πανδίκως μεμνημένος
τεθνεῶτ' Ὀρέστην εἰπέ, μηδαμῶς λάθῃ.
εἴτ' οὖν κομίζειν δόξα νικήσει φίλων,
εἴτ' οὖν μέτοικον, εἰς τὸ πᾶν ἀεὶ ξένον,
θάπτειν, ἐφετμὰς τάσδε πόρθμευσον πάλιν.
νῦν γὰρ λέβητος χαλκέου πλευρώματα
σποδὸν κέκευθεν ἀνδρὸς εὖ κεκλαυμένου.

Since indeed (ἐπείπερ ἄλλως,) O foreigner (ὦ ξέν',) you are going (κίεις) to Argos (εἰς Ἄργος,) above all (πανδίκως) be sure to remember (μεμνημένος,) tell (εἰπέ) to his parents (πρὸς τοὺς τεκόντας) that Orestês (Ὀρέστην) is dead (τεθνεῶτ'.) In no way (μηδαμῶς) let it slip your mind (λάθῃ.) Whether now (εἴτ' οὖν) the thought (δόξα) of taking him away (κομίζειν) will prevail (νικήσει) among his dear ones (φίλων,) or whether now (εἴτ' οὖν) to bury him (θάπτειν) as a settler in a foreign land (μέτοικον,) forever and always (εἰς τὸ πᾶν ἀεὶ) a stranger (ξένον,) carry (πόρθμευσον) that (τάσδε) command (ἐφετμὰς) back (πάλιν) for (γὰρ) now (νῦν) the sides (πλευρώματα) of a copper (χαλκέου) urn (λέβητος) have held (κέκευθεν) the ashes (σποδὸν) of a man (ἀνδρὸς) well lamented (εὖ κεκλαυμένου.)

τοσαῦτ' ἀκούσας εἶπον. εἰ δὲ τυγχάνω
τοῖς κυρίοισι καὶ προσήκουσιν λέγων
οὐκ οἶδα, τὸν τεκόντα δ' εἰκὸς εἰδέναι.

I said (εἶπον) as much as (τοσαῦτ') as I heard (ἀκούσας.) And (δὲ) I do not know (οὐκ οἶδα) if (εἰ) I happen (τυγχάνω) to be speaking (λέγων) to those for whom is is right and fit to act (τοῖς κυρίοισι καὶ προσήκουσιν) but (δ') it is fitting (εἰκὸς) for his parent (τὸν τεκόντα) to know what is true (εἰδέναι.)

Κλυταιμνήστρα

οἲ 'γώ, κατ' ἄκρας εἶπας ὡς πορθούμεθα.[194]
ὦ δυσπάλαιστε τῶνδε δωμάτων Ἀρά,
ὡς πόλλ' ἐπωπᾷς, κἀκποδὼν εὖ κείμενα.
τόξοις πρόσωθεν εὐσκόποις χειρουμένη,
φίλων ἀποψιλοῖς με τὴν παναθλίαν.

Oh (οἲ!) I ('γώ!) You spoke (εἶπας) with the result that (ὡς) we are devastated (πορθούμεθα) down from a height (κατ' ἄκρας.) O (ὦ) Curse (Ἀρά) of these halls (τῶνδε δωμάτων) so hard to wrestle down (δυσπάλαιστε,) how much (ὡς πόλλ') you oversee (ἐπωπᾷς,) even (καὶ from κἀκποδὼν) that which is laid (κείμενα) well (εὖ) out of the way (ἐκποδών from κἀκποδὼν.) With well-aimed (εὐσκόποις) bow-shots (τόξοις) from far away (πρόσωθεν) you strip (ἀποψιλοῖς) me, the conquered one (χειρουμένη,) the one completely possessed by sorrow (με… τὴν παναθλίαν) of loved ones (φίλων.)

καὶ νῦν Ὀρέστης ἦν γὰρ εὐβούλως ἔχων,[195]
ἔξω κομίζων ὀλεθρίου πηλοῦ πόδα,
νῦν δ' ἥπερ ἐν δόμοισι βακχείας κακῆς
ἰατρὸς ἐλπὶς ἦν, προδοῦσαν ἔγγραφε.

And now (καὶ νῦν) Orestês (Ὀρέστης) because (γὰρ) he was (ἦν) being (ἔχων) well-advised (εὐβούλως,) is saving (κομίζων) his foot (πόδα) from the deadly mire (ἔξω ὀλεθρίου πηλοῦ) but (δ') now (νῦν) even she (ἥπερ) of the foul (κακῆς) frenzies (βακχείας) in the halls (ἐν δόμοισι,) for whom (ἥπερ) he was the hope, the healer (ἰατρὸς ἐλπὶς ἦν,) write it down as (ἔγγραφε) forsaken in distress (προδοῦσαν.)

Ὀρέστης

ἐγὼ μὲν οὖν ξένοισιν ὧδ᾽ εὐδαίμοσιν
κεδνῶν ἕκατι πραγμάτων ἂν ἤθελον
γνωστὸς γενέσθαι καὶ ξενωθῆναι· τί γὰρ
ξένου ξένοισίν ἐστιν εὐμενέστερον;

So (οὖν) I (ἐγὼ) truly (μὲν) would have preferred (ἂν ἤθελον) to be (γενέσθαι) known (γνωστὸς) and welcomed as a guest (καὶ ξενωθῆναι) by such (ὧδ') prosperous hosts (ξένοισιν εὐδαίμοσιν) on account of (ἕκατι) excellent circumstances (κεδνῶν πραγμάτων.) For (γὰρ) who (τί) is (ἐστιν) as well disposed (εὐμενέστερον) as guest (ξένου) to hosts (ξένοισίν?)

πρὸς δυσσεβείας δ' ἦν ἐμοὶ τόδ' ἐν φρεσίν,[196]
τοιόνδε πρᾶγμα μὴ καρανῶσαι φίλοις,
καταινέσαντα καὶ κατεξενωμένον.

But (δ') in (ἐν) my (ἐμοὶ) mind (φρεσίν) this (τόδ') was (ἦν) toward (πρὸς) impiety (δυσσεβείας,) not to carry out (μὴ καρανῶσαι) such a business as this (τοιόνδε πρᾶγμα) for friends (φίλοις) after making a promise (καταινέσαντα) and having been received as a guest (καὶ κατεξενωμένον.)

Κλυταιμνήστρα

οὔτοι κυρήσεις μεῖον ἀξίως σέθεν,
οὐδ᾽ ἧσσον ἂν γένοιο δώμασιν φίλος.
ἄλλος δ᾽ ὁμοίως ἦλθεν ἂν τάδ᾽ ἀγγελῶν.

You certainly will not obtain (οὔτοι κυρήσεις) less than (μεῖον) you are worthy of (ἀξίως σέθεν,) nor should you become (οὐδ'…ἂν γένοιο) less a friend (ἧσσον φίλος) in these halls (δώμασιν.) For (δ') someone else (ἄλλος) would have come (ἦλθεν ἂν) in order to announce (ἀγγελῶν) these things (τάδ') in the same way (ὁμοίως.)

ἀλλ᾽ ἔσθ᾽ ὁ καιρὸς ἡμερεύοντας ξένους[197]
μακρᾶς κελεύθου τυγχάνειν τὰ πρόσφορα.
ἄγ᾽ αὐτὸν εἰς ἀνδρῶνας εὐξένους δόμων,
ὀπισθόπους, τε τόνδε καὶ ξυνέμπορον·
κἀκεῖ κυρούντων δώμασιν τὰ πρόσφορα.

But (ἀλλ') it is (ἔσθ') the proper time (ὁ καιρὸς) for a guest (ξένους) who spends the day (ἡμερεύοντας) on the long road (μακρᾶς κελεύθου) to come upon (τυγχάνειν) something to eat (τὰ πρόσφορα.) Lead him (ἄγ' αὐτὸν) into the guest-chambers for men (εἰς ἀνδρῶνας εὐξένους) of the halls (δόμων,) attendant (ὀπισθόπους,) both this man (τε τόνδε) and his travelling companion (καὶ ξυνέμπορον) and here (κἀκεῖ) let them obtain (κυρούντων) that which is suitable (τὰ πρόσφορα) in the house (δώμασιν.)

αἰνῶ δὲ πράσσειν ὡς ὑπευθύνῳ τάδε.
ἡμεῖς δὲ ταῦτα τοῖς κρατοῦσι δωμάτων
κοινώσομέν τε κοὐ σπανίζοντες φίλων
βουλευσόμεσθα τῆσδε συμφορᾶς πέρι.

And (δὲ) I would advise you (αἰνῶ) to act (πράσσειν) as (ὡς) one who is accountable (ὑπευθύνῳ) for these things (τάδε.) And (δὲ) we (ἡμεῖς) will communicate (κοινώσομέν) these things (ταῦτα) to the masters of the halls (τοῖς κρατοῦσι δωμάτων) and not (τε κοὐ) lacking for friends (σπανίζοντες φίλων) we will take counsel among ourselves (βουλευσόμεσθα) concerning (πέρι) these events which have come to pass (τῆσδε συμφορᾶς.)

Χορός

εἶεν, φίλιαι δμωίδες οἴκων,[198]
πότε δὴ στομάτων
δείξομεν ἰσχὺν ἐπ᾽ Ὀρέστῃ;

Well then, dear serving-women of the house (εἶεν, φίλιαι δμωίδες οἴκων,) when indeed (πότε δὴ) shall we show (δείξομεν) the strength (ἰσχὺν) of our words (στομάτων) on Orestês behalf (ἐπ' Ὀρέστῃ?)

ὦ πότνια χθὼν καὶ πότνι᾽ ἀκτὴ
χώματος, ἣ νῦν ἐπὶ ναυάρχῳ
σώματι κεῖσαι τῷ βασιλείῳ,
νῦν ἐπάκουσον, νῦν ἐπάρηξον
νῦν γὰρ ἀκμάζει Πειθὼ δολίαν
ξυγκαταβῆναι, χθόνιον δ᾽ Ἑρμῆν
καὶ τὸν νύχιον τοῖσδ᾽ ἐφοδεῦσαι
ξιφοδηλήτοισιν ἀγῶσιν.

O goddess of the earth (ὦ πότνια χθὼν) and goddess of the bank of earth (καὶ πότνι' ἀκτὴ χώματος,) which now (ἣ νῦν) is laid (κεῖσαι) on (ἐπὶ) the (τῷ) ship-ruling (ναυάρχῳ) royal (βασιλείῳ) body (σώματι,) now listen (νῦν ἐπάκουσον,) now help (νῦν ἐπάρηξον·) For (γὰρ) now (νῦν) it is high time to come to our aid (ἀκμάζει ξυγκαταβῆναι,) with respect to crafty (δολίαν) Persuasion (Πειθὼ) and (δ') Hermes of the underworld (χθόνιον Ἑρμῆν) and (καὶ) that which is dark as night (τὸν νύχιον,) to watch over [us] (ἐφοδεῦσαι) in these struggles in which death is dealt by the sword (τοῖσδ' ξιφοδηλήτοισιν ἀγῶσιν.)

ἔοικεν ἀνὴρ ὁ ξένος τεύχειν κακόν.
τροφὸν δ᾽ Ὀρέστου τήνδ᾽ ὁρῶ κεκλαυμένην.
ποῖ δὴ πατεῖς, Κίλισσα, δωμάτων πύλας;
λύπη δ᾽ ἄμισθός ἐστί σοι ξυνέμπορος;

The stranger (ὁ ξένος) is a suitable man (ἔοικεν ἀνὴρ) to do damage (τεύχειν κακόν.) But (δ') I see (ὁρῶ) Orestês's (Ὀρέστου) nanny (τροφὸν) here (τήνδ') who has been crying (κεκλαυμένην.) Kilissa (Κίλισσα,) for what end indeed (ποῖ δὴ) do you walk near (πατεῖς) the gates (πύλας) of the house (δωμάτων?) And (δ') is (ἐστί) profitless (ἄμισθός) pain (λύπη) a fellow-traveler (ξυνέμπορος) with you (σοι?)

Τροφός

Αἴγισθον ἡ κρατοῦσα τοῖς ξένοις καλεῖν[199]
ὅπως τάχιστ’ ἄνωγεν, ὡς σαφέστερον
ἀνὴρ ἀπ’ ἀνδρὸς τὴν νεάγγελτον φάτιν

The mistress (ἡ κρατοῦσα) gives orders (ἄνωγεν) to call (καλεῖν) Aigisthos (Αἴγισθον) to the strangers (τοῖς ξένοις) as quickly as possible (ὅπως τάχιστ',) so that (ὡς) when he comes (ἐλθὼν) he should learn about (πύθηται) this (τήνδε) the newly-announced report (τὴν νεάγγελτον φάτιν) as clearly as possible (σαφέστερον) man to man (ἀνὴρ ἀπ' ἀνδρὸς.)

ἐλθὼν πύθηται τήνδε. πρὸς μὲν οἰκέτας[200]
θέτο σκυθρωπόν ἐντὸς ὀμμάτων γέλων
κεύθουσ’ ἐπ’ ἔργοις διαπεπραγμένοις καλῶς
κείνῃ, δόμοις δὲ τοῖσδε παγκάκως ἔχειν,
φήμης ὕφ’ ἧς ἤγγειλαν οἱ ξένοι τορῶς.

Truly (μὲν) in front of the servants (πρὸς οἰκέτας) she put on a gloomy look (θετο σκυθρωπῶν) while she covered up (κεύθουσ') the laughter (γέλὼν) in her eyes (ἐντὸς ὀμμάτων) concerning (ἐπ') the actions (ἔργοις) which were brought to pass (διαπεπραγμένοις) well (καλῶς) for her (κείνῃ) though (δὲ) utterly evil (παγκάκως ἔχειν) for these (τοῖσδε) halls (δόμοις) due to (ὕφ') the utterance (φήμης) which (ἧς) the strangers (οἱ ξένοι) announced (ἤγγειλαν) piercingly (τορῶς.)

ἦ δὴ κλύων ἐκεῖνος εὐφρανεῖ νόον,
εὖτ’ ἂν πύθηται μῦθον. ὦ τάλαιν’ ἐγώ·
ὥς μοι τὰ μὲν παλαιὰ συγκεκραμένα
ἄλγη δύσοιστα τοῖσδ’ ἐν Ἀτρέως δόμοις
τυχόντ’ ἐμὴν ἤλγυνεν ἐν στέρνοις φρένα.

Truly indeed (ἦ δὴ) when he hears this (κλύων) that man (ἐκεῖνος) will gladden (εὐφρανεῖ) his mind (νόον,) whenever (εὖτ') he should learn (ἂν πύθηται) the story (μῦθον.) O miserable me (ὦ τάλαιν' ἐγώ!) Indeed (μὲν) how (ὥς) for me (μοι) the ancient convoluted suffering, so hard to bear (τὰ…παλαιὰ συγκεκραμένα ἄλγη δύσοιστα) happening to occur (τυχόντ') in (ἐν) these (τοῖσδ') halls (δόμοις) of Atreus (Ἀτρέως) grieved (ἤλγυνεν) my (ἐμὴν) heart (φρένα) in my chest (ἐν στέρνοις)

ἀλλ’ οὔτι πω τοιόνδε πῆμ’ ἀνεσχόμην·
τὰ μὲν γὰρ ἄλλα τλημόνως ἤντλουν κακά.

But (ἀλλ') until now (πω) I bore up under (ἀνεσχόμην) no (οὔτι) pain (πῆμ') such as this (τοιόνδε.) For (γὰρ) indeed (μὲν) patiently (τλημόνως) I came to the end of (ἤντλουν) the other evils (τὰ ἄλλα κακά.)

φίλον δ’ Ὀρέστην, τῆς ἐμῆς ψυχῆς τριβήν,[201]
ὃν ἐξέθρεψα μητρόθεν δεδεγμένη,
καὶ νυκτιπλάγκτων ὀρθίων κελευμάτων
καὶ πολλὰ καὶ μοχθήρ’ ἀνωφέλητ’ ἐμοὶ

But (δ') dear Orestês (φίλον…Ὀρέστην,) the erosion (τριβήν) of my spirit (τῆς ἐμῆς ψυχῆς,) whom (ὃν) I brought up (ἐξέθρεψα) after having received him (δεδεγμένη) from his mother (μητρόθεν,) by enduring (τλάσῃ) even (καὶ) calls (κελευμάτων) that made me get straight out of bed during the night (νυκτιπλάγκτων ὀρθίων) and many (καὶ πολλὰ) hardships (μοχθήρ',) and profitless to me (καὶ… ἀνωφέλητ' ἐμοὶ.)

τλάσῃ.·τὸ μὴ φρονοῦν γὰρ ὡσπερεὶ βοτὸν[202]
τρέφειν ἀνάγκη. ῶς γὰρ οὔ; τροφοῦ φρενί·
οὐ γάρ τι φωνεῖ παῖς ἔτ' ὢν ἐν σπαργάνοις,
εἰ λιμός, ἢ δίψη τις, ἢ λιψουρία
ἔχει. νέα δὲ νηδὺς αὐτάρκης τέκνων.

For (γὰρ) it is necessary (ἀνάγκη) to feed (τρέφειν) one who has no understanding (τὸ μὴ φρονοῦν) just like an animal (ὡσπερεὶ βοτὸν,) according to the understanding (φρενί) of a nurse (τροφοῦ) for (γὰρ) how (πῶς) not (οὔ? for how can you not?) For (γάρ) a child (παῖς) does not (οὐ) say (φωνεῖ) anything (τι) yet (ἔτ') while it is (ὢν) in swaddling clothes (ἐν σπαργάνοις,) whether hungry (εἰ λιμός,) or thirsty (ἢ δίψη) for something (τις,) or has the need to make water (ἢ λιψουρία ἔχει.) And (δὲ) the young (νέα) insides (νηδὺς) of children (τέκνων) have a will of their own (αὐτάρκης.)

τούτων πρόμαντις οὖσα, πολλὰ δ', οἴομαι,
ψευσθεῖσα παιδὸς σπαργάνων φαιδρύντρια,
γναφεὺς τροφεύς τε ταὐτὸν εἰχέτην τέλος.

I was (οὖσα) an oracle (πρόμαντις) about these things (τούτων) but (δ',) many times (πολλὰ) I think (οἴομαι) being mistaken (ψευσθεῖσα) I was the cleaner (φαιδρύντρια) of the swaddling clothes (σπαργάνων) of a child (παιδὸς.) The laundress (γναφεὺς) and (τε) the nursemaid (τροφεύς) both used to have (εἰχέτην) the same goal (ταὐτὸν τέλος.)

ἐγὼ διπλᾶς δὲ τάσδε χειρωναξίας
ἔχουσ' Ὀρέστην ἐξεδεξάμην πατρί·
τεθνηκότος δὲ νῦν τάλαινα πεύθομαι.

And (δὲ) I myself (ἐγὼ) because I have (ἔχουσ') these (τάσδε) twofold (διπλᾶς) abilities (χειρωναξίας) received/showed (ἐξεδεξάμην) Orestês (Ὀρέστην) from/to his father (πατρί.) And now (δὲ νῦν,) a miserable woman (τάλαινα) I learn (πεύθομαι) that he is dead (τεθνηκότος.)

στείχω δ' ἐπ' ἄνδρα τῶνδε λυμαντήριον
οἴκων, θέλων δὲ τόνδε πεύσεται λόγον.

So (δ') I go (στείχω) to (ἐπ') a man (ἄνδρα) destructive (λυμαντήριον) of these halls (τῶνδε οἴκων) for (δὲ) he will learn by hearing (πεύσεται) this story (τόνδε λόγον) what he desires (θέλων.)

Χορός

πῶς οὖν κελεύει νιν μολεῖν ἐσταλμένον;

How then (πῶς οὖν) does she tell him (κελεύει νιν) to come (μολεῖν) when he has been sent for/having made himself ready (ἐσταλμένον?)

Τροφός

ἢ πῶς; λέγ' αὖθις, ὡς μάθω σαφέστερον.[203]

What? How (ἢ πῶς?) Speak again (λέγ' αὖθις,) so that (ὡς) I may understand (μάθω) clearly (σαφέστερον.)

Χορός

εἰ ξὺν λοχίταις εἴτε καὶ μονοστιβῆ.[204]

Whether (εἰ) with (ξὺν) comrades-in-arms (λοχίταις) or just (εἴτε καὶ) walking alone (μονοστιβῆ.)

Τροφός

ἄγειν κελεύει δορυφόρους ὀπάονας.

She says (κελεύει) to bring (ἄγειν) his bodyguards (δορυφόρους) as attendants (ὀπάονας.)

Χορός

μή νυν σὺ ταῦτ' ἄγγελλε δεσπότου στύγει·
ἀλλ' αὐτὸν ἐλθεῖν, ὡς ἀδειμάντως κλύῃ,
ἄνωχθ' ὅσον τάχιστα γηθούσῃ φρενί.
ἐν ἀγγέλῳ γὰρ κυπτὸς ὀρθοῦται λόγος.

Now (νυν) you (σὺ) shall not bring (μή… ἄγγελλε) these things (ταῦτ') to our abomination (στύγει) of a master (δεσπότου.) Rather that (ἀλλ') urge (ἄνωχθ') that he come (ἐλθεῖν) by himself (αὐτὸν) as fast as possible (ὅσον τάχιστα) with a rejoicing heart (γηθούσῃ φρενί) so that he may hear (ὡς κλύῃ) without fear (ἀδειμάντως.) For (γὰρ) in a messenger (ἐν ἀγγέλῳ) distorted words (κυπτὸς… λόγος) are made straight (ὀρθοῦται.)

Τροφός

ἀλλ' ἦ φρονεῖς εὖ τοῖσι νῦν ἠγγελμένοις;

But truly (ἀλλ' ἦ) do you think favorably (φρονεῖς εὖ) now (νῦν) about these reports (τοῖσι ἠγγελμένοις?)

Χορός

ἀλλ' εἰ τροπαίαν Ζεὺς κακῶν θήσει ποτέ;

But if (ἀλλ' εἰ) at last (ποτέ) Zeus (Ζεὺς) will bring about (θήσει) a change in the wind (τροπαίαν) away from evil (κακῶν?)

Τροφός

καὶ πῶς; Ὀρέστης ἐλπὶς οἴχεται δόμων.

Just how (καὶ πῶς?) Orestês (Ὀρέστης,) the hope (ἐλπὶς) of the halls (δόμων) is gone (οἴχεται.)

Χορός

οὔπω. κακός γε μάντις ἂν γνοίη τάδε.

Not at all (οὔπω.) Indeed (γε) a bad soothsayer (κακός…μάντις) would think (ἂν γνοίη) these things (τάδε.)

Τροφός

τί φῄς; ἔχεις τι τῶν λελεγμένων δίχα;

What are you saying (τί φῄς?) Do you hold/believe (ἔχεις) something (τι) different (δίχα) from what has been said (τῶν λελεγμένων?)

Χορός

ἄγγελλ' ἰοῦσα, πρᾶσσε τἀπεσταλμένα.
μέλει θεοῖσιν ὧνπερ ἂν μέλῃ πέρι.

Since you are going (ἰοῦσα) take your message (ἄγγελλ',) do (πρᾶσσε) what you have been sent to do (τἀπεσταλμένα.) Concerning (πέρι) whatever (ὧνπερ) may be an object of concern (ἂν μέλῃ,) it is of concern (μέλει) to the gods (θεοῖσιν.)

Τροφός

ἀλλ' εἶμι καὶ σοῖς ταῦτα πείσομαι λόγοις.
γένοιτο δ' ὡς ἄριστα σὺν θεῶν δόσει.

At least (ἀλλ') I go (εἶμι) and (καὶ) I will be persuaded (πείσομαι) with respect to these things (ταῦτα) by your words (σοῖς λόγοις.) And (δ') may it come to pass (γένοιτο) for the best (ὡς ἄριστα) by (σὺν) the gift (δόσει) of the gods (θεῶν.)

Χορός

νῦν παραιτουμένᾳ μοι, πάτερ[205]
Ζεῦ θεῶν Ὀλυμπίων,
δὸς τύχας τυχεῖν δόμου κυρίοις
τὰ σώφρον' αὖ μαιομένοις ἰδεῖν.

Now (νῦν) O Zeus (Ζεῦ,) O father (πάτερ) of the Olympian (Ὀλυμπίων) gods (θεῶν,) grant (δὸς,) by my asking as a favor (παραιτουμένᾳ μοι) that good fortune (τύχας) happen (τυχεῖν) to the lords (κυρίοις) of the house (δόμου) when again (αὖ) they are seeking (μαιομένοις) to see/to know (ἰδεῖν) those things that are wise (τὰ σώφρον'.)

διὰ δίκας πᾶν ἔπος[206]
ἔλακον· ὦ Ζεῦ, σύ νιν φυλάσσοις.

I cried out (ἔλακον) every word (πᾶν ἔπος) through/in the name of justice (διὰ δίκας.) O Zeus (ὦ Ζεῦ) may you defend it (σύ νιν φυλάσσοις.)

ἒ ἔ, πρὸ δὲ δὴ ‘χθρῶν[207]
τὸν ἔσω μελάθρων, Ζεῦ,
θές, ἐπεί νιν μέγαν ἄρας,
δίδυμα καὶ τριπλᾶ
παλίμποινα θέλων ἀμείψει.

Ah! Ah! (ἒ ἔ,) and (δὲ) now (δὴ,) O Zeus (Ζεῦ,) put (θές) he who is inside the halls (τὸν ἔσω μελάθρων) before those he hates (πρὸ ‘χθρῶν) since upon being greatly exalted (ἐπεί νιν μέγαν ἄρας,) he will repay (ἀμείψει) willingly (θέλων) double and triple (δίδυμα καὶ τριπλᾶ) repayment (παλίμποινα.)

ἴσθι δ’ ἀνδρὸς φίλου πῶλον εὖ-[208]
νιν ζυγέντ’ ἐν ἅρμασιν.
πημάτων ἐν δρόμῳ προστιθεὶς
μέτρον κτίσον σῳζόμενον ῥυθμὸν
τοῦτ’ ἰδεῖν διὰ πέδον
ἀνομένων βημάτων ὄρεγμα.

So (δ') acknowledge (ἴσθι) the young colt (πῶλον) of his dear (φίλου) father (ἀνδρὸς) bereft (εὖνιν,) being yoked (ζυγέντ') to the chariot (ἐν ἅρμασιν.) As you put him (προστιθεὶς) in the race (ἐν δρόμῳ) establish (κτίσον) a limit (μέτρον) of troubles (πημάτων,) a saving rhythm (σῳζόμενον ῥυθμὸν) to see (ἰδεῖν) this (τοῦτ') the stretch (ὄρεγμα) of finishing strides (ἀνομένων βημάτων) across the field (διὰ πέδον.)

οἵ τ’ ἔσωθε δωμάτων
πλουτογαθῆ μυχὸν νομίζετε,
κλῦτε, σύμφρονες θεοί·
[ἄγετε] τῶν πάλαι πεπραγμένων
λύσασθ’ αἷμα προσφάτοις δίκαις.
γέρων φόνος μηκέτ’ ἐν δόμοις τέκοι.

And as for (τ') those who (οἵ) are accustomed to (νομίζετε) a luxurious inner space (πλουτογαθῆ μυχὸν) inside the halls (ἔσωθε δωμάτων,) hear, (κλῦτε,) you gods (θεοί) who feel as we do (σύμφρονες!) Lead them out (ἄγετε,) let them repay (λύσασθ') the blood (αἷμα) of deeds done (τῶν πεπραγμένων) long ago (πάλαι) according to freshly spoken justice (προσφάτοις δίκαις.) Murder (φόνος,) an old man (γέρων,) may he beget children (τέκοι) no longer (μηκέτ') in the halls (ἐν δόμοις.)

τὸ δὲ καλῶς κτίμενον ὦ μέγα ναίων[209]
στόμιον, εὖ δὸς ἀνιδεῖν δόμον ἀνδρός,
καί νιν ἐλευθερίας φῶς
λαμπρὸν ἰδεῖν φιλίοις
ὄμμασιν ἐκ δνοφερᾶς καλύπτρας.

But (δὲ) O (ὦ) one who dwells (ναίων) in the (τὸ) beautifully (καλῶς) made (κτίμενον) great cave (μέγα…στόμιον,) kindly (εὖ) grant (δὸς) the house/family (δόμον) of a man (ἀνδρός) to raise its head (ἀνιδεῖν look up) and to him (καί νιν) to see (ἰδεῖν) the brilliant (λαμπρὸν) light (φῶς) of freedom (ἐλευθερίας) in beloved eyes (φιλίοις ὄμμασιν) out of dark veils <ἐκ δνοφερᾶς καλύπτρας.)

ξυλλάβοιτο δ’ ἐνδίκως
παῖς ὁ Μαίας, ἐπεὶ φορώτατος
πρᾶξιν οὐρίαν θέλων·

And (δ') let the (ὁ) child (παῖς) of Maia (Μαίας) take in hand for himself (ξυλλάβοι) rightly (ἐνδίκως) prosperous (οὐρίαν) action (πρᾶξιν) since (ἐπεὶ) he is the most able to carry it forward (φορώτατος) he being willing (θέλων.)

πολλὰ δ’ ἄλλα φανεῖ χρηίζων κρυπτά.
ἄσκοπον δ’ ἔπος λέγων
νυκτὸς προὐμμάτων σκότον φέρει,
καθ’ ἡμέραν δ’ οὐδὲν ἐμφανέστερος.

For (δ') if he chooses (χρηίζων) he will reveal (φανεῖ) much that is hidden (πολλὰ…ἄλλα κρυπτά,) but (δ') by speaking (λέγων) obscure words (ἄσκοπον...ἔπος) in the night (νύκτα) so (τ') he brings (φέρει) darkness (σκότον) in front (πρό) of the eyes (ὀμμάτων,) and (δ') during the day (καθ' ἡμέραν) is not at all (οὐδὲν) the clearest (ἐμφανέστερος.)

καὶ τότ’ ἤδη κλυτὸν[210]
δωμάτων λυτήριον,
θῆλυν ὀρθιοστάτον οὐδ’
ὀξύκρεκτον γοα-
τᾶν νόμον θήσομεν· πλεῖ τάδ’ εὖ·
ἁμόν ἁμόν κέρδος αὔξεται τόδ’· ἄ-
τα δ’ ἀποστατεῖ φίλων.

And then at once (καὶ τότ' ἤδη) we will strike up (θήσομεν) a feminine (θῆλυν) piercing (ὀρθιοστάτον) song (νόμον) not (οὐδ') mixed (ὀξύκρεκτον) with lamentation (γοατᾶν) for the glorious (κλυτὸν) deliverance (λυτήριον) of the halls (δωμάτων.) These things (τάδ') sail well (πλεῖ εὖ) for me (ἐμὸν,) profit (κέρδος) increases (αὔξεται) for me (ἐμὸν,) and (δ') now (τόδ') ruin (ἄτα) stands far away (ἀποστατεῖ) from my dear ones (φίλων.)

σὺ δὲ θαρσῶν ὅταν ἥκῃ μέρος ἔργων[211]
ἐπαύσας θροεούσᾳ
πρὸς σὲ τέκνον, πατρὸς αὔδα,
καὶ πέραιν’ ἀνεπίμομφον ἄταν.

And (δὲ) you (σὺ) being bold (θαρσῶν) whenever (ὅταν) you come (ἥκῃ) to your part (μέρος) of the things to be done (ἔργων,) while shouting over her (ἐπαύσας) when she cries out to you (θροεούσᾳ πρὸς σὲ,) "child" (τέκνον,) say (αὔδα) "of my father" (πατρὸς) and (καὶ) accomplish (πέραιν') the blameless (ἀνεπίμομφον) punishment (ἄταν.)

Περσέως τ᾽ ἐν φρεσὶν[212]
καρδίαν ἀνασχεθών,
τοῖς θ᾽ ὑπὸ χθονὸς φίλοισιν,
τοῖς τ᾽ ἄνωθεν πρόπρασ-
σε χάριν ὀργᾶς λυγρᾶς, ἔνδοθεν
φοινίαν ἄταν τιθείς, τὸν αἴτιον δ᾽
ἐξαπολλύων μόρου.

And (τ') upon raising (ἀνασχεθών) the heart (καρδίαν) of Perseus (Περσέως) in your spirit (ἐν φρεσὶν,) act for (πρόπρασσε) both (θ') those you love (τοῖς… φίλοισιν) beneath the earth (ὑπὸ χθονὸς) and (τ') those (τοῖς) above (ἄνωθεν,) for the sake of (χάριν) sorrowful (λυγρᾶς) wrath (ὀργᾶς) by applying (τιθείς) bloody (φόνιον) punishment (ἄταν) within (ἔνδοθεν) and (δ') utterly destroying (ἐξαπολλύων) the one who is guilty (τὸν αἴτιον) of violent death (μόρου.)

Αἴγισθος

ἥκω μὲν οὐκ ἄκλητος, ἀλλ᾽ ὑπάγγελος.[213]
νέαν φάτιν δὲ πεύθομαι λέγειν τινὰς
ξένους μολόντας οὐδαμῶς ἐφίμερον,
μόρον γ᾽ Ὀρέστου. καὶ τόδ᾽ ἀμφέρειν δόμοις
γένοιτ᾽ ἂν ἄχθος δειματοσταγὲς φόνῳ
τῷ πρόσθεν ἑλκαίνοντι καὶ δεδηγμένῳ.

I have come (ἥκω) not (οὐκ) indeed (μὲν) without being called (ἄκλητος,) rather (ἀλλ') as one summoned by a messenger (ὑπάγγελος.) For (δὲ) I learn that (πεύθομαι) some strangers just arrived (ξένους μολόντας) tell (λέγειν) a fresh story (νέαν φάτιν) in no way (οὐδαμῶς) delightful (ἐφίμερον,) namely (γ') the death (μόρον) of Orestês (Ὀρέστου.) And (καὶ) to to bring (ἀμφέρειν) this (τόδ') to the family (δόμοις, literally the halls) would be (γένοιτ' ἂν) a burden (ἄχθος) dripping with horror (δειματοσταγὲς) with respect to an (τῷ) act of bloodshed (φόνῳ) which stung (δεδηγμένῳ and (καὶ) festered (ἑλκαίνοντι) formerly (πρόσθεν.)

πῶς ταῦτ᾽ ἀληθῆ καὶ βλέποντα δοξάσω;
ἢ πρὸς γυναικῶν δειματούμενοι λόγοι
πεδάρσιοι θρῴσκουσι, θνῄσκοντες μάτην;
τί τῶνδ᾽ ἂν εἴποις ὥστε δηλῶσαι φρενί;

How (πῶς) shall I imagine that (δοξάσω) these things (ταῦτ') are true (ἀληθῆ) and (καὶ) visible (βλέποντα?) Or are these (ἢ) frightened (δειματούμενοι) words (λόγοι) from women (πρὸς γυναικῶν) that rush (θρῴσκουσι) high into the air (πεδάρσιοι,) that die away in vain (θνῄσκοντες μάτην?) What (τί) can you say (ἂν εἴποις) of these things (τῶνδ') so as to (ὥστε) be plain (δηλῶσαι) to my mind (φρενί?)

Χορός

ἠκούσαμεν μέν, πυνθάνου δὲ τῶν ξένων[214]
ἔσω παρελθών. οὐδὲν ἀγγέλων σθένος
ὡς αὐτὸν ἀνδρὸς ἄνδρα πεύθεσθαι πάρα.

Indeed (μέν) we heard (ἠκούσαμεν,) but (δὲ) inquire (πυνθάνου) of the strangers (τῶν ξένων) who went on (παρελθών) inside (ἔσω.) There is no (οὐδὲν) power (σθένος) among messengers (ἀγγέλων) compared (ὡς… πάρα) to inquiring (πεύθεσθαι) yourself (αὐτὸν) man to man (ἀνδρὸς ἄνδρα.)

Αἴγισθος

ἰδεῖν ἐλέγξαι τ' αὖ θέλω τὸν ἄγγελον,
εἴτ' αὐτὸς ἦν θνῄσκοντος ἐγγύθεν παρών,
εἴτ' ἐξ ἀμαυρᾶς κληδόνος λέγει μαθών.
οὔτοι φρέν' ἂν κλέψειεν ὠμματωμένην.

I wish (θέλω) to see (ἰδεῖν) and (τ') question (ἐλέγξαι) the messenger (τὸν ἄγγελον) again (αὖ) as to whether (εἴτ') he was (παρών) nearby (ἐγγύθεν) when he (Orestes) (αὐτὸς) was (ἦν) dying (θνῄσκοντος,) or whether (εἴτ') he speaks (λέγει) upon learrning (μαθών) from (ἐξ) an obscure omen (ἀμαυρᾶς κληδόνος.) He certainly (οὔτοι) cannot deceive (ἂν κλέψειεν) my mind (φρέν') so long as it is quick of sight (ὠμματωμένην.)

Χορός

Ζεῦ Ζεῦ, τί λέγω, πόθεν ἄρξωμαι[215]
τάδ' ἐπευχομένη ἐπιθοάζουσ',
ὑπὸ δ' εὐνοίας
πῶς ἴσον εἰποῦσ' ἀνύσωμαι;

O Zeus, Zeus (Ζεῦ Ζεῦ,) what should I say (τί λέγω,) where should I begin (πόθεν ἄρξωμαι) these (τάδ') when I am praying (ἐπευχομένη,) supplicating (ἐπιθοάζουσ'?) And (δ') how (πῶς) out of good-will (ὑπὸ εὐνοίας) should I accomplish (ἀνύσωμαι) equally (ἴσον) what I say (εἰποῦσ'?)

νῦν γὰρ μέλλουσι μιανθεῖσαι
πειραὶ κοπάνων ἀνδροδαΐκτων
ἢ πάνυ θήσειν Ἀγαμεμνονίων
οἴκων ὄλεθρον διὰ παντός,
ἢ πῦρ καὶ φῶς ἐπ᾽ ἐλευθερίᾳ
δαίων ἀρχάς τε πολισσονόμους
πατέρων θ᾽ ἕξει μέγαν ὄλβον.

For (γὰρ) now (νῦν) the bloodstained sharp points (μιανθεῖσαι πειραὶ) of homicidal (ἀνδροδαΐκτων) blades (κοπάνων) are about (μέλλουσι) either (ἢ) to put (θήσειν) those of the Agamemnonian halls (Ἀγαμεμνονίων οἴκων) totally (πάνυ) to ruin (ὄλεθρον) forever (διὰ παντός) or (ἢ) the man who kindles (δαίων) fire and light (πῦρ καὶ φῶς) for the sake of freedom (ἐπ' ἐλευθερίᾳ) will have (ἕξει) both (τε) the city-ruling (πολισσονόμους) powers (ἀρχάς) of his fathers (πατέρων) and (θ') great happiness (μέγαν ὄλβον.)

τοιάνδε πάλην μόνος ὢν ἔφεδρος
δισσοῖς μέλλει θεῖος Ὀρέστης
ἅψειν. εἴη δ᾽ ἐπὶ νίκῃ.

Godlike Orestês (θεῖος Ὀρέστης) is about to engage in (μέλλει ἅψειν) just such a battle (τοιάνδε πάλην) standing by (ἔφεδρος) being (ὢν) alone (μόνος) against two (δισσοῖς.) And (δ') may he be (εἴη) with victory (ἐπὶ νίκῃ.)

Αἴγισθος

ἒ ἕ, ὀτοτοτοῖ.

Ah, ah, oh, oh, oh, oh! (ἒ ἕ, ὀτοτοτοῖ.) Aigisthos screams inarticulately.

Χορός

ἔα ἔα μάλα.[216]
πῶς ἔχει; πῶς κέκρανται δόμοις;
ἀποσταθῶμεν πράγματος τελουμένου,
ὅπως δοκῶμεν τῶνδ᾽ ἀναίτιαι κακῶν
εἶναι· μάχης γὰρ δὴ κεκύρωται τέλος.

What! What indeed! (ἔα ἔα μάλα.) What is going on (πῶς ἔχει? literally, how does it hold?) How (πῶς) has it worked itself out (κέκρανται) in the halls (δόμοις?) Let us stay clear (ἀποσταθῶμεν) of that which has been done (πράγματος) in order for it to be fulfilled (τελουμένου) in such a way (ὅπως) as we might seem (δοκῶμεν) to be (εἶναι) guiltless (ἀναίτιαι) of these evils (τῶνδ' κακῶν.) For indeed (γὰρ δὴ) the outcome (τέλος) of the battle (μάχης) has been determined (κεκύρωται.)

Αἴγισθος

οἴμοι, πανοίμοι δεσπότου πεπληγμένου.[217]
οἴμοι μάλ' αὖθις ἐν τρίτοις προσφθέγμασιν.

Oh, my (οἴμοι,) oh, my for everything (πανοίμοι,) for the master has been stabbed (δεσπότου πεπληγμένου.) Oh my indeed (οἴμοι μάλ') back again (αὖθις) for the third time around (ἐν τρίτοις προσφθέγμασιν literally for the third greeting.)

Οἰκέτης

Αἴγισθος οὐκέτ' ἔστιν. ἀλλ' ἀνοίξατε
ὅπως τάχιστα, καὶ γυναικείους πύλας
μοχλοῖς χαλᾶτε· καὶ μάλ' ἡβῶντος δὲ δεῖ,
οὐχ ὡς δ' ἀρῆξαι διαπεπραγμένῳ· τί γάρ;
ἰοὺ ἰού.

Aigisthos (Αἴγισθος) exists (ἔστιν) no longer (οὐκέτ'.) But (ἀλλ') open up (ἀνοίξατε) as quickly (τάχιστα) as possible (ὅπως) even (καὶ) loosen (χαλᾶτε) the doors (πύλας) of the women's quarters (γυναικείους) with levers (μοχλοῖς!) and (καὶ) so (δὲ) there is need (δεῖ) of a very vigorous man (μάλ' ἡβῶντος,) but (δ') not (οὐχ) so as (ὡς) to do good (ἀρῆξαι) to one who has been done for (διαπεπραγμένῳ.) What's the use (τί γάρ, literally, for who?) Hey! Hey (ἰοὺ ἰού!)

κωφοῖς ἀυτῶ καὶ καθεύδουσιν μάτην[218]
ἄκραντα βάζω; ποῦ Κλυταιμνήστρα; τί δρᾷ;
ἔοικε νῦν αὐτῆς ἐπὶ ξυροῦ πέλας
αὐχὴν πεσεῖσθαι πρὸς δίκην πεπληγμένος.

Am I shouting (ἀυτῶ) to the deaf (κωφοῖς?) and (καὶ) am I talking (βάζω) ineffectually (ἄκραντα) to those who are asleep (καθεύδουσιν) uselessly (μάτην?) Where is Klytaimnêstra (ποῖ Κλυταιμνήστρα?) What is she doing? (τί δρᾷ;) Her (αὐτῆς) neck (αὐχὴν) which is near the razor (ἐπὶ ξυροῦ πέλας) is likely (ἔοικε) now (νῦν) to fall (πεσεῖσθαι) by being struck (πεπληγμένος) according to justice (πρὸς δίκην.)

Κλυταιμνήστρα

τί δ' ἐστὶ χρῆμα; τίνα βοὴν ἵστης δόμοις;[219]

So (δ') what is the matter (τί ἐστὶ χρῆμα?) What noise (τίνα βοὴν) are you raising (ἵστης) in the halls (δόμοις?)

Οἰκέτης

τὸν ζῶντα καίνειν τοὺς τεθνηκότας λέγω.

I say that (λέγω) the dead (τοὺς τεθνηκότας) are killing (καίνειν) the living (τὸν ζῶντα.)

Κλυταιμνήστρα

οἳ 'γώ. ξυνῆκα τοὔπος ἐξ αἰνιγμάτων.[220]
δόλοις ὀλούμεθ', ὥσπερ οὖν ἐκτείναμεν.
δοίη τις ἀνδροκμῆτα πέλεκυν ὡς τάχος·
εἰδῶμεν εἰ νικῶμεν, ἢ νικώμεθα·
ἐνταῦθα γὰρ δὴ τοῦδ' ἀφικόμην κακοῦ.

Oh, I (οἳ 'γώ.) I have gathered (ξυνῆκα) the meaning (τοὔπος) from your riddle (ἐξ αἰνιγμάτων.) We will die (ὀλούμεθ',) by treacheries (δόλοις) just as indeed (ὥσπερ οὖν) I killed (ἐκτείναμεν.) Someone (τις) give me (δοίη) quickly (ὡς τάχος) an axe (πέλεκυν) suitable for killling men (ἀνδροκμῆτα.) We shall know (εἰδῶμεν) whether we conquer or are conquered (εἰ νικῶμεν, ἢ νικώμεθα) For (γὰρ) here (ἐνταῦθα) indeed (δὴ) I came to (ἀφικόμην) this evil (τοῦδ' κακοῦ.)

Ὀρέστης

σὲ καὶ ματεύω, τῷδε δ' ἀρκούντως ἔχει.

And (καὶ) I am looking (ματεύω) for you (σὲ,) for (δ') as for this man (τῷδε) he has enough (ἀρκούντως ἔχει.)

Κλυταιμνήστρα

οἳ 'γώ. τέθνηκας, φίλτατ' Αἰγίσθου βία.

Oh, I (οἳ 'γώ.) You are dead (τέθνηκας,) beloved (φίλτατ') strength (βία) of Aigisthos (Αἰγίσθου.)

Ὀρέστης

φιλεῖς τὸν ἄνδρα; τοιγὰρ ἐν ταὐτῷ τάφῳ
κείσῃ· θανόντα δ' οὔτι μὴ προδῷς ποτε.

Do you love this man (φιλεῖς τὸν ἄνδρα?) So then (τοιγὰρ) you will lay yourself down (κείσῃ) in the same grave (ἐν ταὐτῷ τάφῳ) and (δ') since he is dead (θανόντα) you shall not betray (μὴ προδῷς) anyone (οὔτι) any more (ποτε.)

Κλυταιμνήστρα

ἐπίσχες, ὦ παῖ, τόνδε δ' αἴδεσαι, τέκνον,
μαστόν, πρὸς ᾧ σὺ πολλὰ δὴ βρίζων ἅμα
οὔλοισιν ἐξήμελξας εὐτραφὲς γάλα.

Stop, O son (ἐπίσχες, ὦ παῖ,) and (δ') child (τέκνον,) be shamed before (αἴδεσαι) this breast (τόνδε μαστόν,) at which (πρὸς ᾧ) you often indeed (σὺ πολλὰ δὴ) at the same time (ἅμα) while you are sleeping (βρίζων) in safety (οὔλοισιν) sucked (ἐξήμελξας) nourishing milk (εὐτραφὲς γάλα.)

Ὀρέστης

Πυλάδη τί δράσω; μητέρ᾽ αἰδεσθῶ κτανεῖν;

Pylades (Πυλάδη,) what should I do (τί δράσω?) Should I be ashamed (αἰδεσθῶ) to kill (κτανεῖν) my mother (μητέρ'?)

Πυλάδης

ποῦ δαὶ τὰ λοιπὰ Λοξίου μαντεύματα
τὰ πυθόχρηστα, πιστὰ δ᾽ εὐορκώματα;
ἅπαντας ἐχθροὺς τῶν θεῶν ἡγοῦ πλέον.

Then (δὴ) where are (ποῦ) the rest (τὰ λοιπὰ) of those things which pertain to the oracles (μαντεύματα) of Apollo Loxias (Λοξίου) delivered at Delphi (τὰ πυθόχρηστα,) and (δ') those matters of trust that pertain to solemn oath (πιστὰ εὐορκώματα?) Hold (ἡγοῦ) every enmity (ἅπαντας ἐχθροὺς) as better (πλέον) than that of the gods (τῶν θεῶν.)

Ὀρέστης

κρίνω σὲ νικᾶν, καὶ παραινεῖς μοι καλῶς.
ἕπου, πρὸς αὐτὸν τόνδε σὲ σφάξαι θέλω.
καὶ ζῶντα γάρ νιν κρείσσον᾽ ἡγήσω πατρός·
τούτῳ θανοῦσα ξυγκάθευδ᾽, ἐπεὶ φιλεῖς
τὸν ἄνδρα τοῦτον, ὃν δ᾽ ἐχρῆν φιλεῖν στυγεῖς.

I judge (κρίνω) that you win (σὲ νικᾶν,) and you advise me well (καὶ παραινεῖς μοι καλῶς.) Follow (ἕπου!) I want (θέλω) to kill (σφάξαι) you (σὲ) here/now (τόνδε) in front of him (πρὸς αὐτὸν.) And (καὶ) because (γάρ) when he was alive (ζῶντα) you held (ἡγήσω) him (νιν) superior (κρείσσον') to my father (πατρός) Sleep with (ξυγκάθευδ') this man (τούτῳ) when you are dead (θανοῦσα) since you love (ἐπεὶ φιλεῖς) this man (τοῦτον) as your husband (τὸν ἄνδρα) and (δ') you hate (στυγεῖς) he whom (ὃν) it was fitting to love (ἐχρῆν φιλεῖν.)

Κλυταιμνήστρα

ἐγώ σ᾽ ἔθρεψα, σὺν δὲ γηράναι θέλω.

I myself (ἐγώ) raised (ἔθρεψα) you (σ') and (δὲ) I want (θέλω) to grow old (γηράναι) together (σὺν.)

Ὀρέστης

πατροκτονοῦσα γὰρ ξυνοικήσεις ἐμοί;

So (γὰρ) though you murdered my father (πατροκτονοῦσα) will you live with me (ξυνοικήσεις ἐμοί?)

Κλυταιμνήστρα

ἡ Μοῖρα τούτων, ὦ τέκνον, παραιτία.

O child (ὦ τέκνον,) the goddess of Fate (ἡ Μοῖρα) is also guilty (παραιτία) of these things (τούτων.)

Ὀρέστης

καὶ τόνδε τοίνυν Μοῖρ' ἐπόρσυνεν μόρον.

So (καὶ) therefore (τοίνυν) fate (Μοῖρ') prepared (ἐπόρσυνεν) this death (τόνδε μόρον.)

Κλυταιμνήστρα

οὐδὲν σεβίζῃ γενεθλίους ἀράς, τέκνον;

Do you not (οὐδὲν) stand in awe (σεβίζῃ) of a parental curse (γενεθλίους ἀράς,) child (τέκνον?)

Ὀρέστης

τεκοῦσα γάρ μ' ἔρριψας ἐς τὸ δυστυχές.

For (γάρ) though you are my mother (τεκοῦσα) you threw (ἔρριψας) me (μ') into (ἐς) hardship (τὸ δυστυχές.)

Κλυταιμνήστρα

οὔτοι σ' ἀπέρριψ' εἰς δόμους δορυξένους.

Indeed not (οὔτοι!) I threw (ἀπέρριψ') you (σ') into (εἰς) strongly allied (δορυξένους) halls (δόμους.) She quotes his idea of "throwing" and throws the word ἀπέρριψ' back at him.

Ὀρέστης

αἰκῶς ἐπράθην ὢν ἐλευθέρου πατρός.

Though I am (ὢν) the son of a free father (ἐλευθέρου πατρός) I was sold (ἐπράθην) shamefully (αἰκῶς.)

Κλυταιμνήστρα

ποῦ δῆθ' ὁ τῖμος, ὅντιν' ἀντεδεξάμην;

Where indeed is (ποῦ δῆθ') the price (ὁ τῖμος) which (ὅντιν') I received (ἀντεδεξάμην?)

Ὀρέστης

αἰσχύνομαί σοι τοῦτ᾽ ὀνειδίσαι σαφῶς.

I would be ashamed (αἰσχύνομαί) to reproach (ὀνειδίσαι) you (σοι) plainly (σαφῶς) for that (τοῦτ᾽.)

Κλυταιμνήστρα

μὴ ἀλλ᾽ εἴφ᾽ ὁμοίως καὶ πατρὸς τοῦ σοῦ μάτας.[221]

But (ἀλλ᾽) do not speak (μὴ εἴφ᾽) equally (ὁμοίως) of him (τοῦ) your (σοῦ) father (πατρὸς) and (καὶ) his faults (μάτας.)

Ὀρέστης

μὴ 'λεγχε τὸν πονοῦντ᾽ ἔσω καθημένη.

Do not dishonor (μὴ 'λεγχε) the one who was suffering (τὸν πονοῦντ᾽) while you were sitting idle (καθημένη) inside (ἔσω.)

Κλυταιμνήστρα

ἄλγος γυναιξὶν ἀνδρὸς εἴργεσθαι, τέκνον.

It is painful (ἄλγος) to a woman (γυναιξὶν) to be kept away (εἴργεσθαι) from her husband (ἀνδρὸς,) my child (τέκνον.)

Ὀρέστης

τρέφει δέ γ᾽ ἀνδρὸς μόχθος ἡμένας ἔσω.

And (δέ) the effort (μόχθος) of a husband (ἀνδρὸς) feeds indeed (τρέφει γ᾽) those women who sit inside (ἡμένας ἔσω.)

Κλυταιμνήστρα

κτενεῖν ἔοικας, ὦ τέκνον, τὴν μητέρα.

O my child (ὦ τέκνον,) you seem likely (ἔοικας) to kill (κτενεῖν) your mother (τὴν μητέρα.)

Ὀρέστης

σύ τοι σεαυτήν, οὐκ ἐγώ, κατακτενεῖς.

As for you (τοι,) you (σύ,) not I (οὐκ ἐγώ,. will kill (κατακτενεῖς) yourself (σεαυτήν.)

Κλυταιμνήστρα

ὅρα, φύλαξαι μητρὸς ἐγκότους κύνας.

Look out (ὅρα,) guard yourself against (φύλαξαι) the vengeful dogs (ἐγκότους κύνας) of your mother (μητρὸς.)

Ὀρέστης

τὰς τοῦ πατρὸς δὲ πῶς φύγω, παρεὶς τάδε;

And (δὲ) how would I flee (πῶς φύγω) from those of my father (τὰς τοῦ πατρὸς) if I disregard these things (παρεὶς τάδε?)

Κλυταιμνήστρα

ἔοικα θρηνεῖν ζῶσα πρὸς τύμβον μάτην.

I seem (ἔοικα) though living (ζῶσα) to sing a dirge (θρηνεῖν) in vain (μάτην) to a tomb (πρὸς τύμβον.)

Ὀρέστης

πατρὸς γὰρ αἶσα τόνδε σοὐρίζει μόρον.

Because (γὰρ) my father's decree (πατρὸς αἶσα) determines (σοὐρίζει) your death (τόνδε μόρον.)

Κλυταιμνήστρα

οἲ 'γὼ τεκοῦσα τόνδ' ὄφιν ἐθρεψάμην.
ἦ κάρτα μάντις οὑξ ὀνειράτων φόβος.[222]

Ah, me! (οἲ 'γὼ) I may be a mother but (τεκοῦσα) I nourished myself (ἐθρεψάμην) this snake (τόνδ' ὄφιν.) Indeed and truly (ἦ κάρτα) the object of fear (φόβος) in the dreams (οὑξ ὀνειράτων) was a prophet (μάντις.)

Ὀρέστης

ἔκανες ὃν οὐ χρῆν, καὶ τὸ μὴ χρεὼν πάθε.

You killed (ἔκανες) one whom (ὃν) it was not fated (οὐ χρῆν,) so (καὶ) suffer (πάθε) that which (τὸ) is not right (μὴ χρεὼν.)

Χορός

στένω μὲν οὖν καὶ τῶνδε συμφορὰν διπλῆν.
ἐπεὶ δὲ πολλῶν αἱμάτων ἐπήκρισε
τλήμων Ὀρέστης, τοῦθ᾽ ὅμως αἱρούμεθα,
ὀφθαλμὸν οἴκων μὴ πανώλεθρον πεσεῖν.

Indeed and truly (μὲν οὖν) I moan (στένω) even (καὶ) for the double (διπλῆν) misfortune (συμφορὰν) of these two (τῶνδε.) But (δὲ) since (ἐπεὶ) bold Orestês (τλήμων Ὀρέστης) reached the heights (ἐπήκρισε) of so much bloodshed (πολλῶν αἱμάτων,) all the same (ὅμως) I choose (αἱρούμεθα) this (τοῦθ',) lest (μὴ) the pride of the house (ὀφθαλμὸν οἴκων, literally the eye of the house) fall (πεσεῖν) utterly ruined (πανώλεθρον.)

ἔμολε μὲν δίκα Πριαμίδαις χρόνῳ,
βαρύδικος ποινά,
ἔμολε δ᾽ ἐς δόμον τὸν Ἀγαμέμνονος
διπλοῦς λέων, διπλοῦς Ἄρης.

Just as (μὲν) justice (δίκα) came (ἔμολε) to the sons of Priam (Πριαμίδαις) in due time (χρόνῳ,) a heavy, vengeful price (βαρύδικος ποινά,) so (δ') a lion twice over (διπλοῦς λέων,) the god of war twice over (διπλοῦς Ἄρης) came (ἔμολε) to the house (ἐς δόμον) of Agamemnon (τὸν Ἀγαμέμνονος, literally the Agamemnonian house.)

ἔλασε δ᾽ εἰς τὸ πᾶν[223]
ὁ πυθόχρηστος φυγὰς
θεόθεν εὖ φραδαῖσιν ὡρμημένος.

And (δ') the exile (ὁ…φυγὰς) affected by the good which comes out of Pytho (πυθόχρηστος,) well urged on (εὖ… ὡρμημένος) by warnings (φραδαῖσιν) at the hands of the gods (θεόθεν) drives on (ἔλασε) the whole way (ἐς τὸ πᾶν.)

ἐπολολύξατ᾽ ὦ δεσποσύνων δόμων[224]
ἀναφυγᾶι κακῶν καὶ κτεάνων τριβᾶς
ὑπαὶ δυοῖν μιαστόροιν,
δυσοίμου τύχας.

O (ὦ) shout for the joy for (ἐπολολύξατ') the escape (ἀναφυγᾶς) of the halls (δόμων) of the master (δεσποσύνων) from evils (κακῶν) and (καὶ) erosion (τριβᾶς) of wealth (κτεάνων) by the two polluted ones (ὑπαὶ δυοῖν μιαστόροιν,) from hard and lamentable misfortune (δυσοίμου τύχας.)

ἔμολε δ᾽ ᾧ μέλει κρυπταδίου μάχας
δολιόφρων ποινά·
ἔθιγε δ᾽ ἐν μάχᾳ χερὸς ἐτήτυμος
Διὸς κόρα Δίκαν δέ νιν
προσαγορεύομεν βροτοὶ τυχόντες καλῶς
ὀλέθριον πνέουσ᾽ ἐν ἐχθροῖς κότον.

And (δ') one came (ἔμολε) to whom (ᾧ) crafty vengeance (δολιόφρων ποινά) of fighting in secret (κρυπταδίου μάχας) is of concern (μέλει.) And (δ') in the battle (ἐν μάχᾳ) the true daughter (ἐτήτυμος… κόρα) of Zeus (Διὸς) touched (ἔθιγε) his hand (χερὸς.) And (δέ) when human beings hit the mark well (βροτοὶ τυχόντες καλῶς) we call (προσαγορεύομεν) her (νιν) Justice (Δίκαν,) who breathes (πνέουσ') deadly wrath (ὀλέθριον… κότον) among those she hates (ἐν ἐχθροῖς.)

ἐπολολύξατ' ὦ δεσποσύνων δόμων[225]
ἀναφυγᾶς κακῶν καὶ κτεάνων τριβᾶς
ὑπαὶ δυοῖν μιαστόροιν,
δυσοίμου τύχας.

O (ὦ) shout for the joy of (ἐπολολύξατ') the escape (ἀναφυγᾶς) of the halls (δόμων) of the masters (δεσποσύνων) from evils (κακῶν) and (καὶ) erosion (τριβᾶς) of wealth (κτεάνων) by the two polluted ones (ὑπαὶ δυοῖν μιαστόροιν,) from hard and lamentable misfortune (δυσοίμου τύχας.)

τάνπερ ὁ Λοξίας ὁ Παρνασσίας[226]
μέγαν ἔχων μυχὸν χθονὸς ἐπωρθία-
ξεν· ἀδόλως δόλοις
βαλπτομέναν ἐγχρονισθεῖσαν ἐποίχεται.
κρατεῖ δ' αἰεί πως τὸ θεῖον τὸ μὴ
ὑπουργεῖν κακοῖς.
ἄξιον οὐρανοῦχον ἀρχὰν σέβειν.

Loxias (ὁ Λοξίας,) he (ὁ) who holds (ἔχων) the great chasm in the earth (μέγαν...μυχὸν χθονὸς) of Parnassus (Παρνασσίας,) lifted up with his voice (ἐπωρθίαξεν) for her, the very one (τάνπερ.) With guileless guile (ἀδόλως δόλοις) she attacks (ἐποίχεται) after delaying for a long time (ἐγχρονισθεῖσαν) because she suffers wrong (βαλπτομέναν.) So (δ') somehow (πως) that which sacred (τὸ θεῖον) always (αἰεί) prevails (κρατεῖταί) so as to give no aid (τὸ μὴ ὑπουργεῖν) to those who are evil (κακοῖς.) And (δ') to worship (σέβειν) the power (ἀρχὰν) who holds the rule of heaven (οὐρανοῦχον) is worthy (ἄξια.)

πάρα το φῶς ἰδεῖν[227]
μέγα τ' ἀφῃρέθη ψάλιον οἴκων.
ἄνα γε μὰν δόμοι· πολὺν ἄγαν χρόνον
χαμαιπετεῖς ἔκεισθ' ἀεί.

Along with (πάρα) seeing (ἰδεῖν) light (τὸ φῶς) also (τ') the great curb-chain (μέγα...ψάλιον) is lifted (ἀφῃρέθη) from the family (οἴκων) O halls (δόμοι) arise indeed (ἄνα γε μὰν!) for far too (ἄγαν) long (πολὺν) a time (χρόνον) you have lain (ἔκεισθ') always (ἀεί) low upon the ground (χαμαιπετεῖς.)

τάχα δὲ παντελὴς χρόνος ἀμείψεται
πρόθυρα δωμάτων ὅταν ἀφ' ἑστίας
πᾶν ἐλαθῇ μύσος
καθαρμοῖσιν ἀτᾶν ἐλατηρίοις.

And (δὲ) soon (τάχα) time (χρόνος) which brings all things to fulfillment (παντελὴς) will pass out of the courtyard door of the house (ἀμείψεται πρόθυρα δωμάτων) when (ὅταν) all defilement (πᾶν... μύσος) is driven (ἐλαθῇ) from the hearth (ἀφ' ἑστίας) by the purgative (ἐλατηρίοις) cleansing (καθαρμοῖσιν) of punishment (ἀτᾶν.)

τύχᾳ δ' εὐπροσώπῳ κεῖται τὸ πᾶν
ἰδεῖν θρεομένοις
μετοίκοις δόμων πεσοῦνται πάλιν.

And (δ') favorable (πρευμενεῖς) fortunes lying with fair faces (τύχαι...εὐπροσωποκοῖται) for all to see (τὸ πᾶν ἰδεῖν) that while healing (ἀκοῦσαι) they will fall back again (πεσοῦνται πάλιν) to those who are alien to the house (μετοίκοις δόμων.)

πάρα τε φῶς ἰδεῖν
μέγα τ’ ἀφῃρέθην ψάλιον οἰκέων.
ἄναγε μὰν δόμοι· πολὺν ἄγαν χρόνον
χαμαιπετεῖς ἔκεισθ’ ἀεί.

Along with (πάρα τε) seeing (ἰδεῖν) light (φῶς) also (τ') I am freed of (ἀφῃρέθην) the great chain (μέγα…ψάλιον) of the household servants (οἰκέων) O halls (δόμοι) arise indeed (ἄναγε μὰν!) for far too (ἄγαν) long (πολὺν) a time (χρόνον) you have lain (ἔκεισθ') forever (ἀεί) low upon the ground (χαμαιπετεῖς.)

Ὀρέστης

ἴδεσθε χώρας τὴν διπλῆν τυραννίδα
πατροκτόνους τε δωμάτων πορθήτορας.

Look at (ἴδεσθε) the double tyranny (τὴν διπλῆν τυραννίδα) of the country (χώρας) murderers of my father (πατροκτόνους) and (τε) destroyers (πορθήτορας) of my halls (δωμάτων.)

σεμνοὶ μὲν ἦσαν ἐν θρόνοις τόθ’ ἥμενοι
φίλοι δὲ καὶ νῦν, ὡς ἐπεικάσαι πάθη
πάρεστιν, ὅρκος τ’ ἐμμένει πιστώμασι.

Indeed (μὲν) they were (ἦσαν) haughty (σεμνοὶ) when (τόθ') seated (ἥμενοι) on their thrones (ἐν θρόνοις,) and even now (δὲ καὶ νῦν) they are lovers (φίλοι) as one may judge (ὡς ἐπεικάσαι,) their circumstances (πάθη) being what they are (πάρεστιν,) and (τ') their oath (ὅρκος) makes good (ἐμμένει) their pledges (πιστώμασι.)

ξυνώμοσαν μὲν θάνατον ἀθλίῳ πατρὶ
καὶ ξυνθανεῖσθαι· καὶ τάδ’ εὐόρκως ἔχει.

Indeed (μὲν) they swore death (ξυνώμοσαν θάνατον) to my wretched father (ἀθλίῳ πατρὶ) and to die together (καὶ ξυνθανεῖσθαι·) and (καὶ) these things (τάδ') are faithfully kept (εὐόρκως ἔχει.)

ἴδεσθε δ’ αὖτε, τῶνδ’ ἐπήκοοι κακῶν,
τὸ μηχάνημα, δεσμὸν ἀθλίῳ πατρί,
πέδας τε χειροῖν καὶ ποδοῖν ξυνωρίδα.

And (δ') look (ἴδεσθε) in turn (αὖτε,) you who listen (ἐπήκοοι) to these evils (τῶνδ'…κακῶν,) at the cunning work (τὸ μηχάνημα,) and (τε) at the fastening (δεσμὸν) of the shackle (πέδας) on my poor father (ἀθλίῳ πατρί,) the binding (ξυνωρίδα) of his two hands and two feet (χειροῖν καὶ ποδοῖν.)

ἐκτείνατ' αὐτὸ καὶ κύκλῳ παρασταδὸν
στέγαστρον ἀνδρὸς δείξαθ', ὡς ἴδῃ πατήρ,
οὐχ οὑμός, ἀλλ' ὁ πάντ' ἐποπτεύων τάδε
Ἥλιος, ἄναγνα μητρὸς ἔργα τῆς ἐμῆς,
ὡς ἂν παρῇ μοι μάρτυς ἐν δίκῃ ποτέ,
ὡς τόνδ' ἐγὼ μετῆλθον ἐνδίκως μόρον
τὸν μητρός. Αἰγίσθου γὰρ οὐ λέγω μόρον.

Stretch it out (ἐκτείνατ' αὐτὸ) and (καὶ) display (δείξαθ') in a circle around me (κύκλῳ παρασταδὸν) the wrapping of a man (στέγαστρον ἀνδρὸς) so that (ὡς) a father (πατήρ,) not mine (οὐχ οὑμός) but (ἀλλ') the Sun (ὁ… Ἥλιος) who watches over (ἐποπτεύων) all these things (πάντ'…τάδε,) may see (ἴδῃ) the unclean acts (ἄναγνα… ἔργα) of my (τῆς ἐμῆς) mother (μητρὸς,) so that (ὡς) a witness (μάρτυς) may be present (ἂν παρῇ) for me (μοι) when the time comes (ποτέ) duly/before the law (ἐν δίκῃ) that (ὡς) I (ἐγὼ) sought (μετῆλθον) justly (ἐνδίκως) this death (τόνδ'…μόρον,) that of my mother (τὸν μητρός.) For (γὰρ) I am not talking (οὐ λέγω) about the death (μόρον) of Aigisthos (Αἰγίσθου.)

ἔχει γὰρ αἰσχυντῆρος, ὡς νόμος, δίκην.
ἥτις δ' ἐπ' ἀνδρὶ τοῦτ' ἐμήσατο στύγος,
ἐξ οὗ τέκνων ἤνεγχ' ὑπὸ ζώνην βάρος.
φίλον τέως, νῦν δ' ἐχθρόν, ὡς φαίνει, κακόν,
τί σοι δοκεῖ; μύραινά γ' εἴτ' ἔχιδν' ἔφυ
σήπειν θιγοῦσ' ἂν ἄλλον οὐ δεδηγμένον
τόλμης ἕκατι κἀκδίκου φρονήματος.

For (γὰρ) that is a matter (ἔχει) of justice (δίκην) for the one who commits dishonor (αἰσχυντῆρος,) as the law provides (ὡς νόμος.) But (δ') it is she who (ἥτις) plotted (ἐμήσατο) this abomination (τοῦτ'…στύγος) against her husband (ἐπ' ἀνδρὶ,) from whom (ἐξ οὗ) she carried (ἤνεγχ') the weight (βάρος) of children (τέκνων) under her girdle (ὑπὸ ζώνην.) I loved her until then (φίλον τέως,) but (δ') now (νῦν) I hate her (ἐχθρόν) bitterly (κακόν) as you can see (ὡς φαίνει.) What (τί) does she seem (δοκεῖ) to you (σοι?) Truly (γ') she was born to be (ἔφυ) an eel (μύραινά) or (εἴτ') a viper (ἔχιδν',) to rot (σήπειν) another person (ἄλλον) if she should embrace them (θιγοῦσ' ἂν) even though not biting them (οὐ δεδηγμένον) due to (ἕκατι) the reckless lawlessness of her spirit (τόλμης κἀκδίκου φρονήματος.)

τί νιν προσείπω, κἂν τύχω μάλ' εὐστομῶν;
ἄγρευμα θηρός, ἢ νεκροῦ ποδένδυτον
δροίτης κατασκήνωμα; δίκτυον μὲν οὖν,
ἄρκυν τ' ἂν εἴποις καὶ ποδιστῆρας πέπλους.

What (τί) would you call (προσείπω) it (νιν,) and would (κἂν) I hit the mark (τύχω) by using very fine words (μάλ' εὐστομῶν?) A trap for a monster (ἄγρευμα θηρός,) or (ἢ) a covering (κατασκήνωμα) for a bier (δροίτης) drawn over the feet (ποδένδυτον) of a corpse (νεκροῦ?) So then (μὲν οὖν,) a fishing net (δίκτυον) and (τ') a hunting net (ἄρκυν,) and (καὶ) you would say (ἂν εἴποις) a long dress that tangles with the feet (ποδιστῆρας πέπλους.)

τοιοῦτον ἂν κτήσαιτο φηλήτης ἀνήρ,
ξένων ἀπαιόλημα κἀργυροστερῆ
βίον νομίζων, τῷδέ τ' ἂν δολώματι
πολλοὺς ἀναιρῶν πολλὰ θερμαίνοι φρένα.

A man (ἀνήρ) who is a thief (φηλήτης) would obtain (ἂν κτήσαιτο) such a thing (τοιοῦτον,) in order to practice (νομίζων) a money-stealing life (κἀργυροστερῆ βίον,) fraud (ἀπαιόλημα) of his guests (ξένων,) and (τ') by this trick (τῷδέ… δολώματι) by making away with (ἀναιρῶν) many (πολλοὺς) he would warm (ἂν… θερμαίνοι) his heart (φρένα) much (πολλὰ.)

τοιάδ’ ἐμοὶ ξύνοικος ἐν δόμοισι μὴ
γένοιτ’· ὀλοίμην πρόσθεν ἐκ θεῶν ἄπαις.

Lest there should come to be (μὴ γένοιτ') such a wife (τοιάδ'… ξύνοικος) in (ἐν) my (ἐμοὶ) house (δόμοισι) I would perish (ὀλοίμην) childless (ἄπαις) at the hands of the gods (ἐκ θεῶν) first (πρόσθεν.)

Χορός

αἰαῖ αἰαῖ μελέων ἔργων·
στυγερῷ θανάτῳ διεπράχθης.
ἒ ἔ,
μίμνοντι δὲ καὶ πάθος ἀνθεῖ.

Ah, ah, ah, ah (αἰαῖ αἰαῖ) for the unhappy actions (μελέων ἔργων.) You have been brought (διεπράχθης) to a loathsome death (στυγερῷ θανάτῳ.) Ah, ah (ἒ ἔ,) but (δὲ) even (καὶ) for you if you stay here (μίμνοντι) misfortune flourishes (πάθος ἀνθεῖ.)

Ὀρέστης

ἔδρασεν ἢ οὐκ ἔδρασε; μαρτυρεῖ δέ μοι
φᾶρος τόδ’, ὡς ἔβαψεν Αἰγίσθου ξίφος.
φόνου δὲ κηκὶς ξὺν χρόνῳ ξυμβάλλεται,
πολλὰς βαφὰς φθείρουσα τοῦ ποικίλματος.

Did she do it (ἔδρασεν) or did she not do it (ἢ οὐκ ἔδρασε?) But (δέ) this (τόδ') robe (φᾶρος) bears witness (μαρτυρεῖ) for me (μοι,) that she bathed (ὡς ἔβαψεν) the sword (ξίφος) of Aigisthos (Αἰγίσθου.) And (δὲ) with time (ξὺν χρόνῳ) the oozing (κηκὶς) of the blood (φόνου) collected (ξυμβάλλεται,) the great flow (πολλὰς βαφὰς) ruining the embroidery (φθείρουσα τοῦ ποικίλματος.)

νῦν αὐτὸν αἰνῶ, νῦν ἀποιμώζω παρών,
πατροκτόνον θ’ ὕφασμα προσφωνῶν τόδε.
ἀλγῶ μὲν ἔργα καὶ πάθος γένος τε πᾶν,
ἄζηλα νίκης τῆσδ’ ἔχων μιάσματα.

Now (νῦν) I would praise (αἰνῶ) it (αὐτὸν,) now (νῦν) that I am here (παρών) and (θ') I lament (ἀποιμώζω) as I speak about (προσφωνῶν) this (τόδε) parricidal (πατροκτόνον) woven-work (ὕφασμα.) I hurt (ἀλγῶ) indeed (μὲν) for the deeds and pain (ἔργα καὶ πάθος) and (τε) for all (πᾶν) my family (γένος,) because I am in a state of pollution (ἔχων μιάσματα) for this (τῆσδ') unenviable victory (ἄζηλα νίκης.)

Χορός

οὔτις μερόπων ἀσινὴς βίοτον[228]
διὰ παντὸς ἀπήμον’ ἀμείψει.
ἒ ἕ,
μόχθος δ’ ὁ μὲν αὐτίχ’, ὁ δ’ ἥξει.

No one among humankind (οὔτις μερόπων) passes (ἀμείψει) unhurt (ἀσινὴς) through everything (διὰ παντὸς) in life (βίοτον) without sorrow (ἀπήμον'.) Ah, ah, (ἒ ἕ,) and (δ') hardship (μόχθος,) on one hand (μὲν) it (ὁ) is present immediately (αὐτίχ',) on the other hand (δ') it (ὁ) will come (ἥξει.)

Ὀρέστης

ἀλλ’, ὡς ἂν εἰδῆτ’, οὐ γὰρ οἶδ’ ὅπῃ τελεῖ,
ὥσπερ ξὺν ἵπποις ἡνιοστροφῶ δρόμου
ἐξωτέρω· φέρουσι γὰρ νικώμενον
φρένες δύσαρκτοι· πρὸς δὲ καρδίᾳ φόβος
ᾄδειν ἕτοιμος ἠδ’ ὑπορχεῖσθαι κότῳ.

However, (ἀλλ',) as you should know (ὡς ἂν εἰδῆτ',) for (γὰρ) I do not know (οὐ οἶδ') how it will end (ὅπῃ τελεῖ,) just as (ὥσπερ) I drive (ἡνιοστροφῶ) with horses (ξὺν ἵπποις) far off (ἐξωτέρω) of the course (δρόμου) because (γὰρ) their ungovernable (δύσαρκτοι) hearts (φρένες) run away with (φέρουσι) me, the one who is defeated (νικώμενον,) and (δὲ) fear (φόβος) at my heart (πρὸς καρδίᾳ) is ready (ἕτοιμος) to sing and dance in vengeance (ᾄδειν…ἠδ' ὑπορχεῖσθαι κότῳ.)

ἕως δ’ ἔτ’ ἔμφρων εἰμί, κηρύσσω φίλοις
κτανεῖν τέ φημι μητέρ’ οὐκ ἄνευ δίκης.

So (δ') while (ἕως) I am (εἰμί) still (ἔτ') sane (ἔμφρων,) I proclaim (κηρύσσω) to those I hold dear (φίλοις) and I say (τέ φημι) to kill (κτανεῖν) my mother (μητέρ') was not without justice (οὐκ ἄνευ δίκης.)

πατροκτόνον μίασμα καὶ θεῶν στύγος[229]
καὶ φίλτρα τόλμης τῆσδε πλειστηρίζομαι
τὸν πυθόμαντιν Λοξίαν, χρήσαντ’ ἐμοὶ
πράξαντι μὲν ταῦτ’ ἐκτὸς αἰτίας κακῆς
εἶναι, παρέντα δ’, οὐκ ἐρῶ τὴν ζημίαν·
τόξῳ γὰρ οὔτις πημάτων ἐφίξεται.

I cite as my authority (πλειστηρίζομαι) the pollution (μίασμα) of killing my father (πατροκτόνον) and (καὶ) the hatred (στύγος) of the gods (θεῶν) and (καὶ) the spell (φίλτρα) of that (τῆσδε) recklessness (τόλμης) according to the soothsayer Loxias (τὸν πυθόμαντιν Λοξίαν,) by proclaiming me (χρήσαντ' ἐμοὶ) on one hand (μὲν) in doing these things (πράξαντι ταῦτ') to be (εἶναι) beyond guilt for wrongdoing (ἐκτὸς αἰτίας κακῆς,) while on the other hand (δ',) if I gave up (παρέντα,) I will not speak of (οὐκ ἐρῶ) the penalty (τὴν ζημίαν.) For (γὰρ) no words (οὔτις nothing) will reach the height (ἐφίξεται) of suffering (πημάτων) from his bow (τόξῳ,)

καὶ νῦν ὁρᾶτέ μ’, ὡς παρεσκευασμένος[230]
ξὺν τῷδε θαλλῷ καὶ στέφει προσίξομαι
μεσόμφαλόν θ’ ἵδρυμα, Λοξίου πέδον,
πυρός τε φέγγος ἄφθιτον κεκλημένον,
φεύγων τόδ’ αἷμα κοινόν· οὐδ’ ἐφ’ ἑστίαν
ἄλλην τραπέσθαι Λοξίας ἐφίετο.

And now (καὶ νῦν) look at me (ὁρᾶτέ μ') as one provided (ὡς παρεσκευασμένος) with this branch and crown (ξὺν τῷδε θαλλῷ καὶ στέφει.) I will come as a suppliant (προσίξομαι) to the center and foundation of the world (μεσόμφαλόν θ' ἵδρυμα,) the sacred place of Loxias (Λοξίου πέδον,) and (τε) by invoking (κεκλημένον) in imperishable (ἄφθιτον) light (φέγγος) of the fire (πυρός) escaping from (φεύγων) this (τόδ') kindred (κοινόν) blood (αἷμα.) Loxias (Λοξίας) kept commanding me (ἐφίετο) to direct myself (τραπέσθαι) to (ἐφ') no other (οὐδ'… ἄλλην) hearth (ἑστίαν.)

καὶ μαρτυρεῖν μὲν ὡς ἐπορσύνθη κακὰ[231]
τάδ’ ἐν χρόνῳ μοι πάντας Ἀργείους λέγω·
ἐγὼ δ’ ἀλήτης τῆσδε γῆς ἀπόξενος,
ζῶν καὶ τεθνηκὼς τάσδε κληδόνας λιπών.

And (καὶ) I say (λέγω) to all Argives (πάντας Ἀργείους) to bear witness (μαρτυρεῖν) for me (μοι) in due time (ἐν χρόνῳ) one one hand (μὲν) how (ὡς) these (τάδ') evils (κακὰ) were laid out (ἐπορσύνθη) and on the other (δ') how I (ἐγὼ,) a wanderer (ἀλήτης) far (ἀπόξενος) from this land (τῆσδε γῆς,) leave behind (λιπών) these glories (τάσδε κληδόνας) living and dying (ζῶν καὶ τεθνηκὼς.)

Χορός

ἀλλ’ εὖ γ’ ἔπραξας, μηδ’ ἐπιζευχθῇς στόμα
φήμῃ πονηρᾷ μηδ’ ἐπιγλωσσῶ κακά,
ἐλευθερώσας πᾶσαν Ἀργείων πόλιν,
δυοῖν δρακόντοιν εὐπετῶς τεμὼν κάρα.

But (ἀλλ') you did (ἔπραξας) well indeed (εὖ γ',) let not (μηδ') your mouth (στόμα) be joined (ἐπιζευχθῇς) to evil speech (φήμῃ πονηρᾷ.) Do not (μηδ') allow off your tongue (ἐπιγλωσσῶ) evil things (κακά,) for you set free (ἐλευθερώσας) the whole city (πᾶσαν… πόλιν) of the Argives (Ἀργείων,) by severing (τεμὼν) without trouble (εὐπετῶς) the heads (κάρα) of two dragons (δυοῖν δρακόντοιν.)

Ὀρέστης

ἆ, ἆ.
δμωαὶ γυναῖκες, αἵδε Γοργόνων δίκην
φαιοχίτωνες καὶ πεπλεκτανημέναι
πυκνοῖς δράκουσιν· οὐκέτ’ ἂν μείναιμ’ ἐγώ.

Ah! Ah! (ἆ, ἆ.) Women of the house (δμωαὶ γυναῖκες,!) These women (αἵδε) like (δίκην) Gorgons (Γοργόνων) dark-robed (φαιοχίτωνες) and (καὶ) intertwined (πεπλεκτανημέναι) with thick-massed snakes (πυκνοῖς δράκουσιν!) I (ἐγώ) can stay (ἂν μείναιμ') no longer (οὐκέτ'!)

Χορός

τίνες σε δόξαι, φίλτατ᾽ ἀνθρώπων πατρί,
στροβοῦσιν; ἴσχε, μὴ φόβου νικῶ πολύ.

Do some (τίνες) fantasies (δόξαι) whirl around (στροβοῦσιν) you (σε,) you of all men (ἀνθρώπων) most loved (φίλτατ') by your father (πατρί?) Stop (ἴσχε,) don't be overpowered (μὴ… νικῶ) so much (πολύ) by fear (φόβου.)

Ὀρέστης

οὐκ εἰσὶ δόξαι τῶνδε πημάτων ἐμοί·
σαφῶς γὰρ αἵδε μητρὸς ἔγκοτοι κύνες.

To me (ἐμοί) these are not (οὐκ εἰσὶ) fantasies (δόξαι) of these sufferings (τῶνδε πημάτων) for (γὰρ) clearly (σαφῶς) these are (αἵδε) the vengeful dogs (ἔγκοτοι κύνες) of my mother (μητρὸς.)

Χορός

ποταίνιον γὰρ αἷμά σοι χεροῖν ἔτι·
ἐκ τῶνδέ τοι ταραγμὸς ἐς φρένας πίτνει.

Because (γὰρ) there is still (ἔτι) fresh blood (ποταίνιον αἷμά) on your hands (σοι χεροῖν) surely (τοι) distress (ταραγμὸς) falls (πίτνει) from them (ἐκ τῶνδέ) into your heart (ἐς φρένας.)

Ὀρέστης

ἄναξ Ἄπολλον, αἵδε πληθύουσι δή,[232]
κἀξ ὀμμάτων στάζουσιν αἷμα δυσφιλές.

Lord Apollo, (ἄναξ Ἄπολλον,) these women (αἵδε) are becoming numerous (πληθύουσι) now (δή,) and out (κἀξ) of their eyes (ὀμμάτων) they let fall (στάζουσιν) hateful (δυσφιλές) blood (αἷμα.)

Χορός

εἷς σοὶ καθαρμός· Λοξίας δὲ προσθιγὼν
ἐλεύθερόν σε τῶνδε πημάτων κτίσει.

There is a single (εἷς) way of purification (καθαρμός) for you (σοὶ.) So (δὲ) Loxias (Λοξίας) with the touch of his hands (προσθιγὼν) will set (κτίσει) you (σε) free (ἐλεύθερόν) of these (τῶνδε) miseries (πημάτων.)

Ὀρέστης

ὑμεῖς μὲν οὐχ ὁρᾶτε τάσδ', ἐγὼ δ' ὁρῶ·
ἐλαύνομαι δὲ κοὐκέτ' ἂν μείναιμ' ἐγώ.

Truly (μὲν) you (ὑμεῖς) do not see (οὐχ ὁρᾶτε) but (δ') I myself (ἐγὼ) do see (ὁρῶ·) these women (τάσδ',) and (δὲ) I am being driven/am being beaten onwards (ἐλαύνομαι,) I myself (ἐγὼ) can stay (ἂν μείναιμ') no longer (κοὐκέτ'.)

Χορός

ἀλλ' εὐτυχοίης, καί σ' ἐποπτεύων πρόφρων
θεὸς φυλάσσοι καιρίοισι συμφοραῖς.

Yet (ἀλλ') may you suceed (εὐτυχοίης,) and (καί) may a god (θεὸς) while watching over (ἐποπτεύων) you (σ') willingly (πρόφρων) stand guard (φυλάσσοι) under grave circumstances (καιρίοισι συμφοραῖς.)

ὅδε τοι μελάθροις τοῖς βασιλείοις[233]
τρίτος αὖ χειμὼν
πνεύσας γονίας ἐτελέσθη.

Thus (ὅδε) surely (τοι) under these (τοῖς) royal (βασιλείοις) roofs (μελάθροις) for the third time (τρίτος) again (αὖ) a violent (γονίας) storm (χειμὼν) blowing (πνεύσας) has been brought to an end (ἐτελέσθη.)

παιδοβόροι μὲν πρῶτον ὑπῆρξαν[234]
μόχθοι τάλανές τε Θυέστου.

Truly (μὲν) the wretched (τάλανές) and (τε) childeating (παιδοβόροι) sufferings (μόχθοι) of Thyestes (Θυέστου) first began it (πρῶτον ὑπῆρξαν.)

δεύτερον ἀνδρὸς βασίλεια πάθη·
λουτροδάικτος δ' ὤλετ' Ἀχαιῶν
πολέμαρχος ἀνήρ.

Second was (δεύτερον) the royal (βασίλεια) killing-in-the-bath (λουτροδάικτος) calamity (πάθη) of a man (ἀνδρὸς.) Thus (δ') a warrior (ἀνήρ) perished (ὤλετ',) the war-leader (πολέμαρχος) of the Argives (Ἀχαιῶν.)

νῦν δ' αὖ τρίτος ἦλθέ ποθεν σωτήρ,[235]
ἢ μόρον εἴπω;
ποῖ δῆτα κρανεῖ, ποῖ καταλήξει
μετακοιμισθὲν μένος ἄτης;

And (δ') now (νῦν) once more (αὖ) for the third time (τρίτος) a deliverer (σωτήρ) came (ἦλθέ) from somewhere (ποθεν,) or (ἢ) should I say (εἴπω) a doom (μόρον?) At what point (ποῖ) will he truly (δῆτα) accomplish this (κρανεῖ,) at what point (ποῖ) will he make an end (καταλήξει) by lulling to sleep (μετακοιμισθὲν) the raging power (μένος) of vengeance/punishment (ἄτης?)

Εὐμενίδες

Πυθιάς

πρῶτον μὲν εὐχῇ τῇδε πρεσβεύω θεῶν
τὴν πρωτόμαντιν Γαῖαν· ἐκ δὲ τῆς Θέμιν,
ἣ δὴ τὸ μητρὸς δευτέρα τόδ’ ἕζετο
μαντεῖον, ὡς λόγος τις· ἐν δὲ τῷ τρίτῳ
λάχει, θελούσης, οὐδὲ πρὸς βίαν τινός,
Τιτανὶς ἄλλη παῖς Χθονὸς καθέζετο,
Φοίβη· δίδωσι δ’ ἣ γενέθλιον δόσιν
Φοίβῳ· τὸ Φοίβης δ’ ὄνομ’ ἔχει παρώνυμον.

Indeed (μὲν) first (πρῶτον) of the gods (θεῶν) I give precedence (πρεσβεύω) in prayer (εὐχῇ) to her (τῇδε,) Gaia (Γαῖαν,) the first seer (τὴν πρωτόμαντιν.) And (δὲ) to Themis (Θέμιν,) born from her (ἐκ…τῆς,) she who (ἣ) then (δὴ) took her seat (ἕζετο) here (τόδ') as as the seer (τὸ μαντεῖον,) the second (δευτέρα) after her mother (μητρὸς) according to (ὡς) a (τις) story (λόγος.) And (δὲ) in the third appointment (ἐν τῷ τρίτῳ λάχει,) she being willing (θελούσης,) and not (οὐδὲ) by force (πρὸς βίαν) from anyone (τινός,) Phoebe (Φοίβη,) another (ἄλλη) Titan (Τιτανὶς,) a child of Earth (παῖς Χθονὸς,) took her seat (καθέζετο) So (δ') she (ἣ) gave (δίδωσι) the ancestral gift/a birthday present (γενέθλιον δόσιν) to Phoebus (Φοίβῳ.) So (δ') he has (ἔχει) a name slightly changed (τὸ… ὄνομ' παρώνυμον) from Phoebe (Φοίβης.)

λιπὼν δὲ λίμνην Δηλίαν τε χοιράδα,
κέλσας ἐπ’ ἀκτὰς ναυπόρους τὰς Παλλάδος,
ἐς τήνδε γαῖαν ἦλθε Παρνησοῦ θ’ ἕδρας.

So (δὲ) upon leaving (λιπὼν) the Delian (Δηλίαν) waters and the half-sunken rocks (λίμνην…τε χοιράδα,) upon bringing his ship into harbor (κέλσας) on (ἐπ') the (τὰς) shore (ἀκτὰς) of Pallas Athene (Παλλάδος,) where many ships come (ναυπόρους,) he came (ἦλθε) into (ἐς) this land (τήνδε γαῖαν) and seat (θ' ἕδρας) of Parnassus (Παρνησοῦ.)

πέμπουσι δ’ αὐτὸν καὶ σεβίζουσιν μέγα[236]
κελευθοποιοὶ παῖδες Ἡφαίστου, χθόνα
ἀνήμερον τιθέντες ἡμερωμένην.

And (δ') the road-building children of Hephaistos (κελευθοποιοὶ παῖδες Ἡφαίστου) sent him on (πέμπουσι αὐτὸν) and worshipped him greatly (καὶ σεβίζουσιν μέγα,) setting in order (τιθέντες) the wild (ἀνήμερον) land (χθόνα) and clearing it (ἡμερωμένην.)

μολόντα δ’ αὐτὸν κάρτα τιμαλφεῖ λεώς,
Δελφός τε χώρας τῆσδε πρυμνήτης ἄναξ.
τέχνης δέ νιν Ζεὺς ἔνθεον κτίσας φρένα
ἵζει τέταρτον τοῖσδε μάντιν ἐν θρόνοις·
Διὸς προφήτης δ’ ἐστὶ Λοξίας πατρός.

And (δ') when he arrived (μολόντα) the people (λεώς) and (τε) Delphos (Δελφός) the king (ἄναξ) the pilot (πρυμνήτης) of this (τῆσδε) country (χώρας) honored (τιμαλφεῖ) him (αὐτὸν) beyond measure (κάρτα.) And (δέ) the skill (τέχνης) of Zeus (Ζεὺς,) upon bringing (κτίσας) him (νιν) a spirit (φρένα) full of divine inspiration (ἔνθεον) set him up (ἵζει) as the fourth (τέταρτον) seer (μάντιν) in (ἐν) this (τοῖσδε) seat (θρόνοις.) So (δ') Apollo (Λοξίας) is (ἐστὶ) the prophet (προφήτης) of Zeus his father (Διὸς πατρός.)

τούτους ἐν εὐχαῖς φροιμιάζομαι θεούς.[237]
Παλλὰς προναία δ’ ἐν λόγοις πρεσβεύεται·
σέβω δὲ νύμφας, ἔνθα Κωρυκὶς πέτρα
κοίλη, φίλορνις, δαιμόνων ἀναστροφή.

I invoke (φροιμιάζομαι) these gods (τούτους… θεούς) in prayer (ἐν εὐχαῖς.) And (δ') in my words (ἐν λόγοις) I hold highest (πρεσβεύεται) Pallas Athene (Παλλὰς) in front of the temple (προναία) and (δὲ) I worship (σέβω) the nymphs (νύμφας,) there where (ἔνθα) the the Corcyian rock (Κωρυκὶς πέτρα) is hollow (κοίλη,) where the birds take delight (φίλορνις,) where immortal beings dwell (δαιμόνων ἀναστροφή.)

Βρόμιος ἔχει τὸν χῶρον, οὐδ’ ἀμνημονῶ,
ἐξ οὗτε Βάκχαις ἐστρατήγησεν θεός,
λαγὼ δίκην Πενθεῖ καταρράψας μόρον.

Bromios holds the land (Βρόμιος ἔχει τὸν χῶρον,) and I do not forget (οὐδ' ἀμνημονῶ,) from when (ἐξ οὗτε) the god (θεός) acted as leader (ἐστρατήγησεν) for the Bacchants (Βάκχαις,) devising death (καταρράψας μόρον) in the manner of a hare (λαγὼ δίκην) for Pentheus (Πενθεῖ.)

Πλειστοῦ τε πηγὰς καὶ Ποσειδῶνος κράτος[238]
καλοῦσα καὶ τέλειον ὕψιστον Δία,
ἔπειτα μάντις εἰς θρόνους καθιζάνω.

While calling upon (καλοῦσα) both (τε) the waters (πηγὰς) of Pleistos (Πλειστοῦ) and (καὶ) the power (κράτος) of Poseidon (Ποσειδῶνος,) also (καὶ) on most perfect and highest Zeus (τέλειον ὕψιστον Δία) thereupon (ἔπειτα) I take my seat (καθιζάνω) on (ἐς) the oracle throne (μάντις θρόνους.)

καὶ νῦν τυχεῖν με τῶν πρὶν εἰσόδων μακρῷ
ἄριστα δοῖεν· κεἰ παρ’ Ἑλλήνων τινές,
ἴτων πάλῳ λαχόντες, ὡς νομίζεται.
μαντεύομαι γὰρ ὡς ἂν ἡγῆται θεός.
* * *

And now (καὶ νῦν) may they grant (δοῖεν) to me (με) to hit upon (τυχεῖν) the best (ἄριστα) of all previous entrances (τῶν πρὶν εἰσόδων) for a long time (μακρῷ.) And if there are here (κεἰ) any (τινές) among the Greeks (παρ' Ἑλλήνων,) let the two of them proceed (ἴτων) as obtains through the will of the gods (λαχόντες) by lot (πάλῳ,) as is customary (ὡς νομίζεται.) For (γὰρ) I will declare the oracles (μαντεύομαι) as (ὡς) the gods (θεός) may direct (ἂν ἡγῆται.)

ἦ δεινὰ λέξαι, δεινὰ δ’ ὀφθαλμοῖς δρακεῖν,[239]
πάλιν μ’ ἔπεμψεν ἐκ δόμων τῶν Λοξίου,
ὡς μήτε σωκεῖν μήτε μ’ ἀκταίνειν βάσιν,
τρέχω δὲ χερσίν, οὐ ποδωκείᾳ σκελῶν·
δείσασα γὰρ γραῦς οὐδέν, ἀντίπαις μὲν οὖν.

Truly (ἦ) that which is awful and terrible (δεινὰ) to speak (λέξαι) and (δ') that which is awful and terrible (δεινὰ) to see (δρακεῖν) with my own eyes (ὀφθαλμοῖς) sent (ἔπεμψεν) me (μ') back (πάλιν) out of (ἐκ) the (τῶν) halls (δόμων) of Apollo (Λοξίου,) so as (ὡς) neither (μήτε) to have strength (σωκεῖν) nor (μήτε) to lift (ἀκταίνειν) myself (μ') a step (βάσιν) and (δὲ) I run (τρέχω) using my hands (χερσίν) there is no (οὐ) swiftness of foot (ποδωκείᾳ) in my legs (σκελῶν) for (γὰρ) an old woman (γραῦς) is nothing (οὐδέν) when she is terrified (δείσασα) for then (μὲν οὖν) she is nothing but a child (ἀντίπαις.)

ἐγὼ μὲν ἕρπω πρὸς πολυστεφῆ μυχόν·[240]
ὁρῶ δ’ ἐπ’ ὀμφαλῷ μὲν ἄνδρα θεομυσῆ
ἕδραν ἔχοντα προστρόπαιον, αἵματι
στάζοντα χεῖρας καὶ νεοσπαδὲς ξίφος
ἔχοντ’ ἐλαίας θ’ ὑψιγέννητον κλάδον,
λήνει μεγίστῳ σωφρόνως ἐστεμμένον,
ἀργῆτι μαλλῷ· τῇδε γὰρ τρανῶς ἐρῶ.

Indeed (μὲν) I myself (ἐγὼ) went slowly (ἕρπω) toward (πρὸς) the inner room (μυχόν) which was all decked with wreaths (πολυστεφῆ) and (δ') I saw (ὁρῶ) on the central seat (ἐπ' ὀμφαλῷ) truly (μὲν) a man defiled in the eyes of the gods (ἄνδρα θεομυσῆ) holding (ἔχοντα) the seat (ἕδραν) as a suppliant (προστρόπαιον,) blood dripping from his hands (αἵματι στάζοντα χεῖρας) and (καὶ) holding (ἔχοντ') a freshly bloodied sword (νεοσπαδὲς ξίφος) and (θ') an olive-wreath (ἐλαίας,) a topmost branch (ὑψιγέννητον κλάδον,) wrapped (ἐστεμμένον) carefully (σωφρόνως) with a large (μεγίστῳ) shining (ἀργῆτι) wool (λήνει) tuft (μαλλῷ.) For (γὰρ) I will say (ἐρῶ) this (τῇδε) clearly (τρανῶς.)

πρόσθεν δὲ τἀνδρὸς τοῦδε θαυμαστὸς λόχος[241]
εὕδει γυναικῶν ἐν θρόνοισιν ἥμενος.
οὔτοι γυναῖκας, ἀλλὰ Γοργόνας λέγω,
οὐδ’ αὖτε Γοργείοισιν εἰκάσω τύποις.

And (δὲ) in front of (πρόσθεν) this (τοῦδε) man (τἀνδρὸς) an astonishing company (θαυμαστὸς λόχος) of women (γυναικῶν) rests/sleeps (εὕδει) while seated (ἥμενος) in chairs of state (ἐν θρόνοισιν.) Not women (οὔτοι γυναῖκας,) I say (λέγω,) rather Gorgons (ἀλλὰ Γοργόνας,) but not (οὐδ') on the other hand (αὖτε) as I would represent (εἰκάσω) in Gorgon-like form (Γοργείοισιν…τύποις.)

εἶδόν ποτ᾽ ἤδη Φινέως γεγραμμένας
δεῖπνον φερούσας. ἄπτεροί γε μὴν ἰδεῖν
αὗται, μέλαιναι δ᾽ ἐς τὸ πᾶν βδελύκτροποι·
ῥέγκουσι δ᾽ οὐ πλατοῖσι φυσιάμασιν·
ἐκ δ᾽ ὀμμάτων λείβουσι δυσφιλῆ λίβα·
καὶ κόσμος οὔτε πρὸς θεῶν ἀγάλματα
φέρειν δίκαιος οὔτ᾽ ἐς ἀνθρώπων στέγας.

Once before (ποτ' ἤδη) I saw (εἶδόν) them drawn (γεγραμμένας) in the act carrying away (φερούσας) the meal (δεῖπνον) of Phineus (Φινέως) nevertheless (γε μὴν) these (αὗται) to look at are (ἰδεῖν) wingless (ἄπτεροί,) black (μέλαιναι) and (δ') entirely disgusting (ἐς τὸ πᾶν βδελύκτροποι.) And (δ') they snore/snort (ῥέγκουσι) breathing strongly (φυσιάμασιν) in such a way that one cannot come near them (οὐ πλατοῖσι.) And (δ') from their eyes (ἐκ ὀμμάτων) they shed (λείβουσι) repulsive tears (δυσφιλῆ λίβα) and (καὶ) their manner of dress and appearance (κόσμος) is fitting (δίκαιος) neither (οὔτε) to bring (φέρειν) things of honor (ἀγάλματα) before the gods (πρὸς θεῶν) nor (οὔτ') into (ἐς) the houses (στέγας) of humankind (ἀνθρώπων.)

τὸ φῦλον οὐκ ὄπωπα τῆσδ᾽ ὁμιλίας
οὐδ᾽ ἥτις αἶα τοῦτ᾽ ἐπεύχεται γένος
τρέφουσ᾽ ἀνατεὶ μὴ μεταστένειν πόνον.

I have not seen (οὐκ ὄπωπα) the race (τὸ φῦλον) of this group of associates (τῆσδ' ὁμιλίας) nor (οὐδ') the land (αἶα) which (ἥτις) boasts of (ἐπεύχεται) nourishing (τρέφουσ') this offspring (τοῦτ'…γένος) unpunished (ἀνατεὶ) without lamenting their work (μὴ μεταστένειν πόνον.)

τἀντεῦθεν ἤδη τῶνδε δεσπότῃ δόμων
αὐτῷ μελέσθω Λοξίᾳ μεγασθενεῖ.
ἰατρόμαντις δ᾽ ἐστὶ καὶ τερασκόπος
καὶ τοῖσιν ἄλλοις δωμάτων καθάρσιος.

As for what remains at present (τἀντεῦθεν ἤδη) let it be of concern (μελέσθω) to the master (δεσπότῃ) of these halls (τῶνδε δόμων) mighty (μεγασθενεῖ) Loxias/Apollo (Λοξίᾳ) himself (αὐτῷ.) for (δ') he is (ἐστὶ) a healer (ἰατρόμαντις) and prophetic (καὶ τερασκόπος) and as for the others (καὶ τοῖσιν ἄλλοις) cleansing (καθάρσιος) for the halls (δωμάτων.)

Ὀρέστης

ἄναξ Ἄπολλον, οἶσθα μὲν τὸ μὴ ᾽δικεῖν.[242]
ἐπεὶ δ᾽ ἐπίστᾳ, καὶ τὸ μὴ ᾽μελεῖν μάθε.
σθένος δὲ ποιεῖν εὖ φερέγγυον τὸ σόν.

Lord Apollo (ἄναξ Ἄπολλον,) indeed (μὲν) you know how (οἶσθα) not to do wrong (τὸ μὴ ᾽δικεῖν.) And (δ') since (ἐπεὶ) you know (ἐπίστᾳ,) just (καὶ) learn (μάθε) not (μὴ) to be negligent (τὸ ᾽μελεῖν.) For (δὲ) the power (σθένος) to do what is good (ποιεῖν εὖ) assuredly is yours (φερέγγυον τὸ σόν.)

Ἀπόλλων

οὔτοι προδώσω· διὰ τέλους δέ σοι φύλαξ[243]
ἐγγὺς παρεστὼς καὶ πρόσω δ’ ἀποστατῶν
ἐχθροῖσι τοῖς σοῖς οὐ γενήσομαι πέπων.

Never indeed (οὔτοι) will I play false (προδώσω.) Through to the end (διὰ τέλους) both (δέ) while standing (παρεστὼς) close (ἐγγὺς) to you (σοι) as protector (φύλαξ) and (καὶ) though (δ') standing farther aloof (πρόσω…ἀποστατῶν) I will not become (οὐ γενήσομαι) gentle (πέπων) to those who (τοῖς) are hateful (ἐχθροῖσι) you (σοῖς.)

καὶ νῦν ἁλούσας τάσδε τὰς μάργους ὁρᾷς.
ὕπνῳ πεσοῦσαι δ’ αἱ κατάπτυστοι κόραι,
γραῖαι παλαιαὶ παῖδες, αἷς οὐ μείγνυται
θεῶν τις οὐδ’ ἄνθρωπος οὐδὲ θήρ ποτε.

Even now (καὶ νῦν) you see (ὁρᾷς) these (τάσδε,) the raging ones (τὰς μάργους,) conquered (ἁλούσας.) So (δ') upon falling (πεσοῦσαι) into sleep (ὕπνῳ.) the despicable maidens (αἱ κατάπτυστοι κόραι,) old women (γραῖαι,) ancient girls (παλαιαὶ παῖδες) with whom (αἷς) any (τις) of the gods (θεῶν) do not mix (οὐ μείγνυται,) nor does humankind (οὐδ' ἄνθρωπος) nor do animals (οὐδὲ θήρ) at any time (ποτε.)

κακῶν δ’ ἕκατι κἀγένοντ’, ἐπεὶ κακὸν
σκότον νέμονται Τάρταρόν θ’ ὑπὸ χθονός,
μισήματ’ ἀνδρῶν καὶ θεῶν Ὀλυμπίων.

So (δ') due to being born (κἀγένοντ') for the sake of (ἕκατι) evils (κακῶν,) since (ἐπεὶ) they dwell in (νέμονται) the wickedness and darkness of Tartarus (κακὸν σκότον Τάρταρόν) and under the earth (θ' ὑπὸ χθονός,) they are hated by (μισήματ') humankind (ἀνδρῶν) and the gods of Olympus (καὶ θεῶν Ὀλυμπίων.)

ὅμως δὲ φεῦγε. μηδὲ μαλθακὸς γένῃ.
ἐλῶσι γάρ σε καὶ δι’ ἠπείρου μακρᾶς
βιβῶντ’ ἀν’ αἰεὶ τὴν πλανοστιβῆ χθόνα
ὑπέρ τε πόντον καὶ περιρρύτας πόλεις.

But (δὲ) all the same (ὅμως) make your escape (φεῦγε.) Never (μηδὲ) become (γένῃ) weak (μαλθακὸς.) For (γάρ) they will drive (ἐλῶσι) you (σε) even (καὶ) across (δι') a long (μακρᾶς) land (ἠπείρου,) always (αἰεὶ) striding (βιβῶντ') through (ἀν') the (τὴν) country (χθόνα) walked by wanderers (πλανοστιβῆ,) both (τε) beyond (ὑπέρ) the ocean (πόντον) and (καὶ) island cities (περιρρύτας πόλεις.)

καὶ μὴ πρόκαμνε τόνδε βουκολούμενος
πόνον· μολὼν δὲ Παλλάδος ποτὶ πτόλιν
ἵζου παλαιὸν ἄγκαθεν λαβὼν βρέτας.

And do not grow weary (καὶ μὴ πρόκαμνε) of this (τόνδε) grief (πόνον) of being herded like an ox (βουκολούμενος) but (δὲ) when you come (μολὼν) to the city (ποτὶ πτόλιν) of Pallas Athene (Παλλάδος) sink down (ἵζου) and take (λαβὼν) the ancient image (παλαιὸν… βρέτας) into your arms (ἄγκαθεν.)

κἀκεῖ δικαστὰς τῶνδε καὶ θελκτηρίους
μύθους ἔχοντες μηχανὰς εὑρήσομεν,
ὥστ᾽ ἐς τὸ πᾶν σε τῶνδ᾽ ἀπαλλάξαι πόνων·
καὶ γὰρ κτανεῖν σ᾽ ἔπεισα μητρῷον δέμας. 84

And there (κἀκεῖ) by having (ἔχοντες) judges (δικαστὰς) of these things (τῶνδε) and (καὶ) soothing stories (θελκτηρίους μύθους) we will devise (εὑρήσομεν) a contrivance (μηχανὰς) in order (ὥστ') to deliver (ἀπαλλάξαι) you (σε) entirely (ἐς τὸ πᾶν) from this suffering (τῶνδ' πόνων.) For in fact (καὶ γὰρ) I persuaded (ἔπεισα) you (σ') to put an end to (κτανεῖν) the living body (δέμας) of a mother (μητρῷον.)

μέμνησο, μὴ φόβος σε νικάτω φρένας.[244] 88
σὺ δ᾽, αὐτάδελφον αἷμα καὶ κοινοῦ πατρός,
Ἑρμῆ, φύλασσε, κάρτα δ᾽ ὢν ἐπώνυμος 90
πομπαῖος ἴσθι, τόνδε ποιμαίνων ἐμὸν
ἱκέτην. σέβει τοι Ζεὺς τόδ᾽ ἐκνόμων σέβας,
ὁρμώμενον βροτοῖσιν εὐπόμπῳ τύχῃ.

Remember (μέμνησο,) let fear (φόβος) not (μὴ) conquer (νικάτω) you (σε) with respect to your spirit (φρένας.) And (δ') you (σὺ,) Hermes (Ἑρμῆ,,) brother of my blood and son of our mutual father (αὐτάδελφον αἷμα καὶ κοινοῦ πατρός,) keep guard (φύλασσε,) and (δ') be (ἴσθι) very much (κάρτα) a good escort (πομπαῖος) as you are named (ὢν ἐπώνυμος,) while tending as a shepherd (ποιμαίνων) this man (τόνδε,) my supplicant (ἐμὸν ἱκέτην.) Truly (τοι) Zeus (Ζεὺς) respects (σέβει) this (τόδ') object for wonder (σέβας) among those who are beyond the law (ἐκνόμων,) while he flees (ὁρμώμενον) among humankind (βροτοῖσιν) in well-guided (εὐπόμπῳ) circumstances (τύχῃ.)

Κλυταιμνήστρας Εἴδωλον

εὕδοιτ᾽ ἄν, ὠή, καὶ καθευδουσῶν τί δεῖ;[245]
ἐγὼ δ᾽ ὑφ᾽ ὑμῶν ὧδ᾽ ἀπητιμασμένη 95
ἄλλοισιν ἐν νεκροῖσιν, ὧν μὲν ἔκτανον
ὄνειδος ἐν φθιτοῖσιν οὐκ ἐκλείπεται.

Hey there (ὠή,) go right ahead and sleep (εὕδοιτ' ἄν,) and what is the need (τί δεῖ) for those who sleep (καὶ καθευδουσῶν?) So (δ') thus (ὧδ') because of you (ὑφ' ὑμῶν) I myself (ἐγὼ) am greatly dishonored (ἀπητιμασμένη) by others among the dead (ἄλλοισιν ἐν νεκροῖσιν,) indeed (μὲν) reproach (ὄνειδος) does not cease (οὐκ ἐκλείπεται) from those (ὧν) I killed (ἔκτανον) among the dead (ἐν φθιτοῖσιν.)

αἰσχρῶς δ᾽ ἀλῶμαι· προυννέπω δ᾽ ὑμῖν ὅτι
ἔχω μεγίστην αἰτίαν κείνων ὕπο·
παθοῦσα δ᾽ οὕτω δεινὰ πρὸς τῶν φιλτάτων, 100
οὐδεὶς ὑπέρ μου δαιμόνων μηνίεται,
κατασφαγείσης πρὸς χερῶν μητροκτόνων.

So (δ') I wander around (ἀλῶμαι) shamefully (αἰσχρῶς.) And (δ') I proclaim (προυννέπω) to you (ὑμῖν) that (ὅτι) I myself am (ἔχω) greatly accused (μεγίστην αἰτίαν) by (ὕπο) them (κείνων.) But (δ') though I suffer (παθοῦσα) thus (οὕτω) terrible things (δεινὰ) for the sake of those I loved (πρὸς τῶν φιλτάτων,) not a single one (οὐδεὶς) of the supernatural beings (δαιμόνων) is angered (μηνίεται) for my sake (ὑπέρ μου) though I was slaughtered (κατασφαγείσης) by hands that killed their mother (πρὸς χερῶν μητροκτόνων.)

ὅρα δὲ πληγὰς τάσδε καρδίας ὅθεν.[246]
ἦ πολλὰ μὲν δὴ τῶν ἐμῶν ἐλείξατε,
χοάς τ' ἀοίνους, νηφάλια μειλίγματα,
καὶ νυκτίσεμνα δεῖπν' ἐπ' ἐσχάρᾳ πυρὸς
ἔθυον, ὥραν οὐδενὸς κοινὴν θεῶν.
καὶ πάντα ταῦτα λὰξ ὁρῶ πατούμενα.

See (ὁρᾶτε) where they come from (ὅθεν,) these (τάσδε) blows (πληγὰς) to my heart (καρδίας.) Though (μὲν) truly (ἦ) you have licked up (ἐλείξατε) much (πολλὰ) indeed (δὴ) of mine (τῶν ἐμῶν,) libations (χοάς) and (τ') wineless offerings (ἀοίνους,) wineless soothing propitiations (νηφάλια μειλίγματα,) and (καὶ) I kept offering (ἔθυον) meals (δεῖπν') solemnized by night (νυκτίσεμνα) on (ἐπ') the fire (πυρὸς) in the hearth (ἐσχάρᾳ,) at hours (ὥραν) shared (κοινὴν) with no others (οὐδενὸς) among the gods (θεῶν,) yet (καὶ) I see (ὁρῶ) all these things (πάντα ταῦτα) trampled (πατούμενα) underfoot (λὰξ.)

ὁ δ' ἐξαλύξας οἴχεται νεβροῦ δίκην,
καὶ ταῦτα κούφως ἐκ μέσων ἀρκυστάτων
ὤρουσεν ὑμῖν ἐγκατιλλώψας μέγα.
ἀκούσαθ' ὡς ἔλεξα τῆς ἐμῆς περὶ
ψυχῆς, φρονήσατ', ὦ κατὰ χθονὸς θεαί.
ὄναρ γὰρ ὑμᾶς νῦν Κλυταιμνήστρα καλῶ.

For (δ') the man who escaped (ὁ ἐξαλύξας) is gone (οἴχεται) in the manner (δίκην) of a fawn (νεβροῦ,) and (καὶ) with respect to these things (ταῦτα) he sprang (ὤρουσεν) lightly (κούφως) out of the middle of the nets (ἐκ μέσων ἀρκυστάτων) while mocking (ἐγκατιλλώψας) you (ὑμῖν) greatly (μέγα.) Hear (ἀκούσαθ') how I spoke (ὡς ἔλεξα) for the sake (περὶ) of this my spirit (τῆς ἐμῆς ψυχῆς,) come to your senses (φρονήσατ',) O (ὦ) goddesses (θεαί) from beneath the earth (κατὰ χθονὸς.) For (γὰρ) I, Klytaimnêstra (Κλυταιμνήστρα,) now (νῦν) in a dream (ὄναρ,) call (καλῶ) you (ὑμᾶς.)

Χορός

μυγμός.

This is a stage direction; we would write, "they mutter in their sleep." The idea is of a soft sound from the closed mouth.

Κλυταιμνήστρας Εἴδωλον

μύζοιτ' ἄν, ἀνὴρ δ' οἴχεται φεύγων πρόσω.[247]
φίλοις γάρ εἰσιν οὐκ ἐμοῖς προσίκτορες.

You can murmer (μύζοιτ' ἄν,) but (δ') the man (ἀνὴρ) is gone (οἴχεται,) running further away (φεύγων πρόσω) for (γάρ) his friends (φίλοι) are (εἰσιν) worthy (προσεικότες;) unlike (οὐκ) mine (ἐμοῖς.)

Χορός

μυγμός.

The same stage direction as before.

Κλυταιμνήστρας Εἴδωλον

ἄγαν ὑπνώσσεις κοὐ κατοικτίζεις πάθος·
φονεὺς δ᾽ Ὀρέστης τῆσδε μητρὸς οἴχεται.

You are too sleepy (ἄγαν ὑπνώσσεις) and you have no pity for (κοὐ κατοικτίζεις) what happens (πάθος) but (δ') the Orestês (Ὀρέστης) murderer (φονεὺς) of this mother (τῆσδε μητρὸς) is gone (οἴχεται.)

Χορός

ὠγμός.

Again muttering in their sleep, but this time louder with an open mouth, as in a moan or a yawn.

Κλυταιμνήστρας Εἴδωλον

ᾤζεις, ὑπνώσσεις· οὐκ ἀναστήσῃ τάχος;
τί σοι πέπρωται πρᾶγμα πλὴν τεύχειν κακά;

You cry "oh!" (ᾤζεις,) you are sleepy (ὑπνώσσεις) will you not get up quickly (οὐκ ἀναστήσῃ τάχος?) What (τί) action (πρᾶγμα) has ever been given (πέπρωται) to you (σοι) more than (πλὴν) to produce (τεύχειν) that which is bad (κακά?)

Χορός

ὠγμός.

The same stage direction as before.

Κλυταιμνήστρας Εἴδωλον

ὕπνος πόνος τε κύριοι συνωμόται
δεινῆς δρακαίνης ἐξεκήραναν μένος.

Sleep (ὕπνος) and (τε) grief (πόνος) are powerful (κύριοι) confederates (συνωμόται.) They drained (ἐξεκήραναν) the force (μένος) of a terribly powerful (δεινῆς) female dragon (δρακαίνης.)

Χορός

μυγμὸς διπλοῦς ὀξύς.
λαβὲ λαβὲ λαβὲ λαβέ, φράζου.

Stage direction: the same sound, twice as loud. Catch him! Catch him! Catch him! Catch him! Be careful! (λαβὲ λαβὲ λαβὲ λαβέ, φράζου.)

Κλυταιμνήστρας Εἴδωλον

ὄναρ διώκεις θῆρα, κλαγγαίνεις δ' ἅπερ[248]
κύων μέριμναν οὔποτ' ἐκλείπων πόνου.

You chase (διώκεις) a beast (θῆρα) in a dream (ὄναρ,) and (δ') you are barking (κλαγγαίνεις,) a dog (κύων,) the very one which (ἅπερ) never (οὔποτ') forsakes (ἐκλείπων) the object (μέριμναν) of it's labor (πόνου.)

τί δρᾷς; ἀνίστω, μή σε νικάτω πόνος,
μηδ' ἀγνοήσῃς πῆμα μαλθαχθεῖσ' ὕπνῳ.
ἄλγησον ἧπαρ ἐνδίκοις ὀνείδεσιν.
τοῖς σώφροσιν γὰρ ἀντίκεντρα γίγνεται.

What are you doing (τί δρᾷς?) Get up (ἀνίστω!) Do not (μή) let weariness (πόνος) overcome (νικάτω) you (σε) and never (μηδ') fail to recognize (ἀγνοήσῃς) misery (πῆμα) upon being soothed (μαλθαχθεῖσ') by sleep (ὕπνῳ.) Feel pain (ἄλγησον) in your liver (ἧπαρ) from unjust accusations (ἐνδίκοις ὀνείδεσιν,) for (γὰρ) they become (γίγνεται) goads (ἀντίκεντρα) to those of sound mind (τοῖς σώφροσιν.)

σὺ δ' αἱματηρὸν πνεῦμ' ἐπουρίσασα τῷ,[249]
ἀτμῷ κατισχναίνουσα, νηδύος πυρί,
ἕπου, μάραινε δευτέροις διώγμασιν.

And (δ') you (σὺ) upon blowing (ἐπουρίσασα) bloody (αἱματηρὸν) breath (πνεῦμ') on him (τῷ,) weakening him (κατισχναίνουσα) with the vapor (ἀτμῷ,) with violent fever (πυρί) in the bowels (νηδύος.) Follow him (ἕπου!) Waste him away (μάραινε) in a second pursuit (δευτέροις διώγμασιν!)

Χορός

ἔγειρ', ἔγειρε καὶ σὺ τήνδ', ἐγὼ δὲ σέ.[250]
εὕδεις; ἀνίστω, κἀπολακτίσασ' ὕπνον,
ἰδώμεθ' εἴ τι τοῦδε φροιμίου ματᾷ.
ἰοὺ ἰοὺ πύπαξ. ἐπάθομεν, φίλαι,
ἦ πολλὰ δὴ παθοῦσα καὶ μάτην ἐγώ,
ἐπάθομεν πάθος δυσαχές, ὢ πόποι,
ἄφερτον κακόν·
ἐξ ἀρκύων πέπτωκεν οἴχεταί θ' ὁ θήρ.
ὕπνῳ κρατηθεῖσ' ἄγραν ὤλεσα.

Wake up, wake up! (ἔγειρ', ἔγειρε) And you, her, (καὶ σὺ τήνδ',) as (δὲ) I (ἐγὼ) you (σέ.) You are sleeping, get up, (εὕδεις; ἀνίστω,) upon kicking away sleep (κἀπολακτίσασ' ὕπνον,) let us see (ἰδώμεθ') if any of this (εἴ τι τοῦδε) prelude (φροιμίου) is in vain (ματᾷ.) Oh, oh, bravo! (ἰοὺ ἰοὺ πύπαξ!) Something happened to us (ἐπάθομεν,) dear women (φίλαι,) truly (ἦ) I myself (ἐγώ) have had much (πολλὰ) happen (παθοῦσα) indeed (δὴ) and in vain (καὶ μάτην,) we suffered (ἐπάθομεν,) a very painful (δυσαχές) experience (πάθος,) O you gods (ὢ πόποι,) an unbearable evil (ἄφερτον κακόν.) The animal/prey (ὁ θήρ) has fallen (πέπτωκεν) out of the net (ἐξ ἀρκύων) and (θ') is gone (οἴχεταί.) By letting myself be overcome (κρατηθεῖσ') by sleep (ὕπνῳ) I destroyed (ὤλεσα) my hunt (ἄγραν.)

ἰὼ παῖ Διός, ἐπίκλοπος πέλῃ,[251]
νέος δὲ γραίας δαίμονας καθιππάσω,
τὸν ἱκέταν σέβων, ἄθεον ἄνδρα καὶ
τοκεῦσιν πικρόν·
τὸν μητραλοίαν δ’ ἐξέκλεψας ὢν θεός.

Oh, son of Zeus (ἰὼ παῖ Διός,) you are (πέλῃ) cunning (ἐπίκλοπος,) and (δὲ) the young (νέος) run roughshod over (καθιππάσω) the old gods (γραίας δαίμονας.) Taking advantage of the fact that you are a god (ὢν θεός,) while giving honor (σέβων) to the suppliant (τὸν ἱκέταν,) a godless man (ἄθεον ἄνδρα) and (καὶ) bitter (πικρόν) to his parent (τοκεῦσιν,) thus (δ') you spirited away (ἐξέκλεψας) the one who struck his mother (τὸν μητραλοίαν.)

τί τῶνδ’ ἐρεῖ τις δικαίως ἔχειν;
ἐμοὶ δ’ ὄνειδος ἐξ ὀνειράτων μολὸν
ἔτυψεν δίκαν διφρηλάτου
μεσολαβεῖ κέντρῳ
ὑπὸ φρένας, ὑπὸ λοβόν.

Who (τί) will say (ἐρεῖ) of these things (τῶνδ') that any (τις) are done (ἔχειν) justly (δικαίως?) And (δ') disgrace (ὄνειδος) coming (μολὸν) out of my dreams (ἐξ ὀνειράτων) struck (ἔτυψεν) me (ἐμοὶ) like a charioteer (δίκαν διφρηλάτου) with a solidly wielded (μεσολαβεῖ) point (κέντρῳ) under the heart (ὑπὸ φρένας,) under the liver (ὑπὸ λοβόν.)

πάρεστι μαστίκτορος δαΐου δαμίου[252]
βαρὺ τὸ περίβαρυ κρύος ἔχειν.
τοιαῦτα δρῶσιν οἱ νεώτεροι θεοί,
κρατοῦντες τὸ πᾶν δίκας πλέον
φονολιβῆ θρόνον
περὶ πόδα, περὶ κάρα.

The unbearable cold (τὸ περίβαρυ κρύος) of the dreadful (δαΐου) public (δαμίου) scourger (μαστίκτορος) is present (πάρεστι) weighing heavily upon me (βαρὺ ἔχειν.) The young gods (οἱ νεώτεροι θεοί,) do (δρῶσιν) things of this kind (τοιαῦτα,) overmastering (κρατοῦντες) all of justice (τὸ πᾶν δίκας) completely (πλέον,) a throne (θρόνον) dripping with blood (φονολιβῆ) from around its foot (περὶ πόδα,) to around its head (περὶ κάρα.)

πάρεστι γᾶς ὀμφαλὸν προσδρακεῖν αἱμάτων
βλοσυρὸν ἀρόμενον ἄγος ἔχειν.
ἐφεστίῳ δὲ μάντις ὢν μιάσματι
μυχὸν ἐχράνατ’ αὐτόσσυτος, αὐτόκλητος,
παρὰ νόμον θεῶν βρότεα μὲν τίων,
παλαιγενεῖς δὲ μοίρας φθίσας.

The center-stone (ὀμφαλὸν) of the earth (γᾶς) is there (πάρεστι,) visible to sight (προσδρακεῖν,) in a state (ἔχειν) of bearing (ἀρόμενον) a terrible pollution (βλοσυρὸν ἄγος) of blood (αἱμάτων.) And (δὲ) while being (ὢν) a seer (μάντις) he has polluted (ἐχράνατ') the sanctuary (μυχὸν) with defilement (μιάσματι) upon the hearth (ἐφεστίῳ) committed by his own act (αὐτόσσυτος,) called for by his own words (αὐτόκλητος.) Beyond the law of the gods (παρὰ νόμον θεῶν) indeed by honoring (μὲν τίων) that which is human (βρότεα,) and though (δὲ) we are ancient (παλαιγενεῖς) he erodes (φθίσας) what is apportioned to us (μοίρας.)

κἀμοί γε λυπρός, καὶ τὸν οὐκ ἐκλύσεται,
ὑπό τε γᾶν φυγὼν οὔ ποτ' ἐλευθεροῦται.
ποτιτρόπαιος ὢν δ' ἕτερον ἐν κάρᾳ
μιάστορ' ἐκ γένους πάσεται.

Though to me (κἀμοί) this is painful (λυπρός,) indeed (γε,) yet (καὶ) he will not free (οὐκ ἐκλύσεται) him (τὸν) and (τε) though fleeing (φυγὼν) under the earth (ὑπό γᾶν) not (οὔ) ever (ποτ') is he set free (ἐλευθεροῦται.) for he is still polluted (ποτιτρόπαιος ὢν) and (δ') he will get (πάσεται) another (ἕτερον) avenger (μιάστορ') from the race (ἐκ γένους) against him/upon his head (ἐν κάρᾳ.)

Ἀπόλλων

ἔξω, κελεύω, τῶνδε δωμάτων τάχος[253]
χωρεῖτ', ἀπαλλάσσεσθε μαντικῶν μυχῶν,
μὴ καὶ λαβοῦσα πτηνὸν ἀργηστὴν ὄφιν,
χρυσηλάτου θώμιγγος ἐξορμώμενον,
ἀνῇς ὑπ' ἄλγους μέλαν' ἀπ' ἀνθρώπων ἀφρόν,
ἐμοῦσα θρόμβους οὓς ἀφείλκυσας φόνου.

Out! I command (ἔξω, κελεύω,) of these halls (τῶνδε δωμάτων!) Quick, make way (τάχος χωρεῖτ',) depart from (ἀπαλλάσσεσθε) the inner sanctum (μυχῶν) of the soothsayer (μαντικῶν,) and (καὶ) lest you should take (μὴ λαβοῦσα) a flashing flying snake (πτηνὸν ἀργηστὴν ὄφιν) shot out (ἐξορμώμενον) from a bowstring (θώμιγγος) of beaten gold (χρυσηλάτου,) let you bring up (ἀνῇς) with pain (ὑπ' ἄλγους) black froth (μέλαν'… ἀφρόν) in order to vomit (ἐμοῦσα) the clots (θρόμβους) of blood (φόνου) which (οὓς) you guzzled (ἀφείλκυσας) from human beings (ἀπ' ἀνθρώπων)

οὔτοι δόμοισι τοῖσδε χρίμπτεσθαι πρέπει·
ἀλλ' οὗ καρανιστῆρες ὀφθαλμωρύχοι
δίκαι σφαγαί τε σπέρματός τ' ἀποφθορᾷ
παίδων κακοῦται χλοῦνις, ἠδ' ἀκρωνία,
λευσμός τε, καὶ μύζουσιν οἰκτισμὸν πολὺν

It is not fitting (οὔτοι… πρέπει) that you draw near (χρίμπτεσθαι) to these (τοῖσδε) halls (δόμοισι) rather where (ἀλλ' οὗ) head-chopping, eye-gouging slaughters (καρανιστῆρες ὀφθαλμωρύχοι…σφαγαί) are customary (δίκαι,) virility (χλοῦνις) is destroyed (κακοῦται) by ruination (ἀποφθορᾷ) both (τε) of seed (σπέρματός) and (τ') of children (παίδων,) and mutilation, (ἠδ' ἀκρωνία,) and (τε) stoning (λευσμός,) and (καὶ) those who are impaled (παγέντες) under the spine (ὑπὸ ῥάχιν) moan (μύζουσιν) many (πολὺν) laments (οἰκτισμὸν)…

ὑπὸ ῥάχιν παγέντες. ἆρ' ἀκούετε
οἵας ἑορτῆς ἔστ' ἀπόπτυστοι θεοῖς
στέργηθρ' ἔχουσαι; πᾶς δ' ὑφηγεῖται τρόπος
μορφῆς. λέοντος ἄντρον αἱματορρόφου
οἰκεῖν τοιαύτας εἰκός, οὐ χρηστηρίοις
ἐν τοῖσδε πλησίοισι τρίβεσθαι μύσος.

So, do you hear (ἆρ' ἀκούετε) you who are spat out by the gods (ἀπόπτυστοι θεοῖς) of what sort of festival it is (οἵας ἑορτῆς ἔστ') that charms you (στέργηθρ' ἔχουσαι?) So (δ') everything (πᾶς) indicates (ὑφηγεῖται) the manner of your fashion (τρόπος μορφῆς.) You are of a kind (τοιαύτας) fit (εἰκός) to inhabit (οἰκεῖν) the cave (ἄντρον) of a bloodthirsty (αἱματορρόφου) lion (λέοντος,) not (οὐ) to rub pollution (τρίβεσθαι μύσος) on (ἐν) these (τοῖσδε) nearby (πλησίοισι) oracular seats (χρηστηρίοις.)

χωρεῖτ’ ἄνευ βοτῆρος αἰπολούμεναι.
ποίμνης τοιαύτης δ’ οὔτις εὐφιλὴς θεῶν.

Go away (χωρεῖτ') and herd yourselves together like goats (αἰπολούμεναι) without a herdsman (ἄνευ βοτῆρος.) For (δ') none (οὔτις) of the gods (θεῶν) is loving (εὐφιλὴς) toward a herd (ποίμνης) of your kind (τοιαύτης.)

Χορός

ἄναξ Ἄπολλον, ἀντάκουσον ἐν μέρει.
αὐτὸς σὺ τούτων οὐ μεταίτιος πέλῃ,
ἀλλ’ εἷς τὸ πᾶν ἔπραξας ὢν παναίτιος.

Lord Apollo (ἄναξ Ἄπολλον,) listen (ἀντάκουσον) in your turn (ἐν μέρει.) You (σὺ) yourself (αὐτὸς) would be (πέλῃ) not partly to blame (οὐ μεταίτιος) for these things (τούτων,) but (ἀλλ') as the one (εἷς) who did (ἔπραξας) everything (τὸ πᾶν) being (ὢν) guilty of everything (παναίτιος.)

Ἀπόλλων

πῶς δή; τοσοῦτο μῆκος ἔκτεινον λόγου.

How indeed (πῶς δή?) Stretch out (ἔκτεινον) the length (μῆκος) of your story (λόγου) as far as that (τοσοῦτο.)

Χορός

ἔχρησας ὥστε τὸν ξένον μητροκτονεῖν.

You laid an oracle (ἔχρησας) on the foreigner (τὸν ξένον) so that he would kill his mother (ὥστε…μητροκτονεῖν.)

Ἀπόλλων

ἔχρησα ποινὰς τοῦ πατρὸς πέμψαι. τί μήν;[254]

I laid down an oracle (ἔχρησα) to exact (πρᾶξαι) revenge (ποινὰς) for his father (τοῦ πατρὸς.) What then (τί μήν?)

Χορός

κἄπειθ’ ὑπέστης αἵματος δέκτωρ νέου.

And then (κἄπειθ') you put yourself under obligation (ὑπέστης) as one who accepts the burden (δέκτωρ) of new (νέου) bloodshed (αἵματος.)

Ἀπόλλων

καὶ προστραπέσθαι τούσδ’ ἐπέστελλον δόμους.

And (καὶ) I sent him (ἐπέστελλον) to turn as a suppliant (προστραπέσθαι) to these halls (τούσδ’ δόμους.)

Χορός

καὶ τὰς προπομποὺς δῆτα τάσδε λοιδορεῖς;

And (καὶ) do you really (δῆτα) rebuke (λοιδορεῖς) these (τάσδε) his escorts (τὰς προπομποὺς?)

Ἀπόλλων

οὐ γὰρ δόμοισι τοῖσδε πρόσφορον μολεῖν.[255]

Because (γὰρ) it is not fitting for you (οὐ… πρόσφορον) to come (μολεῖν) to these (τοῖσδε) halls (δόμοισι.)

Χορός

ἀλλ’ ἔστιν ἡμῖν τοῦτο προστεταγμένον.

But (ἀλλ’) this (τοῦτο) is (ἔστιν) appointed (προστεταγμένον) to us (ἡμῖν.)

Ἀπόλλων

τίς ἥδε τιμή; κόμπασον γέρας καλόν.

What is (τίς) this perquisite (ἥδε τιμή?) Do boast of (κόμπασον) this excellent (καλόν) prerogative (γέρας.)

Χορός

τοὺς μητραλοίας ἐκ δόμων ἐλαύνομεν.

We drive (ἐλαύνομεν) those who strike at their mothers (τοὺς μητραλοίας) out of their homes (ἐκ δόμων.)

Ἀπόλλων

τί γὰρ γυναικὸς ἥτις ἄνδρα νοσφίσῃ;

For (γὰρ) what (τί) of a woman (γυναικὸς) who (ἥτις) deprives (νοσφίσῃ) her husband (ἄνδρα) of his life?

Χορός

οὐκ ἂν γένοιθ’ ὅμαιμος αὐθέντης φόνος.

That would not be (οὐκ ἂν γένοιθ’) murder (φόνος) at the hand (αὐθέντης) of kindred blood (ὅμαιμος.)

Ἀπόλλων

ἦ κάρτ’ ἄτιμα καὶ παρ’ οὐδὲν ἠνύσω[256]
Ἥρας τελείας καὶ Διὸς πιστώματα.
Κύπρις δ’ ἄτιμος τῷδ’ ἀπέρριπται λόγῳ,
ὅθεν βροτοῖσι γίγνεται τὰ φίλτατα.

Truly (ἦ) you did (ἠνύσω) extreme (κάρτ') and unparalleled (καὶ παρ' οὐδὲν) dishonor (ἄτιμα) to those things in which we trust (πιστώματα) from unblemished (τελείας) Hera (Ἥρας) and Zeus (καὶ Διὸς.) And (δ') by these words (τῷδ'… λόγῳ) Aphrodite (Κύπρις) is turned away (ἀπέρριπται) dishonored (ἄτιμος,) from whom (ὅθεν) comes into being (γίγνεται) what is dearest (τὰ φίλτατα) to mortals (βροτοῖσι.)

εὐνὴ γὰρ ἀνδρὶ καὶ γυναικὶ μόρσιμος
ὅρκου ‘στὶ μείζων τῇ δίκῃ φρουρουμένη.
εἰ τοῖσιν οὖν κτείνουσιν ἀλλήλους χαλᾷς
τὸ μὴ τίνεσθαι μηδ’ ἐποπτεύειν κότῳ,
οὔ φημ’ Ὀρέστην σ’ ἐνδίκως ἀνδρηλατεῖν.

For (γὰρ) the marriage-bed (εὐνὴ) appointed (μόρσιμος) to man and woman (ἀνδρὶ καὶ γυναικὶ) is greater than an oath (ὅρκου ‘στὶ μείζων) when it is observed with justice (τῇ δίκῃ φρουρουμένη.) If (εἰ) therefore (οὖν) you should be indulgent (χαλᾷς) to those who kill (τοῖσιν κτείνουσιν) each other (ἀλλήλους) neither exacting a price (τὸ μὴ τίνεσθαι) nor punishing with vengeance (μηδ' ἐποπτεύειν κότῳ,) I do not say (οὔ φημ') you justly drive out (σ' ἐνδίκως ἀνδρηλατεῖν) Orestês (Ὀρέστην.)

τὰ μὲν γὰρ οἶδα κάρτα σ’ ἐνθυμουμένην,
τὰ δ’ ἐμφανῶς πράσσουσαν ἡσυχαιτέραν.
δίκας δὲ Παλλὰς τῶνδ’ ἐποπτεύσει θεά.

For (γὰρ) indeed (μὲν) I see (οἶδα) that you take to heart (σ' ἐνθυμουμένην) this (τὰ) very much (κάρτα) and (δ') clearly (ἐμφανῶς) you pass over (πράσσουσαν) the other (τὰ) undisturbed (ἡσυχαιτέραν.) So (δὲ) Pallas Athene (Παλλὰς,) a goddess (θεά,) will oversee (ἐποπτεύσει) justice (δίκας) for these matters (τῶνδ'.)

Χορός

τὸν ἄνδρ᾽ ἐκεῖνον οὔ τι μὴ λίπω ποτέ.

I shall not leave (μὴ λίπω) this man (τὸν ἄνδρ᾽ ἐκεῖνον,) not at any time (οὔ τι ποτέ.)

Ἀπόλλων

σὺ δ᾽ οὖν δίωκε καὶ πόνον πλείω τίθου.

So then (δ' οὖν,) you (σὺ,) pursue him (δίωκε) and (καὶ) put yourself (τίθου) to more work (πόνον πλείω.)

Χορός

τιμὰς σὺ μὴ σύντεμνε τὰς ἐμὰς λόγῳ.

Let you not (σὺ μὴ) cut down (σύντεμνε) our (τὰς ἐμὰς) rights (τιμὰς) with words (λόγῳ.)

Ἀπόλλων

οὐδ᾽ ἂν δεχοίμην ὥστ᾽ ἔχειν τιμὰς σέθεν.

I would never accept (οὐδ' ἂν δεχοίμην) the rights (τιμὰς) that (ὥστ') you (σέθεν) hold (ἔχειν.)

Χορός

μέγας γὰρ ἔμπας πὰρ Διὸς θρόνοις λέγῃ.
ἐγὼ δ᾽, ἄγει γὰρ αἷμα μητρῷον. δίκας
μέτειμι. τόνδε φῶτα κἀκκυνηγετῶ.

Because (γὰρ) are called (λέγῃ.) great (μέγας) anyway (ἔμπας) beside (πὰρ) the thrones (θρόνοις) of Zeus (Διὸς.) But (δ') as for me (ἐγὼ,) because (γὰρ) the blood of a mother (αἷμα μητρῷον) leads on (ἄγει,) I claim (μέτειμι) justice (δίκας) and I am hunting down (κἀκκυνηγετῶ) this man (τόνδε φῶτα.)

Ἀπόλλων

ἐγὼ δ᾽ ἀρήξω τὸν ἱκέτην τε ῥύσομαι.
δεινὴ γὰρ ἐν βροτοῖσι κἀν θεοῖς πέλει
τοῦ προστροπαίου μῆνις, εἰ προδῶ σφ᾽ ἑκών.

And (δ') as for me (ἐγὼ) I will protect (ῥύσομαι) my suppliant (τὸν ἱκέτην) and (τε) I will succor him (ἀρήξω) because (γὰρ) if I should forsake (εἰ προδῶ) him (σφ') willingly (ἑκών) the wrath (μῆνις) of the suppliant (τοῦ προστροπαίου) becomes (πέλει) terrible (δεινὴ) among humankind (ἐν βροτοῖσι) and among (κἀν) the gods (θεοῖς.)

Ὀρέστης

ἄνασσ᾽ Ἀθάνα, Λοξίου κελεύμασιν
ἥκω. δέχου δὲ πρευμενῶς ἀλάστορα,
οὐ προστρόπαιον οὐδ᾽ ἀφοίβαντον χέρα,
ἀλλ᾽ ἀμβλὺς ἤδη προστετριμμένος τε πρὸς
ἄλλοισιν οἴκοις καὶ πορεύμασιν βροτῶν.

Goddess Athena (ἄνασσ' Ἀθάνα,) I have come (ἥκω) by order/by the road (κελεύμασιν) of Apollo (Λοξίου.) So (δὲ) gently (πρευμενῶς) accept (δέχου) one who is involved with vengeance (ἀλάστορα,) a hand (χέρα) neither suppliant in pollution (οὐ προστρόπαιον) nor uncleansed (οὐδ' ἀφοίβαντον,) but rather (ἀλλ') already (ἤδη) made dull (ἀμβλὺς,) one that has been worn down (προστετριμμένος) both (τε) at other temples (πρὸς ἄλλοισιν οἴκοις) and (καὶ) in the comings and goings (πορεύμασιν) of mortals (βροτῶν.)

ὅμοια χέρσον καὶ θάλασσαν ἐκπερῶν,
σῴζων ἐφετμὰς Λοξίου χρηστηρίους,
πρόσειμι δῶμα καὶ βρέτας τὸ σόν, θεά.
αὐτοῦ φυλάσσων ἀναμένω τέλος δίκης.

After travelling across (ἐκπερῶν) land and sea (χέρσον καὶ θάλασσαν) alike (ὅμοια) with Apollo's (Λοξίου) oracular command (ἐφετμὰς… χρηστηρίους) keeping me alive (σῴζων,) I am here at (πρόσειμι) your (τὸ σόν) house and image (δῶμα καὶ βρέτας,) o goddess (θεά.) While protecting (φυλάσσων) myself (αὐτοῦ) I am waiting for (ἀναμένω) the fulfillment of justice (τέλος δίκης.)

Χορός

εἶεν· τόδ᾽ ἐστὶ τἀνδρὸς ἐκφανὲς τέκμαρ.[257]
ἕπου δὲ μηνυτῆρος ἀφθέγκτου φραδαῖς.
τετραυματισμένον γὰρ ὡς κύων νεβρὸν
πρὸς αἷμα καὶ σταλαγμὸν ἐκματεύομεν.

So be it! (εἶεν·) This is (τόδ' ἐστὶ) a clear sign (ἐκφανὲς τέκμαρ) of the man (τἀνδρὸς.) So (δὲ) follow (ἕπου) the hints (φραδαῖς) of the voiceless (ἀφθέγκτου) guide (μηνυτῆρος.) for (γὰρ) since he has been wounded (τετραυματισμένον) like (ὡς) a dog (κύων) a fawn (νεβρὸν) we track him (ἐκματεύομεν) by (πρὸς) blood and drippings (αἷμα καὶ σταλαγμὸν.)

πολλοῖς δὲ μόχθοις ἀνδροκμῆσι φυσιᾷ[258]
σπλάγχνον· χθονὸς γὰρ πᾶς πεποίμανται τόπος,
ὑπέρ τε πόντον ἀπτέροις ποτήμασιν
ἦλθον διώκουσ', οὐδὲν ὑστέρα νεώς.

So (δὲ) his lungs (σπλάγχνον) heave (φυσιᾷ) with many (πολλοῖς) man-wearying (ἀνδροκμῆσι) efforts (μόχθοις,) for (γὰρ) he has been shepherded across (πεποίμανται) every (πᾶς) place (τόπος) on earth (χθονὸς) and (τε) over (ὑπέρ) the sea (πόντον.) In wingless flight (ἀπτέροις ποτήμασιν) I came (ἦλθον) while pursuing him (διώκουσ',) not slower (οὐδὲν ὑστέρα) than a ship (νεώς.)

καὶ νῦν ὅδ' ἐνθάδ' ἐστί που καταπτακών.[259]
ὀσμὴ βροτείων αἱμάτων με προσγελᾷ.
ὅρα ὅρα μάλ' αὖ,
λεύσσετε πάντα, μὴ
λάθῃ φύγδα βὰς
ὁ ματροφόνος ἀτίτας.

And now (καὶ νῦν) this man (ὅδ') is (ἐστί) cowering (καταπτακών) here (ἐνθάδ') somwhere (που.) The smell (ὀσμὴ) of the blood (αἱμάτων) of mortals (βροτείων) delights me (με προσγελᾷ.) Look (ὅρα,) look very much (ὅρα μάλ') again (αὖ,) examine everything (λεύσσετε πάντα,) lest he slip away (μὴ λάθῃ) stepping out (βὰς) in flight (φύγδα,) the (ὁ) unpunished (ἀτίτας) mother-killer (ματροφόνος.)

ὁ δ' αὖτέ γοῦν ἀλκὰν ἔχων[260]
περὶ βρέτει πλεχθεὶς θεᾶς ἀμβρότου
ὑπόδικος θέλει γενέσθαι χερῶν.

And (δ') then (αὖτέ) indeed (γοῦν) he (ὁ) with strength (ἀλκὰν ἔχων) upon embracing (περὶ...πλεχθεὶς) the image (βρέτει) of the immortal (ἀμβρότου) goddess (θεᾶς) wishes (θέλει) to be (γενέσθαι) made subject to trial (ὑπόδικος) [for the work] of his hands (χερῶν.)

τὸ δ' οὐ πάρεστιν· αἷμα μητρῷον χαμαὶ
δυσαγκόμιστον, παπαῖ,
τὸ διερὸν πέδοι χύμενον οἴχεται.

But (δ') that (τὸ) is not to be so (οὐ πάρεστιν.) The blood (αἷμα) of a mother (μητρῷον) is lies on the ground (χαμαὶ.) Well then! (παπαῖ,) it is hard to bring it back up (δυσαγκόμιστον!) The liquid (τὸ διερὸν) once poured out (χύμενον) on the earth (πέδοι) is gone (οἴχεται.)

ἀλλ' ἀντιδοῦναι δεῖ σ' ἀπὸ ζῶντος ῥοφεῖν[261]
ἐρυθρὸν ἐκ μελέων πέλανον· ἀπὸ δὲ σοῦ
φεροίμαν βοσκὰν πώματος δυσπότου·
καὶ ζῶντά σ' ἰσχνάνασ' ἀπάξομαι κάτω,
ἀντίποιν' ὡς τίνῃς ματροφόνας δύας.

But (ἀλλ') it is necessary (δεῖ) that you (σ') give in return (ἀντιδοῦναι) from your living body (ἀπὸ ζῶντος,) for us to gulp (ῥοφεῖν) red (ἐρυθρὸν) drinks for the dead (πέλανον) out of your body (ἐκ μελέων.) And (δὲ) I would carry (φεροίμαν) away from you (ἀπὸ σοῦ) food (βοσκὰν) of liquid hard to drink (πώματος δυσπότου) and (καὶ) after I make you wither (σ' ἰσχνάνασ') while you are alive (ζῶντά) I will carry you off (ἀπάξομαι) to that which is below (κάτω,) as revenge (ἀντίποιν') so that you will suffer as a penalty (ὡς τίνῃς) the misery (δύας) appropriate to mother-murder (ματροφόνας)

ὄψει δὲ κεἴ τις ἄλλος ἤλιτεν βροτῶν
ἢ θεὸν ἢ ξένον
τιν’ ἀσεβῶν ἢ τοκέας φίλους,
ἔχονθ’ ἕκαστον τῆς δίκης ἐπάξια,
μέγας γὰρ Ἅιδης ἐστὶν εὔθυνος βροτῶν
ἔνερθε χθονός,
δελτογράφῳ δὲ πάντ’ ἐπωπᾷ φρενί.

And (δὲ) you will see (ὄψει) whether (κεἴ) any other (τις ἄλλος) among mortals (βροτῶν) sinned (ἤλιτεν) by committing sacrilege (ἀσεβῶν) toward anyone (τιν',) whether a god (ἢ θεὸν) or a stranger (ἢ ξένον) or a parent dear (ἢ τοκέας φίλους,) because each (ἕκαστον) is (ἔχονθ') worthy (ἐπάξια) of justice (τῆς δίκης,) for (γὰρ) great Hades (μέγας Ἅιδης) is an auditor/judge of mortals (ἐστὶν εὔθυνος βροτῶν) deep beneath the earth (ἔνερθε χθονός,) and (δὲ) he observes (ἐπωπᾷ) everything (πάντ’) written on in the heart (δελτογράφῳ φρενί.)

Ὀρέστης

ἐγὼ διδαχθεὶς ἐν κακοῖς ἐπίσταμαι[262]
πολλοὺς καθαρμούς, καὶ λέγειν ὅπου δίκη
σιγᾶν θ’ ὁμοίως· ἐν δὲ τῷδε πράγματι
φωνεῖν ἐτάχθην πρὸς σοφοῦ διδασκάλου.

I, (ἐγὼ) by being instructed by what is evil (διδαχθεὶς ἐν κακοῖς,) understand (ἐπίσταμαι) much about purification (πολλοὺς καθαρμούς, and (καὶ) where (ὅπου) it is right (δίκη) to speak (λέγειν) and (θ') equally (ὁμοίως) to be silent (σιγᾶν) and (δὲ) concerning these things (ἐν τῷδε πράγματι) I have been appointed (ἐτάχθην) to speak (φωνεῖν) by a wise teacher (πρὸς σοφοῦ διδασκάλου.)

βρίζει γὰρ αἷμα καὶ μαραίνεται χερός,
μητροκτόνον μίασμα δ’ ἔκπλυτον πέλει·
ποταίνιον γὰρ ὂν πρὸς ἑστίᾳ θεοῦ
Φοίβου καθαρμοῖς ἠλάθη χοιροκτόνοις.

For (γὰρ) the blood (αἷμα) sleeps (βρίζει) and (καὶ) fades away (μαραίνεται) from my hand (χερός) and (δ') the matricidal pollution (μητροκτόνον μίασμα) is (πέλει) washed out (ἔκπλυτον.) For (γὰρ) while being (ὂν) fresh (ποταίνιον) it was driven out (ἠλάθη) at the hearth of the god Apollo (πρὸς ἑστίᾳ θεοῦ Φοίβου) by means of a purification by pig sacrifice (καθαρμοῖς χοιροκτόνοις.)

πολὺς δέ μοι γένοιτ’ ἂν ἐξ ἀρχῆς λόγος,[263]
ὅσοις προσῆλθον ἀβλαβεῖ ξυνουσίᾳ.

And (δέ) many (πολὺς) accounts (λόγος) could be made (γένοιτ' ἂν) for me (μοι) from the beginning (ἐξ ἀρχῆς,) by as many as (ὅσοις) I associated with (προσῆλθον) in meetings (ξυνουσίᾳ) that did them no harm (ἀβλαβεῖ.)

καὶ νῦν ἀφ’ ἁγνοῦ στόματος εὐφήμως καλῶ
χώρας ἄνασσαν τῆσδ’ Ἀθηναίαν ἐμοὶ
μολεῖν ἀρωγόν. κτήσεται δ’ ἄνευ δορὸς
αὐτόν τε καὶ γῆν καὶ τὸν Ἀργεῖον λεὼν
πιστὸν δικαίως ἐς τὸ πᾶν τε σύμμαχον.

And now (καὶ νῦν) from a pure mouth (ἀφ' ἁγνοῦ στόματος) I call (καλῶ) in words of good omen (εὐφήμως) the goddess (ἄνασσαν) of this (τῆσδ') land (χώρας,) Athena (Ἀθηναίαν) to come (μολεῖν) to me (ἐμοὶ) as my ally (ἀρωγόν.) So (δ') she will gain (κτήσεται) without a spear (ἄνευ δορὸς) myself (αὐτόν) and both (τε καὶ) the land (γῆν) and (καὶ) the Argive people (τὸν Ἀργεῖον λεὼν) as trustworthy (πιστὸν) allies (σύμμαχον) and (τε) for all time (ἐς τὸ πᾶν) as is fitting (δικαίως.)

ἀλλ’ εἴτε χώρας ἐν τόποις Λιβυστικοῖς,
Τρίτωνος ἀμφὶ χεῦμα γενεθλίου πόρου,
τίθησιν ὀρθὸν ἢ κατηρεφῆ πόδα,
φίλοις ἀρήγουσ’, εἴτε Φλεγραίαν πλάκα
θρασὺς ταγοῦχος ὡς ἀνὴρ ἐπισκοπεῖ,
ἔλθοι—κλύει δὲ καὶ πρόσωθεν ὢν θεός—
ὅπως γένοιτο τῶνδ’ ἐμοὶ λυτήριος.

But (ἀλλ') whether (εἴτε) from the land (χώρας) of Lake Tritonis (Τρίτωνος) among the regions of Libya (ἐν τόποις Λιβυστικοῖς) around the stream of her ancestral path (ἀμφὶ χεῦμα γενεθλίου πόρου) she sets (τίθησιν) her leg (πόδα) straight or covered (ὀρθὸν ἢ κατηρεφῆ) while helping (ἀρήγουσ') those dear to her (φίλοις,) or whether (εἴτε) she surveys (ἐπισκοπεῖ) the plain (πλάκα) of Phlegra (Φλεγραίαν) like (ὡς) a bold (θρασὺς) and masterful (ταγοῦχος) warrior (ἀνὴρ,) may she come (ἔλθοι!) in order to be (ὅπως γένοιτο) a release (λυτήριος) for me (ἐμοὶ) from these (τῶνδ'.) And (δὲ) because she is a god (ὢν θεός) she hears (κλύει) even (καὶ) from far away (πρόσωθεν.)

Χορός

οὔτοι σ’ Ἀπόλλων οὐδ’ Ἀθηναίας σθένος
ῥύσαιτ’ ἂν ὥστε μὴ οὐ παρημελημένον
ἔρρειν, τὸ χαίρειν μὴ μαθόνθ’ ὅπου φρενῶν,
ἀναίματον βόσκημα δαιμόνων, σκιάν.

Neither (οὔτοι) the strength (σθένος) Apollo (Ἀπόλλων) nor (οὐδ') of Athena (Ἀθηναίας) can save (ῥύσαιτ' ἂν) you (σ') so that (ὥστε) you are not (μὴ οὐ) wandering (ἔρρειν) while being abandoned (παρημελημένον,) not knowing (μὴ μαθόνθ') where there is (ὅπου) joy (τὸ χαίρειν) in your heart (φρενῶν,) drained of blood (ἀναίματον,) fodder (βόσκημα) for supernatural beings (δαιμόνων,) a mere shadow (σκιάν.)

οὐδ’ ἀντιφωνεῖς, ἀλλ’ ἀποπτύεις λόγους,
ἐμοὶ τραφείς τε καὶ καθιερωμένος;
καὶ ζῶν με δαίσεις οὐδὲ πρὸς βωμῷ σφαγείς·
ὕμνον δ’ ἀκούσῃ τόνδε δέσμιον σέθεν.

You do not answer (οὐδ' ἀντιφωνεῖς,) rather (ἀλλ') do you spit out (ἀποπτύεις) our words (λόγους,) You are fattened up (τραφείς) and even (τε καὶ) consecrated (καθιερωμένος) to me (ἐμοὶ;) and (καὶ) while you live (ζῶν) you will provide a feast (δαίσεις) for me (με) even though you have not (οὐδὲ) been slaughtered (σφαγείς) at the altar (πρὸς βωμῷ.) So (δ') you will hear (ἀκούσῃ) this (τόνδε) song (ὕμνον) spellbinding (δέσμιον) upon you (σέθεν.)

ἄγε δὴ καὶ χορὸν ἅψωμεν, ἐπεὶ[264]
μοῦσαν στυγερὰν
ἀποφαίνεσθαι δεδόκηκεν,
λέξαι τε λάχη τὰ κατ’ ἀνθρώπους
ὡς ἐπινωμᾷ στάσις ἁμά.

Come (ἄγε!) And (καὶ) now (δὴ) let us join in (ἅψωμεν) a dance (χορὸν,) since (ἐπεὶ) we have decided (δεδόκηκεν) to show off (ἀποφαίνεσθαι) our horrid/hated song (μοῦσαν στυγερὰν,) and (τε) to declare (λέξαι) our duty (τὰ λάχη) down to humankind (κατ' ἀνθρώπους) just as (ὡς) our (ἁμά) group (στάσις) sets it forth (ἐπινωμᾷ.)

εὐθυδίκαιοι δ’ οἰόμεθ’ εἶναι·
τὸν μὲν καθαρὰς χεῖρας προνέμοντ’
οὔτις ἐφέρπει μῆνις ἀφ’ ἡμῶν,
ἀσινὴς δ’ αἰῶνα διοιχνεῖ·
ὅστις δ’ ἀλιτὼν ὥσπερ ὅδ’ ἀνὴρ
χεῖρας φονίας ἐπικρύπτει,
μάρτυρες ὀρθαὶ τοῖσι θανοῦσιν
παραγιγνόμεναι πράκτορες αἵματος
αὐτῷ τελέως ἐφάνημεν.

So (δ') we think ourselves (οἰόμεθ') to be (εἶναι) ones who judge honestly (εὐθυδίκαιοι.) Indeed (μὲν) wrath (μῆνις) from us (ἀφ' ἡμῶν) never sneaks up on (οὔτις ἐφέρπει) the one (τὸν) who shows us (προνέμοντ') clean hands (καθαρὰς χεῖρας) and (δ') he goes through (διοιχνεῖ) the ages (αἰῶνα) unmolested (ἀσινὴς.) But (δ') we bring to light (ἐφάνημεν) conclusively (τελέως) anyone who transgresses (ὅστις ἀλιτὼν,) just as this man (ὥσπερ ὅδ' ἀνὴρ) covers up (ἐπικρύπτει) his bloody hands (χεῖρας φονίας,) while honest (ὀρθαὶ) witnesses (μάρτυρες) are giving support (παραγιγνόμεναι) to the dead (τοῖσι θανοῦσιν) as avengers of bloodshed (πράκτορες αἵματος) against him (αὐτῷ.)

μᾶτερ ἅ μ’ ἔτικτες, ὦ μᾶτερ
Νύξ, ἀλαοῖσι καὶ δεδορκόσιν
ποινάν, κλῦθ’. ὁ Λατοῦς γὰρ ἶ-
νίς μ’ ἄτιμον τίθησιν
τόνδ’ ἀφαιρούμενος
πτῶκα, ματρῷον ἅ-
γνισμα κύριον φόνου.

O mother (μᾶτερ) who (ἅ) went through childbirth (ἔτικτες) for me (μ',) avenger (ποινάν) for the dead and the living (ἀλαοῖσι καὶ δεδορκόσιν,) hear (κλῦθ'.) O mother Night (ὦ μᾶτερ Νύξ,) for (γὰρ) the (ὁ) son (ἶνίς) of Leto (Λατοῦς) puts (τίθησιν) me (μ') into dishonor (ἄτιμον) by his taking away (ἀφαιρούμενος) this (τόνδ') cowering creature (πτῶκα,) the appointed (κύριον) expiatory object (ἅγνισμα) for the murder (φόνου) of his mother (ματρῷον.)

ἐπὶ δὲ τῷ τεθυμένῳ
τόδε μέλος, παρακοπά,
παραφορὰ φρενοδαλής,
ὕμνος ἐξ Ἐρινύων,
δέσμιος φρενῶν, ἀφόρ-
μικτος, αὑονὰ βροτοῖς.

So (δὲ) in accordance with that which has been offered (ἐπὶ τῷ τεθυμένῳ) this song (τόδε μέλος,) a madness (παρακοπά,) a derangement (παραφορὰ) harmful to the spirit (φρενοδαλής,) a hymn from the Furies (ὕμνος ἐξ Ἐρινύων,) spellbinding for the spirit (δέσμιος φρενῶν,) with lyre accompaniment (ἀφόρμικτος,) desiccating to mortals (αὑονὰ βροτοῖς.)

τοῦτο γὰρ λάχος διανταία
Μοῖρ' ἐπέκλωσεν ἐμπέδως ἔχειν.
θνατῶν τοῖσιν αὐτουργίαι
ξυμπέσωσιν μάταιοι,
τοῖς ὁμαρτεῖν, ὄφρ' ἂν
γᾶν ὑπέλθῃ· θανὼν
δ' οὐκ ἄγαν ἐλεύθερος.

For (γὰρ) should impious (μάταιοι) deliberate personal actions (αὐτουργίαι) be encompassed (ξυμπέσωσιν literally fall together) by any (τοῖσιν) among mortals (θνατῶν) the relentless Fates (διανταία Μοῖρ') spun out (ἐπέκλωσεν) this destined office (τοῦτο λάχος) to be held (ἔχειν) steadfastly (ἐμπέδως:) to hunt (ὁμαρτεῖν) for them (τοῖς,) until (ὄφρ') they should go under (ἂν... ὑπέλθῃ) the earth (γᾶν.) And (δ') even after dying (θανὼν) they are not (οὐκ) so very (ἄγαν) free (ἐλεύθερος.)

ἐπὶ δὲ τῷ τεθυμένῳ
τόδε μέλος, παρακοπά,
παραφορὰ φρενοδαλής,
ὕμνος ἐξ Ἐρινύων,
δέσμιος φρενῶν, ἀφόρ-
μικτος, αὑονὰ βροτοῖς.

So (δὲ) in accordance with that which has been offered (ἐπὶ τῷ τεθυμένῳ) this song (τόδε μέλος,) a madness (παρακοπά,) a derangement (παραφορὰ) harmful to the spirit (φρενοδαλής,) a hymn from the Furies (ὕμνος ἐξ Ἐρινύων,) spellbinding for the spirit (δέσμιος φρενῶν,) devoid of music (ἀφόρμικτος,) desiccating to mortals (αὑονὰ βροτοῖς.)

γιγνομέναισι λάχη τάδ' ἐφ' ἁμὶν ἐκράνθη.[265]
ἀθανάτων δ' ἀπέχειν χέρας, οὐδέ τις ἐστί
συνδαίτωρ μετάκοινος·

This (τάδ') destiny (λάχη) was brought to pass (ἐκράνθη) for us (ἐφ' ἁμὶν) from when we were born (γιγνομέναισι.) Also (δ') to keep away (ἀπέχειν) from the hands (χέρας) of the gods (ἀθανάτων,) not any are (οὐδέ τις ἐστί) table-companions (συνδαίτωρ) partaking in common (μετάκοινος.) and (δὲ) a portionless (ἄκληρος) portion (ἀπόμοιρος) of pure white robes (παλλεύκων πέπλων) has been prepared (ἐτύχθην.)

παλλεύκων δὲ πέπλων ἀπόμοιρος ἄκληρος ἐτύχθην.
δωμάτων γὰρ εἱλόμαν[266]
ἀνατροπάς, ὅταν Ἄρης
τιθασὸς ὢν φίλον ἕλῃ.
ἐπὶ τὸν ὤ διόμεναι
κρατερὸν ὄνθ' ὅμως ἀμαυ-
ροῦμεν ὑφ' αἵματος νέου.

For (γὰρ) I chose (εἱλόμαν) overthrow (ἀνατροπάς) of houses (δωμάτων,) whenever (ὅταν) the god War (Ἄρης) when being (ὢν) placed in the house (τιθασὸς) seizes on (ἕλῃ) a loved one (φίλον.) Thus (ὧδ') though he is (ὄνθ') strong (κρατερὸν,) oh (ὤ,) I chase (ἐπὶ...διόμεναι) him (τὸν) we make weakness (ἀμαυροῦμεν) all the same (ὅμως) for the sake of (ὑφ') fresh (νέου) blood (αἵματος.)

σπευδομένα δ' ἀφελεῖν τινὰ τάσδε μερίμνας,[267]
θεῶν ἀτέλειαν ἐμαῖς μελέταις ἐπικραίνω,
μηδ' εἰς ἄγκρισιν ἐλθεῖν·
Ζεὺς δ' αἱμοσταγὲς ἀξιόμισον ἔθνος τόδε λέσχας
ἇς ἀπηξιώσατο.

Because I am quick (σπευδομένα) to take away (ἀφελεῖν) any (τινὰ) such cares (τάσδε μερίμνας) I establish (ἐπικραίνω) immunity (ἀτέλειαν) for the gods (θεῶν) by my efforts (ἐμαῖς μελέταις) not at all (μηδ') to come (ἐλθεῖν) into dispute (εἰς ἄγκρισιν.) So (δ') Zeus (Ζεὺς) has disdain (ἀπηξιώσατο) for this (τόδε) people (ἔθνος) dripping with blood (αἱμοσταγὲς,) which (ἇς) is unworthy (ἀξιόμισον) of his company (λέσχας.)

δωμάτων γὰρ εἱλόμαν
ἀνατροπάς, ὅταν Ἄρης
τιθασὸς ὢν φίλον ἕλῃ.
ἐπὶ τὸν ὧδ' ἱέμεναι
κρατερὸν ὄνθ' ὅμως ἀμαυ-
ροῦμεν ὑφ' αἵματος νέου.

For (γὰρ) I chose (εἱλόμαν) overthrow (ἀνατροπάς) of houses (δωμάτων,) whenever (ὅταν) the god War (Ἄρης) when being (ὢν) domestic (τιθασὸς) seizes on (ἕλῃ) a loved one (φίλον.) Thus (ὧδ') though he is (ὄνθ') strong (κρατερὸν) by rushing (ἱέμεναι) upon him (ἐπὶ τὸν) we make weakness (ἀμαυροῦμεν) all the same (ὅμως) for the sake of (ὑφ') fresh (νέου) blood (αἵματος.)

δόξαι τ' ἀνδρῶν καὶ μάλ' ὑπ' αἰθέρι σεμναὶ
τακόμεναι κατὰ γᾶς μινύθουσιν ἄτιμοι
ἁμετέραις ἐφόδοις μελανείμοσιν, ὀρχη-
σμοῖς τ' ἐπιφθόνοις ποδός.

And (τ') the great expectations men have for themselves (δόξαι…ἀνδρῶν) even (καὶ) the most majestic ones (μάλ'… σεμναὶ) under the heavens (ὑπ' αἰθέρι) are melted (τακόμεναι) into the earth (κατὰ γᾶς.) We waste them away (μινύθουσιν) worthless (ἄτιμοι) with our (ἁμετέραις) blackrobed (μελανείμοσιν) onset (ἐφόδοις) and (τ') by the dance (ὀρχησμοῖς) of our feet (ποδός) driven by hatred (ἐπιφθόνοις.)

μάλα γὰρ οὖν ἁλομένα
ἀνέκαθεν βαρυπεσῆ
καταφέρω ποδὸς ἀκμάν,
σφαλερὰ καὶ τανυδρόμοις
κῶλα, δύσφορον ἄταν.

For then (γὰρ οὖν) upon leaping (ἁλομένα) greatly (μάλα) I bring down (καταφέρω) from above (ἀνέκαθεν) the heavy-hitting (βαρυπεσῆ) heel (ἀκμάν) of my foot (ποδὸς,) a leg (κῶλα) likely to trip up (σφαλερὰ) even (καὶ) the ones who run at full stretch (τανυδρόμοις) a hard and heavy (δύσφορον) punishment (ἄταν.)

πίπτων δ᾽ οὐκ οἶδεν τόδ᾽ ὑπ᾽ ἄφρονι λύμᾳ·
τοῖον γὰρ ἐπὶ κνέφας ἀνδρὶ μύσος πεπόταται,
καὶ δνοφεράν τιν᾽ ἀχλὺν κατὰ δώματος αὐδᾶ-
ται πολύστονος φάτις.

And (δ') while he is falling (πίπτων) he does not know (οὐκ οἶδεν) it (τόδ' literally this thing) by the action of (ὑπ') damaging witlessness (ἄφρονι λύμᾳ) for (γὰρ) such (τοῖον) a darkness (κνέφας,) an uncleaness (μύσος,) has flown down (πεπόταται) upon the man (ἐπὶ ἀνδρὶ) and (καὶ) he gives ear to (αὐδᾶται) tidings (φάτις) rich in lamentation (πολύστονος) concerning some (τιν') gloomy mist (δνοφεράν…ἀχλὺν) down upon (κατὰ) the house (δώματος.)

μένει γάρ. εὐμήχανοί
τε καὶ τέλειοι, κακῶν
τε μνήμονες σεμναὶ
καὶ δυσπαρήγοροι βροτοῖς,
ἀτίετα διέπομεν
λάχη θεῶν διχοστατοῦντ᾽ ἀνηλίῳ
λάπᾳ, δυσοδοπαίπαλα
δερκομένοισι καὶ δυσομμάτοις ὁμῶς,

For (γάρ) it remains (μένει.) We are skillful (εὐμήχανοί) as well as (τε καὶ) accomplished (τέλειοι,) and (τε) mindful (μνήμονες) of evils (κακῶν,) majestic (σεμναὶ) and hard to appease (καὶ δυσπαρήγοροι) for mortals (βροτοῖς.) Because we pursue for ourselves (διέπομεν) a dishonored task (ἀτίετα λάχη,) because we stand apart (διχοστατοῦντ') from the gods (θεῶν) in slime (λάπᾳ) never knowing the sun (ἀνηλίῳ) hard and rugged (δυσοδοπαίπαλα) to the living and the dead alike (δερκομένοισι καὶ δυσομμάτοις ὁμῶς.)

τίς οὖν τάδ᾽ οὐχ ἅζεταί
τε καὶ δέδοικεν βροτῶν,
ἐμοῦ κλύων θεσμὸν
τὸν μοιρόκραντον ἐκ θεῶν

Who then (τίς οὖν) does not dread (οὐχ ἅζεταί) and even (τε καὶ) fear (δέδοικεν) these things (τάδ') among mortals (βροτῶν,) attending to (κλύων) my (ἐμοῦ) law (θεσμὸν) by concession (δοθέντα) from the gods (ἐκ θεῶν) that which is (τὸν) fulfilled (τέλεον) as governed by destiny (μοιρόκραντον?)

δοθέντα τέλεον; ἔτι δέ μοι
μένει γέρας παλαιόν, οὐδ᾽ ἀτιμίας
κύρω, καίπερ ὑπὸ χθόνα
τάξιν ἔχουσα καὶ δυσήλιον κνέφας.

So (δέ) yet (ἔτι) there remains (μένει) to me (μοι) an ancient (παλαιόν) right (γέρας.) I meet (κύρω) with no dishonor (οὐδ' ἀτιμίας) although (καίπερ) I hold (ἔχουσα) a position (τάξιν) under the earth (ὑπὸ χθόνα) and (καὶ) in sunless darkness (δυσήλιον κνέφας.)

Ἀθηνᾶ

πρόσωθεν ἐξήκουσα κληδόνος βοὴν
ἀπὸ Σκαμάνδρου γῆν καταφθατουμένη,
ἣν δῆτ᾽ Ἀχαιῶν ἄκτορές τε καὶ πρόμοι,
τῶν αἰχμαλώτων χρημάτων λάχος μέγα,
ἔνειμαν αὐτόπρεμνον εἰς τὸ πᾶν ἐμοί,
ἐξαίρετον δώρημα Θησέως τόκοις.

From far away (πρόσωθεν) I caught the sound of (ἐξήκουσα) an outcry (βοὴν) of invocation (κληδόνος) from (ἀπὸ) of the Scamander (Σκαμάνδρου) as I took possession (καταφθατουμένη) of the land (γῆν) which (ἣν) indeed (δῆτ') the leaders (ἄκτορές) and also (τε καὶ) the foremost men (πρόμοι) of the Achaians (Ἀχαιῶν) distributed (ἔνειμαν) to me (ἐμοί) in absolute possession (αὐτόπρεμνον) forever (εἰς τὸ πᾶν,) a great (μέγα) portion (λάχος) of the wealth (τῶν… χρημάτων) taken by the spear (αἰχμαλώτων,) an exceptional gift (ἐξαίρετον δώρημα) from the children (τόκοις) of Theseus (Θησέως.)

ἔνθεν διώκουσ᾽ ἦλθον ἄτρυτον πόδα,[268]
πτερῶν ἄτερ ῥοιβδοῦσα κόλπον αἰγίδος. 404
καινὴν δ᾽ ὁρῶσα τήνδ᾽ ὁμιλίαν χθονὸς 406
ταρβῶ μὲν οὐδέν, θαῦμα δ᾽ ὄμμασιν πάρα.

Moving with speed (διώκουσ') from there (ἔνθεν) I came (ἦλθον) on untiring feet (ἄτρυτον πόδα,) without wings (πτερῶν ἄτερ) while I fluttered (ῥοιβδοῦσα) the folds (κόλπον) of the aegis/the shield of Zeus (αἰγίδος.) So (δ') while I see (ὁρῶσα) this (τήνδ') new (καινὴν) company (ὁμιλίαν) from the earth (χθονὸς,) truly (μὲν) I do not (οὐδέν) fear (ταρβῶ,) rather (δ') it is a wonder (θαῦμα) present (πάρα) to my eyes (ὄμμασιν.)

τίνες ποτ᾽ ἐστέ; πᾶσι δ᾽ ἐς κοινὸν λέγω·
βρέτας τε τοὐμὸν τῷδ᾽ ἐφημένῳ ξένῳ,
ὑμᾶς θ᾽ ὁμοίας οὐδενὶ σπαρτῶν γένει,
οὔτ᾽ ἐν θεαῖσι πρὸς θεῶν ὁρωμένας
οὔτ᾽ οὖν βροτείοις ἐμφερεῖς μορφώμασιν.
λέγειν δ᾽ ἄμομφον ὄντα τὸν πέλας κακῶς
πρόσω δικαίων ἠδ᾽ ἀποστατεῖ θέμις.

Who on earth are you (τίνες ποτ' ἐστέ?) And (δ') I speak (λέγω) to all (πᾶσι) in common (ἐς κοινὸν,) both (τε) to the foreigner (ξένῳ) who keeps himself (τῷδ' ἐφημένῳ) at my (τοὐμὸν) image (βρέτας) and (θ') to you (ὑμᾶς) equally (ὁμοίας,) born of the seed (σπαρτῶν) of no (οὐδενὶ) nation (γένει,) neither (οὔτ') to be seen (ὁρωμένας) among the goddesses (ἐν θεαῖσι) before the gods (πρὸς θεῶν) nor then (οὔτ' οὖν) similar (ἐμφερεῖς) to mortals in form (βροτείοις μορφώμασιν.) But (δ') it is beyond what is right (πρόσω δικαίων) and (ἠδ') that which is right (θέμις) keeps far away from (ἀποστατεῖ) speaking (λέγειν) ill (κακῶς) of one who is nearby/a neighbor (τὸν πέλας) who is (ὄντα) blameless (ἄμομφον)

Χορός

πεύσῃ τὰ πάντα συντόμως, Διὸς κόρη.
ἡμεῖς γάρ ἐσμεν Νυκτὸς αἰανῆ τέκνα.
Ἀραὶ δ’ ἐν οἴκοις γῆς ὑπαὶ κεκλήμεθα.

You will hear (πεύσῃ) everything (τὰ πάντα) in brief (συντόμως,) daughter (κόρη) of Zeus (Διὸς.) For (γάρ) we (ἡμεῖς) are (ἐσμεν) the eternal (αἰανῆ) daughters (τέκνα) of Night (Νυκτὸς.) And (δ') we are called (κεκλήμεθα) Curses (Ἀραὶ) in our homes (ἐν οἴκοις) beneath the earth (ὑπαὶ) the earth (γῆς.)

Ἀθηνᾶ

γένος μὲν οἶδα κληδόνας τ’ ἐπωνύμους.

Indeed (μὲν) I know (οἶδα) your lineage (γένος) and (τ') your names (κληδόνας) which fit you for good reason (ἐπωνύμους.)

Χορός

τιμάς γε μὲν δὴ τὰς ἐμὰς πεύσῃ τάχα.

Indeed and truly (γε μὲν) now (δὴ) you will learn (πεύσῃ) forthwith (τάχα) of these (τὰς) our (ἐμὰς) prerogatives (τιμάς.)

Ἀθηνᾶ

μάθοιμ’ ἄν, εἰ λέγοι τις ἐμφανῆ λόγον.

I can learn (μάθοιμ’ ἄν,) if (εἰ) anyone (τις) should speak (λέγοι) in clear words (ἐμφανῆ λόγον.)

Χορός

βροτοκτονοῦντας ἐκ δόμων ἐλαύνομεν.

We drive (ἐλαύνομεν) murderers (βροτοκτονοῦντας) out of their homes (ἐκ δόμων.)

Ἀθηνᾶ

καὶ τῷ κτανόντι ποῦ τὸ τέρμα τῆς φυγῆς;

And (καὶ) for the killer (τῷ κτανόντι) where is (ποῦ) the endpoint (τὸ τέρμα) of his flight (τῆς φυγῆς?)

Χορός

ὅπου τὸ χαίρειν μηδαμοῦ νομίζεται.

Wherever (ὅπου) rejoicing (τὸ χαίρειν) is practiced (νομίζεται) nowhere (μηδαμοῦ.)

Ἀθηνᾶ

ἦ καὶ τοιαύτας τῷδ᾽ ἐπιρροιζεῖς φυγάς;

And (καὶ) truly (ἦ) do you goad (ἐπιρροιζεῖς) this man (τῷδ᾽) to such (τοιαύτας) a flight (φυγάς?)

Χορός

φονεὺς γὰρ εἶναι μητρὸς ἠξιώσατο.

Because (γὰρ) he thought fit (ἠξιώσατο) to be (εἶναι) the murderer (φονεὺς) of his mother (μητρὸς.)

Ἀθηνᾶ

ἄλλης ἀνάγκης, ἤ τινος τρέων κότον;

Under compulsions (ἀνάγκαις) from others (ἄλλαις,) or (ἤ) due to fearing (τρέων) the wrath (κότον) of someone (τινος?)

Χορός

ποῦ γὰρ τοσοῦτο κέντρον ὡς μητροκτονεῖν;

For (γὰρ) where is (ποῦ) so great a goad (τοσοῦτο κέντρον) as to kill one's mother (ὡς μητροκτονεῖν?)

Ἀθηνᾶ

δυοῖν παρόντοιν ἥμισυς λόγου πάρα.

Half (ἥμισυς) of the words (λόγου) are from (πάρα) should come from (παρόντοιν) each of the two (δυοῖν.)

Χορός

ἀλλ᾽ ὅρκον οὐ δέξαιτ᾽ ἄν, οὐ δοῦναι θέλοι.

But (ἀλλ᾽) he will not take (οὐ δέξαιτ᾽ ἄν) an oath (ὅρκον) nor (οὐ) does he want (θέλοι) to give one (δοῦναι.)

Ἀθηνᾶ

κλύειν δίκαιος μᾶλλον ἢ πρᾶξαι θέλεις.

You wish (θέλεις) to be called just (κλύειν δίκαιος) rather than (μᾶλλον ἢ) practice it (πρᾶξαι.)

Χορός

πῶς δή; δίδαξον· τῶν σοφῶν γὰρ οὐ πένῃ.

How so (πῶς δή?) Teach me (δίδαξον) for (γὰρ) you have no lack (οὐ πένῃ) of wise ideas (τῶν σοφῶν.)

Ἀθηνᾶ

ὅρκοις τὰ μὴ δίκαια μὴ νικᾶν λέγω.

I say (λέγω) that which is not right (τὰ μὴ δίκαια) does not prevail (μὴ νικᾶν) by means of oaths (ὅρκοις.)

Χορός

ἀλλ' ἐξέλεγχε, κρῖνε δ' εὐθεῖαν δίκην.

At least (ἀλλ') put it to the proof (ἐξέλεγχε) and (δ') decide (κρῖνε) straightforward justice/like a straight line (εὐθεῖαν δίκην.)

Ἀθηνᾶ

ἦ κἀπ' ἐμοὶ τρέποιτ' ἂν αἰτίας τέλος;[269]

Truly, and to me (ἦ κἀπ' ἐμοὶ) would you direct (τρέποιτ' ἂν) the fulfillment (τέλος) of responsibility (αἰτίας?)

Χορός

πῶς δ' οὔ; σέβουσαί γ' ἄξι' ἀντ' ἐπαξίων.[270]

And (δ') how could we (πῶς) not (οὔ,) while we respect (σέβουσαί) indeed (γ') a worthy goddess (ἀξίαν) and one born of (κἀπ') those who are worthy (ἀξίων?)

Ἀθηνᾶ

τί πρὸς τάδ' εἰπεῖν, ὦ ξέν', ἐν μέρει θέλεις;
λέξας δὲ χώραν καὶ γένος καὶ ξυμφορὰς

O foreigner (ὦ ξέν',) for your part (ἐν μέρει;) what (τί) do you wish (θέλεις) to say (εἰπεῖν) with respect to these things (πρὸς τάδ'?) So (δὲ,) when you have declared (λέξας) your homeland (χώραν) and your lineage (καὶ γένος) and your (καὶ… τὰς σάς) circumstances (ξυμφορὰς,) then (ἔπειτα) make your defense (ἀμυναθοῦ) against these accusations (τόνδ' ψόγον)

τὰς σάς, ἔπειτα τόνδ' ἀμυναθοῦ ψόγον·
εἴπερ πεποιθὼς τῇ δίκῃ βρέτας τόδε
ἧσαι φυλάσσων ἑστίας ἁμῆς πέλας
σεμνὸς προσίκτωρ ἐν τρόποις Ἰξίονος.
τούτοις ἀμείβου πᾶσιν εὐμαθές τί μοι.

if indeed (εἴπερ) putting your trust (πεποιθὼς) in justice (τῇ δίκῃ) you have set yourself (ἧσαι) by this (τόδε) image (βρέτας) keeping yourself (φυλάσσων) near (πέλας) my (ἁμῆς) hearth (ἑστίας) as a sacred suppliant (σεμνὸς προσίκτωρ) in the manner of Ixion (ἐν τρόποις Ἰξίονος,) respond (ἀμείβου) to all (πᾶσιν) these things (τούτοις) for me (μοι) with something (τί) clear and intelligible (εὐμαθές.)

Ὀρέστης

ἄνασσ' Ἀθάνα, πρῶτον ἐκ τῶν ὑστάτων
τῶν σῶν ἐπῶν μέλημ' ἀφαιρήσω μέγα.
οὐκ εἰμὶ προστρόπαιος, οὐδ' ἔχων μύσος
πρὸς χειρὶ τἠμῇ τὸ σὸν ἐφεζόμην βρέτας.

Goddess Athena (ἄνασσ' Ἀθάνα,) first (πρῶτον) I will set aside (ἀφαιρήσω) a great (μέγα) anxiety (μέλημ') out of the last of these words of yours (ἐκ τῶν ὑστάτων τῶν σῶν ἐπῶν.) I am (εἰμὶ) not (οὐκ) one who comes in supplication (προστρόπαιος,) nor (οὐδ') do I set myself (ἐφεζόμην) at your statue (τὸ σὸν βρέτας) while having (ἔχων) pollution (μύσος) on (πρὸς) these my (τἠμῇ) hands (χειρὶ.)

τεκμήριον δὲ τῶνδέ σοι λέξω μέγα.
ἄφθογγον εἶναι τὸν παλαμναῖον νόμος,
ἔστ' ἂν πρὸς ἀνδρὸς αἵματος καθαρσίου
σφαγαὶ καθαιμάξωσι νεοθήλου βοτοῦ.

And (δὲ) I declare (λέξω) a great (μέγα) proof (τεκμήριον) of these things (τῶνδέ) to you (σοι.) It is law (νόμος) that one guilty of murder (τὸν παλαμναῖον) is to be silent (εἶναι) silent (ἄφθογγον) until (ἔστ') the blood from the sacrifice of an animal just starting to give milk (σφαγαὶ νεοθήλου βοτοῦ) should wash him (ἂν… καθαιμάξωσι) in the presence of a man who purifies through blood (πρὸς ἀνδρὸς καθαρσίου αἵματος.)

πάλαι πρὸς ἄλλοις ταῦτ᾽ ἀφιερώμεθα[271]
οἴκοισι, καὶ βοτοῖσι καὶ ῥυτοῖς πόροις.
ταύτην μὲν οὕτω φροντίδ᾽ ἐκποδὼν λέγω.

Not long ago (πάλαι) at other temples (πρὸς ἄλλοις… οἴκοισι) we were purified (ἀφιερώμεθα) in this way (ταῦτ᾽,) both by sacrifices of animals (καὶ βοτοῖσι) and by ceremonies in running streams (καὶ ῥυτοῖς πόροις.) Indeed (μὲν) in this way (οὕτω) these concerns (ταύτην φροντίδ') are out of the way (ἐκποδὼν) I say (λέγω.)

γένος δὲ τοὐμὸν ὡς ἔχει πεύσῃ τάχα.
Ἀργεῖός εἰμι, πατέρα δ᾽ ἱστορεῖς καλῶς,
Ἀγαμέμνον᾽, ἀνδρῶν ναυβατῶν ἁρμόστορα,
ξὺν ᾧ σὺ Τροίαν ἄπολιν Ἰλίου πόλιν
ἔθηκας. ἔφθιθ᾽ οὗτος οὐ καλῶς, μολὼν
εἰς οἶκον· ἀλλά νιν κελαινόφρων ἐμὴ
μήτηρ κατέκτα, ποικίλοις ἀγρεύμασιν
κρύψασ᾽, ἃ λουτρῶν ἐξεμαρτύρει φόνον.

And (δὲ) you will learn (πεύσῃ) soon (τάχα) about my (τοὐμὸν) family (γένος) just as it is (ὡς ἔχει.) I am (εἰμι) from Argos (Ἀργεῖός,) and (δ') you inquire rightly (ἱστορεῖς καλῶς) about my father (πατέρα,) Agamemnon (Ἀγαμέμνον',) a leader (ἁρμόστορα) of sea-going (ναυβατῶν) men (ἀνδρῶν,) with whom (ξὺν ᾧ) you (σὺ) made (ἔθηκας) Troy (Τροίαν,) the city (πόλιν) of Ilium (Ἰλίου,) not a city (ἄπολιν.) This man (οὗτος) perished (ἔφθιθ') not well (οὐ καλῶς,) when he went (μολὼν) into his home (εἰς οἶκον,) for (ἀλλά) my (ἐμὴ) blackhearted (κελαινόφρων) mother (μήτηρ) killed (κατέκτα) him (νιν) in a multiculored snare (ποικίλοις ἀγρεύμασιν) which (ἃ) though hidden away (κρύψασ',) bears witness (ἐξεμαρτύρει) to murder (φόνον) in the baths (λουτρῶν.)

κἀγὼ κατελθών, τὸν πρὸ τοῦ φεύγων χρόνον,
ἔκτεινα τὴν τεκοῦσαν, οὐκ ἀρνήσομαι,
ἀντικτόνοις ποιναῖσι φιλτάτου πατρός.

And as for me (κἀγὼ) when I came back (κατελθών,) while in exile (φεύγων) in the time before (τὸν πρὸ τοῦ...χρόνον,) I killed the woman who bore me (ἔκτεινα τὴν τεκοῦσαν,) I make no denial (οὐκ ἀρνήσομαι,) as vengeance (ποιναῖσι) in return for the murder (ἀντικτόνοις) of my beloved father (φιλτάτου πατρός.)

καὶ τῶνδε κοινῇ Λοξίας ἐπαίτιος,
ἄλγη προφωνῶν ἀντίκεντρα καρδίᾳ,
εἰ μή τι τῶνδ᾽ ἔρξαιμι τοὺς ἐπαιτίους.
σὺ δ᾽ εἰ δικαίως εἴτε μὴ κρῖνον δίκην·
πράξας γὰρ ἐν σοὶ πανταχῇ τάδ᾽ αἰνέσω.

Also (καὶ) Apollo (Λοξίας) is guilty (ἐπαίτιος) of these things (τῶνδε) in common with me (κοινῇ,) because he announced beforehand (προφωνῶν) agony (ἄλγη) as a goad to my heart (ἀντίκεντρα καρδίᾳ,) if (εἰ) I did not do (μή… ἔρξαιμι) some of these things (τι τῶνδ') to the guilty (τοὺς ἐπαιτίους.) So (δ') you yourself (σὺ) be judge of what is right and fit (κρῖνον δίκην,) whether I acted justly or not (εἰ δικαίως εἴτε μὴ,) for (γὰρ) upon experiencing my good or bad fortune (πράξας) by means of you (ἐν σοὶ) I will accept (αἰνέσω) these things (τάδ') in every way (πανταχῇ.)

Ἀθηνᾶ

τὸ πρᾶγμα μεῖζον, εἴ τις οἴεται τόδε 470
βροτὸς δικάζειν· οὐδὲ μὴν ἐμοὶ θέμις
φόνου διαιρεῖν ὀξυμηνίτου δίκας·

The matter (τὸ πρᾶγμα) is too great (μεῖζον) if any (εἴ τις) among humankind (βροτὸς) intend (οἴεται) to judge (δικάζειν) this (τόδε.) Indeed (μὴν) not even (οὐδὲ) to me belongs (ἐμοὶ) the right (θέμις) to make a determination (διαιρεῖν) of quick and angry punishment (ὀξυμηνίτου δίκας) for murder (φόνου.)

ἄλλως τε καὶ σὺ μὲν κατηρτυκὼς ὅμως[272]
ἱκέτης προσῆλθες καθαρὸς ἀβλαβὴς δόμοις· 474
αὗται δ’ ἔχουσι μοῖραν οὐκ εὐπέμπελον, 476
κἄν μὴ τύχωσι πράγματος νικηφόρου,
χώρᾳ μεταῦθις ἰὸς ἐκ φρονημάτων
πέδοι πεσὼν ἄφερτος αἰανὴς νόσος.

Moreover (ἄλλως τε καὶ) you (σὺ) on one hand (μὲν) came before me (προσῆλθες) all the same (ὅμως) to my halls (δόμοις) as a fully prepared (κατηρτυκὼς) purified (καθαρὸς) harmless (ἀβλαβὴς) suppliant (ἱκέτης.) On the other hand (δ’) they have a right (αὗται ἔχουσι μοῖραν) not lightly to be dismissed (οὐκ εὐπέμπελον,) and should they not meet with (κἄν μὴ τύχωσι) a victorious result (πράγματος νικηφόρου,) afterwards (μεταῦθις) in the country (χώρᾳ) a poison (ἰὸς) from their spirits (ἐκ φρονημάτων) thrown (πεσὼν) on the earth (πέδοι,) an intolerable eternal misery (ἄφερτος αἰανὴς νόσος.)

τοιαῦτα μὲν τάδ’ ἐστίν· ἀμφότερα, μένειν[273] 480
πέμπειν τε δυσπήμαντ’ ἀμηχάνως ἐμοί.
ἐπεὶ δὲ πρᾶγμα δεῦρ’ ἐπέσκηψεν τόδε, 482
ὅμως ἀμόμφους ὄντας αἱροῦμαι πόλει 475
φόνων δικαστὰς ὁρκίων αἰδουμένους 483
θεσμὸν τὸν εἰς ἅπαντ’ ἐγὼ θήσω χρόνον.

These matters (τάδ’) indeed (μὲν) are (ἐστίν) such as this (τοιαῦτα:) both (ἀμφότερα) for you to stay here (μένειν) and (τε) to send you away (πέμπειν) are hopelessly (ἀμηχάνως) disastrous (δυσπήμαντ') for me (ἐμοί.) And (δὲ) since (ἐπεὶ) this (τόδε) matter (πρᾶγμα) fell (ἐπέσκηψεν) here (δεῦρ',) all the same (ὅμως) I will choose (αἱροῦμαι) for the city (πόλει) blameless (ἀμόμφους ὄντας) judges (δικαστὰς) of murder (φόνων) respectful (αἰδουμένους) of oaths (ὁρκίων) as an institution (θεσμὸν) I will establish (ἐγὼ θήσω) for all time (τὸν εἰς ἅπαντ'…χρόνον.)

ὑμεῖς δὲ μαρτύριά τε καὶ τεκμήρια[274] 485
καλεῖσθ’, ἀρωγὰ τῆς δίκης ὁρκώματα·
κρίνασα δ’ ἀστῶν τῶν ἐμῶν τὰ βέλτατα
ἥξω, διαιρεῖν τοῦτο πρᾶγμ’ ἐτητύμως,
ὅρκον πορόντας μηδὲν ἔκδικον φράσειν.

So (δὲ) all of you (ὑμεῖς) gather (καλεῖσθ') witnesses (μαρτύριά) and also (τε καὶ) evidence (τεκμήρια,) servicable (ἀρωγὰ) as that which is sworn to (ὁρκώματα) for justice (τῆς δίκης.) And (δ') I will come (ἥξω) when I have chosen (κρίνασα) from among the best (τὰ βέλτατα) of this (τῶν) my (ἐμῶν) city (ἀστῶν) to decide (διαιρεῖν) this matter (τοῦτο πρᾶγμ') truthfully (ἐτητύμως,) giving (πορόντας) an oath (ὅρκον) to declare (φράσειν) nothing (μηδὲν) outside of what is just (ἔκδικον.)

Χορός

νῦν καταστροφαὶ νόμων[275]
θεσμίων, εἰ κρατή-
σει δίκα τε καὶ βλάβα
τοῦδε ματροκτόνου.

Now come (νῦν) the overthrows (καταστροφαὶ) out established (θεσμίων) laws (νόμων,) if (εἰ) she should support (κρατήσει) both the pleading and the harm done (δίκα τε καὶ βλάβα) of this mother-murderer/act of matricide (τοῦδε ματροκτόνου.)

πάντας ἤδη τόδ' ἔργον εὐχερεί-
ᾳ συναρμόσει βροτούς.
πολλὰ δ' ἔτυμα παιδότρωτα
πάθεα προσμένει τοκεῦ-
σιν μεταῦθις ἐν χρόνῳ.

Now (ἤδη) this deed (τόδ' ἔργον) will accustom (συναρμόσει) all mortals (πάντας… βροτούς) to recklessness (εὐχερείᾳ) and (δ') truly (ἔτυμα) after this (μεταῦθις) in the course of time (ἐν χρόνῳ) many (πολλὰ) sufferings (πάθεα) inflicted by children (παιδότρωτα) lie in store (προσμένει) for parents (τοκεῦσιν.)

οὐδὲ γὰρ βροτοσκόπων
μαινάδων τῶνδ' ἐφέρ-
ψει κότος τιν' ἐργμάτων.
πάντ' ἐφήσω μόρον.

For (γὰρ) the wrath (κότος) of these (τῶνδ') madwomen/Furies (μαινάδων) who keep watch on humanity (βροτοσκόπων) will not (οὐδὲ) come stealthily after (ἐφέρψει) any among such deeds (τις ἐργμάτων.) I will incite (ἐφήσω) every kind of (πάντ') death (μόρον.)

πεύσεται δ' ἄλλος ἄλλοθεν, προφω-
νῶν τὰ τῶν πέλας κακά,
λῆξιν ὑπόδοσίν τε μόχθων
ἄκεά τ' οὐ βέβαια τλά-
μων [δέ τις] μάταν παρηγορεῖ.

And (δ') everyone everywhere (ἄλλος ἄλλοθεν) will inquire into (πεύσεται) decrease (ὑπόδοσίν) and (τε) cessation (λῆξιν) of hardships (μόχθων) and (τ') uncertain (οὐ βέβαια) remedies (ἄκεά) for one who suffers (τλάμων) while uttering publicly (προφωνῶν) the crimes (τὰ… κακά) of those nearby/their neighbors (τῶν πέλας,) but (δέ) everything (τις) soothes (παρηγορεῖ) in vain (μάταν.)

μηδέ τις κικλῃσκέτω
ξυμφορᾷ τετυμμένος,
τοῦτ’ ἔπος θροούμενος,
ὦ δίκα,
ὦ θρόνοι τ’ ’Ερινύων.
ταῦτά τις τάχ’ ἂν πατὴρ
ἢ τεκοῦσα νεοπαθὴς
οἶκτον οἰκτίσαιτ’, ἐπει-
δὴ πίτνει δόμος δίκας.

Let not (μηδέ) anyone (τις) cry out (κικλῃσκέτω,) because he has been struck (τετυμμένος) by misfortune (ξυμφορᾷ,) this utterance (τοῦτ' ἔπος) in terror, (θροούμενος,) “Oh Justice” (ὦ δίκα!) and (τ') “O thrones of the Furies” (ὦ θρόνοι ’Ερινύων!) Soon (τάχ') with respect to these things (ταῦτά,) some (τις) freshly wounded (νεοπαθὴς) father or mother (πατὴρ ἢ τεκοῦσα) may cry out (ἂν… οἰκτίσαιτ',) a lamentation (οἶκτον,) since (ἐπειδὴ) the house (δόμος) of justice (δίκας) is falling (πίτνει.)

ἔσθ’ ὅπου τὸ δεινὸν εὖ,
καὶ φρενῶν ἐπίσκοπον
δεῖ μένειν καθήμενον.
ξυμφέρει
σωφρονεῖν ὑπὸ στένει.

It is possible (ἔσθ’ ὅπου) that fear (τὸ δεινὸν) is good (εὖ,) and (καὶ) should (δεῖ) remain (μένειν) set in place (καθήμενον) as an overseer (ἐπίσκοπον) of the heart (φρενῶν.) It is beneficial (ξυμφέρει) to learn self-control (σωφρονεῖν) from distress (ὑπὸ στένει.)

τίς δὲ μηδὲν ἐν φόβῳ
καρδίαν ἀνατρέφων
ἢ πόλις βροτός θ’ ὁμοί-
ως ἔτ’ ἂν σέβοι δίκαν;

So (δὲ) who (τίς,) whether city or mortal person alike (ἢ πόλις βροτός θ' ὁμοίως) who never (μηδὲν) would nourish (ἀνατρέφων) the heart (καρδίαν) on fear (ἐν δέει,) still would have reverence for justice (ἔτ' ἂν σέβοι δίκαν?)

μήτ’ ἀνάρχετον βίον
μήτε δεσποτούμενον
αἰνέσῃς.
παντὶ μέσῳ τὸ κράτος
θεὸς ὤπασεν, ἄλλ’
ἄλλᾳ δ’ ἐφορεύει.

I speak of (αἰνέσῃς) neither anarchic life (μήτ’ ἀνάρχετον βίον) nor one lived under a despot (μήτε δεσποτούμενον.) In everything (παντὶ) divine power (θεὸς) has conferred (ὤπασεν) superiority (τὸ κράτος) to that which is moderate (μέσῳ,) though (δ') it oversees (ἐφορεύει) different things (ἄλλ') in different ways (ἄλλᾳ.)

ξύμμετρον δ’ ἔπος λέγω.
δυσσεβίας μὲν ὕβρις
τέκος ὡς ἐτύμως·
ἐκ δ’ ὑγιεί-
ας φρενῶν ὁ πάμφιλος
καὶ πολύευκτος ὄλβος.

So (δ’) let me say (λέγω) a fitting word (ξύμμετρον…ἔπος.) Indeed (μὲν) arrogance (ὕβρις) is in reality (ὡς ἐτύμως) the offspring (τέκος) of impiety (δυσσεβίας) and (δ') the (ὁ) happiness (ὄλβος) much loved and desired by all (πάμφιλος καὶ πολύευκτος) is from soundness of mind (ἐκ ὑγιείας φρενῶν.)

ἐς τὸ πᾶν σοι λέγω,
βωμὸν αἴδεσαι Δίκας·
μηδέ νιν
κέρδος ἰδὼν ἀθέῳ
ποδὶ λὰξ ἀτίσῃς·
ποινὰ γὰρ ἐπέσται.

In everything (ἐς τὸ πᾶν) I say (λέγω) to you (σοι) to stand in awe (αἴδεσαι) of the altar (βωμὸν) of Justice (Δίκας) never (μηδέ) dishonor (ἀτίσῃς) it (νιν) underfoot (λὰξ) with a godless heel (ἀθέῳ ποδὶ) while looking out for (ἰδὼν) profit (κέρδος,) for (γὰρ) vengeance (ποινὰ) will be near at hand (ἐπέσται.)

κύριον μένει τέλος.
πρὸς τάδε τις τοκέων
σέβας εὖ προτίων
καὶ ξενοτί-
μους δόμων ἐπιστροφὰς
αἰδόμενός τις ἔστω.

The final (κύριον) outcome (τέλος) awaits (μένει.) Therefore (πρὸς τάδε) be (ἔστω) τις someone who gives first honor (εὖ προτίων) to reverence (σέβας) for parents (τοκέων) καὶ (and) someone (τις) who feels regard (αἰδόμενός) for the hospitable (ξενοτίμους) attentions (ἐπιστροφὰς) of his halls (δόμων)

ἑκ τῶνδ’ ἀνάγκας ἄτερ δίκαιος ὢν
οὐκ ἄνολβος ἔσται·
πανώλεθρος δ’ οὔποτ’ ἂν γένοιτο.

As a result (ἑκ τῶνδ’) one who is (ὢν) just (δίκαιος) without (ἄτερ) compulsion (ἀνάγκας) will not be (οὐκ…ἔσται) unhappy (ἄνολβος,) and (δ') never can be (οὔποτ' ἂν γένοιτο) entirely destroyed (πανώλεθρος.)

τὸν ἀντίτολμον δέ φαμι παρβάταν
ἄγοντα πολλὰ παντόφυρτ’ ἄνευ δίκας
βιαίως ξὺν χρόνῳ καθήσειν
λαῖφος, ὅταν λάβῃ πόνος
θραυομένας κεραίας.

But (δέ) I say that (φαμι) the bold transgressor (τὸν ἀντίτολμον…παρβάταν) who carries away (ἄγοντα) a great amount (πολλὰ) indiscrimately mixed together (παντόφυρτ') without justice (ἄνευ δίκας) in the course of time (ξὺν χρόνῳ) his sails will be torn down (καθήσειν λαῖφος,) by force (βιαίως) when (ὅταν) suffering (πόνος) may take (λάβῃ) the yardarm (κεραίας) while shattering it in pieces (θραυομένας.)

καλεῖ δ’ ἀκούοντας οὐδὲν ἐν μέσᾳ
δυσπαλεῖ τε δίνᾳ·
γελᾷ δὲ δαίμων ἐπ’ ἀνδρὶ θερμῷ,
τὸν οὔποτ’ αὐχοῦντ’ ἰδὼν ἀμαχάνοις
δύαις λαπαδνὸν οὐδ’ ὑπερθέοντ’ ἄκραν·
δι’ αἰῶνος δὲ τὸν πρὶν ὄλβον
ἕρματι προσβαλὼν δίκας
ὤλετ’ ἄκλαυτος, αἶστος.

And (δ’) he will call (καλεῖ) though no one (οὐδὲν) is listening (ἀκούοντας) and is (τε) in the midst (ἐν μέσᾳ) of a hard-wrestling (δυσπαλεῖ) whirlwind/whirlpool (δίνᾳ,) and (δὲ) the spirits (δαίμων) laugh (γελᾷ) at (ἐπ') the hot-headed (θερμῷ) man (ἀνδρὶ,) the one (τὸν) who boasts (αὐχοῦντ') never (οὔποτ') to be seen (ἰδὼν) in misfortunes (δύαις) without remedies (ἀμαχάνοις,) exhausted (λαπαδνὸν) and not (οὐδ') surmounting the crests of the waves/escaping from misfortune (ὑπερθέοντ' ἄκραν.) So (δὲ) while throwing (προσβαλὼν) forever (δι' αἰῶνος) his former happiness (τὸν πρὶν ὄλβον) upon the reef of justice (ἕρματι δίκας) he perishes (ὤλετ') unwept (ἄκλαυτος,) unseen/unaware (αἶστος.)

Ἀθηνᾶ

κήρυσσε, κῆρυξ, καὶ στρατὸν κατειργαθοῦ,[276]
ἥ τ’ οὖν διάτορος Τυρσηνικὴ
σάλπιγξ, βροτείου πνεύματος πληρουμένη,
ὑπέρτονον γήρυμα φαινέτω στρατῷ.

Perform your office (κήρυσσε,) O herald (κῆρυξ,) and (καὶ) bring to order (κατειργαθοῦ) the massed people (στρατὸν,) and therefore (τ' οὖν) let the piercing Tyrrhenian trumpet (ἥ διάτορος Τυρσηνικὴ σάλπιγξ,) filled (πληρουμένη) with human breath (βροτείου πνεύματος,) ring out (φαινέτω) its voice (γήρυμα) at its highest pitch (ὑπέρτονον) to the massed people (στρατῷ.)

πληρουμένου γὰρ τοῦδε βουλευτηρίου
σιγᾶν ἀρήγει καὶ μαθεῖν θεσμοὺς ἐμοὺς
πόλιν τε πᾶσαν εἰς τὸν αιανῆ χρόνον
καὶ τούσδ’ ὅπως ἂν εὖ καταγνωσθῇ δίκη.

For (γὰρ) now that this council (τοῦδε βουλευτηρίου) is convened (πληρουμένου) it is fitting (ἀρήγει) to be silent (σιγᾶν) and (καὶ) for the city and all (πόλιν τε πᾶσαν) to learn (μαθεῖν) my (ἐμοὺς) laws (θεσμοὺς) for everlasting time (εἰς τὸν αιανῆ χρόνον,) and (καὶ) so that (ὅπως) justice (δίκη) may be judged well by (ἂν εὖ καταγνωσθῇ) these people (τούσδ'.)

Χορός

ἄναξ Ἄπολλον, ὧν ἔχεις αὐτὸς κράτει.

God Apollo (ἄναξ Ἄπολλον,) exercise power (κράτει) over that which (ὧν) you yourself (αὐτὸς) hold (ἔχεις.)

Ἀθηνᾶ

τί τοῦδε σοὶ μέτεστι πράγματος; λέγε.

What (τί) of these affairs (τοῦδε… πράγματος) is of concern (μέτεστι) to you (σοὶ?) Speak (λέγε.)

Ἀπόλλων

καὶ μαρτυρήσων ἦλθον. ἔστι γὰρ νόμῳ
ἱκέτης ὅδ᾽ ἀνὴρ καὶ δόμων ἐφέστιος
ἐμῶν, φόνου δὲ τοῦδ᾽ ἐγὼ καθάρσιος
καὶ ξυνδικήσων αὐτός· αἰτίαν δ᾽ ἔχω
τῆς τοῦδε μητρὸς τοῦ φόνου. σὺ δ᾽ εἴσαγε
ὅπως τ᾽ ἐπίστᾳ τήνδε κύρωσον δίκην.

I came (ἦλθον) both in order to bear witness (καὶ μαρτυρήσων,) for by law (γὰρ νόμῳ) this man (ὅδ' ἀνὴρ) is (ἔστι) a suppliant (ἱκέτης) and (καὶ) a dweller (ἐφέστιος) in my (ἐμῶν) halls (δόμων) and (δὲ) I myself (ἐγὼ) am the purifier (καθάρσιος) of this (τοῦδ') killing (φόνου,) and in order to act as his advocate myself (καὶ ξυνδικήσων αὐτός.) And (δ') I bear (ἔχω) responsibility (αἰτίαν) for this (τοῦδε,) the killing (τοῦ φόνου) of the mother (τῆς μητρὸς.) So (δ') you bring on (σὺ εἴσαγε) this (τήνδε) trial (δίκην) in such manner as (ὅπως) you know (ἐπίστᾳ) and (τ') make your decision (κύρωσον.)

Ἀθηνᾶ

ὑμῶν ὁ μῦθος, εἰσάγω δὲ τὴν δίκην·
ὁ γὰρ διώκων πρότερος ἐξ ἀρχῆς λέγων
γένοιτ᾽ ἂν ὀρθῶς πράγματος διδάσκαλος.

The recital of the story (ὁ μῦθος) is yours (ὑμῶν.) So (δὲ) I bring in (εἰσάγω) the case (τὴν δίκην.) For (γὰρ) since the prosecutor (ὁ διώκων) first (πρότερος) speaks (λέγων) starting from the beginning (ἐξ ἀρχῆς) may he be (γένοιτ' ἂν) honestly (ὀρθῶς) a teacher (διδάσκαλος) of the matter (πράγματος.)

Χορος

πολλαὶ μέν ἐσμεν, λέξομεν δὲ συντόμως.
ἔπος δ’ ἀμείβου πρὸς ἔπος ἐν μέρει τιθείς.
τὴν μητέρ’ εἰπὲ πρῶτον εἰ κατέκτονας.

We are (ἐσμεν) many (πολλαὶ) indeed (μέν,) but (δὲ) we will speak (λέξομεν) concisely (συντόμως.) So (δ') answer (ἀμείβου) word for word (ἔπος…πρὸς ἔπος) as you do your part (ἐν μέρει τιθείς.) First (πρῶτον) state (εἰπὲ) whether (εἰ) you have killed (κατέκτονας) your mother (τὴν μητέρ'.)

Ὀρέστης

ἔκτεινα· τούτου δ’ οὔτις ἄρνησις πέλει.

I killed her (ἔκτεινα.) And (δ’) nobody (οὔτις) makes (πέλει) denial (ἄρνησις) of this (τούτου.)

Χορός

ἓν μὲν τόδ’ ἤδη τῶν τριῶν παλαισμάτων.

Indeed (μὲν) in that (ἓν…τόδ’) there is already (ἤδη) the third victory in the wrestling match (τῶν τριῶν παλαισμάτων.)

Ὀρέστης

οὐ κειμένῳ πω τόνδε κομπάζεις λόγον.

You boast (κομπάζεις) with these words (τόνδε λόγον) over one not laid down (οὐ κειμένῳ) yet (πω.)

Χορός

εἰπεῖν γε μέντοι δεῖ σ’ ὅπως κατέκτανες.

However (μέντοι) it is necessary (δεῖ) indeed (γε) for you (σ’) to say (εἰπεῖν) how you killed her (ὅπως κατέκτανες.)

Ὀρέστης

λέγω· ξιφουλκῷ χειρὶ πρὸς δέρην τεμών.

I say, (λέγω) by cutting (τεμών) against her throat (πρὸς δέρην) with a drawn sword (ξιφουλκῷ) in my hand (χειρὶ.)

Χορός

πρὸς τοῦ δ᾽ ἐπείσθης καὶ τίνος βουλεύμασιν;

So (δ᾽) by whom (πρὸς τοῦ) were you persuaded (ἐπείσθης) and (καὶ) by a plan (βουλεύμασιν) from whom (τίνος?)

Ὀρέστης

τοῖς τοῦδε θεσφάτοισι· μαρτυρεῖ δέ μοι.

By divine utterance (τοῖς… θεσφάτοισι) of this one (τοῦδε,) and (δέ) he bears witness (μαρτυρεῖ) for me (μοι.)

Χορός

ὁ μάντις ἐξηγεῖτό σοι μητροκτονεῖν;

The prophet (ὁ μάντις) repeatedly said on the strength of his religoius authority (ἐξηγεῖτό) to you (σοι,) to commit matricide (μητροκτονεῖν?)

Ὀρέστης

καὶ δεῦρό γ᾽ ἀεὶ τὴν τύχην οὐ μέμφομαι.

And (καὶ) indeed (γ᾽) always (ἀεὶ) until now (δεῦρό) I do not complain (οὐ μέμφομαι) of the action (τὴν τύχην.)

Χορός

ἀλλ᾽ εἴ σε μάρψει ψῆφος, ἄλλ᾽ ἐρεῖς τάχα.

But (ἀλλ᾽) if (εἴ) the voting-stone (ψῆφος) should catch up with (μάρψει) you (σε,,) you will say (ἐρεῖς) something different (ἄλλ᾽) soon (τάχα.)

Ὀρέστης

πέποιθ᾽. ἀρωγὰς δ᾽ ἐκ τάφου πέμψει πατήρ.

I trust him (πέποιθ᾽,) and (δ᾽) my father (πατήρ) will send (πέμψει) help (ἀρωγὰς) from the grave (ἐκ τάφου.)

Χορός

νεκροῖσί νυν πέπισθι μητέρα κτανών.

Now (νυν) have faith (πέπισθι) in the dead (νεκροῖσί,) though you killed (κτανών) your mother (μητέρα.)

Ὀρέστης

δυοῖν γὰρ εἶχε προσβολὰς μιασμάτοιν.[277]

Because (γὰρ) she had (εἶχε) visitations (προσβολὰς) by two miasmas (δυοῖν μιασμάτοιν.)

Χορός

πῶς δή; δίδαξον τοὺς δικάζοντας τάδε.

How indeed (πῶς δή?) Teach (δίδαξον) the judges (τοὺς δικάζοντας) these things (τάδε.)

Ὀρέστης

ἀνδροκτονοῦσα πατέρ' ἐμὸν κατέκτανεν.

When she killed her husband (ἀνδροκτονοῦσα) she killed (κατέκτανεν) my (ἐμὸν) father (πατέρ'.)

Χορός

τοιγὰρ σὺ μὲν ζῇς, ἡ δ' ἐλευθέρα φόνῳ.[278]

So then (τοιγὰρ) indeed (μὲν) you (σὺ) should live (ζῇς) but (δ') she is free (ἡ ἐλευθέρα) by means of murder (φόνῳ.)

Ὀρέστης

τί δ' οὐκ ἐκείνην ζῶσαν ἤλαυνες φυγῇ;

But (δ') why (τί) did you not drive (οὐκ… ἤλαυνες) her (ἐκείνην) into exile (φυγῇ) while she was alive (ζῶσαν?)

Χορός

οὐκ ἦν ὅμαιμος φωτὸς ὃν κατέκτανεν.

She was (ἦν) not (οὐκ) of the same blood (ὅμαιμος) as the man (φωτὸς) whom (ὃν) she killed (κατέκτανεν.)

Ὀρέστης

ἐγὼ δὲ μητρὸς τῆς ἐμῆς ἐν αἵματι;

But (δὲ) am I (ἐγὼ) of my mother (μητρὸς τῆς ἐμῆς) in blood-relationship (ἐν αἵματι?)

Χορός

πῶς γάρ σ᾽ ἔθρεψ᾽ ἂν ἐντός, ὦ μιαιφόνε,
ζώνης; ἀπεύχῃ μητρὸς αἷμα φίλτατον;

For (γάρ) how (πῶς) could she nourish (ἔθρεψ᾽ ἂν) you (σ᾽) inside (ἐντός) her girdle (ζώνης;) O you who are defiled with blood-guilt (ὦ μιαιφόνε,) would you despise (ἀπεύχῃ) the best-beloved (φίλτατον) blood (αἷμα) of your mother (μητρὸς?)

Ὀρέστης

ἤδη σὺ μαρτύρησον, ἐξηγοῦ δέ μοι,
Ἄπολλον, εἴ σφε σὺν δίκῃ κατέκτανον.
δρᾶσαι γὰρ ὥσπερ ἐστὶν οὐκ ἀρνούμεθα.
ἀλλ᾽ εἰ δικαίως εἴτε μὴ τῇ σῇ φρενὶ
δοκεῖ τόδ᾽ αἷμα, κρῖνον, ὡς τούτοις φράσω.

Now (ἤδη) you (σὺ,) Apollo (Ἄπολλον,,) bear witness (μαρτύρησον,) and (δέ) expound (ἐξηγοῦ) for me (μοι,) whether (εἴ) I killed (κατέκτανον) her (σφε) with justice (σὺν δίκῃ.) For (γὰρ) we do not deny (οὐκ ἀρνούμεθα) the act of doing (δρᾶσαι) just as it is (ὥσπερ ἐστὶν.) But (ἀλλ') decide (κρῖνον) whether (εἰ) this bloodshed (τόδ' αἷμα) seems (δοκεῖ) just (δίκαιον) or not (εἴτε μὴ) in your mind (τῇ σῇ φρενὶ) so that (ὡς) I may expound (φράσω) to them (τούτοις.)

Ἀπόλλων

λέξω πρὸς ὑμᾶς τόνδ᾽ Ἀθηναίας μέγαν
θεσμὸν δικαίως. μάντις ὢν δ᾽ οὐ ψεύσομαι.
οὐπώποτ᾽ εἶπον μαντικοῖσιν ἐν θρόνοις,
οὐκ ἀνδρός, οὐ γυναικός, οὐ πόλεως πέρι,
ὃ μὴ κελεύσει Ζεὺς Ὀλυμπίων πατήρ.

I will speak (λέξω) justly (δικαίως) before you all (πρὸς ὑμᾶς,) this (τόνδ᾽) great council (μέγαν θεσμὸν) of Athêna (Ἀθηναίας.) And (δ') because I am (ὢν) a soothsayer (μάντις) I do not lie (οὐ ψεύσομαι.) Never and nowhere (οὐπώποτ') did I speak (εἶπον) in (ἐν) the prophetic (μαντικοῖσιν) seats (θρόνοις,) neither (οὐκ) concerning (πέρι) a man (ἀνδρός,) nor a woman (οὐ γυναικός,) nor a city (οὐ πόλεως,) that which is not (μὴ) what (ὃ) my father (πατήρ) Zeus (Ζεὺς) of the mountains of Olympus (Ὀλυμπίων) commands (κελεύσαει.)

τὸ μὲν δίκαιον τοῦθ᾽ ὅσον σθένει μαθεῖν,
βουλῇ πιφαύσκω δ᾽ ὔμμ᾽ ἐπισπέσθαι πατρός·
ὅρκος γὰρ οὔτι Ζηνὸς ἰσχύει πλέον.

I tell you (πιφαύσκω) to learn (μαθεῖν) indeed (μὲν) how greatly (ὅσον) this (τοῦθ᾽) lawful claim (τὸ δίκαιον) is mighty (σθένει) and (δ') I tell you (ὔμμ') to be obedient (ἐπισπέσθαι) to the will (βουλῇ) of my father (πατρός) for (γὰρ) an oath (ὅρκος) in no way (οὔτι) is stronger than (ἰσχύει πλέον) Zeus (Ζηνὸς.)

Χορός

Ζεύς, ὡς λέγεις σύ, τόνδε χρησμὸν ὤπασε,
φράζειν Ὀρέστῃ τῷδε, τὸν πατρὸς φόνον
πράξαντα μητρὸς μηδαμοῦ τιμὰς νέμειν;

Zeus (Ζεύς,) as (ὡς) you (σύ) say (λέγεις) grants (ὤπασε) this oracle (τόνδε χρησμὸν,) to give orders (φράζειν) to this (τῷδε) Orestês (Ὀρέστῃ,) while taking action about (πράξαντα) the murder (τὸν…φόνον) of his father (πατρὸς,) to regard (νέμειν) as nothing (μηδαμοῦ) the honor (τιμὰς) of his mother (μητρὸς?)

Ἀπόλλων

οὐ γάρ τι ταὐτὸν ἄνδρα γενναῖον θανεῖν[279]
διοσδότοις σκήπτροισι τιμαλφούμενον,
καὶ ταῦτα πρὸς γυναικός, οὔτι θουρίοις
τόξοις ἑκηβόλοισιν, ὥστ' Ἀμαζόνος,
ἀλλ' ὡς ἀκούσῃ, Παλλὰς οἵ τ' ἐφήμενοι
ψήφῳ διαιρεῖν τοῦδε πράγματος πέρι.

For (γάρ) it is not at all (οὐ…τι) identical/similar (ταὐτὸν) for a high-born (γενναῖον) man (ἄνδρα) to die (θανεῖν) after being honored (τιμαλφούμενον) with scepters (σκήπτροισι) given by the gods (διοσδότοις,) and with respect to these matters (καὶ ταῦτα,) at the hands of a woman (πρὸς γυναικός,) not at all (οὔ τι) as by furious (θουρίοις) far-shooting (ἑκηβόλοισιν) arrows (τόξοις) like those of an Amazon (ὥστ' Ἀμαζόνος,) rather as you shall hear (ἀλλ' ὡς ἀκούσῃ,) Athêna (Παλλὰς) and (τ') those who have been seated (οἵ ἐφήμενοι) to determine (διαιρεῖν) with voting-stones (ψήφῳ) concerning (πέρι) this matter (τοῦδε πράγματος.)

ἀπὸ στρατείας γάρ νιν ἠμποληκότα[280]
τὰ πλεῖστ' ἄμεινον εὔφροσιν δεδεγμένη,
δροίτῃ περῶντι λουτρὰ κἀπὶ τέρματι
φᾶρος περεσκήνωσεν, ἐν δ' ἀτέρμονι
κόπτει πεδήσασ' ἄνδρα δαιδάλῳ πέπλῳ.

For (γάρ) after she had welcomed (δεδεγμένη) him (νιν) from the expedition (ἀπὸ στρατείας) with cheerfulness (εὔφροσιν,) he having dealt (ἠμποληκότα) better (ἄμεινον) than most (τὰ πλεῖστ',) in the bath (λουτρὰ) by having him pass through the tub (δροίτῃ περῶντι,) and at the end (κἀπὶ τέρματι) she pitched over him (περεσκήνωσεν) a wide mantle (φᾶρος,) and (δ') having tangled him (πεδήσασ') in that from which he could not extricate himself (ἐν ἀτέρμονι) struck down (κόπτει) her husband (ἄνδρα) in the cunningly wrought robe (δαιδάλῳ πέπλῳ.)

ἀνδρὸς μὲν ὑμῖν οὗτος εἴρηται μόρος[281]
τοῦ παντοσέμνου, τοῦ στρατηλάτου νεῶν.

Indeed (μὲν) this death (οὗτος… μόρος) of a man (ἀνδρὸς) has been proclaimed (εἴρηται) to you (ὑμῖν,) of one honored by all (τοῦ παντοσέμνου,) of a commander of ships (τοῦ στρατηλάτου νεῶν.)

ταύτην τοιαύτην εἶπον, ὡς δηχθῇ λεώς,[282]
ὅσπερ τέτακται τήνδε κυρῶσαι δίκην.

I spoke (εἶπον) of such as (τοιαύτην) that woman (ταύτην) so as (ὡς) to sting (δηχθῇ) the people (λεώς,) those who (ὅσπερ) have been appointed (τέτακται) to determine (κυρῶσαι) this trial (τήνδε δίκην.)

Χορός

πατρὸς προτιμᾷ Ζεὺς μόρον τῷ σῷ λόγῳ.
αὐτὸς δ’ ἔδησε πατέρα πρεσβύτην Κρόνον.
πῶς ταῦτα τούτοις οὐκ ἐναντίως λέγεις;
ὑμᾶς δ’ ἀκούειν ταῦτ’ ἐγὼ μαρτύρομαι.

Zeus (Ζεὺς) gives first honor (προτιμᾷ) to the death (μόρον) of a father (πατρὸς) by your account (τῷ σῷ λόγῳ.) But (δ') he himself (αὐτὸς) bound (ἔδησε) Kronos, (Κρόνον) his father before him (πατέρα πρεσβύτην.) How (πῶς) do you say (λέγεις) these things (ταῦτα) are not the opposite (οὐκ ἐναντίως) to those things (τούτοις?) And (δ') I myself (ἐγὼ) to call as witnesses (μαρτύρομαι) all you (ὑμᾶς) to listen to (ἀκούειν) these things (ταῦτ'.)

Ἀπόλλων

ὦ παντομισῆ κνώδαλα, στύγη θεῶν,
πέδας μὲν ἂν λύσειεν, ἔστι τοῦδ’ ἄκος
καὶ κάρτα πολλὴ μηχανὴ λυτήριος.
ἀνδρὸς δ’ ἐπειδὰν αἷμ’ ἀνασπάσῃ κόνις
ἅπαξ θανόντος, οὔτις ἔστ’ ἀνάστασις.

You (ὦ) animals (κνώδαλα) hated by everyone (παντομισῆ,) objects of hatred (στύγη) for the gods (θεῶν,) truly (μὲν) as for releasing (ἂν λύσειεν) chains (πέδας,) there is (ἔστι) a means (ἄκος) for this (τοῦδ',) and very many (καὶ κάρτα πολλὴ) releasing (λυτήριος) devices (μηχανὴ.) But (δ') when (ἐπειδὰν) the dust (κόνις) drank up (ἀνασπάσῃ) to blood (αἷμ') of a man (ἀνδρὸς,) once he is dead (ἅπαξ θανόντος,) there is (ἔστ') no restoration (οὔτις ἀνάστασις.)

τούτων ἐπῳδὰς οὐκ ἐποίησεν πατὴρ
οὑμός, τὰ δ’ ἄλλα πάντ’ ἄνω τε καὶ κάτω
στρέφων τίθησιν οὐδὲν ἀσθμαίνων μένει.

My (οὑμός) father (πατὴρ) did not make (οὐκ ἐποίησεν) magic songs (ἐπῳδὰς) for these things (τούτων,) though (δ') he sets (τίθησιν) everything (πάντ') else (τὰ ἄλλα) both (τε καὶ) above (ἄνω) and below (κάτω) turning/in motion (στρέφων) by his strength (μένει) while never (οὐδὲν) getting out of breath (ἀσθμαίνων.)

Χορός

πῶς γὰρ τὸ φεύγειν τοῦδ' ὑπερδικεῖς ὅρα·
τὸ μητρὸς αἷμ' ὅμαιμον ἐκχέας πέδοι
ἔπειτ' ἐν Ἄργει δώματ' οἰκήσει πατρός;
ποίοισι βωμοῖς χρώμενος τοῖς δημίοις;
ποία δὲ χέρνιψ φρατέρων προσδέξεται;

For (γὰρ) how (πῶς) do you advocate (ὑπερδικεῖς) acquittal (τὸ φεύγειν) for this man (τοῦδ'?) Look (ὅρα!) Even though he poured out (ἐκχέας) the (τὸ) kindred (ὅμαιμον) blood (αἷμ') of his mother (μητρὸς) on the ground (πέδοι,) yet (ἔπειτ') will he live in (οἰκήσει) the house (δώματ') of his father (πατρός) in Argos (ἐν Ἄργει?) Which (ποίοισι) of the (τοῖς) public (δημίοις) altars (βωμοῖς) is he to use (χρώμενος?) And (δὲ) to which (ποία) purification with the holy water (χέρνιψ) of his clansmen (φρατέρων) will he be admitted (προσδέξεται?)

Ἀπόλλων

καὶ τοῦτο λέξω, καὶ μάθ' ὡς ὀρθῶς ἐρῶ.

I will say (λέξω) just this (καὶ τοῦτο,) so understand (καὶ μάθ') how (ὡς) correctly (ὀρθῶς) I speak (ἐρῶ.)

οὐκ ἔστι μήτηρ ἡ κεκλημένου τέκνου
τοκεύς, τροφὸς δὲ κύματος νεοσπόρου.
τίκτει δ' ὁ θρῴσκων, ἡ δ' ἅπερ ξένῳ ξένη
ἔσωσεν ἔρνος, οἷσι μὴ βλάψῃ θεός.

A mother (μήτηρ) is (ἔστι) not (οὐκ) the one who (ἡ) that is named (κεκλημένου) begetter (τοκεύς) of a child (τέκνου,) but (δὲ) a nourisher (τροφὸς) of a growing thing (κύματος) that is freshly planted (νεοσπόρου.) So (δ') the one who mounts/leaps up/leaps forward (ὁ θρῴσκων) begets (τίκτει) and (δ') she (ἡ) like (ἅπερ) a woman in a hospitality relationship (ξένη) to a guest (ξένῳ) preserves (ἔσωσεν) the young shoot (ἔρνος,) to them (οἷσι) may divine power (θεός) do no harm (μὴ βλάψῃ.)

τεκμήριον δὲ τοῦδέ σοι δείξω λόγου.[283]
πατὴρ μὲν ἂν γένοιτ' ἄνευ μητρός· πέλας
μάρτυς πάρεστι παῖς Ὀλυμπίου Διός,
οὐδ' ἐν σκότοισι νηδύος τεθραμμένη,
ἀλλ' οἷον ἔρνος οὔτις ἂν τέκοι θεά.

And (δὲ) I will show (δείξω) a proof (τεκμήριον) of this (τοῦδέ) saying (λόγου) to you (σοι.) Truly (μὲν) one may come to be (ἂν γένοιτ') a father (πατὴρ) without a mother (ἄνευ μητρός.) Here at hand (πέλας) appears (πάρεστι) a witness (μάρτυς,) the child (παῖς) of Olympian Zeus (Ὀλυμπίου Διός.) Never (οὐδ') was she nourished (τεθραμμένη) in the darkness (ἐν σκότοισι) of the womb (νηδύος,) rather (ἀλλ') an offshoot (ἔρνος) which (οἷον) no goddess (οὔτις… θεός) could bear (ἂν τέκοι.)

ἐγὼ δέ, Παλλάς, τἄλλα θ’ ὡς ἐπίσταμαι,
τὸ σὸν πόλισμα καὶ στρατὸν τεύξω μέγαν,
καὶ τόνδ’ ἔπεμψα σῶν δόμων ἐφέστιον,
ὅπως γένοιτο πιστὸς εἰς τὸ πᾶν χρόνου
καὶ τόνδ’ ἐπικτήσαιο σύμμαχον, θεά,
καὶ τοὺς ἔπειτα, καὶ τάδ’ αἰανῶς μένοι
στέργειν τὰ πιστὰ τῶνδε τοὺς ἐπισπόρους.

And (δέ) I myself (ἐγὼ,) O Pallas (Παλλάς,) as for the rest (τἄλλα) and (θ’) as I know how to do (ὡς ἐπίσταμαι,) I will make (τεύξω) your city and your people (τὸ σὸν πόλισμα καὶ στρατὸν) great (μέγαν.) I even sent (καὶ… ἔπεμψα) this one who shares the hearth (τόνδ'… ἐφέστιον) of your halls (σῶν δόμων,) in order that (ὅπως) he might become (γένοιτο) loyal (πιστὸς) for all time (εἰς τὸ πᾶν χρόνου) and (καὶ) you might gain in addition (ἐπικτήσαιο) this ally (τόνδ'…σύμμαχον) and those hereafter (καὶ τοὺς ἔπειτα,) O goddess (θεά,) and these (καὶ τάδ') might reman (μένοι,) the descendants (τοὺς ἐπισπόρους) of them (τῶνδε) to be content with (στέργειν) the covenenat between them (τὰ πιστὰ) forever (αἰανῶς.)

Ἀθηνᾶ

ἤδη κελεύω τούσδ’ ἀπὸ γνώμης φέρειν
ψῆφον δικαίαν, ὡς ἅλις λελεγμένων;

Now (ἤδη) shall I call (κελεύω) these men (τούσδ’) to cast the customary voting-stones (φέρειν ψῆφον δικαίαν) according to the law (ἀπὸ γνώμης,) as enough has been said (ὡς ἅλις λελεγμένων?)

Ἀπόλλων

ἡμῖν μὲν ἤδη πᾶν τετόξευται βέλος.
μένω δ’ ἀκοῦσαι πῶς ἀγὼν κριθήσεται.

Truly (μὲν) already (ἤδη) all (πᾶν) the arrows (βέλος) belonging to us (ἡμῖν) have been shot (τετόξευται) So (δ') I wait (μένω) to hear (ἀκοῦσαι) how (πῶς) the contest (ἀγὼν) will be decided (κριθήσεται.)

Ἀθηνᾶ

τί γάρ; πρὸς ὑμῶν πῶς τιθεῖσ’, ἄμομφος ὦ;

What else (τί γάρ?) For all of you (πρὸς ὑμῶν) in bringing this to pass (τιθεῖσ’) in what way (πῶς) shall I be (ὦ) blameless (ἄμομφος?)

Χορός

ἠκούσαθ’ ὧν ἠκούσατ’, ἐν δὲ καρδίᾳ
ψῆφον φέροντες ὅρκον αἰδεῖσθε, ξένοι.

You listened (ἠκούσαθ’) to those to whom (ὧν) you listened (ἠκούσατ’,) so (δὲ) respect (αἰδεῖσθε) your oath (ὅρκον) in your hearts (ἐν καρδίᾳ) while casting (φέροντες) voting-stones (ψῆφον,) O you who are bound by hospitality (ξένοι.)

Ἀθηνᾶ

κλύοιτ' ἂν ἤδη θεσμόν, Ἀττικὸς λεώς,
πρώτας δίκας κρίνοντες αἵματος χυτοῦ.
ἔσται δὲ καὶ τὸ λοιπὸν Αἰγέως στρατῷ
αἰεὶ δικαστῶν τοῦτο βουλευτήριον.

Now (ἤδη,) people of Attica, (Ἀττικὸς λεώς,) may you hear the law (κλύοιτ' ἂν θεσμόν,) because you must decide (κρίνοντες) the first case (πρώτας δίκας) of spilled blood (αἵματος χυτοῦ.) So (δὲ) this council (τοῦτο βουλευτήριον) of judges (δικαστῶν) will be (ἔσται) for the people (στρατῷ) of Aegeus (Αἰγέως) even (καὶ) for the everlasting future (τὸ λοιπὸν αἰεὶ)

πάγον δ' Ἄρειον τόνδ', Ἀμαζόνων ἕδραν
σκηνάς θ', ὅτ' ἦλθον Θησέως κατὰ φθόνον
στρατηλατοῦσαι, καὶ πόλει νεόπτολιν
τήνδ' ὑψίπυργον ἀντεπύργωσαν τότε,
Ἄρει δ' ἔθυον, ἔνθεν ἔστ' ἐπώνυμος

So (δ') here (τόνδ',) upon the hill of Arês (πάγον Ἄρειον,) the seat (ἕδραν) and (θ') camp (σκηνάς) of the Amazons (Ἀμαζόνων,) when they came (ὅτ' ἦλθον) leading an army (στρατηλατοῦσαι) out of (κατὰ) malice (φθόνον) against Theseus (Θησέως,) and (καὶ) then (τότε) they built against (ἀντεπύργωσαν) our city (πόλει) this (τήνδ') high-towering (ὑψίπυργον) new city (νεόπτολιν,) and (δ') made a practice of sacrifice (ἔθυον) to Arês (Ἄρει,) from then (ἔνθεν) the rock (πέτρα) is called (ἔστ' ἐπώνυμος) generally (τ')

πέτρα, πάγος τ' Ἄρειος. ἐν δὲ τῷ σέβας
ἀστῶν φόβος τε ξυγγενὴς τὸ μὴ ἀδικεῖν
σχήσει τό τ' ἦμαρ καὶ κατ' εὐφρόνην ὁμῶς,
αὐτῶν πολιτῶν μὴ 'πιχραινόντων νόμους
κακαῖς ἐπιρροαῖσι· βορβόρῳ δ' ὕδωρ
λαμπρὸν μιαίνων οὔποθ' εὑρήσεις ποτόν.

the hill (πάγος) of Arês (Ἄρειος.)Thus (δὲ) in which place (ἐν τῷ) the reverence (σέβας) and (τε) natural (ξυγγενὴς) fear (φόβος, of the citizens (ἀστῶν) will keep from (σχήσει) doing what is unjust (τὸ μὴ ἀδικεῖν) both (τ') during the day (τό ἦμαρ) and (καὶ) during the night (κατ' εὐφρόνην) alike (ὁμῶς,) so long as the citizens of the city (αὐτῶν πολιτῶν) do not stain their laws (μὴ 'πιχραινόντων νόμους) with evil streams (κακαῖς ἐπιρροαῖσι.) So (δ') never (οὔποθ') will you get (εὑρήσεις) that which one drinks (ποτόν) by polluting (μιαίνων) clear (λαμπρὸν) water/springs (ὕδωρ) with filth (βορβόρῳ.)

τὸ μήτ' ἄναρχον μήτε δεσποτούμενον
ἀστοῖς περιστέλλουσι βουλεύω σέβειν,
καὶ μὴ τὸ δεινὸν πᾶν πόλεως ἔξω βαλεῖν.
τίς γὰρ δεδοικὼς μηδὲν ἔνδικος βροτῶν;

I give counsel (βουλεύω) to the citizens (ἀστοῖς) who wrap up and protect the city (περιστέλλουσι) to honor (σέβειν) neither (μήτ') anarchy (τὸ ἄναρχον) nor (μήτε) despotism (δεσποτούμενον,) and (καὶ) not (μὴ) to throw (βαλεῖν) all (πᾶν) that commands reverence (τὸ δεινὸν) out (ἔξω) of the city (πόλεως.) For (γὰρ) who (τίς) among humankind (βροτῶν) is just (ἔνδικος) while standing in awe (δεδοικὼς) of nothing (μηδὲν?)

τοιόνδε τοι ταρβοῦντες ἐνδίκως σέβας
ἔρυμά τε χώρας καὶ πόλεως σωτήριον
ἔχοιτ᾽ ἄν, οἷον οὔτις ἀνθρώπων ἔχει,
οὔτ᾽ ἐν Σκύθῃσιν οὔτε Πέλοπος ἐν τόποις.

Surely (τοι) when such an object of reverence (τοιόνδε… σέβας) causes dread (ταρβοῦντες) justly (ἐνδίκως) you would have (ἔχοιτ' ἄν) a saving (σωτήριον) defense (ἔρυμά) both (τε) of the country (χώρας) and (καὶ) of the city (πόλεως) which (οἷον) no one (οὔτις) among humanity (ἀνθρώπων) has (ἔχει,) neither in Scythia (οὔτ' ἐν Σκύθῃσιν) nor (οὔτε) in the lands (ἐν τόποις) of the people of Pelops/the Peloponnesus (Πέλοπος.)

κερδῶν ἄθικτον τοῦτο βουλευτήριον,
αἰδοῖον, ὀξύθυμον, εὑδόντων ὕπερ
ἐγρηγορὸς φρούρημα γῆς καθίσταμαι.

I establish (καθίσταμαι) this council (τοῦτο βουλευτήριον) as a guardian of the land (φρούρημα γῆς,) untouched (ἄθικτον) by profit/corruption by money (κερδῶν,) august (αἰδοῖον,) sharp (ὀξύθυμον,) awake (ἐγρηγορὸς) for the sake (ὕπερ) of those who sleep peacefully (εὑδόντων.)

ταύτην μὲν ἐξέτειν᾽ ἐμοῖς παραίνεσιν
ἀστοῖσιν εἰς τὸ λοιπόν· ὀρθοῦσθαι δὲ χρὴ
καὶ ψῆφον αἴρειν καὶ διαγνῶναι δίκην
αἰδουμένους τὸν ὅρκον. εἴρηται λόγος.

So (μὲν) I extended (ἐξέτειν') this (ταύτην) as my advice (ἐμοῖς παραίνεσιν) to my citizens (ἀστοῖσιν) for the future (εἰς τὸ λοιπόν,) but (δὲ) it is necessary (χρὴ) to rise to your feet (ὀρθοῦσθαι) and (καὶ) to bring (αἴρειν) your voting-stones (ψῆφον) and to give judgement (καὶ διαγνῶναι) on this case (δίκην) while standing in awe of (αἰδουμένους) your oath (τὸν ὅρκον.) The word (λόγος) is spoken (εἴρηται.)

Χορός

καὶ μὴν βαρεῖαν τήνδ᾽ ὁμιλίαν χθονὸς
ξύμβουλός εἰμι μηδαμῶς ἀτιμάσαι.

This (τήνδ') company (ὁμιλίαν) is heavy (βαρεῖαν) upon the land (χθονὸς) so truly (καὶ μὴν) I am (εἰμι) a counselor (ξύμβουλός) by no means (μηδαμῶς) to be dishonored (ἀτιμάσαι.)

Ἀπόλλων

κἄγωγε χρησμοὺς τοὺς ἐμούς τε καὶ Διὸς
ταρβεῖν κελεύω μηδ᾽ ἀκαρπώτους κτίσαι.

And as for me (κἄγωγε) I call you (κελεύω) to fear (ταρβεῖν) both (τε) my (τοὺς ἐμούς) oracular utterance (χρησμοὺς) and those (καὶ) of Zeus (Διὸς) and do not (μηδ') make them be (κτίσαι) unfufilled (ἀκαρπώτους.)

Χορός

ἀλλ’ αἱματηρὰ πράγματ’ οὐ λαχὼν σέβεις,
μαντεῖα δ’ οὐκέθ’ ἁγνὰ μαντεύσῃ νέμων.

At least (ἀλλ’) you have respect for (σέβεις) bloodshed matters (αἱματηρὰ πράγματ’) though they are not allotted to you (οὐ λαχὼν,) but (δ') you will pronounce oracles (μαντεύσῃ) that are no longer holy (οὐκέθ' ἁγνὰ) when you distribute (νέμων) that which is oracular (μαντεῖα)

Ἀπόλλων

ἦ καὶ πατήρ τι σφάλλεται βουλευμάτων
πρωτοκτόνοισι προστροπαῖς ’Ιξίονος;

Truly, and (ἦ καὶ) is my father (πατήρ) mistaken (σφάλλεται) in any (τι) of his plans (βουλευμάτων) for Ixion (’Ιξίονος,) for the supplications by the first of murders (πρωτοκτόνοισι προστροπαῖς;)

Χορός

λέγεις· ἐγὼ δὲ μὴ τυχοῦσα τῆς δίκης
βαρεῖα χώρᾳ τῇδ’ ὁμιλήσω πάλιν.

You talk (λέγεις.) But (δὲ) I myself (ἐγὼ) am weighty (βαρεῖα;) upon not succeeding (μὴ τυχοῦσα) in the judgement (τῆς δίκης) I will come upon (ὁμιλήσω) this (τῇδ') country (χώρᾳ) again (πάλιν.)

Ἀπόλλων

ἀλλ’ ἔν τε τοῖς νέοισι καὶ παλαιτέροις
θεοῖς ἄτιμος εἶ σύ· νικήσω δ’ ἐγώ.

But (ἀλλ’) both (τε) among (ἔν) the younger (τοῖς νέοισι) and the older gods (καὶ παλαιτέροις θεοῖς) you (σύ) are (εἶ) without honor (ἄτιμος.) So (δ') I (ἐγώ) will win (νικήσω.)

Χορός

τοιαῦτ’ ἔδρασας καὶ Φέρητος ἐν δόμοις·
Μοίρας ἔπεισας ἀφθίτους θεῖναι βροτούς.

You did (ἔδρασας) a thing like this (τοιαῦτ’) also (καὶ) in the halls (ἐν δόμοις) of Pheres (Φέρητος.) You convinced (ἔπεισας) the Fates (Μοίρας) to make (θεῖναι) a mortal man (βροτούς) immortal (ἀφθίτους.)

Ἀπόλλων

οὔκουν δίκαιον τὸν σέβοντ᾽ εὐεργετεῖν,
ἄλλως τε πάντως χὤτε δεόμενος τύχοι;

Is it not (οὔκουν) just (δίκαιον) to do well for (εὐεργετεῖν) a worshipper (τὸν σέβοντ',) above all (ἄλλως τε πάντως) when (χὤτε) he may happen to be (τύχοι) in need (δεόμενος?)

Χορός

σύ τοι παλαιὰς διανομὰς καταφθίσας
οἴνῳ παρηπάτησας ἀρχαίας θεάς.

You certainly (σύ τοι) ruined (καταφθίσας) an ancient (παλαιὰς) order of governance (διανομὰς) when you inveigled (παρηπάτησας) the ancient goddesses (ἀρχαίας θεάς) with wine (οἴνῳ.)

Ἀπόλλων

σύ τοι τάχ᾽ οὐκ ἔχουσα τῆς δίκης τέλος
ἐμῇ τὸν ἰὸν οὐδὲν ἐχθροῖσιν βαρύν.

Because you will not hold (οὐκ ἔχουσα) the consummation (τέλος) of this trial (τῆς δίκης) you surely (σύ τοι) soon (τάχ') will spit out (ἐμῇ) your venom (τὸν ἰὸν) heavy/harmful (βαρύν) to none of (οὐδὲν) your enemies (ἐχθροῖσιν.)

Χορός

ἐπεὶ καθιππάζῃ με πρεσβῦτιν νέος,
δίκης γενέσθαι τῆσδ᾽ ἐπήκοος μένω,
ὡς ἀμφίβουλος οὖσα θυμοῦσθαι πόλει.

Since a young one (νέος) rides me down (ἐπεὶ καθιππάζῃ με,) an old woman (πρεσβῦτιν,) I stand my ground (μένω) listening (ἐπήκοος) for this (τῆσδ') trial (δίκης) to come to pass (γενέσθαι,) as (ὡς) one who is (οὖσα) of two minds (ἀμφίβουλος) whether to vent my wrath (θυμοῦσθαι) upon the city (πόλει.)

Ἀθηνᾶ

ἐμὸν τόδ’ ἔργον, λοισθίαν κρῖναι δίκην.
ψῆφον δ’ Ὀρέστῃ τήνδ’ ἐγὼ προσθήσομαι.
μήτηρ γὰρ οὔτις ἐστὶν ἥ μ’ ἐγείνατο,
τὸ δ’ ἄρσεν αἰνῶ πάντα, πλὴν γάμου τυχεῖν,
ἅπαντι θυμῷ, κάρτα δ’ εἰμὶ τοῦ πατρός.

This work (τόδ’ ἔργον) is mine (ἐμὸν,) to be the last (λοισθίαν) to judge (κρῖναι) the case (δίκην.) And (δ') I (ἐγὼ) will deliver (προσθήσομαι) this (τήνδ') voting-stone (ψῆφον) to Orestês (Ὀρέστῃ,) for (γὰρ) there is (ἐστὶν) no (οὔτις) mother (μήτηρ) who (ἥ) gave birth (ἐγείνατο) to me (μ',) and (δ') I praise (αἰνῶ) the male (τὸ ἄρσεν) in all things (πάντα,) except (πλὴν) for the act (τυχεῖν) of marriage (γάμου) in absolutely all (ἅπαντι) my spirit (θυμῷ,) for (δ') I am (εἰμὶ) very much (κάρτα) a follower of my father/my father’s child (τοῦ πατρός.)

οὕτω γυναικὸς οὐ προτιμήσω μόρον
ἄνδρα κτανούσης δωμάτων ἐπίσκοπον.

Thus (οὕτω) I will not give first honor (οὐ προτιμήσω) to the death (μόρον) of a woman (γυναικὸς) who killed (κτανούσης) her husband (ἄνδρα,) the guardian (ἐπίσκοπον) of the halls (δωμάτων.)

νικᾷ δ’ Ὀρέστης, κἂν ἰσόψηφος κριθῇ.
ἐκβάλλεθ’ ὡς τάχιστα τευχέων πάλους,
ὅσοις δικαστῶν τοὖτ’ ἐπέσταλται τέλος.

So (δ’) Orestês (Ὀρέστης) shall win (νικᾷ,) even if (κἂν) it be decided(κριθῇ) by a tie vote (ἰσόψηφος.) To so many (ὅσοις) among the judges (δικαστῶν) as this result (τοὖτ'… τέλος) has been enjoined (ἐπέσταλται) I say throw (ἐκβάλλεθ') the ballots (πάλους) out of the containers (τευχέων) as quickly as possible (ὡς τάχιστα.)

Ὀρέστης

ὦ Φοῖβ’ Ἄπολλον, πῶς ἀγὼν κριθήσεται;

O (ὦ) Phoebus (Φοῖβ’) Apollo (Ἄπολλον,) how (πῶς) will the struggle (ἀγὼν) be decided (κριθήσεται?)

Χορός

ὦ Νὺξ μέλαινα μῆτερ, ἆρ’ ὁρᾷς τάδε;

O Night (ὦ Νὺξ,) black mother (μέλαινα μῆτερ,) ah! (ἆρ’) are you watching this (ὁρᾷς τάδε?)

Ὀρέστης

νῦν ἀγχόνης μοι τέρματ’, ἢ φάος βλέπειν.

Now (νῦν) either (ἢ) a hanging (ἀγχόνης) is the end (τέρματ’) for me (μοι,) or to see (βλέπειν) the light of day (φάος.)

Χορός

ἡμῖν γὰρ ἔρρειν, ἢ πρόσω τιμὰς νέμειν.

For (γὰρ) it is for us (ἡμῖν) to go to our ruin (ἔρρειν,) or (ἢ) from now on (πρόσω) to enjoy (νέμειν) honor/worship (τιμὰς.)

Ἀπόλλων

πεμπάζετ᾽ ὀρθῶς ἐκβολὰς ψήφων, ξένοι,
τὸ μὴ ᾽δικεῖν σέβοντες ἐν διαιρέσει.
γνώμης δ᾽ ἀπούσης πῆμα γίγνεται μέγα,
βαλοῦσά τ᾽ οἶκον ψῆφος ὤρθωσεν μία.

Count honestly (πεμπάζετ᾽ ὀρθῶς,) O you who are bound in hospitality (ξένοι,) O you who are reverent (σέβοντες) those which are emptied out (ἐκβολὰς) among the voting-stones (ψήφων,) so as to do no injustice (τὸ μὴ ᾽δικεῖν) in your reckoning (ἐν διαιρέσει.) For (δ') there will come to be (γίγνεται) great (μέγα) misery (πῆμα) if you fall short of (ἀπούσης) the mark (γνώμης,) and (τ') one (μία) voting-stone (ψῆφος) which is cast (βαλοῦσά) sets right (ὤρθωσεν) the house/family (οἶκον.)

Ἀθηνᾶ

ἀνὴρ ὅδ᾽ ἐκπέφευγεν αἵματος δίκην·
ἴσον γάρ ἐστι τἀρίθμημα τῶν πάλων.

This (ὅδ᾽) man (ἀνὴρ) has escaped/has been acquitted (ἐκπέφευγεν) from/of this charge (δίκην) of bloodshed (αἵματος) for (γάρ) there is (ἐστι) an equal reckoning (ἴσον τἀρίθμημα) of votes (τῶν πάλων.)

Ὀρέστης

ὦ Παλλάς, ὦ σώσασα τοὺς ἐμοὺς δόμους.[284]
γαίας πατρῴας ἐστερημένον σύ τοι
κατῴκισάς με· καί τις Ἑλλήνων ἐρεῖ,
Ἀργεῖος ἀνὴρ αὖθις ἔν τε χρήμασιν
οἰκεῖ πατρῴοις, Παλλάδος καὶ Λοξίου
ἕκατι, καὶ τοῦ πάντα κραίνοντος τρίτου
σωτῆρος, ὃς πατρῷον αἰδεσθεὶς μόρον
σῴζει με, μητρὸς τάσδε συνδίκους ὁρῶν.

O Pallas (ὦ Παλλάς,) O you who save (ὦ σώσασα) my house/family (τοὺς ἐμοὺς δόμους.) you surely restored me to my country (σύ τοι κατῴκισάς με) when I was robbed (ἐστερημένον) of my ancestral (πατρῴας) earth (γαίας) and everyone among the Greeks (καί τις Ἑλλήνων) will say (ἐρεῖ) a man (ἀνὴρ) of Argos (Ἀργεῖος) is back (αὖθις) and (τε) in (ἔν) the house (οἰκεῖ) and wealth (χρήμασιν) of his father (πατρῴοις) by the aid (ἕκατι) of Athêna and Apollo (Παλλάδος καὶ Λοξίου,) and (καὶ) of the third savior (τοῦ… τρίτου σωτῆρος) who judges everyone (πάντα κραίνοντος,) who (ὃς) because my father's fate (πατρῷον μόρον) was honored by him (αἰδεσθεὶς) saves me (σῴζει με) even as he looks upon (ὁρῶν) these advocates (τάσδε συνδίκους) for my mother (μητρὸς.)

ἐγὼ δὲ χώρᾳ τῇδε καὶ τῷ σῷ στρατῷ
τὸ λοιπὸν εἰς ἅπαντα πλειστήρη χρόνον
ὁρκωμοτήσας νῦν ἄπειμι πρὸς δόμους,
μήτοι τιν' ἄνδρα δεῦρο πρυμνήτην χθονὸς
ἐλθόντ' ἐποίσειν εὖ κεκασμένον δόρυ.

And (δὲ) I myself (ἐγὼ) now (νῦν) leave (ἄπειμι) for home (πρὸς δόμους) upon swearing (ὁρκωμοτήσας) to this (τῇδε) land (χώρᾳ) and (καὶ) to your people (τῷ σῷ στρατῷ) for the future (τὸ λοιπὸν,) for all time to come forever (εἰς ἅπαντα πλειστήρη χρόνον,) that never ever (μήτοι) will any warrior-leader (τιν' ἄνδρα… πρυμνήτην) of my land (χθονὸς) come (ἐλθόντ') here (δεῦρο) to bring upon you (ἐποίσειν) an excellent spear (εὖ κεκασμένον δόρυ.)

αὐτοὶ γὰρ ἡμεῖς ὄντες ἐν τάφοις τότε
τοῖς τἀμὰ παρβαίνουσι νῦν ὁρκώματα
ἀμηχάνοισι πράξομεν δυσπραξίαις,
ὁδοὺς ἀθύμους καὶ παρόρνιθας πόρους
τιθέντες, ὡς αὐτοῖσι μεταμέλῃ πόνος.

For (γὰρ) when (τότε) we (ἡμεῖς) are (ὄντες) in our graves (ἐν τάφοις) we ourselves (αὐτοὶ) thereupon (νῦν) will make good (πράξομεν) our oaths (τἀμὰ…ὁρκώματα,) by helpless (ἀμηχάνοισι) failure (δυσπραξίαις) for those who transgress (τοῖς… παρβαίνουσι,) making (τιθέντες) their travels/marches (ὁδοὺς) spiritless (ἀθύμους) and (καὶ) their paths (πόρους) ill-omened (παρόρνιθας,) as (ὡς) a labor (πόνος) to be regretted (μεταμέλῃ) by them (αὐτοῖσι.)

ὀρθουμένων δέ, καὶ πόλιν τὴν Παλλάδος[285]
τιμῶσιν αἰεὶ τήνδε συμμάχῳ δορί,
αὐτοῖσιν ἡμεῖς ἐσμεν εὐμενέστεροι.

But (δέ) if they keep a straight course (ὀρθουμένων) and (καὶ) always (αἰεὶ) honor (τιμῶσιν) this (τήνδε) the (τὴν) city (πόλιν) of Pallas (Παλλάδος) with allied spears (συμμάχῳ δορί) we (ἡμεῖς) will be (ἐσμεν) kind (εὐμενέστεροι) to them (αὐτοῖσιν.)

καὶ χαῖρε, καὶ σὺ καὶ πολισσοῦχος λεώς.
πάλαισμ’ ἄφυκτον τοῖς ἐναντίοις ἔχοις,
σωτήριόν τε καὶ δορὸς νικηφόρον.

So farewell (καὶ χαῖρε,) both (καὶ) to you (σὺ) and (καὶ) to the people (λεώς) dwelling in your city (πολισσοῦχος.) may you have (ἔχοις) both (τε) that which is safe (σωτήριόν)and (καὶ) that which brings victory (νικηφόρον) by your spear (δορὸς,) a wrestling-hold (πάλαισμ',) upon your enemies (τοῖς ἐναντίοις.) from which none escape (ἄφυκτον.)

Χορός

ἰὼ θεοὶ νεώτεροι, παλαιοὺς νόμους
καθιππάσασθε κἀκ χερῶν εἵλεσθέ μου.
ἐγὼ δ’ ἄτιμος ἁ τάλαινα βαρύκοτος
ἐν γᾷ τᾷδε, φεῦ,
ἰὸν ἰὸν ἀντιπενθῆ
μεθεῖσα καρδίας, σταλαγμὸν χθονὶ
ἄφορον. ἐκ δὲ τοῦ
λειχὴν ἄφυλλος, ἄτεκνος,
ἰὼ δίκα, πέδον ἐπισύμενος
βροτοφθόρους κηλῖδας ἐν χώρᾳ βαλεῖ.

Oh (ἰὼ) younger (νεώτεροι) gods (θεοὶ,) you trampled down (καθιππάσασθε) and from (κἀκ) my (μου) hands (χερῶν) taken into your own hands (εἵλεσθέ) ancient laws (παλαιοὺς νόμους.) And (δ') I (ἐγὼ) am dishonored (ἄτιμος,) a (ἁ) wretched woman (τάλαινα,) heavy with anger (βαρύκοτος.) Fah! (φεῦ) unleashing (μεθεῖσα) vengefully grievous (ἀντιπενθῆ) venom, venom (ἰὸν ἰὸν) from my heart (καρδίας) into (ἐν) this (τᾷδε) earth (γᾷ,) a barrenness-causing (ἄφορον) drip (σταλαγμὸν) upon the ground (χθονὶ.) And (δὲ) from it (ἐκ…τοῦ) I throw (βαλεῖ) a blight (λειχὴν,) leafless (ἄφυλλος,) childless (ἄτεκνος,) oh, justice! (ἰὼ δίκα,) rushing across (ἐπισύμενος) the field (πέδον,) a defilement (κηλῖδας) deadly to humankind (βροτοφθόρους) on the country (ἐν χώρᾳ.)

στενάζω. τί ῥέξω;
γελῶμαι πολίταις.
δύσοισθ’ ἄπαθον.
ἰὼ μεγάλα τοὶ κόραι δυστυχεῖς
Νυκτὸς ἀτιμοπενθεῖς.

I grieve (στενάζω.) What will I perform (τί ῥέξω?) I am laughed at (γελῶμαι) by the citizens (πολίταις.) I suffered (ἄπαθον) unbearably (δύσοισθ'.) O (ἰὼ) greatly (μεγάλα) unfortunate (δυστυχεῖς) daughters (κόραι) of Night (Νυκτὸς) surely (τοὶ) dishonored and sorrowful (ἀτιμοπενθεῖς.)

Ἀθηνᾶ

ἐμοὶ πίθεσθε μὴ βαρυστόνως φέρειν.
οὐ γὰρ νενίκησθ᾽. ἀλλ᾽ ἰσόψηφος δίκη
ἐξῆλθ᾽ ἀληθῶς οὐκ ἀτιμίᾳ σέθεν·
ἀλλ᾽ ἐκ Διὸς γὰρ λαμπρὰ μαρτύρια παρῆν,
αὐτός θ᾽ ὁ χρήσας αὐτὸς ἦν ὁ μαρτυρῶν,
ὡς ταῦτ᾽ Ὀρέστην δρῶντα μὴ βλάβας ἔχειν.

Be persuaded (πίθεσθε) by me (ἐμοὶ) not (μὴ) to suffer (φέρειν) grievously (βαρυστόνως.) For (γὰρ) you were not conquered (οὐ νενίκησθ'.) Rather (ἀλλ') justice/the verdict (δίκη) came out of (ἐξῆλθ') an equal vote (ἰσόψηφος) truly (ἀληθῶς) not a dishonor to you (οὐκ ἀτιμίᾳ σέθεν.) For (γὰρ) certainly (ἀλλ') clear testimony (λαμπρὰ μαρτύρια) from Zeus (ἐκ Διὸς) was present (παρῆν,) and (θ') he himself (αὐτός,) the oracle himself (ὁ χρήσας αὐτὸς) was (ἦν) the witness (ὁ μαρτυρῶν) that these things (ὡς ταῦτ') which Orestês did (Ὀρέστην δρῶντα) are not to be held (μὴ… ἔχειν) as wrongdoing (βλάβας.)

ὑμεῖς δὲ μὴ θυμοῦσθε μηδὲ τῇδε γῇ[286]
βαρὺν κότον σκήψητε, μηδ᾽ ἀκαρπίαν
τεύξητ᾽, ἀφεῖσαι δαιμόνων σταλάγματα,
βρωτῆρας ἄχνας σπερμάτων ἀνημέρους.

So (δὲ) let you not be angry (ὑμεῖς μὴ θυμοῦσθε) nor (μηδὲ) hurl (σκήψητε) your heavy wrath (βαρὺν κότον) upon this earth (τῇδε γῇ) nor should you make it (μηδ'… τεύξητ') a barrenness (ἀκαρπίαν,) by sending forth (ἀφεῖσαι) that which drops (σταλάγματα) from a supernatural being (δαιμόνων,) a savage (ἀνημέρους) spirit (αἰχμὰς,) one that devours (βρωτῆρας) the seed (σπερμάτων.)

ἐγὼ γὰρ ὑμῖν πανδίκως ὑπίσχομαι
ἕδρας τε καὶ κευθμῶνας ἐνδίκου χθονὸς
λιπαροθρόνοισιν ἡμένας ἐπ᾽ ἐσχάραις
ἕξειν ὑπ᾽ ἀστῶν τῶνδε τιμαλφουμένας.

For (γὰρ) I myself (ἐγὼ) guarantee (ὑπίσχομαι) to you (ὑμῖν) in all justice (πανδίκως) that you shall have (ἕξειν) both (τε) a seat (ἕδρας) and (καὶ) a sanctuary (κευθμῶνας) of legitimate ground (ἐνδίκου χθονὸς) where you shall be seated (ἡμένας) beside (ἐπ') a bright-throned hearth (λιπαροθρόνοισιν…ἐσχάραις) whil having honor done to you (τιμαλφουμένας) from (ὑπ') these (τῶνδε) cities (ἀστῶν.)

Χορός

ἰὼ θεοὶ νεώτεροι, παλαιοὺς νόμους
καθιππάσασθε κἀκ χερῶν εἵλεσθέ μου.
ἐγὼ δ᾽ ἄτιμος ἁ τάλαινα βαρύκοτος
ἐν γᾷ τᾷδε, φεῦ,
ἰὸν ἰὸν ἀντιπενθῆ
μεθεῖσα καρδίας, σταλαγμὸν χθονὶ
ἄφορον. ἐκ δὲ τοῦ
λειχὴν ἄφυλλος, ἄτεκνος,
ἰὼ δίκα, πέδον ἐπισύμενος
βροτοφθόρους κηλῖδας ἐν χώρᾳ βαλεῖ.

Oh (ἰὼ) younger (νεώτεροι) gods (θεοὶ,) you trampled down (καθιππάσασθε) and from (κἀκ) my (μου) hands (χερῶν) seized (εἵλεσθέ) ancient laws (παλαιοὺς νόμους.) And (δ') I (ἐγὼ) am dishonored (ἄτιμος,) a (ἁ) wretched woman (τάλαινα,) heavy with anger (βαρύκοτος.) Fah! (φεῦ) unleashing (μεθεῖσα) vengefully grievous (ἀντιπενθῆ) venom, venom (ἰὸν ἰὸν) from my heart (καρδίας) into (ἐν) this (τᾷδε) earth (γᾷ,) a barrenness-causing (ἄφορον) drool (σταλαγμὸν) upon the ground (χθονὶ.) And (δὲ) from it (ἐκ…τοῦ) I throw (βαλεῖ) a blight (λειχὴν,) leafless (ἄφυλλος,) childless (ἄτεκνος,) oh, justice! (ἰὼ δίκα,) rushing across (ἐπισύμενος) the field (πέδον,) a defilement (κηλῖδας) deadly to humankind (βροτοφθόρους) on the country (ἐν χώρᾳ.)

στενάζω. τί ῥέξω;
γελῶμαι πολίταις.
δύσοισθ᾽ ἄπαθον.
ἰὼ μεγάλα τοὶ κόραι δυστυχεῖς
Νυκτὸς ἀτιμοπενθεῖς.

I grieve (στενάζω.) What will I perform (τί ῥέξω?) I am laughed at (γελῶμαι) by the citizens (πολίταις.) I suffered (ἄπαθον) unbearably (δύσοισθ'.) O (ἰὼ) greatly (μεγάλα) unfortunate (δυστυχεῖς) daughters (κόραι) of Night (Νυκτὸς) surely (τοὶ) dishonored and sorrowful (ἀτιμοπενθεῖς.)

Ἀθηνᾶ

οὐκ ἔστ᾽ ἄτιμοι, μηδ᾽ ὑπερθύμως ἄγαν[287]
θεαὶ βροτῶν στήσητε δύσκηλον χθόνα.
κἀγὼ πέποιθα Ζηνί, καὶ τί δεῖ λέγειν;
καὶ κλῇδας οἶδα δώματος μόνη θεῶν,
ἐν ᾧ κεραυνός ἐστιν ἐσφραγισμένος.

You are (ἔστ') not (οὐκ) dishonored (ἄτιμοι,) do not (μηδ') out of excessively (ἄγαν) overwrought spirits (ὑπερθύμως,) O goddesses (θεαὶ,) bring about (στήσητε) an unquiet land (δύσκηλον χθόνα) of mortals (βροτῶν.) And (καὶ) must (δεῖ) anything (τί) be said (λέγειν?) I also (κἀγὼ) depend upon (πέποιθα) Zeus (Ζηνί,) and (καὶ) alone of the gods (μόνη θεῶν) I know (οἶδα) the lock (κλῇδας) of the house/chamber (δώματος) in which (ἐν ᾧ) a thunderbolt (κεραυνός) is (ἐστιν) are kept sealed up (ἐσφραγισμένος.)

ἀλλ’ οὐδὲν αὐτοῦ δεῖ· σὺ δ’ εὐπιθὴς ἐμοὶ
γλώσσης ματαίας μὴ ‘κβάλῃς ἔπη χθονί,
καρπὸν φέροντα πάντα μὴ πράσσειν καλῶς.

But nothing (ἀλλ’ οὐδὲν) from him (αὐτοῦ) is necessary (δεῖ.) So (δ’) let you (σὺ,) obedient to me (εὐπιθὴς ἐμοὶ) not throw (μὴ ‘κβάλῃς) words (ἔπη) at the land (χθονί) from rash (ματαίας) tongues (γλώσσης,) that all things (πάντα) which bear (φέροντα) fruit (καρπὸν) shall not do well (μὴ πράσσειν καλῶς.)

κοίμα κελαινοῦ κύματος πικρὸν μένος
ὡς σεμνότιμος καὶ ξυνοικήτωρ ἐμοί.

Calm (κοίμα) the keen rage (πικρὸν μένος) of the black flood (κελαινοῦ κύματος) like (ὡς) one to be reverenced with honor (σεμνότιμος) and (καὶ) one of my own household (ξυνοικήτωρ) to me (ἐμοί.)

πολλῆς δὲ χώρας τῆσδε τακροθίνια
θύη πρὸ παίδων καὶ γαμηλίου τέλους
ἔχουσ’ ἐς αἰεὶ τόνδ’ ἐπαινέσεις λόγον.

And (δὲ) when you have (ἔχουσ') sacrifices (θύη) from the first fruits (τῆσδε τἀκροθίνια) before the time for children and the fruits of marriage (πρὸ παίδων καὶ γαμηλίου τέλους) from all (πολλῆς) these (τῆσδ’) lands (χώρας) forever (ἐς αἰεὶ) you will commend (ἐπαινέσεις) this (τόνδ') precept (λόγον.)

Χορός

ἐμὲ παθεῖν τάδε, φεῦ,
ἐμὲ παλαιόφρονα κατά τε γᾶς οἰκεῖν,
φεῦ, ἀτίετον μύσος.
πνέω τοι μένος ἅπαντά τε κότον.
οἶ οἶ δᾶ, φεῦ.

For me (ἐμὲ) to suffer (παθεῖν) these things (τάδε,) fah (φεῦ,) and (τε) for me (ἐμὲ) ancient and wise (παλαιόφρονα) to live (οἰκεῖν) below the earth (κατά γᾶς,) fah (φεῦ,) dishonored abomination (ἀτίετον μύσος!) I breath (πνέω) all (ἅπαντά) my wrath (μένος) and rage (τε κότον) on you (τοι.) Oh, oh, earth, fah (οἶ οἶ δᾶ, φεῦ!)

τίς μ’ ὑποδύεται, τίς ὀδύνα πλευράς ;
θυμὸν ἄιε, μᾶτερ
Νύξ· ἀπὸ γάρ με τι-
μᾶν δαναιᾶν θεῶν
δυσπάλαμοι παρ’ οὐδὲν ἦραν δόλοι.

What (τίς) comes upon (ὑποδύεται) me (μ',) what (τίς) pain (ὀδύνα) comes upon my ribs (πλευράς?) Hear (ἄιε) my anger (θυμὸν,) O mother Night (μᾶτερ Νύξ,) for (γάρ) the tricks (δόλοι) of the gods (θεῶν,) hard to handle (δυσπάλαμοι) for anyone (παρ' οὐδὲν,) took (ἦραν) me (με) from (ἀπὸ) long-continued honors (δαναιᾶν τιμᾶν.)

Ἀθηνᾶ

ὀργὰς ξυνοίσω σοι· γεραιτέρα γὰρ εἶ.
καὶ τῷ μὲν εἶ σὺ κάρτ᾽ ἐμοῦ σοφωτέρα·
φρονεῖν δὲ κἀμοὶ Ζεὺς ἔδωκεν οὐ κακῶς.
ὑμεῖς δ᾽ ἐς ἀλλόφυλον ἐλθοῦσαι χθόνα
γῆς τῆσδ᾽ ἐρασθήσεσθε· προυννέπω τάδε.

I will be indulgent (ξυνοίσω) to you (σοι.) with respect to your anger (ὀργὰς) for (γὰρ) you are (εἶ) older (γεραιτέρα) and (καὶ) indeed (μὲν) therefore (τῷ) you (σὺ) are (εἶ) very much (κάρτ') wiser (σοφωτέρα) than I (ἐμοῦ.) But (δὲ) even to me (κἀμοὶ) Zeus (Ζεὺς) granted (ἔδωκεν) to think (φρονεῖν) not unwisely (οὐ κακῶς.) And (δ') you (ὑμεῖς) upon coming (ἐλθοῦσαι) into a foreign land (ἐς ἀλλόφυλον χθόνα) you will be in love (ἐρασθήσεσθε) with this (τῆσδ') earth/land (γῆς.) I proclaim (προυννέπω) these things (τάδε.)

οὑπιρρέων γὰρ τιμιώτερος χρόνος
ἔσται πολίταις τοῖσδε. καὶ σὺ τιμίαν
ἕδραν ἔχουσα πρὸς δόμοις Ἐρεχθέως
τεύξῃ παρ᾽ ἀνδρῶν καὶ γυναικείων στόλων,
ὅσων παρ᾽ ἄλλων οὔποτ᾽ ἂν σχέθοις βροτῶν.

For (γὰρ) time (χρόνος) continually flowing (οὑπιρρέων) will be (ἔσται) bringing greater honor (τιμιώτερος) to these (τοῖσδε) citizens (πολίταις.) And you (καὶ σὺ) while holding (ἔχουσα) a seat of honor (τιμίαν ἕδραν) at the temple of Erectheus (πρὸς δόμοις Ἐρεχθέως) will get (τεύξῃ) on the part of (παρ') a host of (στόλων) men and women (ἀνδρῶν καὶ γυναικείων) so much as (ὅσων) never (οὔποτ') would you hold (ἂν σχέθοις) on the part of (παρ') other (ἄλλων) mortals (βροτῶν.)

σὺ δ᾽ ἐν τόποισι τοῖς ἐμοῖσι μὴ βάλῃς[288]
μήθ᾽ αἱματηρὰς θηγάνας, σπλάγχνων βλάβας
νέων, ἀοίνοις ἐμμανεῖς θυμώμασιν,
μήτ᾽, ἐξελοῦσ᾽ ὡς καρδίαν ἀλεκτόρων,
ἐν τοῖς ἐμοῖς ἀστοῖσιν ἱδρύσῃς Ἄρη
ἐμφύλιόν τε καὶ πρὸς ἀλλήλους θρασύν.

So (δ') let you (σὺ,) enraged (ἐμμανεῖς) with a sober (ἀοίνοις) fury (θυμώμασιν,) as if (ὡς) choosing (ἐξελοῦσ') the spirit (καρδίαν) of a fighting cock (ἀλεκτόρων,) lest you throw (μὴ βάλῃς) into (ἐν) this (τοῖς) place (τόποισι) belonging to me (ἐμοῖσι) neither (μήθ') a whetstone (θηγάνας) for bloodshed (αἱματηρὰς,) a harmful thing (βλάβας) for new/fresh/young (νέων) feelings/hearts (σπλάγχνων,) nor (μήτ') establish (ἱδρύσῃς) in (ἐν) these (τοῖς) my (ἐμοῖς) citizens (ἀστοῖσιν) a spirit of War (Ἄρη) both (τε) fraternal (ἐμφύλιόν) and (καὶ) savage (θρασύν) toward each other (πρὸς ἀλλήλους.)

θυραῖος ἔστω πόλεμος, οὐ μόλις παρών,
ἐν ᾧ τις ἔσται δεινὸς εὐκλείας ἔρως.
ἐνοικίου δ᾽ ὄρνιθος οὐ λέγω μάχην.

Let war (πόλεμος) be (ἔστω) outside (θυραῖος,) it scarcely (μόλις) is not (οὐ) present (παρών,) in which (ἐν ᾧ) there will be (ἔσται) some (τις) terrible (δεινὸς) lust (ἔρως) for glory (εὐκλείας) but (δ') I do not speak of (οὐ λέγω) a battle (μάχην) of a bird (ὄρνιθος) inside the house (ἐνοικίου.)

τοιαῦθ’ ἑλέσθαι σοι πάρεστιν ἐξ ἐμοῦ,
εὖ δρῶσαν, εὖ πάσχουσαν, εὖ τιμωμένην
χώρας μετασχεῖν τῆσδε θεοφιλεστάτης.

To choose (ἑλέσθαι) such as this (τοιαῦθ') is ready at hand (πάρεστιν) for you (σοι) from me/from what is mine (ἐξ ἐμοῦ,) to do well (εὖ δρῶσαν,) to experience what is good (εὖ πάσχουσαν,) to be well honored (εὖ τιμωμένην,) to enjoy a share (μετασχεῖν) of this (τῆσδε) land (χώρας) best-loved by the gods (θεοφιλεστάτης.)

Χορός

ἐμὲ παθεῖν τάδε, φεῦ,
ἐμὲ παλαιόφρονα κατά τε γᾶς οἰκεῖν,
φεῦ, ἀτίετον μύσος.
πνέω τοι μένος ἅπαντά τε κότον.
οἶ οἶ δᾶ, φεῦ.

For me (ἐμὲ) to suffer (παθεῖν) these things (τάδε,) fah (φεῦ,) and (τε) for me (ἐμὲ) to live (οἰκεῖν) ancient and wise (παλαιόφρονα) below the earth (κατά γᾶς,) fah (φεῦ,) dishonored abomination (ἀτίετον μύσος!) I breath (πνέω) all (ἅπαντά) my wrath (μένος) and rage (τε κότον) on you (τοι.) Oh, oh, earth, fah (οἶ οἶ δᾶ, φεῦ!)

τίς μ’ ὑποδύεται, τίς ὀδύνα πλευράς;
θυμὸν ἄιε, μᾶτερ
Νύξ· ἀπὸ γάρ με τι-
μᾶν δαναιᾶν θεῶν
δυσπάλαμοι παρ’ οὐδὲν ἦραν δόλοι.

Who (τίς) comes upon (ὑποδύεται) me (μ',) what (τίς) pain (ὀδύνα) comes upon my ribs (πλευράς?) Hear (ἄιε) my anger (θυμὸν,) O mother Night (μᾶτερ Νύξ,) for (γάρ) the tricks (δόλοι) of the gods (θεῶν,) hard to handle (δυσπάλαμοι) for anyone (παρ' οὐδὲν,) took (ἦραν) me (με) from (ἀπὸ) long-continued honors (δαναιᾶν τιμᾶν.)

Ἀθηνᾶ

οὔτοι καμοῦμαί σοι λέγουσα τἀγαθά,
ὡς μήποτ’ εἴπῃς πρὸς νεωτέρας ἐμοῦ
θεὸς παλαιὰ καὶ πολισσούχων βροτῶν
ἄτιμος ἔρρειν τοῦδ’ ἀπόξενος πέδου.

Never (οὔτοι) will I grow weary (καμοῦμαί) of saying (λέγουσα) what is good for you (τἀγαθά) to you (σοι,) so that (ὡς) never (μήποτ') shall you say (εἴπῃς) of me (ἐμοῦ) that an ancient goddess (θεὸς παλαιὰ) dishonored (ἄτιμος) by a younger one (πρὸς νεωτέρας) and (καὶ) by the mortals (βροτῶν) living in the city (πολισσούχων) wanders about (ἔρρειν) shunned from (ἀπόξενος) this field (τοῦδ' πέδου.)

ἀλλ’ εἰ μὲν ἁγνόν ἐστί σοι Πειθοῦς σέβας,
γλώσσης ἐμῆς μείλιγμα καὶ θελκτήριον,
σὺ δ’ οὖν μένοις ἄν· εἰ δὲ μὴ θέλεις μένειν,
οὔ τἂν δικαίως τῇδ’ ἐπιρρέποις πόλει
μῆνίν τιν’ ἢ κότον τιν’ ἢ βλάβην στρατῷ.

But (ἀλλ’) if indeed (εἰ μὲν) reverence (σέβας) for the goddess Peitho/Persuasion (Πειθοῦς,) the charm and propitiation (μείλιγμα καὶ θελκτήριον) of my (ἐμῆς) tongue (γλώσσης,) is (ἐστί) sacred (ἁγνόν) to you (σοι) so then (δ' οὖν) you may stay (σὺ μένοις ἄν.) But (δὲ) if you do not want to stay (εἰ…μὴ θέλεις μένειν,) justly (δικαίως) then you should not inflict (οὔ τἂν…ἐπιρρέποις) upon this city (τῇδ'… πόλει) any (τιν') wrath (μῆνίν) or (ἢ) any (τιν') vengeance (κότον) or harm (ἢ βλάβην) on the people (στρατῷ.)

ἔξεστι γάρ σοι τῆσδε γαμόρῳ χθονὸς
εἶναι δικαίως ἐς τὸ πᾶν τιμωμένῃ.

For (γάρ) it is possible (ἔξεστι) for you (σοι) to be (εἶναι) one who has a share (γαμόρῳ) of this land (τῆσδε χθονὸς,) justly (δικαίως) honored (τιμωμένῃ) in everything (ἐς τὸ πᾶν.)

Χορός

ἄνασσ’ Ἀθάνα, τίνα με φῂς ἔχειν ἕδραν;

Goddess Athêna (ἄνασσ’ Ἀθάνα,) do you say (φῂς) that I (με) am to have (ἔχειν) some sort of (τίνα) dwelling (ἕδραν?)

Ἀθηνᾶ

πάσης ἀπήμον’ οἰζύος· δέχου δὲ σύ.

Untouched (ἀπήμον’) by all sorrow (πάσης οἰζύος.) So (δὲ,) be welcome (δέχου,) you (σύ.)

Χορός

καὶ δὴ δέδεγμαι, τίς δέ μοι τιμὴ μένει;

And (καὶ) when (δὴ) I have accepted (δέδεγμαι,) then (δέ) what (τίς) honor (τιμὴ) awaits (μένει) for me (μοι?)

Ἀθηνᾶ

ὡς μή τιν’ οἶκον εὐθενεῖν ἄνευ σέθεν.

So that (ὡς) not any house (μή τιν’ οἶκον) is to prosper (εὐθενεῖν) without you (ἄνευ σέθεν.)

Χορός

σὺ τοῦτο πράξεις, ὥστε με σθένειν τόσον;

Will you (σὺ) do (πράξεις) this (τοῦτο,) so that (ὥστε) I (με) am to have power (σθένειν) to such a degree (τόσον?)

Ἀθηνᾶ

τῷ γὰρ σέβοντι συμφορὰς ὀρθώσομεν.

Because (γὰρ) we will guide straight (ὀρθώσομεν) the one who worships (τῷ σέβοντι) to good fortune (συμφορὰς)

Χορός

καί μοι πρόπαντος ἐγγύην θήσῃ χρόνου;

And (καί) do you set (θήσῃ) surety (ἐγγύην) for me (μοι) for all time (πρόπαντος χρόνου?)

Ἀθηνᾶ

ἔξεστι γάρ μοι μὴ λέγειν ἃ μὴ τελῶ.

Because (γάρ) it is possible (ἔξεστι) for me (μοι) not to say (μὴ λέγειν) that which (ἃ) I will not fulfill (μὴ τελῶ.)

Χορός

θέλξειν μ᾽ ἔοικας καὶ μεθίσταμαι κότου.

You are likely (ἔοικας) to soothe me (θέλξειν μ᾽) and (καὶ) I am taking this in exchange (μεθίσταμαι) for my anger (κότου.)

Ἀθηνᾶ

τοιγὰρ κατὰ χθόν᾽ οὖσ᾽ ἐπικτήσῃ φίλους.

Therefore (τοιγὰρ) while being (οὖσ᾽) on my ground (κατὰ χθόν᾽) you will acquire additional (ἐπικτήσῃ) friends (φίλους.)

Χορός

τί οὖν μ᾽ ἄνωγας τῇδ᾽ ἐφυμνῆσαι χθονί;

So (οὖν) what (τί) do you advise (ἄνωγας) me (μ᾽) to invoke in song (ἐφυμνῆσαι) for this land (τῇδ᾽ χθονί?)

Ἀθηνᾶ

ὁποῖα νίκης μὴ κακῆς ἐπίσκοπα,
καὶ ταῦτα γῆθεν ἔκ τε ποντίας δρόσου
ἐξ οὐρανοῦ τε· κἀνέμων ἀήματα
εὐηλίως πνέοντ᾽ ἐπιστείχειν χθόνα·

Such things (ὁποῖα) as are successful/effectual (ἐπίσκοπα) for victory (νίκης) without evil (μὴ κακῆς) and these (καὶ ταῦτα) to come (ἐπιστείχειν) from the earth (γῆθεν) and (τε) from (ἔκ) the dew (δρόσου) of the sea (ποντίας) and (τε) from (ἐξ) the skies (οὐρανοῦ,) as blow (πνέοντ') the strong breath (ἀήματα) of the winds (κἀνέμων) with sunshine (εὐηλίως) on the earth (χθόνα)

καρπόν τε γαίας καὶ βοτῶν ἐπίρρυτον
ἀστοῖσιν εὐθενοῦντα μὴ κάμνειν χρόνῳ,
καὶ τῶν βροτείων σπερμάτων σωτηρίαν.

And (τε) as are the overflowing (ἐπίρρυτον) fruit (καρπόν) of the earth (γαίας) and (καὶ) of the herds (βοτῶν) which flourishes (εὐθενοῦντα) for the people (ἀστοῖσιν,) not failing (μὴ κάμνειν) in time (χρόνῳ,) as is (καὶ) that which is a protector (σωτηρίαν) of that which is sown (σπερμάτων) by humankind (τῶν βροτείων.)

τῶν εὐσεβούντων δ᾽ ἐκφορωτέρα πέλοις.[289]
στέργω γάρ, ἀνδρὸς φιτυποίμενος δίκην,
τὸ τῶν δικαίων τῶνδ᾽ ἀπένθητον γένος.

And (δ') may you come to be (πέλοις) more one who brings forth (ἐκφορωτέρα) of those who worship well (τῶν εὐσεβούντων.) For (γάρ,) in the manner (δίκην) of a man (ἀνδρὸς) who tends plants lovingly (φιτυποίμενος) I love mutually/care for (στέργω) the sorrowless race (τὸ… ἀπένθητον γένος) of (τῶν) these (τῶνδ') just ones (δικαίων.)

τοιαῦτα σοὔστι. τῶν ἀρειφάτων δ᾽ ἐγὼ
πρεπτῶν ἀγώνων οὐκ ἀνέξομαι τὸ μὴ οὐ
τήνδ᾽ ἀστύνικον ἐν βροτοῖς τιμᾶν πόλιν.

Such as this (τοιαῦτα) is for you (σοὔστι) and (δ') I (ἐγὼ) will not endure (οὐκ ἀνέξομαι) that this victorious city (τήνδ' ἀστύνικον πόλιν) of those (τῶν) who are distinguished (πρεπτῶν) among humankind (ἐν βροτοῖς) in struggles (ἀγώνων) where Arês does the killing (ἀρειφάτων) not be honored (τὸ μὴ οὐ… τιμᾶν.)

Χορός

δέξομαι Παλλάδος ξυνοικίαν,
οὐδ᾽ ἀτιμάσω πόλιν,
τὰν καὶ Ζεὺς ὁ παγκρατὴς Ἄρης τε
φρούριον θεῶν νέμει,
ῥυσίβωμον Ἑλλάνων ἄγαλμα δαιμόνων·

I will accept (δέξομαι) the community (ξυνοικίαν) of Pallas Athêna (Παλλάδος,) and I will not dishonor (οὐδ' ἀτιμάσω) her city (πόλιν,) which she (τὰν) and Zeus the all-powerful (καὶ Ζεὺς ὁ παγκρατὴς) and (τε) Arês (Ἄρης) watch over (νέμει) as a citadel (φρούριον) of the gods (θεῶν,) as a glory (ἄγαλμα) in defending the altars (ῥυσίβωμον) of the gods (δαιμόνων) of the Greeks (Ἑλλάνων.)

τ’ ἐγὼ κατεύχομαι
θεσπίσασα πρευμενῶς
ἐπισσύτους βίου τύχας ὀνησίμους
γαίας ἐξαμβρῦσαι
φαιδρὸν ἁλίου σέλας.

And (τ') I myself (ἐγὼ) pray (κατεύχομαι) while prophesying favorably (θεσπίσασα πρευμενῶς) that the brilliant (φαιδρὸν) light (σέλας) of the sun (ἁλίου) will cause to gush forth (ἐξαμβρῦσαι) flowing (ἐπισσύτους) beneficent (ὀνησίμους) fortunes (τύχας) for life (βίου) from the earth (γαίας.)

Ἀθηνᾶ

τάδ’ ἐγὼ προφρόνως τοῖσδε πολίταις
πράσσω, μεγάλας καὶ δυσαρέστους
δαίμονας αὐτοῦ κατανασσαμένη.
πάντα γὰρ αὗται τὰ κατ’ ἀνθρώπους
ἔλαχον διέπειν.

By establishing (κατανασσαμένη) goddesses (δαίμονας) who are great and hard to please (μεγάλας καὶ δυσαρέστους) here (αὐτοῦ) I myself (ἐγὼ) will do (πράσσω) these things (τάδ’) as a kindness (προφρόνως) to these citizens (τοῖσδε πολίταις.) For (γὰρ) they (αὗται) were appointed to manage (ἔλαχον διέπειν) everything among the people (πάντα τὰ κατ' ἀνθρώπους.)

ὁ δὲ μὴ κύρσας βαρεῶν τούτων
οὐκ οἶδεν ὅθεν πληγαὶ βιότου,
τὰ γὰρ ἐκ προτέρων ἀπλακήματά νιν
πρὸς τάσδ’ ἀπάγει, σιγῶν δ’ ὄλεθρος
καὶ μέγα φωνοῦντ’
ἐχθραῖς ὀργαῖς ἀμαθύνει.

But (δὲ) he who does not find (ὁ μὴ κύρσας) them (τούτων) stern (βαρεῶν) does not know (οὐκ οἶδεν) from where are/from whence come (ὅθεν) the blows of life (πληγαὶ βιότου,) for (γὰρ) the offenses (τὰ… ἀπλακήματά) from before/from the past (ἐκ προτέρων) bring (ἀπάγει) him (νιν) before them (πρὸς τάσδ',) and (δ') destruction (ὄλεθρος) even (καὶ) while keeping silent (σιγῶν) utterly destroys him (ἀμαθύνει) in hateful wrath (ἐχθραῖς ὀργαῖς) though he cries out (φωνοῦντ') greatly (μέγα.)

Χορός

δενδροπήμων δὲ μὴ πνέοι βλάβα,
τὰν ἐμὰν χάριν λέγω,
φλογμός τ' ὀμματοστερὴς φυτῶν, τὸ
μὴ περᾶν ὅρον τόπων,
μηδ' ἄκαρπος αἰανὴς ἐφερπέτω νόσος,

But (δὲ) I proclaim (λέγω) my kindness (τὰν ἐμὰν χάριν) let not (μὴ) that which destroys trees (δενδροπήμων) breathe forth (πνέοι) harm (βλάβα.) Also (τ') let not (μὴ) heat (φλογμός) that destroys the eyes/buds (ὀμματοστερὴς) of living things/of growing plants (φυτῶν) nor (μηδ') fruitless dreary disease (ἄκαρπος αἰανὴς… νόσος) come forth (ἐφερπέτω) to get through (τὸ περᾶν) the boundary (ὅρον) of their places (τόπων.)

μῆλά τ' εὐθενοῦντα γᾶ[290]
ξὺν διπλοῖσιν ἐμβρύοις
τρέφοι χρόνῳ τεταγμένῳ· γόνος δ'
πλουτόχθων ἑρμαίαν
δαιμόνων δόσιν τίνοι.

Also (τ') at the appointed time (χρόνῳ τεταγμένῳ) may the earth (γᾶ) make grow (τρέφοι) the thriving (εὐθενοῦντα) sheep/goats (μῆλά) with twin newborns (ξὺν διπλοῖσιν ἐμβρύοις.) and (δ') may the earth-rich (πλουτόχθων) offspring (γόνος) honor/show the value of (τίοι) the Hermes-sent (ἑρμαίαν) gift (δόσιν) of the gods (δαιμόνων.)

Ἀθηνᾶ

ἦ τάδ' ἀκούετε, πόλεως φρούριον,
οἷ' ἐπικραίνει; μέγα γὰρ δύναται
πότνι' Ἐρινὺς παρά τ' ἀθανάτοις
τοῖς θ' ὑπὸ γαῖαν, περί τ' ἀνθρώπων
φανερῶς τελέως διαπράσσουσιν,
τοῖς μὲν ἀοιδάς, τοῖς δ' αὖ δακρύων
βίον ἀμβλωπὸν παρέχουσαι.

So (ἦ) do you hear (ἀκούετε) these things (τάδ') which (οἷ') she will do (ἐπικραίνει) you the guard (φρούριον) of the city (πόλεως?) For (γὰρ) the mighty Fury (πότνι' Ἐρινὺς) is greatly capable (μέγα δύναται) alongside (παρά) both (τ') the immortals (ἀθανάτοις) and (θ') those (τοῖς) below the earth (ὑπὸ γαῖαν,) and (τ') concerning people (περί ἀνθρώπων) they act (διαπράσσουσιν) openly (φανερῶς,) authoritatively (τελέως,) granting (παρέχουσαι) on the one hand (μὲν) to some (τοῖς) singing (ἀοιδάς,) on the other hand (δ') to others (τοῖς) in turn (αὖ) a dark (ἀμβλωπὸν) life (βίον) of tears (δακρύων.)

Χορός

ἀνδροκμῆτας δ’ ἀώρ-
ους ἀπεννέπω τύχας,
νεανίδων τ’ ἐπηράτων
ἀνδροτυχεῖς βιότους
δότε, κύρι’ ἔχοντες,
θεαί τ’ ὦ Μοῖραι
ματροκασιγνῆται,
δαίμονες ὀρθονόμοι,
παντὶ δόμῳ μετάκοινοι,
παντὶ χρόνῳ δ’ ἐπιβριθεῖς
ἐνδίκοις ὁμιλίαις,
πάντᾳ τιμιώταται θεῶν.

O Fates (ὦ Μοῖραι,) goddesses (θεαί) and (τ') daughters of the same mother (ματροκασιγνῆται,) you who have power (κύρι' ἔχοντες,) goddesses (δαίμονες) who deal honestly (ὀρθονόμοι,) you who share in common (μετάκοινοι) in all homes (παντὶ δόμῳ,) in all times (παντὶ χρόνῳ) and (δ') pressing heavily (ἐπιβριθεῖς) for what is legitimate (ἐνδίκοις) for all in common (ὁμιλίαις,) you most honored (τιμιώταται) among all (πάντᾳ) of the gods (θεῶν,) grant (δότε) lives (βιότους) shared with husbands (ἀνδροτυχεῖς) to the young (νεανίδων) and (τ') charming (ἐπηράτων,) and (δ') I forbid (ἀπεννέπω) actions/circumstances (τύχας) that wear men down (ἀνδροκμῆτας) before their time (ἀώρους.)

Ἀθηνᾶ

τάδε τοι χώρᾳ τὴμῇ προφρόνως
ἐπικραινομένων
γάνυμαι. στέργω δ’ ὄμματα Πειθοῦς,
ὅτι μοι γλῶσσαν καὶ στόμ’ ἐπωπᾷ
πρὸς τάσδ’ ἀγρίως ἀπανηναμένας·
ἀλλ’ ἐκράτησε Ζεὺς ἀγοραῖος.
νικᾷ δ’ ἀγαθῶν
ἔρις ἡμετέρα διὰ παντός.

I am happy (γάνυμαι) for your honor to the country (τοι χώρᾳ τὴμῇ) as you bring to fulfillment (ἐπικραινομένων) these things (τάδε) willingly (προφρόνως.) And (δ') I am obliged to (στέργω) the watchful eyes of Peitho/Persuasion (ὄμματα Πειθοῦς,) because (ὅτι) she guided (ἐπωπᾷ) my tongue and my mouth (γλῶσσαν καὶ στόμ') for me (μοι) toward them (πρὸς τάσδ') when they refused (ἀπανηναμένας) savagely (ἀγρίως.) But (ἀλλ') Zeus who watches over public assemblies (Ζεὺς ἀγοραῖος) prevailed (ἐκράτησε.) So (δ') our (ἡμετέρα) strife (ἔρις) carried the day (νικᾷ) for the good (ἀγαθῶν) for all time (διὰ παντός.)

Χορός

τὰν δ’ ἄπληστον κακῶν
μήποτ’ ἐν πόλει στάσιν
τᾷδ’ ἐπεύχομαι βρέμειν.

And (δ’) I pray (ἐπεύχομαι) this (τᾷδ',) that an insatiable (τὰν ἄπληστον) strife (στάσιν) of evil ones (κακῶν) is never (μήποτ') to rage (βρέμειν) in the city (ἐν πόλει.)

μηδὲ πιοῦσα κόνις
μέλαν αἷμα πολιτᾶν
δι’ ὀργὰν ποινᾶς
ἀντιφόνους ἄτας
ἁρπαλίσαι πόλεως.

May never (μηδὲ) the dust (κόνις) drink (πιοῦσα) the black blood (μέλαν αἷμα) of the citizens (πολιτᾶν) on account of (δι') a passion (ὀργὰν) for vengeance (ποινᾶς,) a mutual slaughter (ἀντιφόνους) out of reckless delusion (ἄτας,) exacting payment greedily (ἁρπαλίσαι) from the city (πόλεως.)

χάρματα δ’ ἀντιδιδοῖεν
κοινοφιλεῖ διανοίᾳ,
καὶ στυγεῖν μιᾷ φρενί·
πολλῶν γὰρ τόδ’ ἐν βροτοῖς ἄκος.

Rather (δ') may they return (ἀντιδιδοῖεν) that which is joyful (χάρματα) for thoughts (διανοίᾳ) of loving kinship (κοινοφιλεῖ,) and (καὶ) hate (στυγεῖν) with one common heart (μιᾷ φρενί,) for this (γὰρ τόδ') is the cure (ἄκος) for many things (πολλῶν) among humankind (ἐν βροτοῖς.)

Ἀθηνᾶ

ἆρα φρονοῦσιν γλώσσης ἀγαθῆς
ὁδὸν εὑρίσκειν;
ἐκ τῶν φοβερῶν τῶνδε προσώπων
μέγα κέρδος ὁρῶ τοῖσδε πολίταις·
τάσδε γὰρ εὔφρονας εὔφρονες αἰεὶ
μέγα τιμῶντες καὶ γῆν καὶ πόλιν
ὀρθοδίκαιον
πρέψετε πάντως διάγοντες.

So then (ἆρα) do they have wisodm (φρονοῦσιν) to discover (εὑρίσκειν) the way (ὁδὸν) of an excellent (ἀγαθῆς) tongue/way of speaking (γλώσσης?) I see (ὁρῶ) great profit (μέγα κέρδος) for the citizens (τοῖσδε πολίταις) from the terrors (ἐκ τῶν φοβερῶν) of these faces (τῶνδε προσώπων.) For (γὰρ) by always (αἰεὶ) greatly (μέγα) honoring (τιμῶντες) these kind ones (τάσδε…εὔφρονας) you kind ones (εὔφρονες) will be clearly seen (πρέψετε) as those who keep (διάγοντες) both land and city (καὶ γῆν καὶ πόλιν) honestly just (ὀρθοδίκαιον) in all things (πάντως.)

Χορός

χαίρετε χαίρετ’ ἐν αἰσιμίαισι πλούτου.
χαίρετ’ ἀστικὸς λεώς,
ἴκταρ ἥμενοι Διός
παρθένου φίλας φίλοι
σωφρονοῦντες ἐν χρόνῳ.
Παλλάδος δ’ ὑπὸ πτεροῖς
ὄντας ἅζεται πατήρ.

Farewell (χαίρετε,) take joy (χαίρετ’) amid fair distribution of wealth (ἐν αἰσιμίαισι πλούτου.) Farewell (χαίρετ') city people (ἀστικὸς λεώς) situated (ἥμενοι) close to the daughter of Zeus (ἴκταρ…Διός παρθένου,) dear ones (φίλοι) beloved (φίλας) for you gain wisdom (σωφρονοῦντες) in due time (ἐν χρόνῳ.) And (δ') because you are (ὄντας) under the wing (ὑπὸ πτεροῖς) of Pallas/Athêna (Παλλάδος) her father (πατήρ) shows respect (ἅζεται.)

Ἀθηνᾶ

χαίρετε χὐμεῖς· προτέραν δ’ ἐμὲ χρὴ
στείχειν θαλάμους ἀποδείξουσαν
πρὸς φῶς ἱερὸν τῶνδε προπομπῶν.

And all you (χὐμεῖς) take joy/farewell (χαίρετε) but (δ’) first (προτέραν) it is necessary (χρὴ) for me (ἐμὲ) to go/walk/march (στείχειν) in order to point out (ἀποδείξουσαν) the chamber (θαλάμους) in the presence of (πρὸς) the sacred (ἱερὸν) torchlight (φῶς) of these escorts (τῶνδε προπομπῶν.)

ἴτε καὶ σφαγίων τῶνδ’ ὑπὸ σεμνῶν
κατὰ γῆς σύμεναι τὸ μὲν ἀτηρὸν
χώρας κατέχειν, τὸ δὲ κερδαλέον
πέμπειν πόλεως ἐπὶ νίκῃ.

Go (ἴτε) and (καὶ) with the accompaniment (ὑπὸ) of these (τῶνδ’) reverent (σεμνῶν) sacrifices (σφαγίων) hurry (σύμεναι) beneath the earth (κατὰ γῆς) on one hand (μὲν) to hold down (κατέχειν) that which is the ruin of the country (τὸ ἀτηρὸν χώρας,) on the other hand (δὲ) to send on (πέμπειν) that which is to the advantage of the city (τὸ κερδαλέον…πόλεως) for victory/success (ἐπὶ νίκῃ.)

ὑμεῖς δ’ ἡγεῖσθε, πολισσοῦχοι
παῖδες Κραναοῦ, ταῖσδε μετοίκοις.
εἴη δ’ ἀγαθῶν
ἀγαθὴ διάνοια πολίταις.

And (δ’) all you (ὑμεῖς) children of Kranaos (παῖδες Κραναοῦ) who live in the city (πολισσοῦχοι) give guidance (ἡγεῖσθε) to these (ταῖσδε) ones who take up residence from elsehwere (μετοίκοις) and (δ') may there be (εἴη) a favorable thought (ἀγαθὴ διάνοια) of favors (ἀγαθῶν) for the citizens (πολίταις)

Χορός

χαίρετε, χαίρετε δ' αὖθις, ἐπανδιπλάζω,
πάντες οἱ κατὰ πτόλιν,
δαίμονές τε καὶ βροτοί,
Παλλάδος πόλιν νέμον-
τες· μετοικίαν δ' ἐμὴν
εὖ σέβοντες οὔτι μέμ-
ψεσθε συμφορὰς βίου.

Take joy/farewell, take joy/farewell (χαίρετε, χαίρετε) and again (δ' αὖθις) I I repeat (ἐπανδιπλάζω) to all those (πάντες οἱ) in the city (κατὰ πτόλιν,) both (τε) gods and mortals (δαίμονές…καὶ βροτοί) dwelling (νέμοντες) in the city (πόλιν) of Pallas Athene (Παλλάδος) and (δ') if you reverence (σέβοντες) well (εὖ) my (ἐμὴν) residence as one who comes among you from elsewhere (μετοικίαν,) you will not at all find fault (οὔτι μέμψεσθε) the circumstances (συμφορὰς) of your life (βίου.)

Ἀθηνᾶ

αἰνῶ τε μύθους τῶνδε τῶν κατευγμάτων[291]
πέμψω τε φέγγει λαμπάδων σελασφόρων
εἰς τοὺς ἔνερθε καὶ κατὰ χθονὸς τόπους
ξὺν προσπόλοισιν, αἵτε φρουροῦσιν βρέτας
τοὐμὸν δικαίως. ὄμμα γὰρ πάσης χθονὸς[292]
Θησῇδος ἐξίκοιτ' ἂν, εὐκλεὴς λόχος
παίδων, γυναικῶν, καὶ στόλος πρεσβυτίδων.

I both praise (αἰνῶ τε) the words (μύθους) of these prayers (τῶνδε τῶν κατευγμάτων) and (τε) I will send you (πέμψω) in the splendor (φέγγει) of lighted (σελασφόρων) torches (λαμπάδων) into your places (εἰς τοὺς… τόπους) above and below the earth (ἔνερθε καὶ κατὰ χθονὸς) as is just/proper (δικαίως) accompanied by the ministering women (ξὺν προσπόλοισιν) who watch over (αἵτε φρουροῦσιν) my (τοὐμὸν) statue (βρέτας.) For (γὰρ) may you come to (ἐξίκοιτ' ἂν,) the eye/treasure (ὄμμα) of all the land of Theseus (πάσης χθονὸς Θησῇδος) a glorious company (εὐκλεὴς λόχος) and host (καὶ στόλος) of children, women, (παίδων, γυναικῶν,) old women (πρεσβυτίδων.)

φοινικοβάπτοις ἐνδυτοῖς ἐσθήμασι
τιμᾶτε, καὶ τὸ φέγγος ὁρμάσθω πυρός,
ὅπως ἂν εὔφρων ἥδ' ὁμιλία χθονὸς
τὸ λοιπὸν εὐάνδροισι συμφοραῖς πρέπῃ.

Honor them (τιμᾶτε) with clothing (ἐσθήμασι) dyed purple (φοινικοβάπτοις) placed upon them (ἐνδυτοῖς,) and (καὶ) let there go forth (ὁρμάσθω) the light of torches (τὸ φέγγος…πυρός) so that (ὅπως) this association (ἥδ' ὁμιλία) with the earth (χθονὸς) may show forth (ἂν… πρέπῃ) joyfully (εὔφρων) in excellently manly (εὐάνδροισι) good fortunes (συμφοραῖς) in the future (τὸ λοιπὸν.)

Προπομποί

βᾶτ' ἐν δόμῳ, μεγάλαι φιλότιμοι[293]
Νυκτὸς παῖδες ἄπαιδες, ὑπ' εὔφρονι πομπᾷ,
εὐφαμεῖτε δέ, χωρῖται,
γᾶς ὑπὸ κεύθεσιν ὠγυγίοισιν,
καὶ τιμαῖς καὶ θυσίαις περίσεπτα τυχοῦσαι,
εὐφαμεῖτε δὲ πανδαμεί.

You great ones (μεγάλαι,) you who love honor (φιλότιμοι,) you childless (ἄπαιδες) children (παῖδες) of Night (Νυκτὸς,) walk (βᾶτε) to your hall (δόμῳ) with joyous escort (ὑπ' εὔφρονι πομπᾷ,) and (δέ,) you natives of this country (χωρῖται,) keep reverent silence (εὐφαμεῖτε,) so as to gain (τυχοῦσαι) high honor (περίσεπτα) from the extremely ancient (ὠγυγίοισιν) depths (κεύθεσιν) beneath (ὑπὸ) the earth (γᾶς,) and (καὶ) from honor and sacrifice (τιμαῖς καὶ θυσίαις) so (δὲ) keep reverent silence (εὐφαμεῖτε) among all the people (πανδαμεί.)

ἵλαοι δὲ καὶ σύμφρονες γᾷ
δεῦρ' ἴτε, σεμναί θεαί, πυριδάπτῳ
λαμπάδι τερπόμεναι καθ' ὁδόν.
ὀλολύξατε νῦν ἐπὶ μολπαῖς.

So (δὲ) go (ἴτε) this way (δεῦρ',) honored goddesses (σεμναί θεαί,) gracious (ἵλαοι) and (καὶ) in agreement with (σύμφρονες) the earth (γᾷ,) delighting (τερπόμεναι) by torchlights (λαμπάδι) as the fire consumes them (πυριδάπτῳ) along the way (καθ' ὁδόν.) Now (νῦν) cry out aloud in joy (ὀλολύξατε) with singing (ἐπὶ μολπαῖς.)

σπονδαὶ δ' ἐς τὸ πᾶν ἐκ μετοίκων
Παλλάδος ἀστοῖς. Ζεὺς ὁ πανόπτας
οὕτω Μοῖρά τε συγκατέβα.
ὀλολύξατε νῦν ἐπὶ μολπαῖς.

So (δ') there are agreements (σπονδαὶ) for all time (ἐς τὸ πᾶν) from (ἐκ) the foreign ones who take up residence (μετοίκων) as citizens (ἀστοῖς) of Pallas Athene (Παλλάδος.) Thus (οὕτω) Zeus the all-seeing (Ζεὺς ὁ πανόπτας) and (τε) the Fate (Μοῖρά) came to agreement (συγκατέβα.) Now (νῦν) cry out aloud (ὀλολύξατε) with singing (ἐπὶ μολπαῖς.)

References

Blackie, John Stuart. *The lyrical dramas of Aeschylus translated into English verse.* London: J. M. Dent & Co.; New York: E. P. Dutton & Co. Everyman's Library series, 1906.

Cookson, G. M. *Agamemnon, Choephoroe, Eumenides*. Chicago: Encyclopedia Britannica, Inc., 1952.

Ewans, Michael. *Aischylos; The Oresteia: Agamemnon, Libation Bearers, Eumenides*. Rutland, VT: Charles E. Tuttle, 1995.

Fagles, Robert. *The Oresteia*. New York : Viking Press, 1975.

Fraenkel, Eduard. *Agamemnon; edited with a commentary by Eduard Fraenkel*. Oxford, Clarendon Press , 1950.

Garvie, A. F. *Choephori / Aeschylus; with introduction and commentary by A.F. Garvie*. Oxford: Clarendon Press; New York: Oxford University Press, 1986.

Lattimore, Richard. *Aeschylus I: Oresteia: Agamemnon, The Libation Bearers, Eumenides.* Chicago, The University of Chicago Press. The Complete Greek Tragedies series, 1953.

Podlecki, Anthony J. *Eumenides.* Warminster, England: Aris & Phillips, 1989.

Shapiro, Alan, and Peter Burian. *The Oresteia / Aeschylus ; translated by Alan Shapiro and Peter Burian*. Oxford; New York Oxford University Press, 2003.

Smyth, Herbert Weir. *Aeschylus, with an English translation by Herbert Weir Smyth.* London, W. Heinemann; Cambridge, Massachusetts, Harvard University Press, 1938, 1936.

Sommerstein, Alan H. *Eumenides*. Cambridge and New York: Cambridge University Press, 1989.

Notes

[1] The word ἄγκαθεν recurs in the manuscripts of the Eumenides at line 373.

[2] Line 7 seems to be an early interpolation—pre-Alexandrian, according to Frankel.

[3] Note the repetition of ἀπαλλαγὴ(ν) πόνων from the first line of this speech.

[4] ὦ, an exclamation, expressing surprise, joy, or pain, χαῖρε literally a command form of χαίρω, to rejoice, be glad, be delighted, also a common form of greeting equivalent to hail! or welcome! or hello! λαμπτήρ is the third in a sequence of three uses of words beginning with λαμπ-, all about fire that brings news and changes everything.

[5] The speaker continues the idea of greeting the light. φάος also has a strong secondary meaning of salvation or deliverance.

[6] ἰοὺ supposedly has a long upsilon for joy, and a short upsilon for sorrow, but the texts don't follow the rule. Aeschylus breaks the verse pattern for this emphatic shout.

[7] The word φρυκτωρίας echoes back to ὁ φρυκτὸς, the beacon fire, three lines above.

[8] I really wish the line would allow μεγάλη, for then the speaker would be referring to Klytaimnestra even more clearly, and insultingly, than he is.

[9] Other editors carry the sentence on at this point rather than bringing it to a full stop. I find it quite definitely long enough as it is. I have done the same wherever it seemed fit throughout this text.

[10] It is rare to see παίδων used of animals. Aeschylus, using the word this way, ties animal to human suffering.

The adjective ἐκπατίοις is a rare word in Greek; the ancient lexicographers gloss it as "out of the way" or "out of the road." Applying that idea to pain is obviously metaphorical. Pain that is "out of the road" would be pain that is in some way outside the norm, excessive, extreme, overmastering. We have to take our best guess; there is very little in the ancient literature to help us. It seems to me that the word resembles the English word "extreme" which etymologically means "outermost."

[11] δεμνιοτήρη masc acc sg δεμνιοτήρης which seems to mean lingering; long-continued, long-lasting. Frankel cites Hermann in support of this meaning.

Frankel devotes extensive commentary to this whole passage, to the effect that the obvious meaning is the correct one.

[12] Alexander (Ἀλέξανδρος) is the Homeric name for Paris, abductor of Helen. πέμπει, to send, seems to have two direct objects, first the sons of Atreôs, second the battles (παλαίσματα, literally wrestling-bouts.)

[13] Frankel reads ἐπιλείβω for ὑπολείβων, complaining that "no one can explain" what ὑπολείβων means here. To me it seems that the two words are pretty evidently synonymous. In compounds, ὑπο- can mean "covering of one thing with another" (LSJ) while ἐπι- can mean upon, over, and the like. λείβω means "to pour." Frankel is frequently over-precise.

[14] Frankel argues that here ἔνι is not a preposition but is a form of ἔνεστι from ἔνειμι, to be present in a place. In other words, he objects to "Ares is not in" and wants "Ares is not present in" instead. He is nothing if not pendantically and ultraliterally overprecise. However, that is also what makes him valuable. His argument against the preposition? "ἔνι equivalent to ἐν does not occur in Drama." This in a text packed with rare words and expressions, many not only not found in "Drama" but nowhere else in extant Greek literature. We possess only a very limited, and definitely not representative, sample of "Drama." We cannot resort to such logic here, and we should be suspicious of it elsewhere.

[15] Frankel reads αἴνει instead of αἰνεῖν, so the line would mean "speaking of these things, consent to tell that which is possible and right." He also reads ἃς ἀναφαίνεις, "which you make appear." The meaning does not change much. He thinks that ἀγανὴ can only apply to Klytaimnêstra. not to ἐλπὶς, hope. Last but not least, he reads τὴν θμοφθόρον λύπης φρένα. θμοφθόρον means "soul-destroying" but the phrase as a whole makes no sense: "the soul-destroying heart of pain?" His own translation does not follow his Greek here as far as I can tell.

The nominative of ἀμύνω expresses the idea of a barrier between the accusative and the genitive objects; nominative-subject keeps accusative-object away from genitive-object. If we regard φροντίδ' ἄπληστον…φρένα as one accusative phrase, then than that is what ἐλπὶς keeps away from τῆς θυμοβόρου…λύπης.

[16] There may be a gap in the text here.

[17] Frankel drives himself away from the reading found in the manuscripts by insisting that ἐκτελέων, perfected, is somhow the wrong word to use of the warriors. I see no difficulty whatever in describing warriors as "perfected" or "in their prime" either by comparison to younger men or old men such as the Choros. Warriors in their prime are precisely who one wants to go fight a war.

[18] Frankel reads καταπνείει, my text follows Murray and Smyth. There is no difference in meaning. μολπᾶν ἀλκὰν can be either "strengh of song" or "strength to sing." If you take it as the infinitive, it would be a Doric/Aeolic usage, which does occur sometimes in the lyric parts of tragedy, though written by Attic writers.

Frankel gives an admirable paraphrase of the thought as a whole: "My old age gives me still the power to win my hearer's assent to what I sing, and this power of song is the gift of god."

[19] Some editors break the Greek text in the middle of the last word of a line and move the rest of the word to the next line, which supposedly preserves the verse structure. I think this is silly; these lines were not written to be read on a page, but to be heard in a theater. The audience can't hear a hyphen! But the wisdom of our ancestors is in the practice, and my unhallowed hands shall not disturb it, or the country's done for.

[20] There are a few cases (see Frankel) in which a masculine participle like βλαβέντα is used as if it were feminine.

[21] This line repeats at line 139 as a refrain. The third person imperative, such as νικάτω, has no exact equivalent in English.

[22] πρὸς τὸ βίαιον is another way of expressing the adverb βιαίως, by force.

[23] This line repeats from line 120 as a refrain.

[24] In many editions, the word στρουθῶν is appeneded at the end of the line. Following Frankel, don't accept στρουθῶν as Aeschylean text here. He knows the difference between sparrows and eagles. If accepted, it simply means "appearance of the birds" (φάσματα στρουθῶν.) The word seems to have been a scholion that slipped into the text.

[25] τυγχάνω with a person as a genitive object meets to meet up with, run into that person.

[26] I like Frankel's στάζει δ' ἀνθ' ὕπνου πρὸ καρδίας better than Smyth's στάζει δ' ἔν θ' ὕπνῳ πρὸ καρδίας because it seems simpler and because in it suffering replaces sleep rather than occuring during sleep.

[27] Frankel has a nice long discussion of the nautical metaphor as opposed to the idea of a royal or divine throne. But whether the steering-seats of the gods are thrones or not, the really interesting idea—that divine grace is inherently violent—is not very pleasant to contemplate.

[28] Some editors read θ' ὡς ἐν γραφαῖς, which would make χέουσα and πρέπουσά parallel. That doesn't seem right to me; the two actions seem to me sequential, not parallel. I follow Frankel et. al. in reading τὼς ἐν γραφαῖς.

[29] We do not have good text for lines 250-254.

[30] "The Apian land" is an old name for the Peloponnese. According to Aeschylus in the Suppliant Maidens, it refers to a king or healer who got rid of the monsters that controlled it.

[31] She uses the participle as in indirect discourse, as if she is quoting herself.

[32] The Choros means to continue the either/or thought implied by πότερα which is expressed in its next line, but Klytaimnêstra interrupts.

[33] The feminine adjective νέας clarifies which sort of παῖς, child, she means.

[34] In line 283 I would rather read Ἴδης μὲν πρὸς Ἑρμαῖον λέπας, "from Mount Ida," genitive, than Ἴδη μὲν πρὸς Ἑρμαῖον λέπας "Mount Ida" as a nominative. If taken as a nominative it requires an elided verb, probably a repetition of ἔπεμπεν, since there is no other verb it can relate to as subject. Taken as genitive, the sense is very straightforward. Is it too much to suppose that scribal error dropped a sigma?

[35] The lack of any verb form here may indicate that we are missing some of the original text. However, the missing material doesn't seem to amount to much, as the basic sense of the passage is still fairly clear; the poetic image is of the beacon flinging itself forward with joyful strength. That is all we really need.

[36] ἄπαππον with no grandfather, having no ancestors, metaphorically, unfathered by anything; here, οὐκ ἄπαππον Ἰδαίου πυρός means literally "not unfathered by the fire from Ida." Ἰδαίου, of Mount Ida. The name is in the male form here; in line 281 it appears in the female form.

[37] ἡμέρᾳ as an adjective also means "tamed" but alas, there is no dative noun to attach it to.

[38] According to Liddell & Scott, the lexical form of ἄμεικτον is ἄμικτος, though it is curious that in their entry for ἄμικτος they write, "(Better written ἄμεικτος.)" even though they don't provide an entry under that form.

[39] ἀφύλακτον is a neuter adjective functioning here as an adverb. πᾶσαν εὐφρόνην is a euphemism for "all night long," literally "all the kindly time."

[40] Note: LSJ describes ἀτολμήτων as "dubious" without making it clear whether it is the word itself or the meaning of the word. I take ἐκτίνουσ' as a participle in indirect discourse, it seems that the Choros is repeating a well-known proverb or saying (ἔφα τις, "someone said.")

[41] Blackie somehow gets "butterfly" from ποτανὸν ὄρνιν.

Smyth reads ενθεὶς ἄφερτον here. I follow Frankel and Murray who adopt Wilamowitz's reading. As Frankel observes, it is "the least drastic change."

[42] φῶτ' is elided from φῶτα, irregular singular masculine accusative form of φώς. καθαιρεῖ is singular because the subject of καθαιρεῖ is οὔτις, which is singular. We need a plural verb to translate it, however, because saying "nobody destroys" makes no sense; the sentence clearly means "the gods destroy...."

[43] The plural κλοπαῖσι is used to fill out the meter, which is a convention in poetry, not to convey multiple thefts. It may also convey a more emphatic sense of the magnituide of Paris' offense.

[44] Some editors read ἀφεμένων or ἀφεμείνων for ἀφημένων. There are many readings for the first word of the line: ἄλγιστ', ἄδιστος, ἄλαστος, ἄπιστος, ἀισχρως, etc. The basic point of the line is not really changed all that much by those variations.

[45] Some editors read δόμων ἑκάστου here, but the dative really makes better sense. At Agamemnon 430 Smyth reads πένθει' ἀτλησικάρδιος. LSJ does not have an entry for ἀτλησικάρδιος. It looks like a compound word related to ἀτλησι- and κάρδιος, "heart, seat of the emotions." LSJ does give entries for ἀτλησία and ἀτλησίφρων. It does not give an English meaning for either word, but cites Greek glosses from Hesychius.

The Greek glosses for ἀτλησία is are ἀμηχανία and ἀνυποστασία. ἀμηχανία means want of means, helplessness, impotence, hardship, trouble. LSJ gives nothing for ἀνυποστασία except "gloss on ἀτλησία" which is both circular and unhelpful. It gives "insubstantiality" for ἀνυποστασίς based only on a scholium on Hecuba 703. For ἀνυπόστατος it gives a "irresistable" and "unsubstantial" based on several uses in Plato, Xenophon and others. The Greek gloss for ἀτλησίφρων is οὐδεμιᾶς τόλμης ἔννοιαν ἔχων, "having not a single thought of courage." The common factor is the idea of inability.

One must take ἀτλησικάρδιος to be a one-ending adjective, since it is morphologically masculine nominative singular but goes with πένθειά which is feminine nominative singular. One might guess at a meaning of "heart-troubling sorrow" or "sorrow that makes the heart incapable" for this line; "heart-rending sorrow" might be a good rendering.

Gilbert Murray gives πένθειά τλησικάρδιος. Like ἀτλησικάρδιος, τλησικάρδιος would be a compound word from τλησι- and κάρδιος. τλησι- occurs in several well-attested words with a meaning of enduringness. Aeschylus himself uses τλησικάρδιος at Prometheus Bound 160 to describe Zeus' long-lasting enmity toward Prometheus. One might render the line as "enduring heartfelt sorrow."

I go with Murray's reading here. Smyth's reading turns away from known usage by Aeschylus toward poorly documented vocabulary. Murray's reading makes just as good sense if not better.

[46] The ancient Greek onomatopoetic phrase for the barking of a dog was βαύ, βαύ. From that comes the verb form βαΰζει in this passage.

Frankel stresses that the construction with διαὶ γυναικός makes Helen both the cause and an instrument of the cause through "all her faults of commission and omission." Aeschylus does indeed portray her as an active participant in the events that caused the war; see lines 403-409.

To me the key idea in φθονερὸν δ' ὑπ' ἄλγος ἕρπει προδίκοις Ἀτρείδαις is that the people, bitter over their losses in war, move—i.e., do what they do—for the Atreidae only grudgingly, slowly, painfully, bitterly.

[47] Frankel rejects πῃ, an emendation offered by Enger, because it doesn't occur elsewhere in tragedy. This in connection with an author who abundantly coins new usages, words and phrases, as Frankel himself acknowledges. He can't have it both ways.

[48] Some editors emend 489-490 to clear up the string of three genitives and how the relate to the conjunctions. I don't think it needs to be cleared up. An Alexandrian grammarian or his colleagues of later times might not have found it regular enough, but it seems to me to convey its meaning very well, so I follow the manuscripts here.

[49] ἦστε and ἦσθα are both possible readings for the elided form ἦσθ'; both are imperfect forms of εἰμί, to be, so both would be read as "you were."

[50] Frankel notes that this is the first appearance of τὸ δρᾶμα, "the doing of the deed," in extant literature. The word, as anyone might guess, became the word for "drama," the art form, as we understand it. It is amusing that the word first comes down to us in a "drama."

[51] θἀμάρτια is elided as if it were from τε ἁμάρτια where the connective would reach back to θ' ἥμαρτε. διπλᾶ is a neuter plural adjective in agreement with ἀμάρτια, a neuter plural noun.

[52] The idea seems to be, "I could die now and be happy if the gods willed it." Per LSJ, κῆρυξ Ἀχαιῶν, χαῖρε ... χαίρω, I accept the greeting. To me that interpretation does not agree with the sense of the surrounding text. At the very least, the usage has a double meaning.

[53] I.e., teaches you to have the feelings you just expressed.

[54] The plural adjective refers to the herald as an individual (Smyth §1007, allusive plural) and perhaps also to the army he represents. ἐπήβολοι is in the imperfect; the sense is that of an ongoing condition, as we would say, "You have a fever," meaning an ongoing condition originating in the recent past.

[55] I.e., teach me this and I'll have learned something.

[56] Frankel can drive you slightly nuts. He says ταῦτα δ' cannot be right; he says πάντα δ' is better. Then you go to his Greek text and there sits ταῦτα δ' marked with obols and translated as "of all things." A critic, above all, needs to make up his mind.

[57] In other words, "did we not have a fresh serving daily of things to groan about?"

[58] As Frankel notes, "for more than a hundred years" scholars have been doing battle with the fact that δρόσοι is feminine and τιθέντες is masculine, and the sense of the sentence requires τιθέντες to describe δρόσοι, so it should be τιθείσας instead.

Frankel insists that the "structure of both sentence and line" means that ἐσθημάτων has to be taken with τρίχα. The trouble is that the meaing he gets from that is "the hair of our clothes." If that makes sense, I'm the uncle of a monkey. What damp conditions do to soldiers is very straightforward: anything that can rot does, and the men get infested with lice. That's what Aeschylus, himself a solder, is talking about.

Something is wrong with this line; εὐναὶ γὰρ ἦσαν δηΐων just does not make sense grammatically.

[59] In Attic of Aeschylus' day, πολλὰ χαίρειν is literally "to bid goodbye many times" or colloqually, "tell someone to get lost." By that time the meaning "to rejoice" had been muted due to the usage of the imperative χαίρε as a conventional greeting and farewell.

[60] The "flying things" are the boasts themselves; fame and renown fly in Greek thought.

[61] Trying to make ὅπως interrogative turns some translators inside-out on this line.

[62] Some editors read ἄνδρα φορ ἀνδρὶ. Either way, the sentence is about a wife opening the doors of the house for her husband.

[63] Blackie and others suggest the last words should be read in the sense of "no more than brass knows of being dyed." In fact, bronze can be made in various colors by using different proportions of copper and tin. The details of that would not be known except to those who do the work, but the idea that it can be done would be common knowledge. Frankel quotes Campbell, "It is much as if a modern fine lady were to say, "I could no more think of doing such things than of shooting a horse."

[64] Note: some editors and translators (Frankel, Murray, Shapiro & Burian) assign this pair of lines to Klytaimnêstra. I think it is quite fitting that the Kêryx says these words. Making this kind of public assessment is exactly what a herald is for.

[65] The last clause (λέγων...θεῶν) seems to depend upon an unstated verb phrase supplementary to λέγων such as "that came upon" and most translators insert one.

[66] τύχη σωτὴρ is probably saving luck personified, Lady Luck as it were.

[67] The structure of this long sentence is Aeschyleanically complex, but the core of it is fairly simple: when she was carried across the sea (ἐπεὶ...ἔπλευσε) the huntsmen (κυναγοὶ) went—you have to assume an elided verb that states what the κυναγοὶ did—after her, and when they had beached their boats, (κελσάντων) there was—again you have to assume an elided verb—a bloody struggle.

Some editors read ἁβροπήνων, of delicate texture, instead of ἁβροτίμων, delicate and costly.

[68] Blackie regards this passage as "hopelessly corrupt."

[69] Smyth indicates that a line is missing here. Murray indicates a missing line after ἀγέλαστα πρόσωπα βιαζόμενοι but not here. Smyth does not indicate a missing line at that point. Frankel puts εὔφρων in front of the gap.

[70] Some editors use the epic/Ionic form ἅδην. There is no difference in meaning.

[71] I.e., I will talk about not what I learned from others, but what I myself learned from my very hard life during the very long time that he was at Troy.

[72] Ahrens and Frankel see line 863 as an interpolation. For them it is unnamed men who come to the house bearing news of disaster. But if you lose the word κληδόνας, rumors, there is really nothing definite to say just what is intruding into the house. The line may not be exactly what Aeschylus wrote, but we can't do without it.

[73] I.e. the living, "I do not speak of the dead one."

Some texts give a line, πολλὴν ἄνωθεν, τὴν κάτω γὰρ οὐ λέγω, after 870. Frankel and others consider it an interpolation and point out that it is very difficult to make it make sense. I agree with them and therefore leave it out of my Greek and English texts.

[74] Frankel goes to great length to show that βουλὴν καταρρίψειεν means "to overthrow calm deliberation." He shows quite well that βουλὴν does not mean "plot." For some reason he does not consider the common meaning "council," though he does reject "regency."

[75] Weil's emendation runs, εἶπον ταδ' ὣς πράσσοιμ' ἄν, εὐθαρσὴς ἐγώ, "I have said how, should I do this, I will be of good courage." Frankel makes much of it; I see no great difference.

[76] ἀλλά can express the speaker's intention to break off a subject; that meaning makes better sense here than the usual "but" or "however." δοκέω can express the idea of "seem good" without an explicit adverb. ἔμβασις refers to what one walks upon, as a shoe, a foot, a hoof, so ἔμβασιν ποδός would seem to mean the part of the foot one walks on i.e. the sole.

[77] The passage is corrupt and hard on editors. Where Smyth has ψαμμί' ἀκτᾶς παρήμησεν, where παρήμησεν doesn't seem to be a known word, Murray has ψαμμίας ἀκάτα παρήβησεν, which does not seem to be any help, since ἀκάτα doesn't seem to be a known word. Frankel has ψάμος ἄμπτα, παρήβησεν, from παρηβάω, to grow old, and ἄμπτα from ἀναπέτομαι; his sense of the meaning is "time has grown old since with the throwing-in of the mooring-cables the sand flew up...." I've adopted Frankel's reading since it avoids the obscurities of the others.

[78] From my expectation (ἐξ ἐμᾶς ἐλπίδος) is confusing. The idea is that the speaker has certain expectations which he hopes will not come to pass.

[79] Murray gives this passage as follows. His presentation of it makes the whole passage appear fragmentary.
μάλα † γάρ τοι τᾶς πολλᾶς †
ὑγιείας ἀκόρεστον
τέρμα. νόσος γὰρ
γείτων ὁμότοιχος ἐρείδει,
καὶ πότμος εὐθυπορῶν
. . . . .
ἀνδρὸς ἔπαισεν ἄφαντον ἕρμα.

[80] Some editors read, instead of ἐπ' εὐλαβείᾳ, for the sake of reverence ἐπ ἀβλαβείαι, "sothat no harm was done," so that the law of Zeus would be preserved. Both ideas point in the same direction.

[81] Smyth and Murray gives πρὸς σφαγὰς πάρος; to the slaughter before this. Per LSJ some editors give πρὸς σφαγὰς πυρός, before the sacrificial fire.

[82] The phrase μὴ σχολὴν τίθει is like the military use of τίθημι, to halt with one's weapons in an easy position but ready for action. Here it is a negative command, do not halt at your ease.

[83] This line is a purely emotional utterance, not a semantically meaningful sentence. ὀτοτοτοῖ and πόποι are exclamations expressing pain, grief, anger and surprise; δᾶ may be invocation in Doric dialect of either Zeus (Δάν) or the earth (γᾶ, γῆ) but the evidence from the ancients is shaky and some modern scholars don't accept it. I give it here because it seems to me to make emotional sense.

[84] Smyth's text and notes are peculiar here. He gives a footnote to this line in which he says that ἀπόλλων (his spelling, in lowercase) is a play on the word ἀπόλλυμι, to destroy. For his wordplay to work, the word ἀπόλλων needs to be masculine nominative singular to match the following possessive adjective, ἐμός. The only masculine singular form of ἀπόλλυμι that resembles Ἄπόλλων, the masculine nominative form of the name of the god, is the Attic participle of the verb, which is written ἀπολῶν, not ἀπόλλων. He may have meant his remark to apply to the word ἀπώλεσας in the following line. If so, his idea seems perfectly correct. However, his English translation belies this; he renders the present line as "Apollo, Apollo! God of the Ways, my destroyer!" which is clearly an attempt to use what he sees as Aeschylus' wordplay. It is much more straightforward, morphologically and syntactically, to regard ἀπόλλων ἐμός as simply "my Apollo" and so to write ἀπόλλων in in uppercase, i.e. Ἄπόλλων. Smyth's play on words certainly happens, but in this next line, not this one.

[85] In one manuscript this line begins with an exclamation, ἆ ἆ, just "Ah! Ah!" that doesn't seem to fit. Most editors treat it as an interpolation and ignore it. ἀνδροσφαγεῖον can simply mean "slaughterhouse for humans" but the specificity of "a bowl in which the blood of human victims is caught" creates a horrific gruesome image of the house as the bowl, which envisions the house itself as a horrendous instrument of sacrifice. The word πεδορραντήριον is reminiscent of περιρραντήριον, a sacred vessel used in purification ceremonies. The whole line is gruesomely sacrilegious, even blasphemous.

This passage has some history behind it. Per LSJ: Peter Paul Dobree (1782-1825) restored ἀνδροσφαγεῖον for ἀνδρὸς σφάγιον. His mentor, Porson, read πέδου ῥαντήριον, literally "sprinkling on the earth" as defilement; and, in the same sense, Dobree suggested the compound word πεδορραντήριον. For what it's worth, the word περιρραντήριον occurs on inscriptions from Delos in Hellenstic times meaning "an instrument for sprinkling."

[86] Fagles describes this passage as "broken utterances." There is nothing broken about them. The only aspect of them that is syntactically at all unusual is that the interrogative phrase πῶς φράσω τέλος occurs after the predicate rather than before, but that is certainly within what Greek grammar can accomodate.

According to LSJ, codex M has ἐκ χερὸς ὀρεγόμενα, changed by Hermann to ἐκ χερὸς ὀρέγματα on the basis of the scholia.

[87] The first four words are asyntactical expressions of distress.

[88] Frankel reads the text slightly differently, but it comes to the same meaning in the end.

Smyth gives ἐπεγχύδαν where Murray gives ἐπεγχέασα. Murray's participle comes from ἐπεγχέω, pour in upon or pour in upon besides. Smyth's form is very obscure but seems to come from ἐπεγχύνω, late form for ἐπεγχέω, in which case the two readings are synonymous. Smyth's English rendering is "crowning the cup" which agrees with the basic idea of Murray's reading. I prefer Murray's reading here because it seems to agree better with the previous line, in which Kassandra describes herself; in Murray's reading, she goes on describing herself, which seems logical, since this line, being linked to the previous line by γὰρ, continues and explicates the thought of the previous line.

[89] Some scholars read φιλοίκτοις instead of ταλαίναις, which would mean "pitiful" instead of "wretched." I see no great difference.

[90] Frankel makes a great fuss over reading ὄχθους rather than ὄχθας. Both words mean the bank of a river.

[91] Murray doesn't read κακὰ here. Various scholars find various ways to make the text express the idea of πέπληγμαι δ' ὑπαὶ δάκει φοινίῳ, "and I am stabbed by a bloody sting."

[92] Some editors must read εἰσήκω, to have come in, for εἰσαίσσω, to dart in. The LSJ entry for εἰσήκω gives "to be about to come in" as the sense of "ἔοικεν.. ἐσήξειν" in this line and notes that one might read ἐσᾴξειν instead.

[93] The manuscripts have τηρῶ, "to watch over," which makes no sense. The best emendation available is Ahren's κυρῶ, "to hit," which makes a lot more sense.

[94] Λοξίαν functions as a pivot word. It can be read with both the verb preceding and the verb following.

[95] πολίταις functions as a pivot word. The prophecy is to the city; the things that happen happen to the city.

[96] An incoherent expression of horror, literally, κακά refers to the evil visions she is seeing of the butchered children, described in the lines directly following.

[97] Per Frankel, making lines 1217-1218 a question goes back to the codex in the Biblioreca Laurenziana in Florence, usually referred to as F. Other important manuscripts have a comma instead. So, some editors make a question of lines 1217-1218, "Do you see them, the children sitting in the house, in shapes like dreams?" I prefer to read the whole passage 1216-1222 as a long series of appositive phrases, not necessarily fully grammatical, all expressing Kassandra's vision.

[98] Frankel fumes against the phrase λέοντ' ἄναλκιν, "feeble lion," but offers nothing to take its place. The only interpretation that makes sense to me is that the phrase is saracastic. Concerning ἐν λέχει στρωφώμενον (rolling in a bed) Frankel says, "strictly, then, it is only the indolence of Aegisthus which is here denoted, not his adultery." Come on, who is he supposed to have been with, and what is he supposed to have been doing, while rolling around in bed?

[99] The manuscript gives ἄρ' ἂν which is regard generally as corrupt. The basic meaning isn't much affected.

[100] Some codices give ἄτην for ἄτης. One could take that reading as "Enrich someone else with respect to punishment instead of me." The meaning seems equivalent.

[101] Frankel suggests, and I conclude, that the words ὀμώμοται γὰρ ὅρκος ἐκ θεῶν μέγας, which appear as line 1284 in some texts and as line 1290 in others, are an interpolation. They key point, in this case as in so many other cases of interpolation, is that the sense of the passage holds together perfectly well without it. I parse the line, with the line that follows, this way: For (γὰρ) a great (μέγας) oath (ὅρκος) has been sworn (ὀμώμοται) by the gods (ἐκ θεῶν,) to lead him (ἄξειν νιν) to the remains (ὑπτίασμα) of his father (πατρός) who lies dead (κειμένου.) Without the phrase, the passage reads as given in the text.

[102] Frankel regards ἰοῦσα πράξω as corrupt, but offers no emendation. I see no difficulty with it rendered as in the text.

[103] I.e., no fortunate person has to be told such things.

[104] According to Blackie, there was a tradition of giving this line to Kassandra. Murray and Smyth agree with Blackie, who follows Connington, in sticking to the order of the lines as they appear in the manuscripts. See Blackie's note 82, page 354.

[105] Just a sound expressive of fear and disgust as appropriate for the following lines.

[106] The word ἔφευξας only occurs this once in extant ancient Greek literature. It seems reasonably clear from this context that the meaning is literally "to say φεῦ." The question the Choros asks here could be rendered literally as, "What are you φεῦ-ing about?"

[107] The word ἀγλάισμα, glossed in LSJ as "ornament," normally refers to something that is seen rather than something that is smelled. I follow a number of translators in rendering it as "perfume" since the context is all about odors.

[108] Many editors change the manuscript reading to to ῥῆσιν οὐ θρῆνον, "a speech, not a lamentation." This doesn't make a lot of sense, because the words that follow are indeed a θρῆνος, a formal lamentation for the dead, complete with threats of vengeance. Smyth notes, "Of this corrupt passage no emendation yet made commends itself irresistibly. The translation is based on the reading ἐχθροὺς φόνευσιν τοὺς ἐμούς, where φόνευσιν is due to Bothe, the rest to J. Pearson." Where Smyth has ἐχθροῖς φονεῦσι τοῖς ἐμοῖς τίνειν ὁμοῦ, "to pay my hateful murderers the same," Murray has ἐχθροὺς φόνευσιν τὴν ἐμὴν τίνειν ὁμοῦ, "to pay my enemies the same for murder." The two come to very nearly the same meaning. Frankel also regards the passage as corrupt but does not accept any of the emendations proposed over the years—not very helpful.

[109] Frankel makes a very good case for the manuscript reading δυστυχῆ, "unlucky," and then goes with the emendation δυστυχῇ, "to be unlucky."

[110] Frankel builds a good case that the passage ἀποτείσῃ… ἐπικράνῃ has to be read either this way, in the subjunctive, or in the optative. I prefer the subjunctive, since it seems to express the idea of the passage more directly.

There is a tradition, accepted by Frankel and Blackie, and going back into the 18th century, that this line needs another syllable, such as either adding οὐκ or ἐξ- to εὔξαιτο, or reading βροτῶν as βροτός ὢν. There as also a tradition of accepting the line as read, which is what I do, because to me the emendations are more confusing than the manuscript reading.

[111] μάλ' could also mean under the arm. A blow directed to the heart by a right-handed person is best delivered by angling up under the arm, so that the blade slips more easily through the gaps in the ribs. But when you're crying out in agony while being stabbed to death, do you worry about tellling people exactly where you're being stabbed?

[112] After working hard to build a case that the use of πέρι here is "unintelligible" Frankel proceeds to accept, in his translation, phrasing quite similar to those who have no such problem.

[113] Ahren's emendation, θυμοῦσθαι, "to be provoked to fury," is widely accepted but to me it doesn't make sense. J. G. Schneider's μυθεῖσθαι, accepted by Frankel, "to speak," is less melodramatic but makes much better sense.

[114] Many translators read φράξειεν as φράσσω, to fence in, to fortify. I read it as φράζω, expound, declare.

[115] Frankel builds a very strong case for δίκης παλαιᾶς instead of νείκης παλαιᾶς, and then doesn't adopt it, arguing that the similarity of νείκης to the manuscript νίκης overrides all other concerns.

[116] Aeschylus does not literally mean a fishing-net when he uses the word ἀμφίβληστρον. A literal rendering would be "that which I threw about him as one throws a net," i.e. she compares the robe she used to trap him to a net in which one could trap a fish.

[117] Textual scholars pick nits on this line. Whether you read αὐτοῦ·κῶλα or αὐτοῦ κῶλα, you come to the meaning "his legs." Likewise, whether you accept Elmsley's emendation of οἰμωγμάτοιν (dual) for οἰμωγμάσιν (plural,) the meaning "two cries of pain" is clear—after all, we've just heard them. The plural provides a useful escape hatch if the actor who cries out gets a little overenthusiastic!

[118] Frankel rejects ὁρμαίνει for not having the right sense, but accepts ὀρυγάνει for which LSJ does not have any actual attested usage, just a gloss in Hesychius. I see no difficulty with the meaning "set in motion." He rejects κἀκφυσιῶν ὀξεῖαν αἵματος σφαγὴν as corrupt because the genitive αἵματος just won't work, but even if it is corrupt, the general idea is clear: Agamemenon's wound spouts blood, as wounds are wont to to do.

[119] There are advantages to taking πειρᾶσθέ as imperative. Smythe §3002 discusses postpositive ὡς used for comparison. Most translators try to make δικαίας, which is feminine, act as an adjective and modify τέκτονος, which is masculine. Blackie's "a true workman" is typical. It makes sense is to regard both words as substantives, literally "a carpenter of justice." The phrase stands as an appositive to the earlier phrase τῆσδε δεξιᾶς χερὸς.

[120] I agree with Frankel that something untoward has happened to the Greek text here. Fortunately, the basic idea is pretty clear: "Don't mess with me, for if you lose, I will make sure you regret it."

[121] Most editors read λίπος, "fat." Casaubon emended that to λίβος (λιβάς, something that trickles) for λίπος, i.e. a trickle of blood. I think that makes much more sense. Either way, the idea that she has blood on her face, literally, and blood in her eyes, figuratively, is clear.

[122] The manuscripts have ἱστοτριβής instead of ἱσοτριβής. Heath's paraphrase ἣ πρὸς τὸν ἱστὸ τρίβετια, "she who wears herself out before the mast," has been adopted by several scholars, but even so, nobody really knows what it means, other than it seems likely to have been sailor's slang and another insult to Kassandra.

[123] Note the dual verb ἐπραξάτην.

[124] Some editors have seen a major gap in this choral passage. I agree with Blackie that it seems to make perfectly good unbroken sense as we have it here.

Smyth, Murray and others read μοῖρ' as a proper name, Death or Fate. It comes to about the same idea either way. I prefer the less literary ordinary noun.

[125] I take κράτος... γυναικῶν as an accusative phrase cognate to the verb κρατύνεις. Frankel (volume 1, p. 181) candidly confesses, "I cannot understand this passage."

[126] Smyth and Murray both give the word μοι in brackets at the end of 1472. Translators rarely do anything with it. I am perfectly willing to do without it even if it the lack of it does violate the meter.

Smyth and Frankel read the last word of 1473 as ἐκνόμως, outside the law. Murray reads it as ἐννόμως, within the law. Murray's reading does not make sense.

[127] τριπάχυντον, per LSJ: "the word is doubtful; Bamberger proposed τριπάχυντον, referring to Th.771; Blomf. τριπάλαιον; Bamberger (olim) τριπαλαιστήν." τριπάλαιον would mean thrice-aged i.e. very old; τριπαλαιστήν looks like it should mean the same thing but in the feminine; all these options are very rare words. We have several instances elsewhere in the text of the fate of the house of Atreus acting like a ravenous beast, feeding on the family. That imagery makes sense here as well.

[128] Various emendations have been offered, primarily on metrical grounds, to replace the manuscript reading οἴκοις τοῖσδε in 1481. I think scholars fall into a trap sometimes in which the importance of metric regularity overrides the importance of simple plain textual sense.

[129] At 1507, the manuscript has πῶ πῶ, which is Doric rather than Attic. Various scholars offer various emendations, none of which change the meaning. Frankel argues that the expression is a contraction for the common Attic πόθεν, "how can that be?" Again, the meaning doesn't change. In such cases as this, I prefer to keep the manuscript reading whenever I can.

At 512, some editors read the dative πάχνᾳ κουροβόρῳ instead of the accusative πάχναν κουροβόρον. The accusative is more straightforward. Both evoke the same image: that the wrath of Ares bings with it "a child-eating frost."

[130] There may be some missing text in this speech; several scholars have argued so. Frankel devotes a long but inconclusive note to this line. However, the basic thought flows naturally. No one seems to have laid down any definite solution, so I take the text with Porson's emendation (τὴν πολυκλαύτην 'Ιφιγενείαν) which makes a great deal of sense to me as Klytaimnestra's emotional expression.

[131] This passage has given editors fits over the years. Their treatments of it have varied widely. There are basically two strategies: leave a gap or try to smooth it over. For example, Smyth gives a gap in the text at ἄνωθεν ... . . .ἀνδρακὰς, but Murray shows no gap. His text may provide a way to make the extant wording make sense. Either way, the overall indication of what happened at the feast is pretty clear.

Murray's text:

τὰ μὲν ποδήρη καὶ χερῶν ἄκρους κτένας
ἔθρυπτ' ἄνωθεν ἀνδρακὰς καθημένοις
ἄσημ'·ὁ δ' αὐτῶν αὐτίκ' ἀγνοίᾳ λαβὼν
ἔσθει βορὰν ἄσωτον, ὡς ὁρᾷς, γένει.

I render this as:

Indeed(μὲν) while the men were first being seated man by man (ἄνωθεν ἀνδρακὰς καθημένοις.) the feet (τὰ...ποδήρη) and the extreme spread of the hand (καὶ χερῶν ἄκρους κτένας i.e. the fingers) were broken up (ἔθρυπτ') without mark or sign on them (ἄσημ') and (δ') he (ὁ,) upon taking (λαβὼν) some of them (αὐτῶν) immediately (αὐτίκ') in ignorance (ἀγνοίᾳ,) eats (ἔσθει) food (βορὰν) ruinous, as you see, to his family (ἄσωτον, ὡς ὁρᾷς, γένει.)

[132] There is good grounds for regarding line 1600 as an interpolation by some later actor or producer. I have left it in the text because it does no harm to the overall meaning of the scene and does not require any great gymnastics in translation.

Frankel gives ἀπὸ σφαγὴν ἐρῶν as "spewing out the butchery", interpreting ἀπὸ...ἐρῶν as the verb ἀπεράω, to vomit, written in tmesis. As he admits, there is no other attestation of the verb until much later than Aeschylus. Also, I don't think there is any other instance in the Oresteia of a verb used in tmesis this way. However, the sheer logic of the situation makes the phrase entirely plausible.

The idea of ξυνδίκως in line 1601 is that the effect of the curse on the family should be exactly equal to the effecti of Thyestes trampling on the furniture of the feast, i.e., utter destruction.

[133] Frankel, among many others, reads what the manuscript gives: "...τρίτον γὰρ ὄντα μ' ἐπὶ δέκ' ἀθλίῳ πατρὶ..." That would make Aigisthos not the third child after the two that were butchered, but one of thirteen. For some reason, there is a long tradition of trying to defend this nonsense. Some modern translators go with it; Fagles finesses it cleverly: "his last son."

[134] The manuscript gives σὺ δ' ἄνδρα τόνδ' ἔφης ἑκὼν κατακτανεῖν. Pauw emended the line to read σὺ δ' ἄνδρα τόνδε φῂς ἑκὼν κατακτανεῖν. The manuscript reading would which would put the whole thought in the past, using an uncommon imperfect of φημί, to say, found in Homer and Xenophon. In those authors, it is associated with indirect discourse, as it is here. I see no problem with keeping it.

[135] It is fairly common to alter the manuscript reading νέον, "newly," το μένων, "remaing behind." The manuscript reading brings out the important point that the plot is not hostile only to Agamemnon, but against the army as well, which for all practical purposes at this point is the entire community.

[136] νιν γυνὴ...ἐγχωρίων ἔκτειν' can also mean, and perhaps also does mean, "a woman killed him, you permitting it." I lean away from this because it creates two slightly unnatural expressions, one that Klytaimnêstra represents a pollution of the gods generally, not just of the gods of the country, which does not seem to be the case, and the other that Aigisthos would be seen as responsible for failing to prevent a killing which he would not have opposed for the world and did everything he could to bring about.

[137] This line is a tangled mess of possible corruptions and emendations. I follow Smyth's version because it makes sense in terms of the action. Smyth reads τούσδε at the end of line 1657, Murray does not. I see no need for it. Frankel takes it as a piece of gloss text that got merged into the line. Frankel works very hard on the emendations offered where I read πεπρωμένοις; he doesn't reach a firm conclusion.

[138] One could also read "heavy hooves of a demon." Despite Frankel, the idea of injury by hooves does not go with πεπληγμένοι, "we are stabbed."

[139] Murray ends this line with τὸν κρατοῦντά ἀρνουμένους, denying or disowning their master, instead of θ' ὑβρίσαι, insulting him. It clearly needs something to complete the thought.

[140] This is the manuscript reading. Some editors substitute ξρόνῳ, "in time," for χάριν, "for the sake of." It makes little difference; the threat is what counts.

[141] κρατοῦντε is dual.

[142] The first ten lines of the text have been reconstructed by scholars from quotations found in works by other authors. Opinions vary, but the gaps do not seem to be large and we can understand the thrust of the passage pretty well.

[143] Some editors (Smyth, Murray) read τορὸς δὲ Φοῖβος ὀρθόθριξ for line 32. Why would Apollo would be tearing through the house with his hair standing on end? Page's text reads τορὸς γὰρ ὀρθόθριξ δόμων, so that it is now the dream-interpreter who goes running around that way. I'll take Heath's terrific metaphor of fear itself, hair on end. That's the sort of thing I think Aeschylus would do. Garvie, following others, points out that τορὸς evokes both the piercing nature of the cry and the unmistakable meaning it carries.

[144] Murray marks line 64 as corrupt, and there seem to be grammatical impossibilities in the lines around it as well. Since we only have one manuscript to go by for this passage, we are left to come up with whatever sense we can. Despite much scholarly guesswork, we may never know just what Aeschylus wrote here.

[145] The dative participle κρατούσῃ ("while controlling") refers back to ἐμοὶ ("for me") in line 75.

Per Garvie, the manuscript gives δίκαια καὶ μὴ δίκαια πρέποντ' ἀρξὰς βίου, βίᾳ φερομένων αἰνέσαι πικρῶν φρενῶν στύγος κρατούσῃ. As Garvie points out, πικρῶν has to be changed to πικρὸν, as all editors do, and the result is rough but readable Greek. Garvie renders it, "it is fitting to put up with the rulers of my life in matters just as unjust, when things are swept along by force, and to control the bitter loathing of my heart." After that, as far as I can tell, editors tend to make mincemeat of it trying to get smooth Greek where no smooth Greek is to be had. I prefer the rough Greek of the manuscript to any of the emended versions I have seen.

[146] Editors have rearranged the lines in 89-100 in various ways. I agree with Garvie: let them be.

[147] The initial ἔστ' in 94 is how the manuscript reads. Some editors emend it, but as Garvie poiuts out, it is quite defensible.

[148] Many editors read τἄρ', a contraction for τοι ἄρα, here. Garvie recommends Porson's reading of γ' ἆρ' instead, because τἄρ' makes the line read like a statement instead of a question, even though the following line is pretty clearly an answer. I follow Garvie on this.

[149] In other words, "I don't know what I'm doing; teach so that I may be shown the right way to do things."

[150] Garvie says it is "difficult to see the force" of the manuscript reading, ἅπλῶς τι φράζουσ'. To me it seems plain as day: "to put it simply." He may be correct that the "normal Greek" would be ἁπλοῦν τι, but are we not quite well aware that Aeschylus frequently does things his own way?

[151] I.e. how is it not (πῶς οὐ) righteous (from the previous line) to repay....

[152] The line κῆρυξ μέγιστε τῶν ἄνω τε καὶ κάτω is actually found in the extant manuscripts at line 162 or 165. There seems to be a general consensus among editors that it was originally here. We have definitely lost a word around Ἑρμῆ χθόνιε. Klausen's emendation, which is a simple guess that Aeschylus may have written ἄρηξον here, is no more or less likely than Housman's guess, Ἑρμῆ χθόνιε, γένοιο κηρύξας ἐμοὶ, "O Hermes of the earth, may you be calling out for me...." There are undoubtedly other clever emendations that could be made; there is no evidence for any of them.

[153] The phrase πῶς ἀνάξομεν δόμοις the verb ἀνάξομεν could represent either ἀνάγω, meaing "How will we bring him back to the house?" or ἀνάσσω, meaning "How will we be master of the house?" The latter makes better sense. Orestes is quite capable of bringing himself home. Beating Aigisthos might be another matter.

Wilamowitz and others emend πῶς ἀνάξομεν δόμοις to φῶς τ' ἄναψον ἐν δόμοις, "and kindle light in the halls." Garvie supports this, describing the manuscript line as "impossibly abrupt." However, LSJ makes clear that the verb does not require a preposition, but can take a dative object directly. "Rekindling light" is a fitting idea, but the line does not require such a drastic correction. The manuscript line has a perfectly valid sense, though some may not find the style to their taste.

Smyth reads βροτοῖς, mortals, in line 129; I prefer Page's νεκροῖς, the dead, because it makes far more sense. Smyth's reading is supported by scholia according to LSJ. Garvie also supports νεκροῖς

[154] Garvie's note (p. 97) suggests that 211, πάρεστι δ' ὠδὶς καὶ φρενῶν καταφθορά, is sometimes thought to be an interpolation. I agree with him that it is not. The thought is exactly what Electra is surely feeling, and the expression of it seems consistent with Aeschylus' style.

[155] As Garvie notes, the use of ἐπαγγέλλουσα in the sense of "announce" is rare, but the common, sense, "to address prayers," is hard to work into the fairly evident sense of the passage. Aeschylus is fond of using words in unusual senses.

[156] The scholion on this line interprets ἐκπαγλουμένην as εκπάγλως θαυμάζουσαν, violently astonished.

[157] The manuscript reads προὐννέπω, "I proclaim," which would not make a lot of sense here. Also, according to Garvie, τάδε does not fit the meter. Some editors throw in a γάρ, as Page does; some use τἄρ' as suggested by Bamberger. Arnauldus emended that to προσεννέπω, "I address." Even after all those manipulations are complete, the line still basically means, "Am I supposed to call you Orestes?" I accept the idea that the line is rough, I follow Arnauldus, and leave it at that. Garvie cannot find a reference for τάδε. I turn to the adverbial use of the plural neuter accusative of τάδε cited in LSJ at Illiad 9.77, τίς ἂν τάδε γηθήσειε; "who would be cheered on this account?"

[158] Many editors think that lines 226-230 are scrambled in the manuscript and therefore rearrange them in various ways. I follow Smyth's 1926 order, which was also followed by Page in 1972, and as Garvie remarks, provides a satisfactory logic.

[159] As Garvie points out, the use of the imperfect here is "puzzling." One of the uses of the imperfect is emphatic: "I did truly <verb>," here "you truly were." I think that is the idea intended here.

[160] ἄμφω φυγὴν ἔχοντε τὴν αὐτὴν δόμων, literally, both having their own exile from their homes.

[161] Garvie (p. 114) questions whether αἰνῶν "can bear the required sense 'tell of'" and cites Frankel, who does have a note (p. 703) that seems to say that αἰνέω does not mean "speak of," but Frankel accepts "to utter", and in Frankel's own translation of Agamemnon 98, he writes "tell of." What difference there is between "to tell of" and "to speak of" does not mean a great deal on any practical basis.

The manuscript has μειλίγματα, "things that soothe." As Garvie points out, something soothing emerging from the sorrowing, raging earth does not make sense. Editors have proposed a variety of emendations; I follow Lobeck's suggestion here. Page prints the manuscript word and supplies Lobeck's emendation in his notes.

[162] The line ὁρῶντα λαμπρὸν ἐν σκότῳ νωμῶντ' ὀφρὺν gives editors fits. Some delete it, some move it around, some assume that it connects to other text that has disappeared. The whole passage describes the experience of the murderer when the vengeful forces of the earth go to work. I take ὁρῶντα in a conative sense, "trying to see," λαμπρὸν as neuter-as-adverb, "clearly", and νωμῶντ' ὀφρὺν in terms of means, "by moving his eyebrows." It is common experience that when trying to see in dim light people widen their eyes, which involves lifting the eyebrows among other efforts of the muscles around the eyes. This grammar may be rough, but it at least yields a sense that works.

In 290, the manuscript has πλάστιγγι, which means the pan of a balance-beam scale. That doesn't make sense. I follow Wecklein in emending to μάστιγι, "whip." As Garvie notes, in handwritten Greek it is easy to confuse M and ΠΛ. Wilamowitz's objection that whips are not made of beaten brass shows that even great Greek scholars fail to appreciate poetic imagination. In fact, some of the most brutal whips do use pieces of metal.

[163] The manuscript reads προςπιέζει, "presses upon." Many editors split it up into πρὸς πιέζει, "presses in addition." We don't need that; it's perfectly clear just from καὶ that this is an additional motivation.

[164] τελευτάω takes the dative in the sense of fulfilling something for someone, or in this case, taking the dative as dative of disadvantage, against someone. Since the pronoun is feminine, the "someone" would be Klytaimnêstra. However, as Garvie points out, Aeschylus does not use the word in a transitive sense except in the meaning "to end one's life." It would therefore be more likely that the adverbial use of the word, "here," "thus," is meant here, and most editors take it that way.

[165] There is a gap in the text here that different editors fill in different ways. One is to insert the word φίλοις, "by loved ones", to make Electra wish that Klytaimnêstra and Aigisthos could endure the agony of being killed by family. Another is to insert ἵν' ἦν, "so that there would be, τινὰ πυνθάνεσθαι, "someone to learn…." As Garvie notes, the scholion on this line supports Schadewaldt's insertion of τοῖς ἦν, so that the line would mean "of whose deadly fate someone far away, unacquainted with these things, would learn."

[166] Even though Garvie contends it is "unnecessary," I follow the Schultz emendation of the manuscript ἅπερ τε βέλος, "and like an arrow," to ἅπερ τι βέλος, "like some arrow," because to me the conjunction in "piercingly, and like an arrow" sounds stupid.

Some editors have given this speech to Electra. However, there is a strong patttern to the alternation of speeches in this whole section of the play, and that pattern quite clearly shows that this speech belongs to Orestes. Also, this response is much more like Orestes than like Elektra.

[167] γὰρ The manuscript has τί γὰρ κεύθω φρενὸς θεῖον ἔμπας ποτᾶται; which doesn't make a lot of sense: "for what should I hide of my heart that flies about by divine action?" The line has been emended various ways; I agree with Garvie that Headlam got it right and I've used his emendation in this text.

Murray marks this text as a crux and reads τί γὰρ κεύθω † φρενὸς θεῖον ἔμπας † ποτᾶται, for what that is divine in my heart shall I hide which in any case flies… and he never places a question mark. I have a hard time making sense of this. Smyth's text seems very straightforward by comparison.

[168] Some editors have given this speech to Orestês. Garvie doesn't even bring up the issue.

[169] Some editors have read λοιγὸν 'Ερινύς instead of λοιγὸς 'Ερινύν here. See the LSJ entry for λοιγός.

[170] Garvie insists on καὶ τοτὲ μὲν, "at times, now and then," but that doesn't work; the Choros has been shaken once, right now, not from time to time.

[171] These three lines are badly corrrupted and really there is no way to restore them. Many scholars have offered restorations; all are guesswork. I simply follow Smyth here; his guess is as good as any. However, the body of scholarship on this passage does offer some hope, in that most of the proposed restorations convey the same theme: "I have that which strengthens me and brings me back to the light."

The corruption is threefold. First, the manuscript reads ἐπάλκής θραρέ where Smyth reads ἐπ' ἀλκῆς ἐπάρῃ. This is the only known occurrence of the word ἐπάλκής, so there is really no way to tell if this word is corrupted. There is a scholion on the line that appears to define ἐπάλκής as ἰσχυροποιός, which would mean "strengthening." Second, θραρέ does not seem to be a possible Greek word form. It may be some sort of misconjugated mixture of θάρσος and θράσος, which both mean "courage, boldness, rashness." Again, there is no way to be sure. Finally, we can be pretty sure there is a word missing right before ἀπέστασεν, because Aeschylus keeps the forms of his strophic verses in close correspondence to each other, and the correspondence breaks down at this point. We have no idea what that word might be. Due to the overall sense, ἐλπὶς, "hope," is a popular guess. To my mind, ὅταν δ' αὖτ' ἐπάλκής θραρέ suggests that the next word should be a verb form, such that the θραρέ (whatever that is) of strength would do something and thereby ἀπέστασεν ἄχος, "drive away distress." What that verb might be I cannot guess, but it would fit very well if it conveyed something like "restores me." For translation purposes, that will have to do.

[172] A woman talking about herself, or anyone talking about a woman, may use the masculine plural instead of the feminine singular, as τῶν τεκομένων is used here. Elektra would hardly consider Aigisthos to be her parent, and she seems to bear no ill-will toward Agamemnon for the death of her sister. See Garvie's note on this line.

The singular masculine nominative adjectives (ὠμόφρων ἄσαντος) apply equally to wolf (λύκος) and spirit (θυμός,) making the comparison all the more vivid.

[173] Garvie and Page give ἀπρικτόπληκτα instead of Blomfield's ἀπριγδόπληκτα, which is accepted by LSJ. The difference appears to be purely the form of the word, not the meaning. The manuscript actually has ἄπριγκτοι πληκτά, which makes me wonder about something dative like ἄπριγκοιν πλήκταιν, "with my two tightly-clutching fists." It seems strange to me that a copyist, no matter how clumsy or misinformed, would break up a compound word into two words. There's an interesting possible parallel, ἢ οὗ ἂν δύνωνται ἀπρὶξ τοῖν χεροῖν λαβέσθαι, "except what they can grasp firmly with their hands," in Plato, Theaetetus 155e.

Questions continue for the very next word. The manuscript has πολυπάλαγκται. Page and Garvie agree that it should be πολυπάλαγκτα, supposing that the scribe's error makes only an iota of a difference. Other editors, such as Blomfeld, make a larger correction, changing the word to πολυπλάνητα, "much-wandering," which seems to wander from the sense of the passage.

Garvie notes that the manuscript reading, ἐπιρροθεῖ, "might stand as a historic present, the alternation of this with past tenses being common enough." Indeed, I think it stands thus very well, and I see no advantage in the common emendation to ἐπερρόθει, the imperfect of the same verb, other than "a foolish consistency." Sometimes scholars are too eager to emend.

As Garvie notes, there is an interesting scholion that describes this whole passage as κωμῳδεῖται ὡς διθύραμβος, "it parodies a dithyramb."

[174] I take up Garvie's suggestion and read Franz' and Seidler's τοιαῦτ' ἀκούων ἐν φρεσὶν σαῖσιν γράφου instead of Sidgwick's and Smyth's τοιαῦτ' ἀκούων ἐν φρεσὶν γράφου, πάτερ.

[175] I follow Page in repeating γράφου.

[176] I take ἔτ' as the Doric/Aeolic/Homeric masculine singular dative of ἔτης, kinsman. A more conservative reading would be to take it as ἔτι, "grant yet a well-formed victory."

[177] λουτρόν can also have the sense of σπονδαί, libations for the dead.

[178] The construction of οἴκτιρε θῆλυν ἄρσενός θ' ὁμοῦ γόνον is almost parallel to the same construction at Agamemnon 1321, οἰκτίρω σε θεσφάτου μόρου, I pity you because of the fate spoken by the god. Per Smyth §1405, with verbs expressing emotion, the accusative states the object of the emotion, the genitive states the cause of the emotion. This line should therefore be rendered, "Have pity on the female and for the male." Garvie argues for Pauw's emendation of γόνον to γόον, "lamentation." Why should Agamemnon have pity on a lamentation? It is the children, not the lamentation, that needs his pity and help. For Garvie, it is an "easy" correction; for me, it is a change that misses the the point of what's going on in the scene.

Some editors give 503-4 to Orestês, still others break it up in various ways between Orestês and Êlektra or even between Orestês, Êlektra and the Choros.

[179] Some editors change κληδόνες σωτήριοι to κληδόνος σωτήριοι. I see no reason for it. The point of the sentence is that a παῖς, a child, is a kind of κληδών, a glory. Both should be nominative.

κλωστῆρα λίνου is literally "the thread spun of linen," metaphorically a play on the image of a thread, the thread of fate and the thread, the line of the family. Some editors regard these three lines as an interpolation. If so, they do no harm, except that they complicate the assignment of speakers in the section from 500 to 509. When we look at how this scene is constructed, we see a very definite rhythm to the change of speakers as Orestes and Elektra work as a team to try to raise Agamemnon's spirit to help them. If we divide these lines the way Page does, we have a pretty satisfactory rhythmic alternation, and the thoughts each character expresses fit the gender expectations of an Athenian writer and audience.

With respect to the idea that these lines are an interpolation, as Garvie notes, Clement of Alexandria attributes them to Sophocles, not to Aeschylus. However, as Garvie also notes, dear old Clement didn't always remember where he read things.

[180] Garvie suggests taking ἔρδοις ἂν as an optative of polite request in an ironic way: "you might make it your business…." That's very amusing, but I think taking the phrase as a potential optative, "you can act…." makes better sense in the scene.

[181] I think Garvie overstates the difficulty of interpreting θανόντι δ' οὐ φρονοῦντι. We can take φρονέω here as simply "to pay heed." Agamemnon is perfectly capable of paying attention, but is very unlikely to do so.

Smyth punctuates this last line as a statement, not as a question: So (δ') if indeed you know (εἴπερ οἶσθ') tell this (φράσον τάδε) to me (ἐμοὶ) because I wish it (θέλοντι.) To me it is very fussy to deal with θέλοντι as a dative participle than as a third person present verb, especially when it leads off the sentence just as one would expect in a question.

[182] The manuscript has στύγος; most editors emend to ὑπὸ στύγους, "because of the hateful thing" rather than ὑπὸ στύγος, "under the hateful thing."

[183] I prefer the manuscript reading, ἀνῆλθον, to the emendations offered by Meinecke and Valckenaer that Page and Garvie accept. See the notes on this line in my translation of the play.

[184] These lines may be an interpolation. The manuscript reads οἴσομεν; Page and others accept Turner's ἥσομεν because authors other than Aeschylus use it with φωνή as they would be here. Garvie holds that Aeschylus' own use of φέρω as an action involving vocal expression at line 581 of this very play somehow carries no weight; he gives no explanation for this strange position. I think we are wise to let Aeschylus write the way Aeschylus writes rather than insisting that he write the way other authors write.

[185] Herman emended κνωδάλων ἀνταίων βροτοῖσι, "monsters hostile to humankind," το κνωδάλων ἀνταίων βρύουσι, "teeming with hostile monsters," because the syllable count doesn't work out properly. I prefer to follow the sense and let the metrics fall where they may, at least in some cases, particularly when the manuscript makes better sense. Ironically, sticking to the manuscript in one place requires emending it in another; we must change πλάθουσι to πλήθουσι on the assumption that a copyist changed the vowel by mistake.

Because the structure of this choral ode moves from Althaea to Scylla to Klytaimnêstra to the women of Lemnos, instead of leaving Klytaimnêstra to the end as a mechanical mind might expect, some scholars have worked out schemes for transposing certain lines. I stick with the mansucript's order of lines.

[186] The line ἄταισι συννόμους βροτῶν is the one that doesn't have enough syllables to match line 589. With Garvie, I assume there is a missing word here. The line makes good sense as it is. The only suggestion recorded by Page or Garvie is ἄταις ματαίαισι, "vain infatuation," which really adds nothing, but inserting it does no harm and does fill out the line. I hold my nose and accept it.

[187] The manuscript gives πυρδαῆ τινὰ πρόνοιαν, which means "with some fiery foreknowledge;" I can't quite go with Garvie's "a deliberate plan for burning by fire." Some editors amend the line in various ways, such as Page's replacement of τινα with γυνά. To me, the line is a very poetic way of expressing the idea that Althaia knew full well that her son would die when she burned that log. I see no need to emend it, even though it does present a metrical irregularity.

[188] The manuscript reading, ἀλλὰ δὴ τιν' ἐν λόγοις στυγεῖν, does not quite make sense. Garvie prefers Page's ἄλλαν δ' ἦν τιν' to the older emendation given by Turnebus, δεῖ τιν', on the grounds that "the idea of possibility is more apporpriate than that of need." I see it the other way around; Aeschylus is stressing the terrible example set by these women, so I think he means "we have no choice but to hate" such people.

There is a scholarly quibble over χρυσοδμήτοισιν. Some editors think χρυσοδμήτοισιν ὅρμοις is wrong because the end word in the compound usually refers to the making of objects more substantial than jewelry, such as walls. They prefer χρυσοκμήτος instead. I agree with Garvie in sticking with the manuscript precisely because the metaphorical weight of this necklace in the story is equal to any wall. Both phrases clearly describe these ὅρμοι as made of gold.

[189] The manuscript, has γοᾶται δὲ δημόθεν. Various editors offer various emendations, especially βοᾶται, "it is noised abroad."for γοᾶται "it is lamented" and "γοᾶται δὲ δημόθεν," "and it is lamented by the people" for "γοᾶται δὲ δὴ πάθος," "and indeed suffering is lamented." I see no need for emendation.

[190] Garvie calls Wilamowitz's emendation, βροτοῖς ἀτιμωθὲν οἴχεται γένος for βροτῶν ἀτιμωθὲν οἴχεται γένος "inescapable." Many translators seem to escape it quite easily. I see no reason why a people (γένος) could not be so specially dishonored (ἀτιμωθὲν) among all humankind (βροτῶν, partitive genitive) that they would disappear (οἴχεται.)

[191] The manuscript reading τὸ μὴ θέμις γὰρ οὖν needs to lose τὸ μὴ in order to match with the verse pattern of the following antistrophe, line 648. The first participle needs to refer to Δίκας, Justice, and Θέμις, Right, who are λὰξ πέδοι πατουμένας, being trodden underfoot, rather than the manuscript πατούμενον, which is the wrong gender. The second participle, παρεκβάντες in the original, needs to explain why the trampling of Justice and Right is a bad thing; it needs to become παρεκβάντος, genitive absolute, "which is transgressing." Those three small changes, all noted by Garvie, pull the passage together.

[192] Garvie regards ἐν λεχθεῖσιν as "impossible" for two reasons: λεχθεῖσιν is aorist, which he says flatly "is wrong," and there is no article before λεχθεῖσιν. He and Page prefer λέσχαισιν. That word, however, seems to refer primarily to idle gossip and chatter, not at all the sort of conversation Orestes is talking about. As for the tense, since tense in participles implies only aspect, the use of the aorist here means simply that Orestes is thinking of the action of speaking as occuring at one moment in time rather than extending through a period of time. As for the lack of an article, there are plenty of dative participles in the Oresteia that don't have any articles attached, so I see no strong objection here either. There fore I take the manuscript reading over the emendation.

I accept Garvie's recommendation of οὖσ' instead of οὐκ in αἰδὼς γὰρ ἐν λεχθεῖσιν οὐκ ἐπαργέμους λόγους τίθησιν, though I don't accept his unsupported assertion that "word order rules out" the "commonly accepted" reading. For me, the word order of the manuscript reading, while not impossible, is definitely awkward and unusual, while αἰδὼς γὰρ ἐν λεχθεῖσιν οὖσ' ἐπαργέμους λόγους τίθησιν, "for when there is diffidence in conversation, it puts in unclear words," flows quite naturally in Greek, though alas, not in English.

[193] To me the sense of αὐτόφορτον is not literal, since the same idea is expressed in the following phrase. I take it rather as metaphorical, "minding my own business."

[194] Some editors assign this speech to Elektra, some to Klytaimnêstra. If Klytaimnêstra says it, it shows either depts of emotional complexity or of hypocrisy. If Elektra says it, it functions as a plot device, showing Elektra effectively supporting Orestês' scheme while also showing Klytaimnêstra unmoved by hearing of her son's death. I have left it assigned to Klytaimnêstra because that is the dominant tradition, but it repays much consideration either way.

[195] As Blackie and Murray note, the passage is corrupt. Page thinks there is a line missing before 698. It seems as though all attempts to make sense of it eventually force meanings into it that are not supported by the case and gender relationships expressed in the word forms. However, there is a sense that comes through the fog: "Even though Orestes kept himself away, there is curse that goes in frenzy through this family. He was our hope, but now that hope is foresaken." For the complexities of the text, see Garvie's discussion.

It seems quite possible that καλῆς, the manuscript reading in line 698, should be κακῆς. One can only accept καλῆς as irony, which as Garvie notes would be pointless, so I read κακῆς.

[196] Smyth gives πρὸς δυσσεβείας δ' ἦν ἐμοὶ τόδ' ἐν φρεσίν, while Murray gives πρὸς δ' εὐσεβείας ἦν ἐμοὶ τόδ' ἐν φρεσίν. I take Smyth's reading as more natural. Murray's reading seems the opposite of the sense of the scene: "In my mind this is is piety not to carry out…?"

[197] There is a textual issue here which has staging implications as follows.

The manuscript reads ἄγ' αὐτὸν εἰς ἀνδρῶνας εὐξένους δόμων, ὀπισθόπους δὲ τούσδε καὶ ξυνεμπόρους. If we don't change anything, and we take ὀπισθόπους as plural, we have "Lead him into the welcoming men's quarters of the halls, his attendants and companions." However, LSJ takes ὀπισθόπους as a singular nominative or vocative noun, meaning companion or attendant, citing this passage and Euripides (Hippolytus, line 54.) Garvie does not refer to LSJ's interpretation. Reading it that way calls for changing δὲ to τε. That gives "Lead him into the welcoming men's quarters of the halls, attendant, both these men and their attendants."

Any way you slice it, we have Orestes and Pylades accompanied by some sort of entourage. That conflicts with the rest of the play. Orestes has to conceal who he is. He cannot be traveling openly with a group. He is traveling secretly, just he and Pylades.

What to do? Page changes the phrase to ὀπισθόπουν τε τοῦδε καὶ ξυνέμπορον. Garvie recommends ὀπισθόπουν τε τόνδε καὶ ξυνέμπορον. However, these readings still show three distinct references: to Orestes (αὐτὸν, τοῦδε/ τόνδε,) to Pylades (ὀπισθόπουν) and to a third party (ξυνέμπορον.) But if we allow ὀπισθόπους as a vocative with τε and use the singular accusatives we can get rid of those other people: ἄγ' αὐτὸν εἰς ἀνδρῶνας εὐξένους δόμων, ὀπισθόπους, τε τόνδε καὶ ξυνέμπορον, "Lead him into the welcoming men's quarters of the halls, attendant, both this man and his companion."

198 As Garvie notes, there's a pretty clear implication of "When indeed…if not now?" even if it isn't explicitly in the Greek.

199 It's interesting that Aeschylus allows the τροφός to chatter away for quite a while, imparting important information, before he has her say anything to identify who she is. I suppose the audience had a way of identifying her visually, perhaps by costuming or a characteristic hand prop, as soon as she appeared. Otherwise, the audience would be somewhat distracted from what she says by wondering who is saying it.

200 Garvie doesn't accept the manuscript reading of 738, θέτο σκυθρωπόν, ἐντὸς ὀμμάτων γέλων, which I follow, but doesn't say why he can't accept that θέτο σκυθρωπόν might mean something like "she put on a look of sorrow" and can't find an emendation that he likes. I have no problem with it; I compare it to Xenophon's μὴ θαύμαζε εἴ τινες ἐσκυθρώπασαν ἀκούσαντες τῶν ἀγγελλομένων, "do not be surprised if some of us looked gloomy upon hearing this news" (X.Cyr.6.2.21.)

Smyth gives θετοσκυθρωπῶν as one compound word. I can find no support for this in any of the major lexica. Murray gives θέτο σκυθρωπόν, taking θέτο as the Homeric/Ionic unaugmented aorist. It is odd to find an Attic writer using Homeric constructions, but it makes sense for this subject matter. Both texts lead to the same idea: Klytaimnêstra "put on a gloomy look" in front of the servants.

201 Smyth reads κἀκ' νυκτιπλάγκτων in line 751. Murray sees a missing line before line 751, and reads καὶ νυκτιπλάγκτων. I don't understand why there should be an elision before a consonant, so I take Murray's reading. Even without a missing line, it seems to make good sense.

202 The manuscript reads τρόπῳ φρενός, which would mean something like "by the character of its mind" or "emotions." Garvie makes a very good case for emending this to τροφοῦ φρενί, "by the mind of a nurse." I follow his suggestion.

203 Garvie recommends emending the manuscript reading, ἦ πῶς;, "truly how?" to τὶ πῶς, "What? How?" on the grounds that "there is no parallel for the presence of ἦ." Unfortunately, there is no parallel in tragedy for τὶ πῶς (so accented) either; it seems to be very rare in surviving literature generally. On the other hand, ἢ πῶς;, "or what?" is quite common, especially in Plato, though not in tragedy; it is probably too colloquial for tragedy, but colloquial is exactly what we want here. Rather than emend one rare phrase to another, I would rather follow Wellauer and use a well-known colloquial phrase and presume that somewhere along the line, a copyist mistook the accent; ἦ, ἡ and ἥ will be confused as long as Greek is studied by mortals.

204 A repetition of μολεῖν, to come, is understood.

205 According to Garvie, this whole choral passage is the most corrupt section of the play.0

Neither Page nor Garvie are willing to tie themselves down to an actual text of this line. They offer various possibilities, but do not commit to any definite choices. Murray's reading connects κυρίοις to μαιομένοις ("to the lords when they seek") straightforwardly and likewise δόμου to κυρίοις, "the lords of the house". Last but not least, Murray's idea of the lords of the house seeking wisdom "once more" is much more appropriate to the context of the speech than the idea Garvie seems to prefer, the idea of seeking "well." I follow Murray here.

206 Hermann and Smyth read διὰ δίκας πᾶν ἔπος ἔλακον, "I spoke every word for the sake of justice" Murray and Page read, διὰ δίκας ἔπος ἅπαν ἔλακον, "I spoke the whole prayer for the sake of justice." I prefer Smyth, since the idea of "every word" is more direct and more emphatic.

207 Comparison of texts by three different editors shows that the complications, though real, are not terribly serious. I follow Page up to the imperative ἆραι, because I have a hard time feeling the imperative as natural here, and then I prefer the indicative to the subjunctive for the final verb because it is much more in keeping with the high emotion of this scene.

Smyth: ἒ ἕ, πρὸ δὲ δὴ 'χθρῶν τὸν ἔσωθεν μελάθρων, Ζεῦ, θές, ἐπεί νιν μέγαν ἄρας, δίδυμα καὶ τριπλᾶ παλίμποινα θέλων ἀμείψει.
Murray: αἰαῖ, πρὸ δὲ δὴ 'χθρῶν τῶν ἔσω μελάθρων, ὦ Ζεῦ, θές, ἐπεί νιν μέγαν ἄρας, δίδυμα καὶ τριπλᾶ παλίμποινα θέλων ἀμείψῃ.
Page: ἒ ἕ, πρὸ δὲ δὴ 'χθρῶν τὸν ἔσω μελάθρων, Ζεῦ, θές, ἐπεί νιν μέγαν ἆραι δίδυμα καὶ τριπλᾶ παλίμποινα θέλων ἀμείψῃ.

Smyth: Ah, ah, and indeed, Zeus, put he who is from within the halls before his enemies, because upon raising him up, he will willingly requite you with double and triple repayment.
Murray: Oh, and indeed, O Zeus, put him among the hated ones within the halls, because upon raising him up, he will willingly requite you with double and triple repayment.
Page: Ah, ah, and indeed, Zeus, put he who is inside before his enemies, because, exalt him greatly, you will repay yourself with double and triple repayment.

208 Smyth punctuates the end of this sentence as a question in the Greek, but translates it as a statement. Murray and Page read it as a statement. Garvie's reasoning about how to break up this passage into clauses is excellent, and I follow his suggestion of ending the first sentence after ἅρμασιν.

209 The manuscript reading is εὖ δὸς ἀνιδεῖν δόμον ἀνδρός,καί νιν ἐλευθερίως λαμπρῶς ἰδεῖν φιλίοις ὄμμασιν ἐκ δνοφερᾶς καλύπτρας, which I take to mean "kindly grant to the house of this man to look up (raise its eyes, lift up its head) and to him to see freely and clearly [with his loving eyes out of veils of darkness." That makes perfectly good sense to me. Is the determination among editors to emend this line driven by metrical considerations? Garvie makes no mention of any such.

[210] At line 819, Garvie wants to read κλυτὸν as an adjective dsecribing νόμον in line 824. It seems to me to relate quite naturally to λυτήριον, which is much closer, giving us "splendid deliverance" instead of "famous song." Why would the Choros care if the song were famous? But they care a great deal about the deliverance that will come through what Orestes is there to do.

At line 821 the manuscript reads and most editors give some variation on οὐριοστάταν, "with fairest wind for sailing." Garvie notes that Scheer proposed ὀρθιοστάτον, "shrillest,, most piercing." Aeschylus himself uses the word in the sense of "shrill or piercing song" at Agamemnon 1153. A high, clear, piercing quality was desirable in Greek music. Scheer's proposal gives us a simple, direct thought: "we will strike up (θήσομεν) in a piercing (ὀρθιοστάτον) women's (θῆλυν) song (νόμον)." Garvie clearly does not think the text needs emendation here, but the efforts he and other editors make to draw ssense it are strained at best and tortured at worst. For that very reason, I think emendation is called for, and I follow Scheer here.

In line 825, there is a metrical correrspondence with line 836; both are the last lines of the same metrical pattern. As Garvie points out, if we stick with the manuscript and read ἐμὸν ἐμὸν κέρδος at 825, we need to change 836. The generally accepted change is to replace the manuscript's φοινίαν with Heimsoeth's φόνιον. If we Kirchoff change ἐμὸν ἐμὸν κέρδος to ἁμόν ἁμόν κέρδος at 825, we can stick with the manuscript at 836. I think the alleged corruption at 825 is the more likely of the two. An under-trained copyist might fail to recognize ἁμόν as a word and change it to ἐμὸν, which is much more common, since ἐμὸν also fits the sense.

[211] This passage is undoubtedly seriously corrupt. Gavie identifies three major problems and one can point to at least two more minor ones. However, textual issues aside, most approaches lead to about the same idea: when Klytaimnêstra reminds Orestês that he is her son, the Choros wants him to remind her that Agamemnon was his father, and then to kill her, acting in his father's name against his mother.

[212] Some editors such as Page and Murray want to get the Gorgon involved, since the Choros is comparing Orestes to Perseus, the man who killed the Gorgon. I don't think that comparison is the main point Aeschylus wants to make here, so I don't see why he would have elaborated it. The thought about Perseus is secondary: "Be as brave as Perseus, and ease the sorrowful wrath of those you love, both above and below the earth, by utterly destroying the ones who are guilty of murder." Other than dragging in the Gorgon, the textual issues do not seem to have a great effect on the sense.

[213] The manuscript reads καὶ τόδ' ἀμφέρειν δόμοις γένοιτ' ἂν ἄχθος δειματοσταγ' ἐς φόνῳ τῷ πρόσθεν ἑλκαίνοντι καὶ δεδηγμένῳ. It is generally emended along the lines Smyth follows, καὶ τόδ' ἀμφέρειν δόμοις γένοιτ' ἂν ἄχθος δειματοσταγὲς φόνῳ τῷ πρόσθεν ἑλκαίνουσι καὶ δεδηγμένοις. Now, the ἐς φόνῳ is obviously wrong, and the usual solution is δειματοσταγὲς. Other than that, however, I think the participles are singular in the manuscript for a good reason: they describe the murder, not the δόμοις, the family. For that reason, I stick with the manuscript except for fixing the errant preposition. I understand it as "And to bring this matter back to the family would be a horrible burden because of a murder which formerly festered and stung."

[214] It is difficult to really get a good solid sense from the last line of this passage without doing more emendation than one would like. As Garvie points out,, Weil's reading, ὡς αὐτὸν ἀνδρὸς ἄνδρα πεύθεσθαι πάρα, "as a man who inquires about it man to man," is about as good as we are likely to get.

[215] Garvie's remark that ἴσον here means "neither too much nor too little" is on the right track, but the point is not quantity but quality. "How can I, by saying just the right thing, accomplish what I mean to do?"

At line 856, the manuscript shows ἐπιθοάζουσα. According to Page and LSJ, the letters οά involve an erasure. Garvie seems to say that the letters οά are written over something else that was erased. In any case, modern scholarship reads κἀπιθεάζουσα. The same issue involving the same words occurs with respect to Euripides' *Medea* at line 1409. However, nothing forces us to reach the same conclusion about both texts.

The manuscript word, ἐπιθοάζουσα, refers to acting as a suppliant, according to LSJ. It may be related to θοάζω, which has two meanings in Attic, "to rush" and "to sit in supplication." Since we know the Choros is not rushing anywhere we need not consider that possibility further. Garvie rejects the meaning "sit in supplication" on the curious ground that the use of the word by Sophocles "explicitly defines a context of formal supplication." If this passage is not a formal supplication to the gods, what is?

The emendation, ἐπιθοάζουσα, means to invoke the gods against someone. It is closely related to ἐπιθειάζω, to call upon in the name of the gods, to adjure, to conjure. Both words imply using prayer with hostile intent.

These two concepts are not so similar that one can be freely substituted for the other. The speech as a whole is the utterance of people who have done everything they can do, and must now passively wait for the results of actions they do not control. The uncertainty they express about how and what to say, their expression of their final request in the form of a wish rather than a demand, and the way they vividly imagine the stark possible outcomes all express an attitude of supplication, not of cursing, adjuring, conjuring, and suchlike active efforts. In particular, I see nothing that expresses active rather than passive hostility. I see no reason why the manuscript reading, erased though it may be, would not be correct, and so I print it here.

[216] What! What indeed! (ἔα ἔα μάλα.) The exclamation is inarticulate; the word μάλα makes it more intense, rather as an English speaker might say, "What? What the hell?"

[217] I am picking up on a suggestion by Fagles that these two lines belong to Aigisthos. When we do that, we have a rather nice parallel to Agamemnon's outcry. It is interesting to compare the two in terms of character.

The manuscript reads οἴμοι, πανοίμοι δεσπότου τελουμένου. The only way that can make sense is if we understand it as a form of τελέω, "the master has paid his debts." However, the word doesn't seem to be used in that metaphorical way; when so used, it is in connection with non-metaphorical things like taxes. We have no reason to suppose that Aeschylus wrote πεπληγμένου other than the fact that it makes a very pretty echo back to Agamemnon's death and forward to Kilissa's line at 884, but since we have no other knowledge of what he might have written at all, it might as well be allowed to serve here.

[218] The manuscript reading, ἔοικε νῦν αὐτῆς ἐπὶ ξυροῦ πέλας αὐχὴν πεσεῖσθαι, would literally mean "her neck, which is near a razor, is likely now to fall." That makes no sense; it must be an idiomatic expression roughly along the lines of "her head is on the block."

[219] Garvie says δόμοις, "to/in the halls," is not a dative expressing where something happens. I can see that it could be intepreted as a dative expressing advantage/disadvantage, but I fail completely to see why one would do so.

[220] She is only speaking about one riddle, despite the plural form of ἐξ αἰνιγμάτων. Nouns ending in –μα can be treated this way. ἀφικόμην κακοῦ seems to me to be very like Smyth's description in §1350 of the use of the genitive as the object of a verbs signifying to reach a goal, such as his example, τῆς ἀρετῆς ἐφικέσθαι, to attain excellence.

[221] Garvie refuses to allow this line to refer to Iphigenia, insisting that it can only refer to Kassandra and Chriseis. I see no reason to limit the reference. Klytaimnestar killed him for all he did, not just for one thing or another.

[222] As Garvie points out, most modern editors give this line to Orestes, but the older editions and the manuscript give it to Klytaimnêstra. I rather like it that way; letting Klytaimnêstra complete the thought about the snake brings her character to a moment when she fully realizes that she is going to be killed very soon. The Greek works either way.

[223] Garvie suggests that the manuscript reading ἔλασε δ' ἐς τὸ πᾶν, "and drives on forever" should be changed to ἔλασε δ' εἷς τὸ πᾶν, "drives on alone the whole way" with the stress on εἷς, one, contrasting with the emphasis on "two" in the preceding lines. I think it works very well and so I adopt it here.

[224] The mansucript reading, ἐπολολύξατ'...ἀναφυγᾶς, doesn't make much sense. As Garvie points out and Page accepts, Heimsoeth's correction to ἐπολολύξατ'...ἀναφυγᾶι, "rejoice for the escape" works very well.

Some scholars such as Smyth, Fagles, and Hughes see this choral passage as following an A B A B A B patten, alternating first a long verse, then a short one, where the short verses each repeat once as a refrain. Others such as Cookson, Ewans, Shapiro & Burian, and Lattimore do not follow the verse-and-refrain pattern and do not include the repetitions, instead giving either an introductory passsage followed by an A B A A B A pattern (long verse, short verse, long verse) Still others, such as Blackie and Grene & O'Flaherty present variant arrangements of their own. The manuscript has indications of repetition, but how to interpret them is quite uncertain. We're pretty much on our own.

I am very comfortable with making this choral passage very formal, including the repetition of the short verses as refrains. No one avoids the obvious repetitions Aeschylus uses in the first choral ode of the *Agamemnon*, so there is undoubted precedent. Futhermore, there is tremendous potency in an art form that is already highly stylized in raising the level of stylization at moments of crisis such as this one. Last but not least, letting the Choros be fully and completely a χορός is absolutely in keeping with Aeschylus' approach to choral drama.

[225] This is the repetition of the refrain just above at 942. The uncertainties that apply there apply here as well. In for a penny, in for a pound.

[226] The manuscript reads τάπερ ὁ Λοξίας ὁ Παρνασσίος μέγαν ἔχων μυχὸν χθονὸς ἐπ’ ὄχθει ἄξεν ἀδόλως δολίας βαλπτομέναν· ἐν χρόνοις θεῖσαν δ’ ἐποίχεται. Parts of this are clearly corrupt. In particular, the phrase χθονὸς ἐπ’ ὄχθει ἆξεν ἀδόλως makes no sense; most scholars change it to something like χθονὸς ἐπωρθίαξεν ἀδόλως and I follow their lead. The feminine participles βαλπτομέναν and θεῖσαν must describe something feminine, and both of the scholia on this line explicitly connect them with ἡ δίκη, justice, the focus of the preceding passage. However, there is nothing feminine in the line as written in M to provide a referent for those feminine participles. However, by changing τάπερ to τάνπερ, as Page does, we not only get our feminine referent, but now the line refers back to δίκη explicitly, as the scholia seem to demand. The scholia both assert that δίκη is the subject of ἐποίχεται, that Justice attacks. How does she attack? Following Schutz, if we change ἀδόλως δολίας to ἀδόλως δόλοις we can take the two words together as an adverbial phrase: “honestly/guilessly with strategems/guile.” Following this approach, the text does not explicitly say whom she attacks, but the context doesn’t leave much room for uncertainty. As for when she attacks, it is hard to get natural sense from ἐν χρόνοις θεῖσαν, but it is a likely mixup with ἐγχρονισθεῖσαν, “she delaying for a period of time.”

The manuscript reads κρατεῖταί πως τὸ θεῖον παρὰ τὸ μὴ ὑπουργεῖν κακοῖς. As Garvie points out, παρὰ doesn’t fit the meter and probably came into the text by mistake from a scholion. The middle-passive κρατεῖταί doesn’t make sense; as Garvie also points out, the Choros celebrates a victory here; τὸ θεῖον, that which is holy, is actively doing, not being done to or doing for itself. Rose’s emendation to κρατεῖ δ’ αἰεί makes sense and the possible scribal error involved is straightforward, so I have used it here.

[227] I follow Smyth in repeating this passage as a refrain. This passage is affected by the various approaches editors have taken to this choral pasasge as a whole as described in the note to line 942 just above.

[228] Garvie suggests ἀτίτης ἄν where I read ἀπήμον', reminiscent of the common sardonic observation that “no good deed goes unpunished.” However, I still think ἀπήμον' is more to the point.

[229] I think τόξῳ, “by the bow,” refers to the bow of Apollo, which he used to shoot arrows of suffering and death. Sometimes his bowshots are merciful, but they are always deadly, as in the story of Niobe.

The word πλειστηρίζομαι occurs only here in known Greek, so interpretation is tricky. I think our best lead is given by the scholion on this line: φημὶ τὸν Ἀπόλλωνα χρῆσαί μοι, “I say what Apollo prophesied to me,” in other words, I cite Apollo as my authority, both for what I say and for what I have done. I don’t know why Garvie says this scholion gives “no help.”

In line 1033 the manuscript reads προσίξεται, “approach as a suppliant,” which doesn’t make much sense. Most editors think the copyist duplicated it from two lines down and read ἐφίξεται, “reach to, attain to,” instead, which is a verb often used in connection with arrow flight.

[230] I think προσίξομαι is meant to be read as the future of προσικνέομαι, “to come to as a suppliant,” not the aorist of προσίζω, “to sit near as a suppliant.”

[231] I follow Blomfield and Smyth here. The manuscript, which is corrupt, contains a reference to Menelaos that seems utterly gratuitous. To be sure, in reality Menelaos probably would arrive to deal with the fallout from the murder of his brother, but why would that be brought up here, when it forms no part of the theme or action of the play?

[232] The word δή seems to pull double duty; it is a particle marking strong emotion, which Orestes certainly feels, and also meaning "at this point in time, now," which would indicate a change, a development in what Orestes sees.

[233] A scholion on this line interprets γονίας χειμὼν as a storm that rises out of fair weather, i.e. a sudden, presumably violent, storm. Garvie argues against this on the grounds that the house of Agamemnon has not been in fair weather, and indeed we have heard quite a bit in this play about the dark times the house is suffering. However, we haven't actually had blood on the ground for a while, and perhaps the sudden deaths of Klytaimnêstra and Aigisthos, along with the sudden madness and violent banishment of Orestes by the Furies, does, relatively speaking, constitute a suddent, violent change for the worse. That may be the scholiast's point. At least it makes unforced sense in context.

[234] Hermann and other editors delete τε Θυέστου. I don't. Garvie gives three reasons: the word order is unusual, τάλανές is "flat," and mentioning Thyestes explicitly "spoils the antithesis" set up by παιδ- in this line and ἀνδρὸς in the next. Unusual word order occurs quite a bit in Aeschylus, and the other two reasons are merely stylistic quibbles, not reasons to emend a text which makes perfectly good sense in context. Garvie would like to see a thematic sequence of child-man-woman in the three parts of the speech, but "woman" simply does not occur in the third part, and does occur in the second. The sequence is simply ancient past, immediate past/present, uncertan future.

[235] The way the middle play ends with a question is a wonderful little dramaturgical touch.

[236] The Athenians identified themselvs as the παῖδες Ἡφαίστου because of Erechtheus, a mythical early king of Athens who was the son of Hephaistos and established the worship of Athene.

[237] Παλλὰς προναία is the name of Athena at Delphi, where her temple was located "in front of" the temple of Apollo, i.e. where a traveler to Apollo would come to her temple first and see it from a point of view that placed it in front of Apollo's temple.

[238] The river Pleistos flows through the gorge below Delphi. The priestess calls upon both the power of the river-god and the power of the sea-god.

[239] Some editors read ποδωκία for ποδωκείᾳ with no difference in meaning.

[240] Something is wrong with the last line. The whole speech is about what she saw, not what she will say at some unspecified time in the future. Surely it should be something like τῇδε γὰρ τρανῶς ὁρῶ, "for thus I see clearly," or better, but farther from the received text, τόδε γὰρ τρανῶς ὁρῶ, "for I see this thing clearly."

In Greek most of the verbs are present tense for vividness, but are rendered in English as past tense as is normal in English.

[241] Some editors think there is a line missing after our line 49, οὐδ' αὖτε Γοργείοισιν εἰκάσω τύποις. The scholia on this passage seem to discuss phrases we don't have. I prefer not to emend the text here, since it does make good sense, and the mising line, if there is one, would most likely be a simple reference to the Harpies that would not be crucial to understanding this passage.

[242] I follow the lead of various editors who move these lines here from where they appear in the manuscripts. See my comments on the English text.

[243] The manuscript reads καὶ πρόσω δ' ἀποστατῶν, " and even though in the future being far away," which some editors emend to phrases such as καὶ πρόσωθ' ἀποστατῶν, which seems to mean about the same thing. Sommerstein rejects the manuscript reading because "Aesch. elsewhere uses καὶ…δέ only at the beginning of a sentence." This is the beginning of a sentence, so why is that an objection? He then defends πρόσωθ' on the basis that it "though not attested elsewhere, is adequately paralleled by ἔσωθε. First, to use unattested forms as emendations requires a very high standard of proof, which Sommerstein's justification does not meet. Second, if ἔσωθε means "from within," then πρόσωθε should mean "from outside" which makes no sense here. I prefer to stick with the manuscript.

[244] I take ἐκνόμων σέβας as a partitive genitive, a σέβας among everything that is ἐκνόμων. Sommerstein would have ἐκνόμων mean merely "wanderer," but Orestes is not just any wanderer; he is a hunted man, profoundly beyond what custom and law, the νόμος, provide for.

[245] Sommerstein takes εὕδοιτ' ἄν as hortatory subjunctive, which makes it delightfully irritated and ironical. As Sommerstein points out, this speech is pretty clearly modeled after the way the ghost of Patroclus appeals to Achilles in book 23 of the *Iliad*, lines 69-74, but Aeschylus adds the note of irritated irony. There are many passages in the *Oresteia* that draw on the *Iliad*; here the relationship is unusually clear.

[246] I follow Schutz and Sommerstein in deleting lines 104-105 of the manuscript as an irrelevant interpolation. For the record, those liens read:
εὕδουσα γὰρ φρὴν ὄμμασιν λαμπρύνεται, 104
ἐν ἡμέρᾳ δὲ μοῖρ' ἀπρόσκοπος βροτῶν. 105
For (γὰρ) while you sleep (εὕδουσα) the mind (φρὴν) grows bright (λαμπρύνεται) for the benefit of the eyes (ὄμμασιν,) but (δὲ) in the day (ἐν ἡμέρᾳ) it is careless (ἀπρόσκοπος) for the fate (μοῖρ') of humankind (βροτῶν.)

Smyth changes the manuscript reading, ὅρα δὲ, "look you," to ὁρᾶτε, plural imperative, "look, all of you." That makes sense; she is addressing a group. The problem is, this passage shifts back and forth between singular and plural imperatives, and it's not clear why. Given that to be the case, I prefer to stick with the manuscript. In any case, the plural/singular shifts are pretty much lost in English translation.

[247] At line 119 the manuscripts read φίλοις γάρ εἴσιν οὐκ ἐμοῖς προσίκτορες. According to Sommerstein, E. R. Dodds suggested φίλων γάρ εἴσιν οὐ κενοὶ προσίκτορες, "For suppliants are not devoid of friends," which does make sense in context. Smyth offered φίλοι γάρ εἴσιν οὐκ ἐμοῖς προσεικότες, which he rendered as "For he has friends that are not like mine!"

[248] The manuscripts read κύων μέριμναν οὔποτ' ἐκλείπων πόνου, "a dog who never forsakes the thought of its labor." Some editors change πόνου to φόνου, "a dog who never forsakes the thought of blood." The change spoils the image of what a good hound does. See the notes on the English text.

[249] Sommerstein takes κατισχναίνουσα to mean "to dry up by draining blood." There is no suggestion of draining blood in any of the standard lexica; see LSJ. The sense of the passage appears rather to be to waste Orestes away with fever. Oddly enough, Sommerstein's only reference to heat is to the "fiery breath" of the Furies, which is not mentioned here; their breath is described as bloody (αἱματηρὸν) no fiery or hot. He recognizes this in his very next note.

[250] And you, wake her up, just as I woke you up. δὲ coordinates two ideas, "I" and "you."

[251] Sommerstein complains that Aeschylus uses μητραλοίαν, "one who strikes one's mother" as a synonym for μητροκτόνος, 'one who kills one's mother," saying that μητραλοίαν does not occur in that sense until Roman times. It is unnecessary to be so precisely pedantical. He killed her, he struck her, he stabbed her, he bloodied her—his action could be described in all sorts of ways and still convey the desired idea to the listener aware of the context.

[252] Sommerstein wants πάρεστι... κρύος...ἔχειν to mean "I can feel the icy sting." As a loose paraphrase, I can see it, but not directly in the words and syntax of the line. βαρὺ τὸ περίβαρυ κρύος ἔχειν is intended as an exact parallel construction to line 167, βλοσυρὸν ἀρόμενον ἄγος ἔχειν, and there seems to be no doubt that in that line, the construction is βλοσυρὸν... ἔχειν.

[253] The flying flashing snake (πτηνὸν ἀργηστὴν ὄφιν) is, of course, an arrow of Apollo.

[254] The manuscript reads ἔχρησα ποινὰς τοῦ πατρὸς πέμψαι, "I laid down an oracle to send vengeance for his father." Some editors read ἔχρησα ποινὰς τοῦ πατρὸς πέμπψας, "I laid down an oracle in order to send vengeance for his father." Others read ἔχρησα ποινὰς τοῦ πατρὸς πρᾶξαι, "I laid down an oracle, "Carry out vengeance for your father." I accept the manuscript reading for precisely the same reasons that Sommerstein rejects it: "Elsewhere in the Oresteia when πέμπειν is used of sending or bringing vengeance or help, the subject is always a superhuman power." And so it is here; the question is of Apollo sending vengeance, and Apollo is superhuman. He goes on to say, "Nor is there any parallel for ποινὰς (et.c) πέμπειν being said of the avenger himself. I see no reason why we need a parallel to understand that to send Orestes is to send vengeance; the equivalence seems perfectly straightforward.

[255] It is true that μολεῖν is not usually used with dative of place, but I see no other way to make good English sense of this line. Sommersteins "you are not fit for this house for coming to it" is gibberish.

[256] The manuscript reads ἠρκέσω, "defend" or " assist." That's hard to work into this thought. The emendation used here, ἠνύσω, simply means "to accomplish." Herodotus uses it in the simple sense of "do" as in οὐδὲν ἤνυε he did no good (Hdt. 9.66.)

[257] σταλαγμὸν may be drippings of any fluid that comes off the body.

[258] Sommerstein believes this passage describes the Furies, not Orestes. He offers "has been traversed" as the meaning of πεποίμανται. Autenreith gives only two meanins for ποιμαίνω in Homer: to tend as a shepherd, to be tended as by a shepherd. In Pindar, according to Slater, it means to tend or to cherish. Even in LSJ, the only citation that involves a meaning like "traverse" is a citation of this passage. We have already seen that the Furies are given to sarcastic euphemism. We can have a simple, straightforward interpretation of ποιμαίνω in which they have "shepherded" Orestes across land and sea—obviously not a pleasant experience for their sole "sheep"—or we can bend the verb out of all relationship with its other attested meanings. To my mind, the choice is clear.

[259] One or more lines may be missing from the text just before the line ὅρα ὅρα μάλ' αὖ.

[260] Some editors emend ὁ δ' αὖτέ γοῦν ἀλκὰν ἔχων in various ways, but I see no real need for it. The Furies spot Orestes as they have done before, and they contemptuously describe what they see. The troublesome phrase ὁ δ' αὖτέ γοῦν is simply a transition: "And so once again, indeed, he ..."

According to Sommerstein, ὑπόδικος... χερῶν is a sort of shorthand expression for "liable to be tried for what his hands have done" or "for his violent act."

[261] τίνω (ὡς τίνῃς) here means to pay a penalty. In that sense, the penalty paid should be in the accusative. The manuscript gives it as μητροφόνας δύας, which shows that the scribe had the feminine accusative plural in mind, as δαμίας is the feminine accusative plural of δήμιος, but he did not shorten the stem vowel from η to α. Some editors emend the adjective to the genitive ματροφόνου, which makes the phrase mean "the miseries of a mother-murderer." It comes to about the same thing either way, but ματροφόνας is more in keeping with the general use of legal and jurisprudential language and imagery in the play.

[262] Some editors emend πολλοὺς καθαρμούς, "many acts of purification," to πολλῶν τε καιροὺς, "the right time for many things," in order to focus on the issue of whether it is proper for Orestes to speak in this situation. However, Orestes needs to do more than merely establish his right to speak; doing so is merely part of establishing that he is no longer polluted. His right to speak is dependent on that. He will go on to offer proofs, not of his right to speak, but of his ritual cleanliness. The emendation obscures that point by erasing Orestes' head-on approach to his core problem. He is saying, "Look, I know a lot about purification because I've been through the mill, so I know when I should avoid speaking so that I don't pollute anybody. I wouldn't be speaking now if I weren't clean."

[263] Most editors include a phrase, χρόνος καθαιρεῖ πάντα γηράσκων ὁμοῦ, "time as it grows old overcomes everything alike," at this point, and it is usually put in brackets, but most translators include it. Cookson is one who does not. I follow him. The line makes no sense here. Orestês has very clearly indicated that he owes his relief from miasma to the ceremonies conducted by Apollo. Time had nothing to do with it. I think the line is a scholium that slipped into the text. Frankel in his note on *Agamemenon* 105 mentions this as "a line obviously added to the margin from another tragedy."

[264] ἄψωμεν could also mean "let us ignite" our dance. It's a tempting idea, but I would expect additional language to support such imagery if that was what Aeschylus intended, and there doesn't seem to be any.

[265] In other words, "We keep away from the company of the gods, and from any occasion for wearing white," i.e. from any joyful occasion.

[266] Lines are missing just before this sentence. It seems as though one or more complete sense units has been lost. Trying to reconstruct them is probably futile; there are just too many things Aeschylus could have said.

[267] This line is uncertain; the emendation used here is very close to the manuscript.

[268] Line 405, πώλοις ἀκμαίοις τόνδ' ἐπιζεύξασ' ὄχον, by means of harnessing (ἐπιζεύξασ') vigorous (ἀκμαίοις) young horses (πώλοις) to this carriage (τόνδ' ὄχον,) is an interpolation. It contradicts what was just said about how Athena traveled. Some scholars speculate that it replaced that description for a production in which Athena entered on a horsedrawn vehicle of some kind. The speculation is interesting but improvable.

[269] I.e. Would you truly turn responsibility for this over to me?

[270] As Sommerstein points out, if we take the manuscript reading, ἀξίαν τ' ἐπαξίων, "worthy and from a worthy line," and consider it as a simple mistake in dividing the words, we can come to ἄξι' ἀντ' ἐπαξίων, "returning honor for honor," i.e. returning the honor you have shown us by honoring you in return, an emendation that goes back to Hermann, and which makes more sense; the Furies do not respect Zeus, Athêna's father, or his line in general, such as Apollo, at all.

[271] The plural verb here can be seen as an example of what Smyth (§1008) calls "plural of modesty." Orestes is in no position to start using the royal we.

[272] The manuscript reads καὶ μὴ τυχοῦσαι, "and upon they not meeting with." Since the clause lacks a finite verb, this reading produces an ungrammatical sentence not in keeping with Athêna's controlled demeanor. The emendation κἄν μὴ τύχωσι (Schmidt) is a workable fix.

I follow Lobel and Sommerstein in moving line 475 between 482 and 483 and in making the necessary emendations that go with that option. Over and above the good points Sommerstein makes, when you set up the two variations side by side, it is difficult to avoid the conclusion that the transposition simply makes much more natural sense.

The manuscript reads χώρᾳ μεταῦθις ἰὸς, "in the country afterwards poison...." Again, the clause needs a finite verb. Wieseler read χωρεῖ μεταῦθις ἰὸς, "afterwards poison comes.... In the absence of anything better—the basic meaning of χωρέω, "go forward," doesn't really fit, but the secondary meaning "to come" is acceptable—it serves the need.

[273] I follow Sommerstein in taking αἱροῦμαι as present with future sense, especially since Athêna is referring to actions she means to take immediately, as one might say in English "I am now to choose..."

Sommerstein follows Tyrwhitt and Thomson in trying to develop an emendation of δυσπήματ' ἀμηχάνως ἐμοί, offering the intriguing idea of μένειν πέμπειν τ' ἀμηνίτως ἐμοὶ δυσμήχανα, "both to let you remain and to send you away without incurring wrath are diffictul for me." Despite Sommerstein's belief that the manuscript reading makes no sense, it is not hard to see that it can fairly easily mean something very much like what the proposed emendation means, and the emendation requires putting the text through fairly radical manipulations. I am therefore sticking with the much simpler emendation that goes back to Scaliger.

Some editors accept Lobel's transposition of line 475 to follow line 482. Despite further emendation to make it fit, the line does not seem natural there; the important point is the establishement of judges, but transposing the line creates a word order that pushes the establishment of judges into the background behind their blamelessness.

[274] Sommerstein accepts Pauw's emendation of ὁρκώματα, "that which is sworn to," το ὀρθώματα, "that which supports," on the grounds that nobody swears any oaths during the trial scene and that ὀρθώματα could have been corrupted to ὁρκώματα simply because there has been quite a lot about oaths in the preceding lines. Both words are otherwise rare or unattested. To my mind, the emphasis on oaths in the preceding lines is a strong indication that we should acccept ὁρκώματα, not reject it. Athêna is concentrating on that idea of oaths, why wouldn't she continue to do so? What happenes in the later scene is irrelevant. Aeschylus is hardly likely to waste dramatic time and tension by having everybody stand around swearing oaths during the climactic scnee of the entire trilogy.

In the last line of this speech, Smyth reads ὅρκον πορόντας μηδὲν ἔκδικον φράσειν, "giving an oath to declare nothing outside of justice" where the manuscript tradition has ὅρκον περῶντας μηδὲν ἔκδικοις φρεσίν, which he claims means "not violating-their-oath-with-unjust-mind." To my mind, defending the manuscript tradition in this way comes at the price of distorting the plain sense of the passsage, which is neatly expressed by the emendation.

[275] The manuscript tradition gives νῦν καταστροφαὶ νέων θεσμίων. The Furies would not speak of "disaster due to the laws of the young" because they do not accept any such laws. If we understand the phrase as "now comes the overthrow of new laws," then it still makes no sense, for as Sommerstein points out, the overthrow of new laws is precisely what the Furies desire; they want their law, which is the old law, to prevail. Ahrens' emendation to νῦν καταστροφαὶ νόμων θεσμίων, "now comes the overthrow of established laws" is exactly what the Furies would say.

[276] The manuscripts give ἤ τ' οὖν ἤ τ' οὖν διάτορος, which some editors emend to make the meter more to their liking. The proposed emendations don't add much to the sense, so I have left the text alone.

[277] Less literally, because she was in a state of double pollution.

[278] The Choros answers Orestês' word-play with their own. If he would double-dip on her murder, they would acquit her by it.

[279] LSJ notes that οὔτι , neuter adverbial "not at all," can be split up as in 625, οὐ γάρ τι, which it cites from Homer. Some editors show οὔτι in line 627, others οὔ τι. In both cases, the idea of "not at all" makes good sense.

[280] There may be missing text after line 632, τὰ πλεῖστ' ἄμεινον εὔφροσιν δεδεγμένη, because εὔφροσιν, "cheerful," does not seem to have a dative plural noun that it can modify. However, the passage overall makes good sense, so it seems unlikely that anything of real importance is missing. Some editors have suggested possible text to insert here, but I see no need to do that.

[281] Sommerstein follows Headlam in detecting missing text after 637, τοῦ στρατηλάτου νεῶν. The basis for this is that we should regard ἀνδρὸς μὲν as introducing an antithesis in μὲν... δὲ and we should not take ταύτην τοιαύτην εἶπον as referring to Klytaimnêstra. I see no reason why this instance of μὲν should not be regarded as expressing certainty rather than antithesis per LSJ μὲν A.I. Neither do I see a reason why ταύτην would not refer to Klytaimnêstra. Sommerstein's argument that Orestes has described her actions, not her, is specious; how can he speak of her actions without speaking of her? However, even after all that, there does seem to be a pretty fair-sized jump in the flow of thought. We can suspect missing text here just on that basis without resorting to any such arguments. However, proving it is quite another matter. We may never know.

[282] As Podlecki notes, it is normal with an expression like ταύτην τοιαύτην εἶπον to infer a feminine noun, but for some reason he choses "speech" rather than "woman." "I spoke such a speech in order to inflame your anger" is very indirect compared to "I talked about such a woman…."

[283] Some editors read οὔτις ἂν τέκοι θεός. I follow those who read οὔτις ἂν τέκοι θεά. Apollo's point would be ill-served by asserting that Athêna is a being no god could beget. His point is in fact that she is a being no goddess could bear.

[284] Scholars cannot resist seeing a pun in the relationship of πάλων and Παλλάς, even though the one word is masculine and the other feminine, a distinction which would never have been lost on a Greek.

[285] Sommerstein objects to ἔσμεν, which he identifies as a "prophetic present" and finds inappropriate as an expression of what a speaker intends to do. In this case, however, the speaker's intentions are themselves prophetic, since they deal with what will happen after he is dead, perhaps long in the future.

[286] Sommerstein argues that δαιμόνων is corrupt, but does not accept either of the two emendations he mentions. I see no difficulty; the σταλάγματα that Athêna fears comes from the Furies, who certainly are δαιμόνων, a word which LSJ recognizes as pertaining to both gods and goddesses. I think Athêna is trying to be respectful and indirect, being very careful with her words as she tries to placate powerful beings who are in a state of complete fury—always a tricky task!

The manscripts give αἰχμὰς, which basically means a sharp point. That doesn't make good sense in this passage. What is wanted here is yet another word that describes the poisonous substance that comes out of the Furies, a substance that has always been imagined as a liquid in the preceding text. Sommerstein accepts Musgrave's emendation to ἄχνας, "froth." That works very well is we imagine the Furies spitting on the earth.

[287] The mansucripts give στήσητε, to put in place, to set up, to cause, which is widely emended to κτίσητε, to bring into being. To my mind the difference does not justify the emendation.

[288] Lines 858-866 are a very tangled mess and do not repay any great struggle to emend them. The overall sense has to do with ensuring that the energies that produce war are kept where they belong, i.e. functioning to defend Athens against her external enemies, not expended in internal conflict, where they can only be destructive.

[289] The manuscripts give us δυσσεβούντων ἐκφορωτέρα, "more a bringer-forth/weeder-out of those who are impious." Heath's widely accepted emendation gives precisely the opposite, εὐσεβούντων ἐκφορωτέρα, "of those who are especiallly pious." I accept Heath's version; see the notes to the English text.

[290] The manuscripts give us γόνος…δόσιν τίοι, "may the offspring show the value of the gift." That works, but only just; the emendation γόνος…δόσιν τίνοι, "may the offspring replay the value of the gift" makes much better sense.

Some editors read μῆλά τ' εὐθενοῦντα Πὰν instead of μῆλά τ' εὐθενοῦντα γᾶ. I makes no great difference whether the fruitfulness of the flocks is the gift of Gaia or Pan. I prefer Gaia, since the Furies are closely related to her and frequently speak of her, while Pan has not appeared in the trilogy at all.

ἑρμαίαν… δόσιν, literally a gift from Hermes, is an expression for unexpected good fortune, what we call a godsend or a windfall.

[291] Even though προσπόλοισιν is masculine, the gender of the chorus is made clear by αἵτε. The sequence of masculines and feminines in a sentence can be a bit flaky sometimes.

[292] Sommerstein follows other editors in postulating a lacuna in or around line 1027-1028. However, there is no accepted text for the lacuna, and I see few problems with the speech as given in the manuscripts. In particular, following Smythe, Murray and others, I see no need to emend ἐξίκοιτ' ἂν. Sommerstein thinks that ὄμμα, "eye" in the figurative sense of "treasure," must mean the Acropolis, but Athêna's thought in this whole scene is directed toward the welfare of living things, human, animal and vegetable; it makes very good sense that her idea of the "treasure" of the land of Attica would indeed be its women, children, and old people, just as to Agamemenon his daughter was the glory of his house. Read in that way, the third singular optative ἐξίκοιτ' ἂν would express Athêna's courteous wish that the people would come forth. Sommerstein argues that the verb "badly needs a specification of the destination" but in this view the destination is obvious and need not be expressed; they are to come here, to the present scene. He argues that the optative is not used to express a prediction about the future, but in this view it expresses Athêna's courteous wish, not a prediction. Last, he argues that the sentence "does not serve to explain (n.b. γὰρ) anything that has gone before," but in this view it extends and augments the promises Athêna has been making, reinforcing them and adding new elements.

[293] Even though the manuscript reading βᾶτ' ἐν δόμῳ may be suspect, the meaning seems quite clear; it's time for the Furies to go to their new home. None of the proposed emendations does much to change or even to clarify this, so see no strong reason to depart from the manuscript.

The word ὠγυγίοισιν is actually a reference to Ogyges, the first king of Thebes in mythical times, a usage that apparently came to mean "extremely ancient" in general.

23443404R00177

Printed in Great Britain
by Amazon